权威·前沿·原创

皮书系列为
"十二五""十三五"国家重点图书出版规划项目

智库成果出版与传播平台

北京市哲学社会科学研究基地智库报告系列丛书

企业海外发展蓝皮书
BLUE BOOK OF OVERSEAS DEVELOPMENT OF CHINESE ENTERPRISES

中国企业海外发展报告（2021）

ANNUAL REPORT OF OVERSEAS DEVELOPMENT OF CHINESE ENTERPRISES（2021）

主　编 / 张新民　王分棉　杨道广

社会科学文献出版社
SOCIAL SCIENCES ACADEMIC PRESS（CHINA）

图书在版编目（CIP）数据

中国企业海外发展报告.2021/张新民，王分棉，杨道广主编.--北京：社会科学文献出版社，2021.12
（企业海外发展蓝皮书）
ISBN 978-7-5201-9310-8

Ⅰ.①中… Ⅱ.①张…②王…③杨… Ⅲ.①海外企业-企业发展-研究报告-中国-2021 Ⅳ.
①F279.247

中国版本图书馆CIP数据核字（2021）第218308号

企业海外发展蓝皮书
中国企业海外发展报告（2021）

主　　编／张新民　王分棉　杨道广
出 版 人／王利民
责任编辑／恽　薇　孔庆梅
文稿编辑／李惠惠　刘　燕　王小翠　王　娇
责任印制／王京美

出　　版／社会科学文献出版社·经济与管理分社（010）59367226
　　　　　地址：北京市北三环中路甲29号院华龙大厦　邮编：100029
　　　　　网址：www.ssap.com.cn
发　　行／市场营销中心（010）59367081　59367083
印　　装／天津千鹤文化传播有限公司

规　　格／开　本：787mm×1092mm　1/16
　　　　　印　张：24.25　字　数：362千字
版　　次／2021年12月第1版　2021年12月第1次印刷
书　　号／ISBN 978-7-5201-9310-8
定　　价／159.00元

本书如有印装质量问题，请与读者服务中心（010-59367028）联系

版权所有 翻印必究

本发展报告系：

北京市社会科学基金决策咨询重点项目"中国企业海外发展报告2021"的研究成果（批准号：20JCB099）；

教育部哲学社会科学发展报告项目"中国企业海外发展报告"的研究成果（批准号：13JBGP002）；

对外经济贸易大学北京企业国际化经营研究基地的研究成果。

《中国企业海外发展报告（2021）》编委会

主　编　张新民　王分棉　杨道广

编　委　张新民　王分棉　杨道广　刘思义　卿　琛
　　　　葛　超　陈　帅　金　瑛　韩紫轩　郭瞳瞳
　　　　赵文卓　王兴佩　贺　佳　杨晴贺

主要编撰者简介

张新民 博士，对外经济贸易大学原副校长，国务院学位委员会工商管理学科评议组成员，北京企业国际化经营研究基地首席专家，教授，博士生导师，享受国务院政府特殊津贴专家，2014年入选财政部"中国会计名家"培养工程。中国报表分析第一人，引领了中国财务报表分析领域的理论和方法创新，创造性地提出了"张氏财务分析框架"，实现了从使用西方方法分析中国企业财务报表到使用中国人自己创立的框架分析中国企业财务报告的跨越，并将其广泛运用于课堂教学和企业管理实践，是中国EMBA教育界最具影响力的专家之一。主持或完成国家自然科学基金重大项目1项、面上项目1项，国家社科基金重点项目2项、一般项目1项，北京市社科特别委托项目等省部级项目9项；获得北京市第十二届哲学社会科学优秀成果奖一等奖等省部级奖励近10项。入选国家第三批精品视频公开课和国家精品课程，北京市教学名师等。

王分棉 经济学博士，对外经济贸易大学北京企业国际化经营研究基地研究员，国际商学院管理学系副主任，副教授，硕士生导师，中国影视产业研究中心副主任，美国马里兰大学史密斯商学院访问学者。主持国家自然科学基金项目1项、国家社科基金项目1项、教育部项目1项、北京市社科项目2项，发表论文近20篇，出版专著3部，2篇研究报告被《成果要报》采用（其中1篇获北京市副市长的批示），获得省部级奖励9项。研究方向为战略管理、国际企业管理。

杨道广 博士，对外经济贸易大学北京企业国际化经营研究基地研究员，国际商学院副教授，博士生导师。现主持国家自然科学基金青年项目、教育部人文社科基金青年项目各 1 项。相关研究成果见诸国际顶尖学术刊物 The Accounting Review，Journal of International Business Studies，国际权威学术刊物 Journal of the American Taxation Association，Journal of Corporate Finance，以及国内重要学术刊物《经济研究》《南开管理评论》《会计研究》《审计研究》等。独著《超越财务报告内部控制：中国经验》，是"十二五"国家级规划教材《审计》和 MPAcc/MAud 精品系列教材《审计理论与实务》《商业伦理与会计职业道德》的副主编，联合申报的本科"审计"课程荣获"首批国家级一流本科课程——线下课程"称号。担任 Asian Review of Accounting 编委以及国内外权威学术刊物的匿名审稿专家。

摘 要

中国企业的海外发展面临复杂而深刻的国际背景。一方面,受新冠肺炎疫情影响,全球经济衰退,贸易和投资大幅萎缩,加之欧美国家的贸易保护主义不断抬头和升温,"逆全球化"思潮暗流涌动,进一步加剧了全球市场的复杂多变和不确定性,给中国企业海外经营带来许多新的棘手问题;另一方面,随着新一轮科技和产业革命的孕育兴起,国际分工体系加速演变,全球价值链深度重塑,赋予经济全球化新的内涵,这些又为中国企业在全球范围内配置资源、促进中国企业"走出去"发展、推进国际区域经济合作提供了难得的战略机遇。在新的国际形势下,抓住机遇,趋利避害,占领国外新市场、新资源,更稳健和富有成效地实施中国企业海外发展战略,是国家经济结构调整和转型升级战略的重要组成部分。

《中国企业海外发展报告(2021)》首先对2020年中国企业海外发展进行总体评价,其次重点分析了入围2020年"世界500强"和"最具价值全球品牌100强"的中国企业及中国上市公司的海外发展情况,然后对北京自贸区的影响进行专题研究,再次对2020年北京企业国际化发展问题展开分析与探索,最后对2020年北京企业海外发展的5个典型企业开展了案例研究。总的来说,本书对中国企业在海外的发展现状、变化趋势、政策取向等问题展开了比较系统的分析与评价。

本书指出,2020年中国对外贸易实现逆势增长、贸易质量提升至新水平。服务贸易有所下滑,但服务贸易结构进一步优化。对外直接投资稳步增

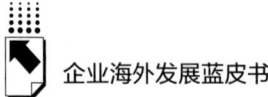

长,投资结构继续优化;跨国并购和对外承包工程业务呈现下滑趋势。2020年中国入围"世界500强"的企业数量和营业收入均实现了小幅增长;入围2020年"最具价值全球品牌100强"的企业数量和品牌价值稳中有升。从中国上市公司海外投资来看,2020年海外投资总量呈收缩态势,投资地区仍以发达国家为主,投资模式以独立投资、增资和并购为主,投资领域趋于多元化。北京自贸区的建设与"一带一路"倡议均为我国深化改革和扩大开放的重大举措。其中,北京自贸区的建设是新时期企业"走出去"的重要战略举措之一,对中国企业对外贸易产生了重要的影响,有利于推动企业贸易发展和提升贸易质量;此外,北京自贸区的建设也是推动建立高层次对外开放新格局的重要战略举措,对推动区域经济一体化建设和提高企业对外投资效益具有促进作用。2020年北京企业海外投资总量大幅下滑,投资国别分布相对均衡,并主要集中在发达地区和共建"一带一路"国家,投资领域多元化,但投资力度相对集中。在新冠肺炎疫情防控常态化的背景下,北京企业作为共建"一带一路"国家投资的主力面临新的挑战与机遇。最后,本书系统梳理和分析了中石油、京东方、同仁堂、北汽集团以及全聚德等北京典型企业的国际化发展情况及关键影响因素,对中国企业开拓海外市场具有重要的指导价值。

本书建议,中国需要加快推动形成国内国际双循环相互促进的新发展格局,积极推进多边合作构建稳定的外贸环境,创新对外投资方式,防控海外经营风险,进一步优化营商环境,借助跨国企业推动全球化战略的实施,完善双边和多边合作机制以推动形成海外投资多元化格局,加强对外投资政策引导,完善投资服务体系,增强海外投资风险防控意识,提升企业海外投资竞争力;通过推进自贸区基础设施建设、加快自贸区制度创新复制推广、建立统一的协调对接机制来加快北京自贸区建设以对接共建"一带一路",完善多边合作机制以推动形成全面开放新格局,加强政府政策引导,促进对外投资的自由化和便利化,创新对外投资模式来增强海外投资灵活性和适应性,培育企业核心竞争力进而提升国际循环质量和水平。北京企业需要继续加强与共建"一带一路"国家和地区在现有领域的投资合作,通过投资拉动促进各国经济复苏，推动区域经济一体化进程，促进与共建"一带一路"国家和地区在电子商务领域的投资合作，拓展科研、服务业、数字经济等新领域的投资合作，努力维护全球供应链基本稳定。

关键词： 中国企业　海外投资　北京自贸区　"一带一路"

目 录

Ⅰ 总报告

B.1 2020年中国企业海外发展总体分析与评价
　　　　　　　　　　　　　　　　　　　　张新民　王分棉 / 001
　　一　2020年中国企业对外贸易总体分析与评价 …………… / 002
　　二　2020年中国服务贸易企业总体分析与评价 …………… / 020
　　三　2020年中国对外投资企业的总体分析与评价 ………… / 024
　　四　展望与建议 ……………………………………………… / 033

Ⅱ 分报告

B.2 入围2020年"世界500强"中国企业评价分析
　　　　　　　　　　　　　　　　　　　　　卿　琛　杨道广 / 038

B.3 入围2020年"最具价值全球品牌100强"中国企业评价分析
　　　　　　　　　　　　　　　　　　　　　葛　超　杨道广 / 072

B.4 2020年中国上市公司海外投资分析 ………… 陈　帅　杨道广 / 096

001

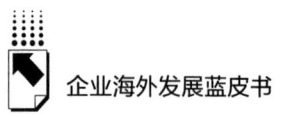

Ⅲ 专题篇

- B.5 北京自贸区与共建"一带一路"协调对接研究 ………………………… 金 瑛 刘思义 / 121
- B.6 北京自贸区对企业对外贸易影响研究 ………… 韩紫轩 刘思义 / 141
- B.7 北京自贸区对企业对外直接投资的影响研究 ………………………… 韩紫轩 刘思义 / 170
- B.8 "双循环"新格局下北京企业海外投资研究 ………………………… 陈 帅 刘思义 杨晴贺 / 194
- B.9 2020年北京企业在共建"一带一路"国家的投资分析 ………………………… 金 瑛 刘思义 / 216

Ⅳ 案例篇

- B.10 "一带一路"倡议下的中石油国际化发展案例研究 ………………………… 郭瞳瞳 杨道广 / 243
- B.11 京东方国际化发展案例研究 …………… 郭瞳瞳 杨道广 / 268
- B.12 北京同仁堂国际化发展案例研究 ………… 赵文卓 杨道广 / 291
- B.13 北汽集团国际化发展案例研究 …… 王兴佩 贺 佳 王分棉 / 313
- B.14 全聚德国际化发展案例研究 ……………… 陈 帅 杨道广 / 334

Abstract ……………………………………………………………… / 350
Contents …………………………………………………………… / 354

皮书数据库阅读使用指南

总 报 告
General Report

B.1
2020年中国企业海外发展总体分析与评价

张新民 王分棉*

摘 要： 2020年，在全球贸易面对诸多困难和挑战的大背景下，中国对外贸易仍然实现了逆势增长，不仅对外贸易规模和国际市场份额创新高，而且对外贸易的产业结构和贸易方式进一步优化，对外贸易质量提升至新水平。2020年，全球服务贸易规模大幅下降，中国的服务贸易进出口总额也有所下滑，服务贸易逆差呈显著下降态势，贸易结构得到进一步优化，服务贸易实现进一步的高质量发展。2020年全球对外直接投资大幅下降，而中国的对外直接投资稳步增长，是全球第二大对外直接投资（FDI）流入国和第一大

---

* 张新民，博士，教授，对外经济贸易大学北京企业国际化经营研究基地首席专家，主要研究方向为企业财务质量；王分棉，博士，副教授，对外经济贸易大学北京企业国际化经营研究基地研究员，主要研究方向为战略管理、国际企业管理。

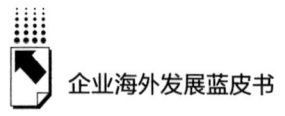

FDI流出国，对外投资结构进一步优化，然而中国企业跨国并购的交易金额和数量都出现了不同程度的下滑，中国对外承包工程业务完成的营业额和新签合同额也都有所下滑。

关键词： 对外贸易　服务贸易　对外直接投资

一　2020年中国企业对外贸易总体分析与评价

2020年，受新冠肺炎疫情影响，世界经济衰退，贸易和投资大幅萎缩，全球的产业链和供应链面临断裂的风险，加上逆全球化、贸易保护主义等因素的影响，国际形势更加严峻复杂。然而在全球贸易面临诸多困难和挑战的大背景下，中国对外贸易仍然实现了逆势增长，不仅对外贸易规模和国际市场份额创新高，而且对外贸易的产业结构和贸易方式进一步优化，对外贸易质量提升至新水平，为我国国民经济和社会的持续发展做出了积极贡献，也为全球对外贸易复苏提供了支撑和信心。

2020年，中国货物的进出口贸易总额比2019年增长了1.5%，是全球唯一实现贸易正增长的主要经济体，贸易额为46462.58亿美元。其中，货物出口额相对于2019年增长了3.6%，为25906.46亿美元，占全球货物出口贸易总额的比重为14.7%，比2019年提高了1.5个百分点，货物出口额在国际市场的占比增幅较为明显；货物进口贸易额比2019年下降了1.1%，达20556.12亿美元，在全球货物进口贸易总额中的比重为11.5%，较2019年上升了0.7个百分点。2020年，中国贸易顺差为5350.34亿美元，比2019年增加了1139.61亿美元（见图1和表1）。

2020年中国企业海外发展总体分析与评价

表1　2010~2020年中国货物进出口贸易的情况

单位：亿美元，%

年份	进出口 总额	进出口 增速	出口 总额	出口 增速	进口 总额	进口 增速	差额
2010	29740.01	34.7	15777.54	31.3	13962.47	38.8	1815.07
2011	36418.64	22.5	18983.81	20.3	17434.84	24.9	1548.97
2012	38671.19	6.2	20487.14	7.9	18184.05	4.3	2303.09
2013	41589.93	7.5	22090.04	7.8	19499.89	7.2	2590.15
2014	43015.27	3.4	23422.93	6.0	19592.35	0.4	3830.58
2015	39530.33	-8.0	22734.68	-2.9	16795.64	-14.1	5939.04
2016	36855.57	-6.8	20976.31	-7.7	15879.26	-5.5	5097.05
2017	41071.38	11.4	22633.45	7.9	18437.93	16.1	4195.52
2018	46224.44	12.5	24866.96	9.9	21357.48	15.8	3509.47
2019	45778.91	-1.0	24994.82	0.5	20784.09	-2.7	4210.73
2020	46462.58	1.5	25906.46	3.6	20556.12	-1.1	5350.34

资料来源：中国海关统计数据各年进出口商品总值表A。

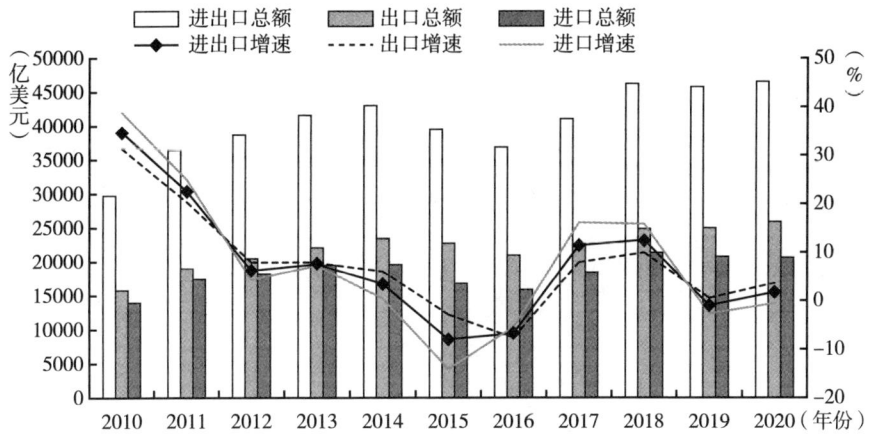

图1　2010~2020年中国对外贸易总体情况

资料来源：中国海关统计数据各年进出口商品总值表A。

2020年，中国对共建"一带一路"国家的进出口贸易总额为93696亿元，比2019年增长了1%。其中，出口贸易额为54263亿元，比上年增长了3.2%；进口贸易额为39433亿元，比2019年降低了1.8%。此外，2020年我国跨境电商市场发展迅猛，进出口贸易总额比2019年增长了31.1%。其中，跨境电商出口贸易总额达到1.12万亿元，比2019年增长了40.1%；跨境电商进口贸易总额达到0.57万亿元,比2019年增长了16.5%。跨境电商已成为驱动我国对外贸易增长的重要力量。

(一)2020年中国对外贸易企业的贸易方式情况

2020年,一般贸易的对外贸易总额占中国对外贸易总额的59.8%,贸易额为27796.7亿美元,比2019年增长2.9%。其中出口额较2019年增长6.4%,贸易额为15373.7亿美元;进口额同比下降1.2%,贸易额为12423.0亿美元。一般贸易的贸易顺差额为2950.7亿美元,同比增长58.3%。

2020年,加工贸易的对外贸易总额占中国对外贸易总额的23.8%,贸易额达11058.7亿美元,较2019年降低4.1%。其中,出口额同比下降4.5%,贸易额为7024.8亿美元;进口额也呈下降趋势,同比下降3.5%,贸易额为4033.9亿美元。此外,中国加工贸易的顺差额为2990.9亿美元,比2019年下降5.8%。

2020年,其他贸易的对外贸易总额占中国对外贸易总额的16.4%,贸易额为7607.2亿美元。其中出口额比2019年增长9.8%,出口额达3508.0亿美元;进口额比2019年增长2.0%,进口额为4099.2亿美元(见图2、图3和表2)。

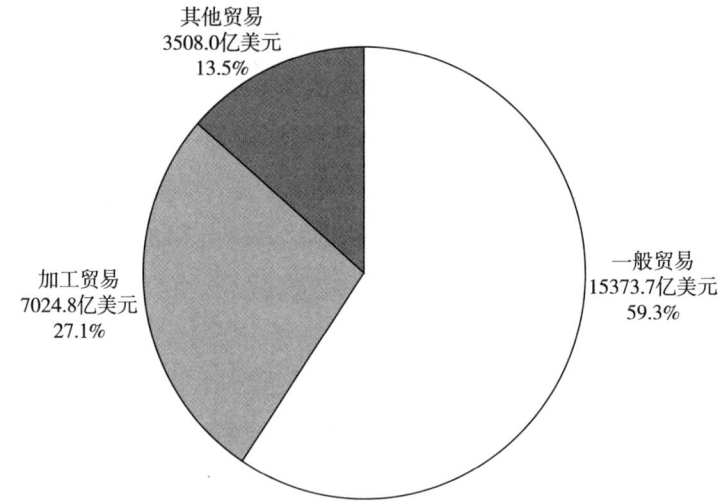

图2 2020年不同贸易方式的出口额情况

资料来源:中国海关统计数据。

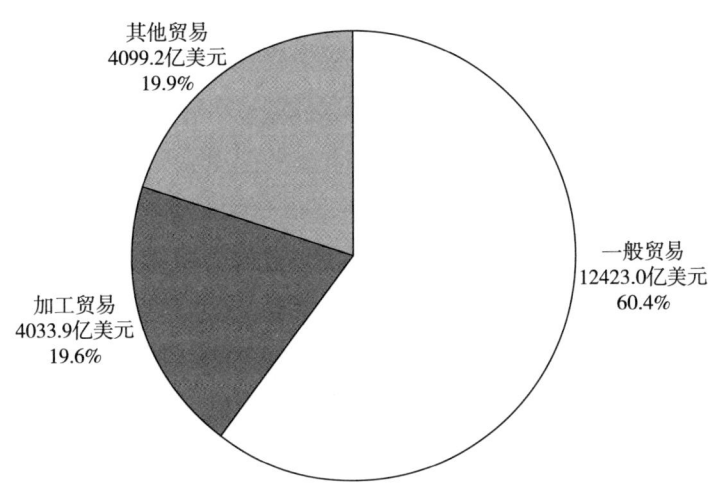

图3 2020年不同贸易方式的进口额情况

资料来源：中国海关统计数据。

表2 2010~2020年中国不同贸易方式的对外贸易情况

单位：亿美元，%

年份	项目	出口		进口	
		金额	同比增长	金额	同比增长
2010	总额	15779.3	31.3	13948.3	38.7
	一般贸易	7207.3	36.0	7679.8	43.7
	加工贸易	7403.4	26.1	4174.3	29.5
	其他贸易	1168.6	37.7	2094.2	40.2
2011	总额	18986.2	20.3	17437.4	25.0
	一般贸易	9173.7	27.3	10077.1	31.2
	加工贸易	8352.2	12.8	4698.9	12.6
	其他贸易	1460.3	25.0	2661.4	27.1
2012	总额	20498.3	8.0	18178.5	4.3
	一般贸易	9880.1	7.7	10218.4	1.4
	加工贸易	8627.8	3.3	4811.7	2.4
	其他贸易	1990.4	36.3	3148.4	18.3
2013	总额	22100.2	7.9	19502.9	7.3
	一般贸易	10875.3	10.1	11097.2	8.5
	加工贸易	8608.2	-0.2	4969.9	3.3
	其他贸易	2616.7	32.2	3435.8	9.6

续表

年份	项目	出口		进口	
		金额	同比增长	金额	同比增长
2014	总额	23427.5	6.1	19602.9	0.4
	一般贸易	12036.8	10.7	11095.1	0.0
	加工贸易	8843.6	2.7	5243.8	5.5
	其他贸易	2547.1	-2.7	3264.0	-5.0
2015	总额	22765.7	-2.8	16819.5	-14.1
	一般贸易	12157.0	1.0	9231.9	-16.8
	加工贸易	7977.9	-9.8	4470.0	-14.8
	其他贸易	2630.8	2.7	3117.6	-4.5
2016	总额	20981.5	-7.7	15784.2	-5.5
	一般贸易	11310.4	-6.9	8990.1	-2.5
	加工贸易	7156.0	-10.3	3966.9	-11.3
	其他贸易	2515.1	-4.4	2827.2	-9.3
2017	总额	22635.2	7.9	18409.8	15.9
	一般贸易	12300.9	8.8	10827.6	20.2
	加工贸易	7588.3	6.0	4312.2	8.7
	其他贸易	2746.0	9.2	3270.0	15.7
2018	总额	24874.0	9.9	21356.4	15.8
	一般贸易	14009.9	13.9	12739.3	17.4
	加工贸易	7971.7	5.1	4703.8	9.1
	其他贸易	2892.4	5.3	3913.3	19.7
2019	总额	24990.3	0.5	20771.0	-2.7
	一般贸易	14439.5	3.1	12567.4	-1.4
	加工贸易	7354.7	-3.7	4178.9	-11.15
	其他贸易	3196.0	10.5	4016.9	2.6
2020	总额	25906.5	3.6	20556.1	-1.1
	一般贸易	15373.7	6.4	12423.0	-1.2
	加工贸易	7024.8	-4.5	4033.9	-3.5
	其他贸易	3508.0	9.8	4099.2	2.0

资料来源：中国海关统计数据各年进出口商品贸易方式总值表。

（二）2020年中国对外贸易企业的性质情况

从中国对外贸易的企业主体来看，2020年中国外贸企业数量为53.1

万家，比 2019 年增长了 6.4%。其中，民营企业的对外贸易总额实现了逆势增长，其作为最大对外贸易主体的地位更加巩固，而国有企业和外资企业的对外贸易总额都出现了不同程度的回落。具体来看，民营企业进出口总额为 21829.5 亿美元，比 2019 年增长了 10.4%，占进出口贸易总额的 46.98%。

其中，2020 年民营企业的出口额为 14509.0 亿美元，同比增长 11.8%，占出口总额的 56.0%，民营企业出口额已经连续 6 年居出口主体的首位；进口额为 7320.5 亿美元，同比增长了 7.7%。外资企业的进出口贸易总额为 17975.9 亿美元，占对外贸易总额的 38.7%，其中出口额为 9322.7 亿美元，同比下降 3.5%；进口额为 8653.2 亿美元，比 2019 年增长 0.9%。2020 年国有企业的进出口贸易总额为 6657.2 亿美元，占进出口贸易总额的 14.3%，其中出口额为 2074.8 亿美元，比 2019 年下降了 12.0%；进口额为 4582.4 亿美元，比 2019 年下降 14.7%（见表 3、图 4 和图 5）。

表 3　2010~2020 年不同性质企业的对外贸易情况

单位：亿美元，%

年份	项目	出口		进口	
		金额	同比增长	金额	同比增长
2010	总额	15779.3	31.3	13948.3	38.7
	国有企业	2343.6	22.7	3875.5	34.3
	外资企业	8623.1	28.3	7380.0	35.3
	民营企业	4812.7	42.2	2692.8	56.7
2011	总额	18978.9	20.3	17432.4	25.0
	国有企业	2672.4	14.0	4939.5	27.5
	外资企业	9948.9	15.4	8643.4	17.1
	民营企业	6357.6	32.1	3849.4	43.0
2012	总额	20489.4	7.9	18182.0	4.3
	国有企业	2562.8	-4.1	4954.3	0.3
	外资企业	10227.5	2.8	8712.5	0.8
	民营企业	7699.1	21.1	4511.5	17.2

续表

年份	项目	出口		进口	
		金额	同比增长	金额	同比增长
2013	总额	22100.2	7.9	19502.9	7.3
	国有企业	2489.9	-2.8	4989.9	0.6
	外资企业	10442.6	2.1	8748.2	0.4
	民营企业	9167.7	19.1	5764.8	27.8
2014	总额	23427.5	6.1	19602.9	0.4
	国有企业	2564.9	3.1	4910.5	-1.9
	外资企业	10747.3	3.0	9093.1	3.9
	民营企业	10115.2	10.4	5599.3	-2.9
2015	总额	22765.7	-2.8	16819.5	-14.2
	国有企业	2423.9	-5.5	4078.4	-16.9
	外资企业	10047.3	-6.5	8298.9	-8.7
	民营企业	10294.5	1.6	4442.2	-20.7
2016	总额	20981.5	-7.7	15874.2	-5.5
	国有企业	2156.1	-11.0	3608.2	-11.4
	外资企业	9169.5	-8.7	7704.7	-7.0
	民营企业	9655.9	-6.1	4561.3	2.7
2017	总额	22635.2	7.9	18409.8	15.9
	国有企业	2312.3	7.3	4374.4	21.1
	外资企业	9775.6	6.6	8615.8	11.8
	民营企业	10547.3	9.2	5419.6	18.8
2018	总额	24874.0	9.9	21356.4	15.8
	国有企业	2572.6	11.1	5473.5	24.9
	外资企业	10360.1	6.0	9320.5	8.1
	民营企业	11941.3	13.2	6562.4	21.1
2019	总额	24990.3	0.5	20771.0	-2.7
	国有企业	2356.1	-8.4	5377.6	-1.8
	外资企业	9660.6	-6.8	8598.2	-7.8
	民营企业	12973.6	8.6	6795.3	3.5
2020	总额	25906.5	3.6	20556.1	-1.1
	国有企业	2074.8	-12.0	4582.4	-14.7
	外资企业	9322.7	-3.5	8653.2	0.9
	民营企业	14509.0	11.8	7320.5	7.7

资料来源：中国海关统计数据各年进出口商品贸易方式企业性质总值表。

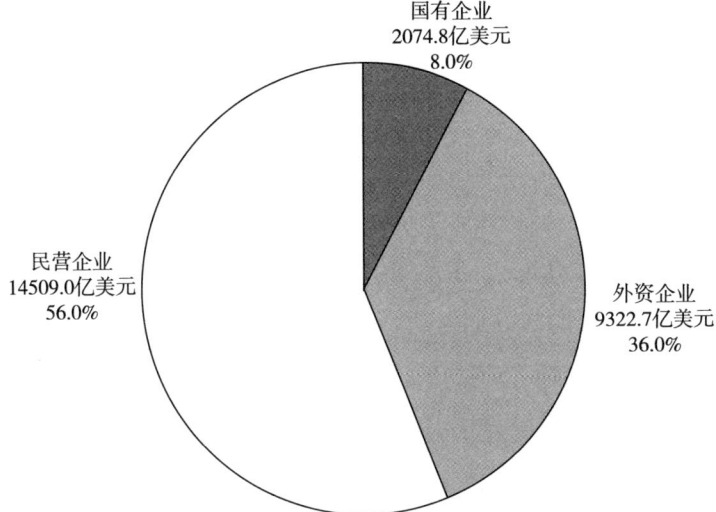

图 4　2020 年不同性质企业的出口情况

资料来源：中国海关统计数据。

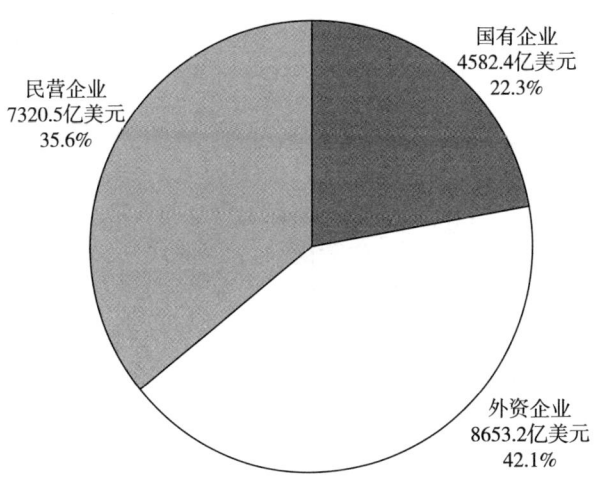

图 5　2020 年不同性质企业的进口情况

资料来源：中国海关统计数据。

（三）2020年中国对外贸易企业的国别情况

从整体来看，2020 年中国企业对外贸易的区域市场依然主要分布在亚洲、北美和欧洲，但海外市场的多元化程度逐年提高，其中东盟、欧盟、美国和日本是排在前4位的贸易伙伴,这也是东盟第一次成为中国的第一大贸易伙伴。

从对外贸易的区域市场分布情况来看,2020年,中国在亚洲市场的对外贸易总额为23865.7亿美元,比2019年增长了0.8%,占对外贸易总额的51.4%,其中对亚洲市场的出口额为12310.6亿美元,比2019年增长了0.9%,占中国出口贸易总额的47.5%;对亚洲市场的进口额为11555.1亿美元,比2019年增长了0.8%,占中国进口贸易总额的56.3%。中国在欧洲市场的对外贸易总额为9075.6亿美元,比2019年增长了3.5%,占对外贸易总额的19.5%,其中对欧洲市场的出口额为5359.0亿美元,同比增长了7.2%,占中国出口贸易总额的20.6%;对欧洲市场的进口额为3716.6亿美元,比2019年下降了1.4%,占中国进口贸易总额的18.1%。中国在北美市场的对外贸易总额为6510.1亿美元,比2019年增长了7.3%,占对外贸易总额的14.0%,其中对北美市场的出口额为4939.6亿美元,同比增长了8.4%,占中国出口贸易总额的19.1%;对北美市场的进口额为1570.5亿美元,比2019年增长了3.8%,占中国进口贸易总额的7.6%(见图6~图7)。

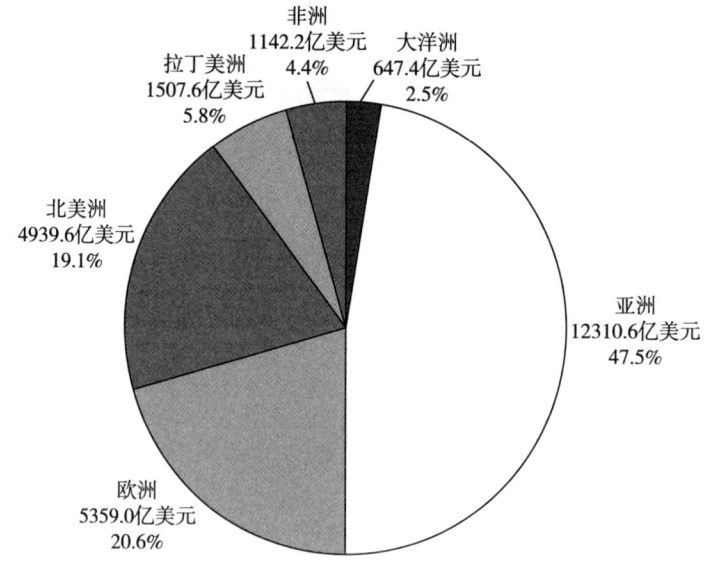

图6　2020年中国企业出口的区域市场分布情况

资料来源:中国海关统计数据。

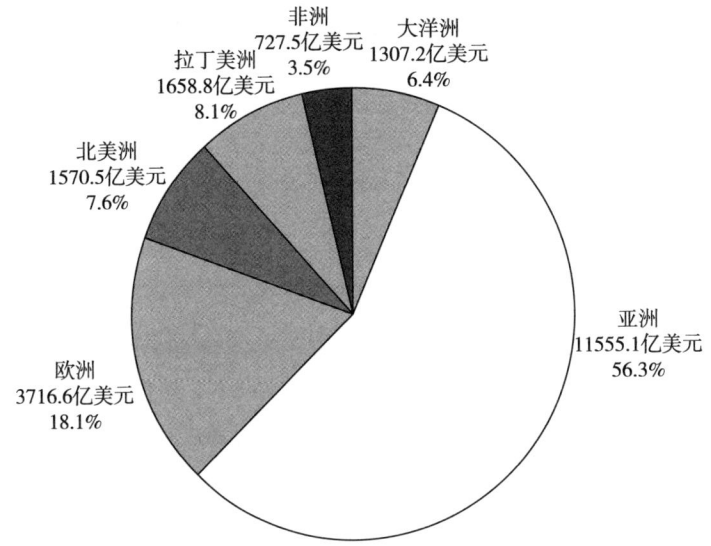

图7　2020年中国企业进口的区域市场分布情况

资料来源：中国海关统计数据。

从对外贸易的国别（地区）分布情况来看，东盟在2020年首次超越欧盟成为中国的第一大贸易伙伴，中国对东盟的进出口贸易总额为6846.0亿美元，同比增长了6.7%，其中对东盟的出口额为3837.2亿美元，同比增长了6.7%；对东盟的进口额为3008.8亿美元，比2019年增长了6.6%。欧盟是中国的第二大贸易伙伴，中国对欧盟的进出口贸易总额为6495.3亿美元，比2019年增长了4.9%，其中对欧盟的出口额为3909.8亿美元，比2019年增长了2.7%；对欧盟的进口额为2585.5亿美元，比2019年增长了6.3%。美国是中国的第三大贸易伙伴，中国对美国的进出口贸易总额为5867.2亿美元，同比增长了8.3%，其中对美国的出口额为4518.1亿美元，同比增长了7.9%；对美国的进口额为1349.1亿美元，比2019年增长了9.8%。中国的第四大贸易伙伴是日本，中国对日本的进出口贸易总额为3175.4亿美元，同比增长了0.8%，其中对日本的出口额为1426.6亿美元，同比下降了0.4%；对日本的进口额为1748.7亿美元，比2019年增长了1.8%（见表4）。

表4　2020年中国对外贸易的主要国别（地区）分布情况

单位：亿美元

国家和地区	进出口贸易总额	出口额	进口额
总值	46462.6	25906.5	20556.1
亚洲	23865.7	12310.6	11555.1
日本	3175.4	1426.6	1748.7
韩国	2852.6	1125.0	1727.6
中国香港	2796.4	2726.6	69.8
中国台湾	2608.1	601.4	2006.6
东盟*	6846.0	3837.2	3008.8
新加坡	891.0	575.4	315.5
非洲	1869.7	1142.2	727.5
欧洲	9075.6	5359.0	3716.6
欧盟**	6495.3	3909.8	2585.5
英国	923.7	726.1	197.6
德国	1920.9	868.3	1052.6
法国	666.5	369.6	296.9
意大利	551.9	329.4	222.5
荷兰	918.0	790.1	127.9
俄罗斯	1077.7	505.8	5771.8
拉丁美洲	3166.4	1507.6	1658.8
北美洲	6510.1	4939.6	1570.5
加拿大	639.9	421.1	218.8
美国	5867.2	4518.1	1349.1
大洋洲	1954.6	647.4	1307.2
澳大利亚	1683.2	534.8	1148.4

* 东盟包括文莱、印度尼西亚、马来西亚、菲律宾、新加坡、泰国，1996年后增加越南，1998年后增加老挝和缅甸，2000年后增加柬埔寨。

** 欧盟在1994年前称欧共体，包括比利时、丹麦、英国、德国、法国、爱尔兰、意大利、卢森堡、荷兰、希腊、葡萄牙、西班牙，1995年后增加奥地利、芬兰、瑞典。自2004年5月起，统计范围增加塞浦路斯、匈牙利、马耳他、波兰、爱沙尼亚、拉脱维亚、立陶宛、斯洛文尼亚、捷克斯洛伐克。自2007年1月起，增加罗马尼亚、保加利亚。自2013年7月起增加克罗地亚。自2020年2月起，统计范围不包括英国。

资料来源：中国海关统计数据2020年进出口商品国别（地区）总值表。

此外，中国对共建"一带一路"国家的进出口贸易总额为93696亿元，比2019年增长1%，占进出口贸易总额的29.1%，比2019年下降了0.3个百分点。中国对共建"一带一路"国家的出口贸易额较2019年增长了3.2%，其中对沙特阿拉伯和土耳其的出口贸易额增长最快，分别增长了18.4%和18%。2020年中欧班列开行了1.24万列，比2019年增长了50%，发送货物的标准箱数增长了56%。然而，2020年中国对拉丁美洲和非洲的进出口贸易额分别降低了0.3%和10.5%，分别占进出口贸易总额的6.8%和4%。

（四）2020年中国对外贸易企业的商品结构状况

从出口来看，2020年的机电产品和高新技术产品出口呈现了较好的增长态势。具体来看，机电产品的出口额为15411.1亿美元，占中国出口贸易总额的59.5%，比2019年增长了1.35%，其中，自动数据处理设备及其部件出口额为2109.6亿美元，比2019年增长了22.2%；手机的出口额为1254.5亿美元，比2019年增长了0.9%；家用电器的出口额为661.3亿美元，同比增长了23.5%；汽车和汽车底盘的出口额为157.4亿美元，比2019年回落了3.6%。高新技术产品的出口额为7766.6亿美元，比2019年增长了1.8%。2020年劳动密集型产品的出口也实现了大幅增长，比2019年增长了9.8%，其中纺织纱线、织物及制品的出口额为1538.4亿美元，比2019年增长22.8%，口罩作为防疫物资的出口对此做出了积极贡献。此外，家具及其零件的出口额为584.1亿美元，同比增长3.5%。然而，服装及衣着附件的出口额为1373.8亿美元，鞋类出口额为354.3亿美元，分别比2019年回落了13.1%和28.8%（见表5）。

表5　2016~2020年中国主要商品出口情况

单位：亿美元

商品名称	2016年	2017年	2018年	2019年	2020年
纺织纱线、织物及制品	1050.5	1097.7	1191.0	1253.1	1538.4
服装及衣着附件	1578.2	1572.0	1576.3	1580.4	1373.8
鞋类	471.9	481.6	469.0	497.8	354.3
自动数据处理设备及其部件	1373.8	1582.4	1719.8	1726.9	2109.6

续表

商品名称	2016年	2017年	2018年	2019年	2020年
家具及其零件	477.8	499.2	536.9	564.3	584.1
*机电产品	12094.0	13214.6	14607.2	15206.1	15411.1
*高新技术产品	6038.7	6674.4	7468.7	7628.45	7766.6

*"高新技术产品"和"机电产品"包括部分本表中已列的相关商品。
资料来源：中国海关统计数据。

2020年，中国进口的原油、天然气、大豆、铁矿砂及其精矿等大宗商品的数量比2019年都实现了不同程度的增长。具体来看，进口了11.7亿吨铁矿砂及其精矿，比2019年略有增长，增幅为9.5%，进口额为1189.4亿美元，同比增长了12.4%；进口原油5.4亿吨，比2019年增长了7.3%，进口额为1763.2亿美元，同比降低了29.9%；进口天然气10166万吨，比2019年增长了5.3%，进口额为334.55亿美元；进口大豆10033万吨，比2019年增长了13.3%，进口额为395.3亿美元，比2019年增长了7.3%。机电产品和高新技术产品的进口额都有所上升，分别为9491.5亿美元和6822.2亿美元，分别比2019年增长了0.3%和2.6%（见表6）。此外，疫情下我国的市场规模优势为消费品的持续快速增长提供了支撑，其中美容化妆品及洗护用品的进口额在2020年实现了大幅增长，进口额为202.5亿美元，增幅为29.4%；医药材及药品的进口额比2019年增长了3.5%，达371.9亿美元。

表6 2016~2020年中国重点商品进口情况

单位：亿美元

商品名称	2016年	2017年	2018年	2019年	2020年
大豆	339.85	396.38	380.60	368.50	395.30
食用植物油	41.64	45.31	47.28	66.20	74.40
铁矿砂及其精矿	576.57	762.78	755.40	1057.80	1189.40
原油	1164.69	1623.28	2402.62	2514.10	1763.20
成品油	111.41	144.86	201.80	177.70	117.90
天然气	164.89	232.75	384.80	417.20	334.55
初级形状的塑料	413.26	485.06	564.02	555.00	524.30

续表

商品名称	2016年	2017年	2018年	2019年	2020年
钢材	131.53	151.70	164.36	147.10	168.30
未锻轧铜及铜材	263.79	312.58	374.85	338.70	431.70
汽车和汽车底盘	446.66	506.58	505.14	504.90	467.00
*机电产品	7714.09	8544.96	9655.61	9464.90	9491.50
*高新技术产品	5237.83	5840.34	6714.80	6649.80	6822.20

*本表中已列示的部分相关商品包含于"高新技术产品"和"机电产品"。

资料来源：中国海关统计数据。

（五）2020年中国对外贸易企业的区域分布情况

分地区看，2020年东部地区的对外贸易总额在全国对外贸易总额中的占比仍然超过了八成，基本与2019年持平，中部地区的对外贸易总额增长迅速，西部地区的对外贸易总额较2019年有所回落。

2020年，东部地区对外贸易总额为38616.8亿美元，同比增长1.7%，占中国对外贸易总额的83.1%，比2019年增加0.2个百分点。其中，出口额和进口额分别是21268.3亿美元和17348.5亿美元，占中国对外贸易总额的比重分别为82.1%和84.4%，基本与2019年持平。

从中部地区的情况来看，2020年中部地区对外贸易总额为4330亿美元，同比增长了13.8%，占中国对外贸易总额的9.5%，比2019年提高了1个百分点。其中，出口额和进口额占中国对外贸易总额的比重分别为10.1%和8.9%，比上年分别提高了0.8个和1.4个百分点，出口额和进口额分别为2610.6亿美元和1819.4亿美元，比2019年分别增长了12.1%和16.4%。

从西部地区的情况来看，2020年西部地区对外贸易总额为3415.4亿美元，下降了12.8%，占中国对外贸易总额的7.4%，比2019年回落了1.2个百分点。其中，出口额和进口额占中国对外贸易总额的比重分别为7.8%和6.8%，贸易额分别是2027.4亿美元和1388亿美元，比2019年分别下降了9.2%和17.4%（见表7）。

表7 2014~2020年中国对外贸易区域分布的总体情况

单位：亿美元，%

年份	项目	全国 金额	东部地区 金额	占比	中部地区 金额	占比	西部地区 金额	占比
2014	进出口	43030.4	36559.5	85.0	3127.1	7.3	3343.8	7.8
	出口	23427.5	19436.4	83.0	1816.4	7.8	2174.6	9.3
	进口	19602.9	17123.0	87.3	1310.6	6.7	1169.2	6.0
2015	进出口	39569.0	34096.0	86.2	2881.4	7.3	2591.6	6.5
	出口	22749.5	19645.7	86.4	1729.5	7.6	1374.4	6.0
	进口	16819.5	14450.3	85.9	1151.9	6.9	1217.2	7.2
2016	进出口	36855.7	31556.0	85.6	2728.2	7.4	2571.5	7.0
	出口	20981.5	17822.0	84.9	1639.3	7.8	1520.2	7.3
	进口	15874.2	13734.0	86.5	1088.9	6.9	1051.3	6.6
2017	进出口	41045.0	34994.4	85.3	3023.3	7.4	3027.4	7.4
	出口	22635.2	19337.9	85.4	1760.1	7.8	1537.2	6.8
	进口	18409.8	15656.5	85.0	1263.2	6.9	1490.1	8.1
2018	进出口	46230.3	39019.7	84.4	3449.1	7.5	3761.5	8.1
	出口	24874.0	20994.7	84.4	2009.0	8.1	1870.3	7.5
	进口	21356.3	18025.0	84.4	1440.1	6.7	1891.2	8.9
2019	进出口	45761.3	37955.3	82.9	3891.6	8.5	3914.3	8.6
	出口	24990.3	20428.3	81.7	2328.5	9.3	2233.6	8.9
	进口	20771	17527	84.4	1563.1	7.5	1681	8.1
2020	进出口	46462.6	38616.8	83.1	4430	9.5	3415.4	7.4
	出口	25906.5	21268.3	82.1	2610.6	10.1	2027.4	7.8
	进口	20556.1	17348.5	84.4	1819.4	8.9	1388	6.8

注：东部地区包括北京、上海、天津、河北、福建、辽宁、浙江、山东、江苏、广东和海南；中部地区包括河南、山西、吉林、湖南、江西、黑龙江、湖北和安徽；西部地区包括四川、内蒙古、云南、青海、广西、贵州、西藏、陕西、甘肃、重庆、新疆和宁夏。

资料来源：中国海关统计数据各地方海关进出口贸易统计报表。

随着中国对外开放的全方位推进，借助"一带一路"倡议和比较成本优势，中西部地区的对外贸易呈现了快速增长态势。2020年，中部和西部地区的对外贸易总额为7845.4亿美元，同比增长了0.5%，这得益于我国对外开放水平的持续提高，也说明中部和西部地区承接加工贸易梯度转移取得了积极成效。

从各省（区、市）的出口情况看，2020年广东的出口额遥遥领先，远高于其他省（区、市）的出口额，出口额为6283.7亿美元，相比2019年的出口额有所回落，降低了0.13%。出口额排第二位的是江苏，出口额为3962.8亿美元，相较于2019年略有上升，增幅为0.37%。浙江、上海和山东2020年的出口额依次位列第三、第四、第五，分别较上年变化8.57%、-0.45%和17.09%，出口分别为3632.7亿美元、1981.1亿美元和1890.4亿美元。另外，福建、北京、四川、河南和重庆的出口额分别为1224.0亿美元、670.1亿美元、672.5亿美元、593.0亿美元和605.3亿美元，比2019年分别增长了1.86%、-10.65%、19.26%、9.37%和12.51%。

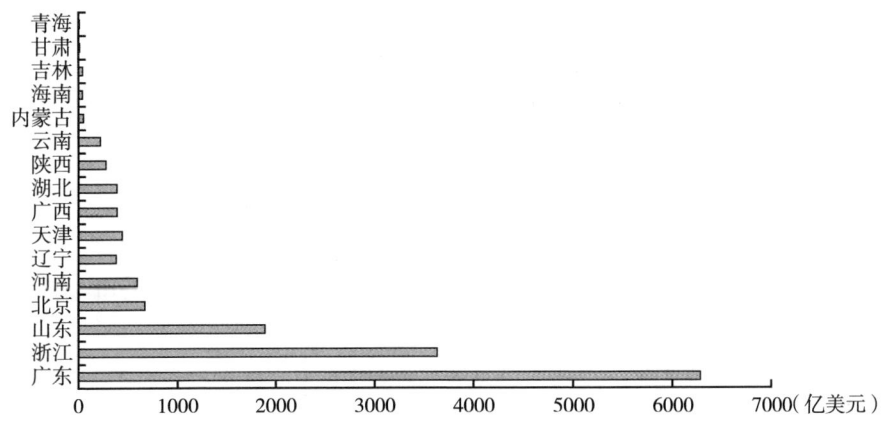

图8　2020年中国部分省（区、市）的出口情况

资料来源：中国海关统计数据。

表8　2013～2020年31个省（区、市）的出口情况

单位：亿美元

地区	2013年	2014年	2015年	2016年	2017年	2018年	2019年	2020年
全国	22100.19	23427.47	22749.5	20981.5	22635.2	24874.0	24990.3	25906.5
北京	632.46	623.48	546.7	518.4	585.0	741.7	750.0	670.1
天津	490.25	525.97	511.8	442.9	435.6	488.1	437.9	443.6
河北	309.63	357.13	329.4	305.8	313.6	339.9	343.8	364.6
山西	79.97	89.42	84.2	99.3	102.0	122.7	116.9	127.3

续表

地区	2013年	2014年	2015年	2016年	2017年	2018年	2019年	2020年
内蒙古	40.95	63.94	56.5	43.7	49.4	57.5	54.7	50.4
辽宁	645.41	587.59	507.1	430.7	449.0	488.0	454.5	383.3
吉林	67.57	57.78	46.5	42.1	44.3	49.4	47.0	42.0
黑龙江	162.32	173.40	80.3	50.4	51.4	44.5	50.7	52.0
上海	2041.97	2101.63	1959.4	1834.7	1936.8	2071.7	1990.0	1981.1
江苏	3288.57	3418.68	3386.7	3192.7	3633.0	4040.4	3948.3	3962.8
浙江	2487.92	2733.54	2766.0	2678.6	2868.9	3211.5	3345.9	3632.7
安徽	282.56	314.93	322.8	284.4	304.8	362.1	404.1	455.8
福建	1065.04	1134.57	1130.2	1036.8	1049.3	1155.6	1201.7	1224.0
江西	281.70	320.38	331.3	298.1	326.9	339.6	362.1	420.9
山东	1344.99	1447.45	1440.6	1371.6	1471.0	1601.4	1614.5	1890.4
河南	359.92	393.84	430.7	427.9	470.3	537.8	542.2	593.0
湖北	228.38	266.46	292.1	260.2	305.0	340.9	360.0	390.6
湖南	148.21	200.23	191.4	176.7	231.8	305.7	445.5	478.6
广东	6364.04	6462.22	6435.1	5988.6	6227.8	6466.8	6291.8	6283.7
广西	186.95	243.30	280.5	229.6	274.6	328.0	377.5	391.9
海南	37.06	44.17	37.4	21.2	43.7	44.9	49.9	40.1
重庆	467.97	634.09	551.9	406.9	426.0	513.8	538.0	605.3
四川	419.52	448.50	332.3	279.3	375.5	504.0	563.9	672.5
贵州	68.86	93.97	99.5	47.4	57.9	51.2	47.4	62.3
云南	159.59	188.02	166.2	114.8	115.4	128.1	150.2	221.4
西藏	32.69	21.01	5.9	4.7	4.4	4.3	5.4	1.9
陕西	102.24	139.29	147.9	158.3	245.6	316.0	272.2	278.9
甘肃	46.79	53.31	58.1	40.9	18.3	22.1	19.1	12.4
青海	8.47	11.28	16.4	13.7	4.2	4.7	2.9	1.8
宁夏	25.52	43.03	29.8	25.0	36.5	27.4	21.6	12.5
新疆	222.70	234.83	175.1	156.1	177.3	164.2	180.4	158.4

资料来源：中国海关统计数据各地方海关进出口贸易统计报表。

从各省（区、市）的进口情况来看，广东的进口额排在全国31个省（区、市）的首位，进口额为3952.6亿美元，但比2019年下降了3.46%。上海的进口额排在全国第二位，进口规模为3050.8亿美元，同比增长了3.34%。北京、江苏和山东的进口额依次位列第三、第四、第五，进口额分别为2680.3亿美元、2464.9亿美元和1294.1亿美元，其中北京和山东的进口规模都比2019年有所回落，降低了21.44%和4.03%，江苏同比增长了

5.02%。此外，浙江、福建、天津、辽宁和四川进口额分别为 1246.7 亿美元、802.6 亿美元、615.7 亿美元、561.3 亿美元和 495.5 亿美元，比 2019 年分别增长了 10.68%、10.02%、-2.03%、-6.18% 和 18.91%（见图 9 和表 9）。

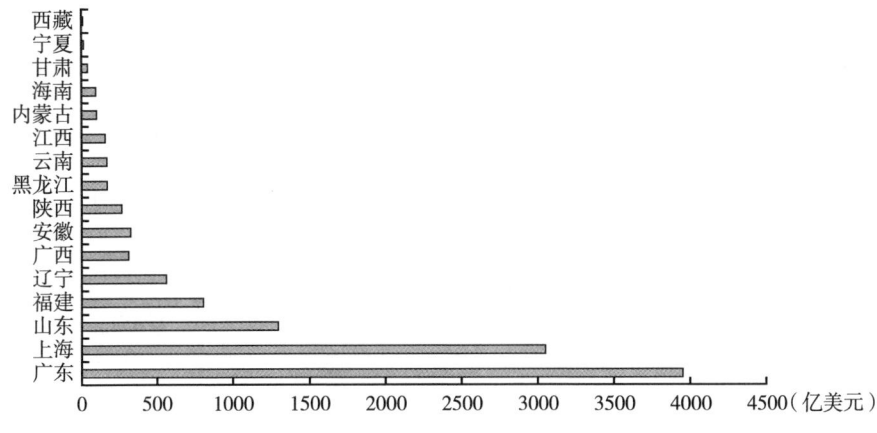

图 9　2020 年中国部分省（区、市）的进口情况

资料来源：中国海关统计数据。

表 9　2013～2020 年 31 个省（区、市）的进口情况

单位：亿美元

地区	2013 年	2014 年	2015 年	2016 年	2017 年	2018 年	2019 年	2020 年
全国	19502.89	19602.90	16819.51	15874.19	18409.82	21356.33	20771.0	20556.1
北京	3658.57	3533.06	2649.5	2301.9	2652.2	3382.3	3411.6	2680.3
天津	795.03	813.16	631.6	583.7	693.8	737.2	628.5	615.7
河北	239.20	241.69	185.4	160.5	184.5	198.9	236.6	273.3
山西	78.01	73.06	62.9	67.1	69.8	85.0	92.8	91.4
内蒙古	78.98	81.59	71.0	72.4	89.6	99.3	104.5	100.2
辽宁	497.44	552.01	452.5	434.6	545.5	656.6	598.3	561.3
吉林	190.96	206.00	142.8	142.4	141.1	157.3	142.0	142.9
黑龙江	226.46	215.60	129.6	114.9	136.7	219.6	220.3	169.9
上海	2370.29	2562.45	2533.0	2503.7	2824.4	3084.7	2948.9	3050.8
江苏	2219.88	2218.93	2069.5	1902.6	2278.2	2600.0	2347.0	2464.9
浙江	870.42	817.94	707.5	686.4	910.0	1113.2	1126.4	1246.7
安徽	173.77	177.80	156.9	158.9	231.5	267.7	283.3	324.6

续表

地区	2013年	2014年	2015年	2016年	2017年	2018年	2019年	2020年
福建	628.48	640.42	563.4	531.7	661.0	719.7	729.5	802.6
江西	85.69	107.45	93.4	102.6	117.8	142.8	147.2	157.3
山东	1326.49	1323.70	976.9	970.5	1159.5	1322.5	1348.5	1294.1
河南	239.59	256.49	307.7	284.0	305.8	290.5	282.5	376.2
湖北	135.52	164.18	163.8	133.2	158.1	187.1	211.5	230.2
湖南	103.44	110.04	101.9	85.8	128.7	159.6	183.5	226.7
广东	4551.66	4305.12	3793.6	3566.5	3836.9	4380.3	4070.0	3952.6
广西	141.42	162.23	232.4	248.7	297.5	295.4	304.6	311.0
海南	112.72	114.57	102.2	92.1	60.0	82.6	81.7	95.2
重庆	219.07	320.41	192.9	220.8	240.0	276.6	301.7	336.5
四川	226.41	254.02	182.4	213.9	305.7	395.4	416.7	495.5
贵州	14.04	14.17	22.7	9.6	23.7	24.8	18.3	16.7
云南	98.70	108.20	79.0	84.1	119.7	170.8	186.7	168.1
西藏	0.50	1.54	3.3	3.1	4.3	2.9	1.6	1.2
陕西	99.03	134.79	157.2	140.9	155.9	217.2	238.3	266.2
甘肃	56.00	33.18	21.8	27.9	32.2	37.9	36.1	41.5
青海	5.55	5.91	2.9	1.6	2.3	2.3	2.5	1.5
宁夏	6.65	11.32	8.1	7.8	13.9	10.4	13.3	5.3
新疆	52.92	41.87	21.7	20.5	29.3	35.9	56.7	55.5

资料来源：中国海关统计数据各地方海关进出口贸易统计报表。

二 2020年中国服务贸易企业总体分析与评价

由于全球经济服务化的持续推进、全球产业分工的加深、产业融合的加速，以及数字化技术的发展，服务贸易已经成为推动全球经济发展的重要新兴力量，服务贸易进出口总额在全球贸易总额中的份额已经连续多年增长。服务贸易在中国已经成为奋力推进新时代更高水平对外开放的重要动力，也是提高中国在全球产业链价值链中地位的新引擎，促进了中国对外贸易高质量发展。

然而2020年，受新冠肺炎疫情等因素的影响，全世界的服务贸易规模出现了大幅度的下降，中国服务贸易进出口总额也呈现下滑状态，但其降幅在2020年呈随季度缩小的趋势。此外，中国服务贸易逆差依然显著下降，说明中国的贸易结构得到了进一步的优化，服务贸易进一步呈现了较高水准的发展。

（一）2020年中国服务贸易逆差显著下降

2020年，中国服务贸易的进出口总额为45643亿元，比2019年下降了15.7%，其中，服务贸易出口总额为19357亿元，比上年回落了1.1%；服务贸易进口总额为26286亿元，比2019年下降了24.0%；服务贸易的逆差额为6929亿元，比2019年下降了53.9%。2020年服务贸易进出口总额占对外贸易总额的14.2%，比2019年下降了3.6个百分点（见表10）。

表10　2013~2020年中国服务贸易进出口情况

单位：亿元，%

年份	进出口总额	进口额	出口额	贸易逆差	占对外贸易总额的比重
2013	33814	20794	13020	-7774	12.0
2014	40053	26591	13461	-13130	13.9
2015	40745	27127	13617	-13510	15.0
2016	43947	30030	13918	-16112	15.9
2017	46991	31584	15407	-16177	15.0
2018	52402	34744	17658	-17086	15.1
2019	54153	34589	19564	-15025	17.8
2020	45643	26286	19357	-6929	14.2

资料来源：商务部统计数据。

（二）2020年中国服务贸易结构持续优化

从中国服务贸易的行业结构来看，由于新冠肺炎疫情下世界多国采取边境管制措施，传统服务贸易规模和制造业相关服务贸易规模大幅缩减。其中，最严重的旅行服务贸易进出口额大幅下降是2020年中国服务贸易进出口总额大幅缩减的重要缘由，2020年旅行服务进出口贸易额为10192.9亿元，同比下降48.3%，别除旅行服务后，2020年中国服务贸易进出口总额增长了

2.9%，其中进口服务贸易额基本与2019年持平，出口服务贸易额增长了6%。此外，2020年建筑服务进出口贸易额为2295.8亿元，比2019年降低10.8%；维护和维修服务进出口贸易额为760.2亿元，同比下降20.4%；加工服务进出口贸易额为1209.3亿元，同比下降11.8%；运输服务进出口贸易额为10434.8亿元，比2019年略有增长，增幅为0.2%（见表11）。

2020年，来自知识型密集行业的新兴服务贸易额依然呈现了快速增长的态势，贸易总额达到20331.2亿元，较2019年提高了8.3%，占服务贸易进出口总额的比重增加了9.8个百分点，占比超四成。其中，出口额达到10701.4亿元，较上年增长了7.9%，占服务贸易出口总额的55.3%；进口额为9629.8亿元，比2019年增长了8.7%，在服务贸易进口总额中的占比为36.6%。具体来看，随着全球数字经济的快速发展，电信、计算机和信息服务，金融服务，保险服务，知识产权使用费服务等的进出口额都实现了快速增长，进出口总额比2019年分别增长了16%、15.4%、13.9%和12.9%。

表11　2020年中国不同行业服务贸易情况

单位：亿元，%

服务类别	进出口		出口		进口	
	金额	同比增长	金额	同比增长	金额	同比增长
旅行服务	10192.9	-48.3	1141.3	-52.1	9051.6	-47.7
运输服务	10434.8	0.2	3904.1	22.9	6530.7	-9.7
建筑服务	2295.8	-10.8	1733.6	-10.3	562.2	-12.3
保险服务	1222.4	13.9	370.9	12.5	851.4	14.5
金融服务	507.6	15.4	288.7	7.0	219.0	28.5
电信、计算机和信息服务	6465.4	16	4191.4	12.8	2274.0	22.5
加工服务	1209.3	-11.8	1174.8	-12.9	34.5	60.2
知识产权使用费服务	3194.4	12.9	598.9	30.5	2595.5	9.4
个人、文化和娱乐服务	298.2	-18.1	90.7	9.8	207.5	-26.3
维护和维修服务	760.2	-20.4	528.6	-24.7	231.6	-8.2
其他商业服务	8643.2	1.7	5160.8	2.0	3482.4	1.3
政府服务	418.5	15.3	172.9	62.4	245.6	-4.3
总额	45642.7	-15.7	19356.7	-1.1	26286.0	-24.0

资料来源：商务部统计数据。

（三）2020年中国服务外包产业规模实现了稳步增长

2020年，中国服务外包产业规模比2019年小幅增长。具体来看，我国承接了9738.9亿元的服务外包合同，同比增长了5.8%，其中合同的执行额为7302亿元，同比增长了11.4%，合同执行额第一次突破了千亿美元。其中，我国承接离岸信息技术外包（ITO）的执行额为3204.1亿元、离岸知识流程外包（KPO）的执行额为2921.4亿元，比2019年分别增长了10.7%和17.9%。高端生产性服务外包业务实现了快速增长，其中生物技术研发服务、集成电路和电子电路设计业务服务比上年分别增长了25%和41%。此外，2020年中国承接美国、中国香港、欧盟的服务外包执行额分别增长17%、5.7%和5.8%，分别达1550.6亿元、1198.3亿元和1176.8亿元，合计占中国服务外包产业规模的53.8%。中国承接共建"一带一路"国家的服务外包执行额也有明显增加，达1360.6亿元，同比增长8.9%。

（四）服务贸易新政开放推进形成新优势

为了更好地推进服务贸易实现高质量发展，我国积极探索并建立了服务贸易创新发展的试验基地与创新试点地区。2016年，我国率先在上海、海南等15个地区创建了服务贸易创新发展试点。2018年，国家进一步深化试点发展，试点范围扩大到北京、雄安新区等17个地区，而且创建服务贸易创新试点的部分地区的服务贸易发展取得显著成效。自创新试点创建以来，所有的创新试点地区积极探索发展模式，在管理体制、促进机制、政策体系、监管模式和新业态新模式等方面进行了积极探索，形成了促进我国服务贸易高质量发展的新机制、新模式和新路径。2019年，创新试点地区的服务贸易进出口额在全国服务贸易进出口总额中的比重已经超过了七成，而且发展速度远高于全国的平均水平。

2020年，国家大力支持在北京建设服务业扩大开放的综合示范区，2021年新增4个服务业扩大开放综合试点，这些试点城市将在服务贸易的制度型开放方面进行探索与试行，推动我国服务贸易规则、规制、管理、标准等制度型开放，形成国际合作与竞争的新优势。

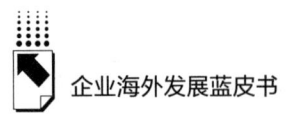

三 2020年中国对外投资企业的总体分析与评价

(一)2020年世界对外直接投资概况

根据联合国贸易和发展会议(UNCTAD)发布的《2021年世界投资报告》,从FDI流入量来看,2020年全球FDI流入量大幅下降,比2019年下降了35%,达到9990亿美元。流入发达经济体的FDI同比下降了58%,流入额为3120亿美元。流入欧洲的FDI为730亿美元,比2019年减少了80%,其中英国的FDI流入量下降了57%,法国下降了47%,德国下降了34%。2020年北美的FDI流入量下降42%,为1800亿美元。美国仍然是FDI的最大流入国,FDI流入量同比减少了37%,流入额为1560亿美元。此外,流入澳大利亚的FDI减少了49%,流入日本的FDI减少了30%。

2020年流入发展中经济体的FDI下降幅度相对较小,下降了8%,流入额为6630亿美元。其中流入中国的FDI增长了6%,流入额达到了1490亿美元,是全球第二大FDI流入国。2020年流向亚洲的FDI增长了4%,达到5350亿美元,是唯一正增长的区域,成为全球最大的FDI流入区域。但剔除中国香港的FDI流入后,2020年亚洲的FDI流入额下降了7%。东南亚通常是全球FDI增长的引擎,然而2020年流向东南亚的FDI同比下降了25%,降至1360亿美元,其中新加坡下降了1%,印度尼西亚下降了22%,越南下降了2%。由于信息和通信技术(ICT)的推动,流向印度的FDI上升了25%,达到640亿美元,印度成为世界第五大FDI流入国。

2020年流向非洲的FDI比上年降低了16%,投资额为400亿美元,倒退回15年前的水平,主要是因为受到新冠肺炎疫情造成的出口需求崩溃性减少,以及2020年初大宗商品价格大幅下跌的影响。其中,埃及仍然是非洲最大的FDI流入国。

2020年,流入拉丁美洲和加勒比地区(不包括金融中心)的FDI下降了45%，投资额为880亿美元，是发展中经济体中降幅最大的区域。其中流入巴西、哥伦比亚、智利和秘鲁的FDI大幅下降，但流向墨西哥的FDI下降幅度较小，下降了15%，达290亿美元（见表12和表13）。

2020年，转型经济体的FDI流入量比2019年下降了59%，达到240亿美元，其中最大的经济体俄罗斯的FDI流入额大幅下降，从2019年的320亿美元降至2020年的100亿美元，这也反映出俄罗斯对采矿业投资的严重依赖。

表12 2018~2020年世界各地区及主要经济体的FDI流入情况

单位：十亿美元

区域	2018年	2019年	2020年
世界	1495	1530	999
发达经济体	761	749	312
欧洲	364	363	73
北美	297	309	180
发展中经济体	699	723	663
非洲	51	47	40
亚洲	499	516	535
拉丁美洲和加勒比地区	149	160	88
转型经济体	35	58	24

资料来源：World Investment Report 2021: Investing in Sustainable Recovery，联合国贸易和发展会议网站，2021年6月21日，https://unctad.org/system/files/official-document/wir2021_en.pdf。

表13 2019~2020年FDI流入量排前十的国家和地区

单位：十亿美元

2019年			2020年		
排名	国家和地区	FDI流入量	排名	国家和地区	FDI流入量
1	美国	246	1	美国	156
2	中国	141	2	中国	149
3	新加坡	92	3	中国香港	119
4	荷兰	84	4	新加坡	91
5	爱尔兰	78	5	印度	64
6	巴西	72	6	卢森堡	62

续表

2019 年			2020 年		
排名	国家和地区	FDI 流入量	排名	国家和地区	FDI 流入量
7	中国香港	68	7	德国	36
8	英国	59	8	爱尔兰	33
9	印度	51	9	墨西哥	29
10	加拿大	50	10	瑞典	26

资料来源：*World Investment Report 2021：Investing in Sustainable Recovery*，联合国贸易和发展会议网站，2021 年 6 月 21 日，https：//unctad.org/system/files/official-document/wir2021_en.pdf。

从 FDI 的流出量来看，2020 年发达经济体跨国公司在海外投资额为 3470 亿美元，比 2019 年下降了 56%，占全球 FDI 流出总量的比例为 47%，达到新的历史低点。2020 年，来自欧洲的跨国公司的 FDI 流出量下降了 80%，为 740 亿美元，是 1987 年以来的最低数额，这主要与荷兰、德国、爱尔兰和英国的资本流出急剧下降有关。2020 年，从美国流出的 FDI 为 930 亿美元，然而来自日本的跨国公司作为过去两年最大的对外投资者在 2020 年的 FDI 下降了一半，为 1160 亿美元，这主要是因为日本的跨国公司在 2020 年没有大型的并购交易。

2020 年，来自发展中经济体的跨国公司海外投资比 2019 年下降了 7%，降至 3830 亿美元。来自中国的 FDI 略有下降，降幅为 3%，保持在 1330 亿美元的高位，中国成为世界上最大的投资主体。其中，中国跨国公司的跨境并购金额在 2020 年翻了一番，这主要与中国香港的金融交易有关，"一带一路"建设的不断拓展也使得疫情防控常态化时期来自中国的 FDI 仍能够有弹性地流出。此外，2020 年从东南亚流出的 FDI 下降了 16%，至 610 亿美元。来自新加坡的 FDI 下降了 37%，为 320 亿美元（见表 14）。然而，来自泰国的 FDI 增加了一倍多，达 170 亿美元，主要集中在对邻国的金融服务和制造业投资。

2020 年，来自拉丁美洲跨国公司的 FDI 崩溃式减少，有史以来第一次达到 -35 亿美元的投资额，比 2019 年下降了近 500 亿美元，其中墨西哥的 FDI

表14 2019~2020年FDI流出量排前十的国家地区

单位：十亿美元

2019年			2020年		
排名	国家和地区	FDI流出量	排名	国家和地区	FDI流出量
1	日本	227	1	中国	133
2	美国	125	2	卢森堡	127
3	荷兰	125	3	日本	116
4	中国	137	4	中国香港	102
5	德国	99	5	美国	93
6	加拿大	77	6	加拿大	49
7	中国香港	59	7	法国	44
8	法国	39	8	德国	35
9	韩国	36	9	韩国	32
10	新加坡	51	10	新加坡	32

资料来源：*World Investment Report 2021：Investing in Sustainable Recovery*，联合国贸易和发展会议网站，2021年6月21日，https：//unctad.org/system/files/official-document/wir2021_en.pdf。

减少了41%，巴西的持续负流出达260亿美元。相比之下，智利的FDI增加了25%，达到了120亿美元，原因是智利的跨国公司增加了对其海外子公司的贷款。

2020年，来自转型经济体的FDI流出量减少了76%，为60亿美元，这主要与再投资收益率降低和俄罗斯跨国公司在采矿业方面的海外投资减少有关。

（二）2020年中国企业对外直接投资总体分析

1. 2020年中国企业对外直接投资稳步增长

根据商务部和国家外汇管理局统计，2020年中国对外直接投资总额为1329.4亿美元，比2019年增长了3.3%，其中非金融类投资总额为1101.5亿美元，比2019年回落了0.4%；金融类投资总额为227.9亿美元，同比增长了14.2%（见表15）。

表15 2020年中国对外直接投资情况

单位：亿美元，%

类别	金额	同比增长	占比
金融类	227.9	14.2	17.1
非金融类	1101.5	-0.4	82.9
合计	1329.4	3.3	100

资料来源：商务部统计数据。

从对外直接投资的行业分布来看，2020年中国企业的对外直接投资在租赁和商务服务业、批发和零售业、科学研究和专业技术服务业、电力生产供应业等行业增速较快。具体来看，2020年中国企业在租赁和商务服务业的投资金额为417.9亿美元，占FDI总额的31.4%，比2019年的FDI增长了17.5%；投向批发和零售业的资金为160.7亿美元，比2019年增长了27.8%，占2020年FDI总额的12.1%；科学研究和专业技术服务业的FDI比2019年上升了18.1%；电力生产供应业的FDI相比2019年呈现了10.3%的增长。

从在共建"一带一路"国家的投资来看，2020年，中国企业在58个国家的非金融类投资达177.9亿美元，比2019年增长了18.3%，占对外直接投资总额的16.2%（见图10）。

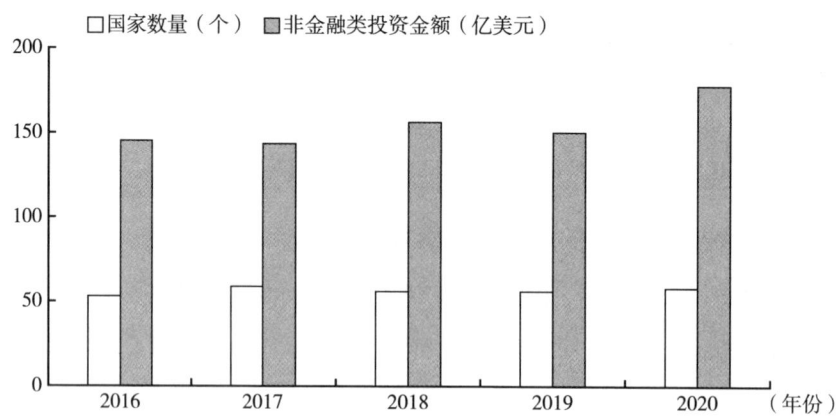

图10 2016~2020年中国在共建"一带一路"国家的投资情况

资料来源：商务部统计数据。

2. 2020年中国企业跨国并购分析

2020年中国企业跨国并购的交易金额和交易数量都出现了不同程度的下滑。从交易金额来看，并购交易总额为464.1亿美元（见图11），比2019年下降了46.2%，并购交易数量为530宗，比2019年减少了18.5%。但2020年第四季度，中国企业跨国并购交易大幅增加，并购交易金额比前三个季度增长了122%。

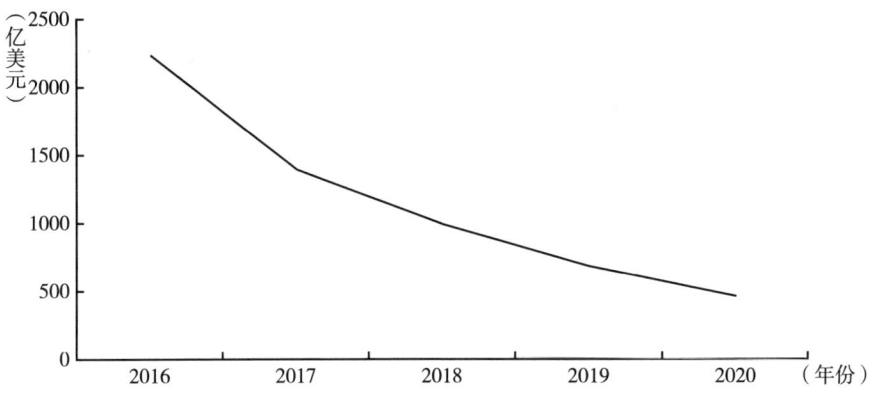

图11 2016~2020年中国企业跨国并购交易金额

资料来源：商务部统计数据。

从跨国并购的行业分布来看，2020年中国企业在数字新媒体产业（TMT）、消费品行业、先进制造与运输业、电力与公用事业、金融服务业的跨国并购交易金额排在前五位，并购交易额分别为168.5亿美元、53.9亿美元、47.2亿美元、44.5亿美元和44.5亿美元（见图12）。从并购交易数量来看，2020年，中国企业跨国并购交易数量排在前五位的行业分别是TMT，金融服务业，先进制造和运输业，消费品行业，房地产、酒店与建造业，并购交易的数量分别为135宗、71宗、70宗、59宗和46宗（见图13）。

从跨国并购的区域分布情况来看，2020年中国企业在亚洲市场开展的并购交易活动最活跃，主要投向消费品行业、TMT以及金融服务业，并购交易金额为137亿美元，同比下降了44.1%，交易并购数量为220宗，比

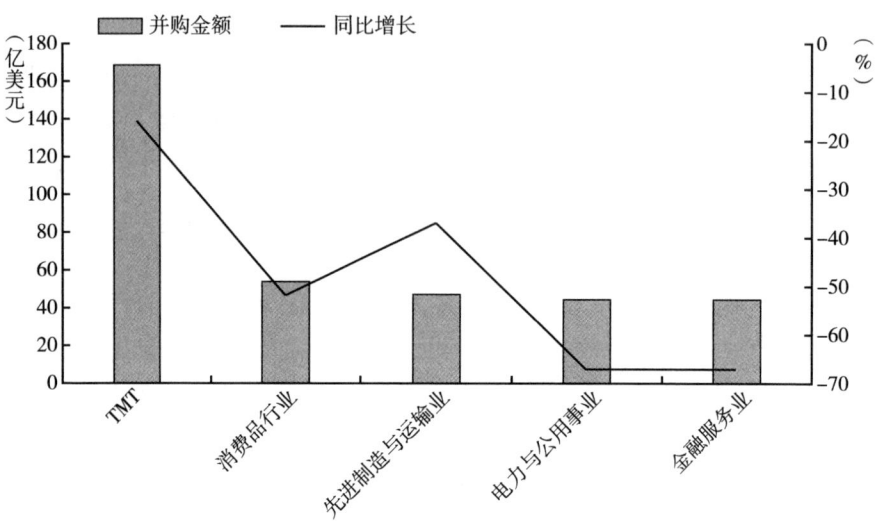

图12　2020年中国企业在不同行业的跨国并购交易金额情况

资料来源：商务部统计数据。

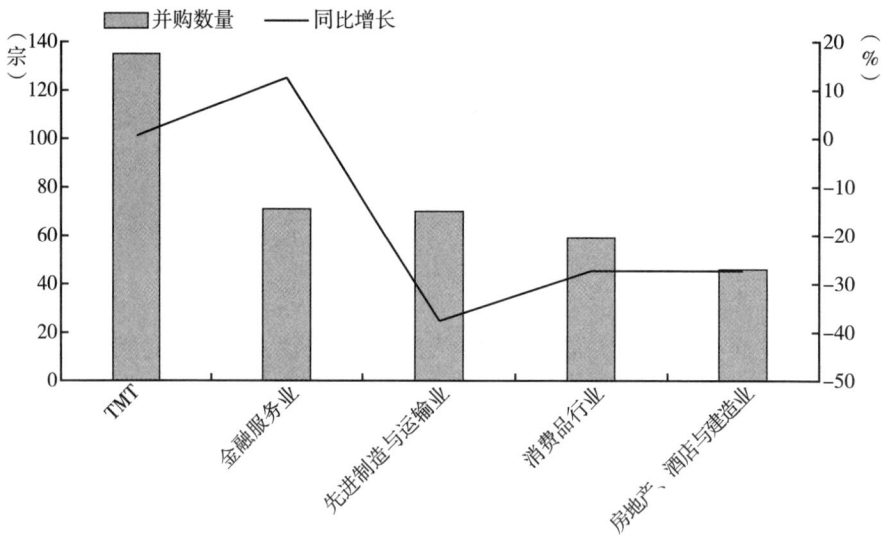

图13　2020年中国企业在不同行业的跨国并购交易数量情况

资料来源：商务部统计数据。

2019年增长4.3%，是唯一正增长的区域；中国企业在北美洲和欧洲开展的海外并购活动大幅减少，其中在北美洲开展的海外并购活动主要分布在

TMT、消费品行业以及金融服务业,并购交易数量为112宗,并购交易金额为138.9亿美元,交易金额比2019年下降了38%,中国企业在北美洲的海外并购大幅下滑主要是由疫情冲击以及地缘政治风险增大导致的。中国企业在欧洲的海外并购活动下滑幅度也较大,比2019年下滑了近五成,海外并购主要分布在TMT,房地产、酒店与建造业和金融服务业三个行业,共开展了142宗并购交易,交易金额为125亿美元。此外,中国企业在大洋洲和拉丁美洲的海外并购交易数量分别为30宗和14宗,并购交易金额分别为22.3亿美元和31.8亿美元,分别下降51.2%和66.9%;2020年中国企业在非洲的海外并购交易共12宗,交易额达9亿美元,比2019年增长了17%(见图14)。

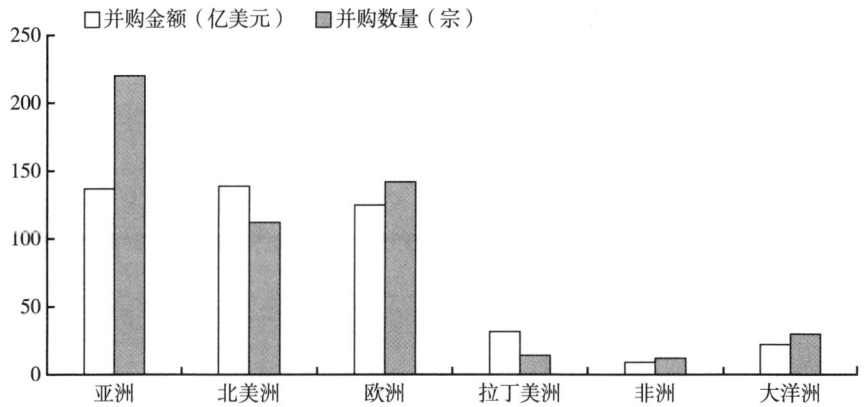

图14　2020年中国企业跨国并购的区域分布情况

资料来源:商务部统计数据。

从开展海外并购活动的国别分布来看,2020年中国企业在美国开展的跨国并购交易金额是最多的,并购交易金额为131.3亿美元;其次为德国,并购交易金额为51.5亿美元,同比增长了184%;排在第三位的是智利,并购交易金额为30.3亿美元;排在第四位和第五位的分别是沙特阿拉伯和韩国,并购交易金额分别为30亿美元和27.9亿美元;排在第六位到第十位的分别是新加坡、澳大利亚、英国、印度和意大利,并购交易金额分别为

27.8亿美元、22.3亿美元、20.9亿美元、16.3亿美元和14.4亿美元（见图15）。

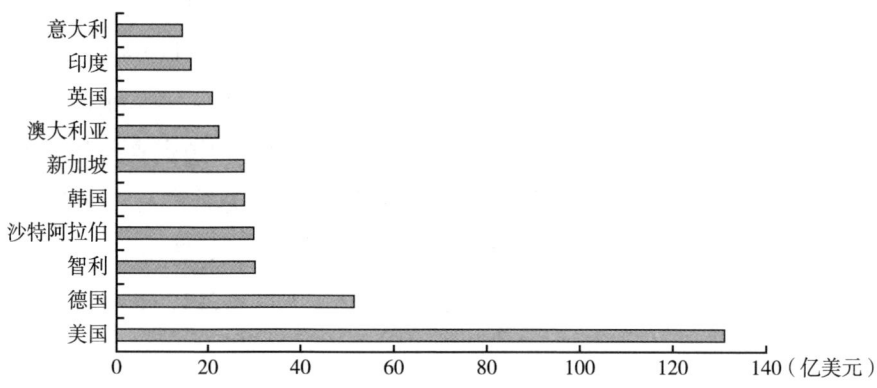

图15　2020年中国企业跨国并购前十大目标国情况

资料来源：商务部统计数据。

3. 2020年中国企业对外承包工程分析

2020年，我国完成的对外承包工程业务营业额达到1559.4亿美元，比2019年下降了9.8%；新签合同额为2555.4亿美元，同比下降了1.8%（见图16）。其中，中国企业在共建"一带一路"国家新签的对外承包工程

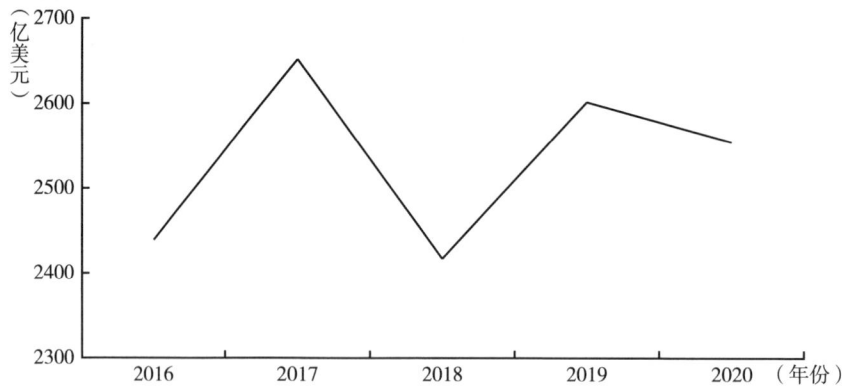

图16　2016～2020年中国企业对外承包工程新签合同额

资料来源：商务部统计数据。

项目合同额为1414.6亿美元,占2020年新签合同总额的55.4%,相对于2019年下降了8.7%;合同完成额为911.2亿美元,占2020年合同完成总额的58.4%,比2019年下降了7%。

具体来看,2020年中国企业对外承包的基础设施类工程项目超过5500项,新签合同额达2000多亿美元,占2020年中国企业对外承包工程合同总额的八成。其中,一般建筑和水利建设工程的新签合同额比2019年分别增长了37.9%和17.9%。但是,新冠肺炎疫情严重影响了中国企业的海外施工进度,对外承包工程项目下的外派人员较2019年下降了近30%。

四 展望与建议

(一)展望

1. 全球经济快速复苏,但仍充满挑战与不确定性

2021年,随着新冠肺炎疫苗上市和接种的推广,以及世界各主要经济体积极推行宽松的货币政策和财政政策,世界经济明显改善,有望快速复苏,实现恢复性增长。2021年4月,国际货币基金组织将2021年世界经济的增长预期提升至6%;5月,经济合作与发展组织也调高了2021年世界经济的增长预期,达5.8%;2021年5月,联合国将2021年中国的经济增长预期提升至8.2%,将美国的经济增长预期提升至6.2%,将世界的经济增长预期提升到5.4%。此外,联合国贸易和发展会议发布的《全球贸易更新报告》预计,2021年全球贸易额将同比增长16%;根据世界贸易组织发布的《服务贸易晴雨表》,全球服务贸易也呈现复苏态势,2021年3月全球服务贸易景气指数达到104.7。

然而,受新冠肺炎疫情带来的不确定性,以及地缘政治形势复杂的影响,世界经济复苏仍充满挑战与不确定性。根据联合国贸易和发展会议预计,2021年世界外国直接投资额将持续下降5%~10%。此外,全球各国的经济复苏进度也呈现不均衡的态势。具体来看,发达经济体的疫苗接种推广

更快、经济基础更为雄厚、财政政策实施更有力，因而经济复苏速度更快；而一些发展中经济体对旅游业和大宗商品贸易的依赖较为严重，受新冠肺炎疫情冲击较大，经济基础薄弱，政策空间有限，复苏进程较慢。另外，发达国家为促进经济复苏而大规模实施宽松的货币政策和财政政策，也加剧了全球金融市场的波动，导致一些较为脆弱的新兴经济体汇率贬值和资本外逃压力增大，经济复苏更为艰难。

2. 中国经济稳中向好，助力外贸持续发展

2021年，在世界经济和疫情都仍不稳定的大背景下，中国政府积极作为，疫情防控有序，国民经济进一步发展。2021年第一季度的国内生产总值是249310亿元，较2020年同期增长了18.3%。工业经济也持续景气，2021年前4个月规模以上工业增加值增长了20.3%，实现总利润18254亿元，较2020年同期增长了37%。2021年1~4月，全国社会消费品零售总额增长了29.6%，达138373亿元；第一季度，我国居民人均可支配收入实际增长13.7%，达到9730元，其中城镇居民和农村居民人均可支配收入分别增长12.3%和16.3%，城乡差距进一步缩小。

国民经济的稳步发展为对外贸易的发展提供了保障和支持，2021年1~4月，中国货物贸易进出口总额为116200亿元，较2020年同期增长了28.5%，达到历史最高水平。具体来看，出口贸易额增长了33.8%，达到63300亿元；进口贸易额增长了22.7%，达到53000亿元。前4个月，来自中国的非金融类FDI累计达343.2亿美元，增长了2.2%，共流向世界157个国家和地区。其中，流向共建"一带一路"国家的非金融类FDI达59.6亿美元，同比增长14%，占非金融类FDI总额的17.4%；对外承包工程业务完成的营业额也增长了11%，达到405.1亿美元。

3. 服务贸易转型发展迎来新机遇

2020年8月，商务部发布了《全面深化服务贸易创新发展试点总体方案》，我国服务贸易迎来创新发展新机遇。该方案指出，创新发展的试点城市将在服务贸易制度型开放方面进行探索和试点施行，以此为引领，中国将探索服务贸易的制度开放新方式，从而优化服务贸易的体制机制，打造合作

与竞争的新优势。

以往中国与共建"一带一路"国家的合作以旅游、运输和建筑为主，然而疫情在全球市场的蔓延对传统服务贸易的发展造成了较大的冲击，中国与共建"一带一路"国家的服务贸易合作客观上迎来线上发展新机遇。2021年，中国将在信息技术服务、跨境远程医疗服务、电子商务等领域与共建"一带一路"国家继续展开合作，这有利于改善我国对外服务贸易的结构，提高对外服务贸易的质量。

4. 对外直接投资面临新挑战

受到新冠肺炎疫情的冲击，世界主要发达经济体收紧了外资政策，加强了对外国投资的安全审查，给我国企业对外直接投资带来了更为严峻的合规挑战。具体来看，美国出台了《安全和可信网络通信法案》，扩大了外国投资委员会审查的适用范围；欧盟颁布的《数字服务法》和《数字市场法》规定了数字服务税，《外商直接投资审查指南》加强了外资审查机制；英国的《国家安全与投资法案》要求施行强制性的国家安全审查和事前审批制度；加拿大、日本、澳大利亚等国也纷纷出台相关措施收紧外资政策。此外，国外疫情仍处于不稳定的状态也导致了在境外投资的中国企业面临投资收益率下滑的风险，不利于企业进行对外投资决策。

5. RCEP推动构建更为稳定的外贸环境

2020年11月，东盟十国、中国、日本、韩国、澳大利亚以及新西兰15个国家签署了《区域全面经济伙伴关系协定》（RCEP），正式达成了全球规模最大的自由贸易协定，这将为我国企业对外贸易带来新的机遇。一方面，RCEP新增了日本作为重要的贸易合作伙伴，并且与已签署自贸协定的成员国达成了新的降税承诺；另一方面，RCEP将对90%以上的货物施行零关税，促使对外货物贸易更加自由化和便利化。此外，中国在RCEP中承诺了高水平的服务贸易开放，其他成员国也在中国重点关注的建筑、运输和研发等方面的服务贸易给出了开放承诺，为中国企业对外服务贸易带来机遇。

RCEP通过建立起一整套提升营商环境的措施，为中国企业提供了更为公平、稳定和透明的外贸环境，从而为中国企业对外贸易提供了更多的机会。

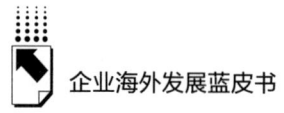

（二）对策建议

1. 加快推动形成国内国际双循环相互促进的新发展格局

2021年通过促进内外贸一体化加快推动形成国内国际双循环相互促进的新发展格局，有利于帮助中国企业提高协调利用国内和国际两个市场资源的能力，帮助中国企业在面对国际市场环境变化的状况下根据自身优势在国内外市场之间进行转换，提高中国企业的国际竞争力。第一，借助国际市场长期形成的通用国际规则来改善国内的营商环境，消除体制机制障碍，推进高水平对外开放；第二，通过拓展融资和销售渠道等方式支持优质出口产品转内销，充分释放中国超大市场规模的内需潜力，丰富国内市场的供给，带动国内消费升级；第三，帮助内贸企业更好地了解和熟悉国外市场，学习国际市场的贸易规则，转变经营模式。

2. 积极推进多边合作，构建稳定的外贸环境

2021年中国要积极拓展与更多贸易伙伴的深度合作，与合作伙伴共同应对依然充满挑战和不确定性的全球经济社会形势，构建稳定的外贸环境。第一，积极推进RCEP早日生效与实施，减小区域内的自由贸易障碍，中国企业要学习和掌握RCEP的规则，最大化地利用RCEP带来的优惠政策，提高市场竞争力；第二，继续推进"一带一路"建设高质量发展，提高合作水平，加快转型升级，积极打造开放合作新领域；第三，将《中欧全面投资协定》中的促进和保护对外投资的制度建设落到实处，为中国企业对外投资提供机制保障。

3. 创新对外投资方式，防控海外经营风险

2021年，中国企业对外投资仍面临多种挑战，需要采取创新的对外投资方式，同时规避海外经营风险，帮助中国企业进行对外投资。第一，面对欧美国家收紧的外资审查政策，可以灵活采取并购、联营、新设等多种形式进行海外投资，也可以考虑将企业投资的重点放到一些审查相对较容易、与中国关系相对较好的国家的中小型科技企业，或者企业可以利用国外一些知识与智力的资源开展绿地投资，以此服务于国内制造业的转型升级；第二，创新金融工具以加强对中国企业对外投资的信贷支持，适度提高境外项目不良贷款的容忍度，以缓解对外投资企业的资金压力；第三，做好风险预警，严密防范各类风险挑战，学习和掌握国际规则以及东道国的相关法律法规，提高对外投资企业的合规意识。

4. 进一步优化营商环境

2021 年，在全球经济仍然充满挑战和不确定性的背景下，可以通过进一步优化营商环境，吸引更多跨国企业来中国发展，构建友好的中外关系，推动我国经济社会高质量发展。第一，中央及地方政府可以给予更多的政策支持，以落实开放政策，打造公平、开放、透明的营商环境；第二，行业协会应该积极了解跨国企业的需求，为跨国企业参与行业标准及相关政策研讨提供更多渠道，增强跨国企业的融入感和参与感；第三，跨国企业必须理解并尊重中国的主权和发展利益，积极承担社会责任，增强企业创新能力，提升危机预警与处理能力。

参考文献

《中国对外贸易形势报告（2021 年春季）》，商务部网站，2021 年 6 月 9 日，http：//zhs.mofcom.gov.cn/article/cbw/202106/20210603069385.shtml。

分 报 告
Topical Reports

B.2
入围2020年"世界500强"中国企业评价分析

卿琛 杨道广*

摘　要： 本报告分别从地域分布、行业分布、所有制结构分布这三个维度对入围2020年"世界500强"的中国企业进行定量分析，并结合典型企业的典型案例进行定性分析与总结。总体而言，2020年我国入围企业在数量和营业收入方面较2019年均呈现了小幅增长。从地域分布来看，入围企业中的大部分依旧分布于东部地区，但中部和西部地区的入围企业数量较上年有小幅增加；从行业分布来看，排前3位的行业分别是制造业、综合类和金融业；从所有制结构分布来看，国有企业仍然占较大比重，是我国经济发展的中流砥柱。结合典型企业

---

* 卿琛，博士，国网能源研究院有限公司研究员，主要研究方向为电力与能源价格分析；杨道广，博士，对外经济贸易大学国际商学院副教授、博士生导师，主要研究方向为内部控制与公司财务、审计与公司治理。

的具体案例，本报告认为，在疫情防控常态化背景下，我国企业严防严控疫情复发，应着力稳定恢复生产经营；同时，应加强创新投入，积累市场核心竞争优势，在国内国际双循环的新发展格局中寻求高质量发展，在国内和国际市场上育新机、开新局。

关键词： 中国企业　世界500强　地域分布　行业分布　所有制结构

本报告以2020年入围"世界500强"的中国企业为分析对象，首先在介绍总体概况的基础上对入围企业采取进一步分析，分别研究了各入围企业的地域分布、行业分布及所有制结构分布特点。其次选取不同地域、不同行业和不同所有制结构的典型企业进行案例研究，以了解入选企业的具体情况和发展实践。再次，对2020年入围企业的数量变动、地域分布变动、行业分布变动和所有制结构分布变动进行分析，以期能够以动态化视角了解中国企业的发展情况。最后，为我国企业进一步开拓国际市场、提升营业收入、优化行业结构，实现中国企业国际化品牌加快国际化脚步提出了相关建议。

一　入围2020年"世界500强"中国企业排行榜

（一）2020年"世界500强"中国企业排行榜

如表1所示，2020年，入围"世界500强"排行榜的中国企业共133家，营业收入合计86384.81亿美元。① 相比2019年，中国企业入围数量增

---

① 《2021年〈财富〉中国500强排行榜》，财富网，2021年7月20日，https://www.fortunechina.com/fortune500/c/2021-07/20/content_392708.htm。

长3.10%，入围中国企业营业收入总额增长3.15%。总体而言，在全球经济受新冠肺炎疫情影响的背景下，中国成为唯一经济增长为正的经济体，中国企业品牌国际影响力进一步凸显。

表1 2020年"世界500强"中国企业排名

单位：亿美元

排名	公司名称	企业性质	所在地	行业	营业收入
2	中国石油化工集团有限公司	国有独资	北京	采矿业	4070.09
3	国家电网有限公司	国有独资	北京	电力、热力、燃气及水生产和供应业	3839.06
4	中国石油天然气集团有限公司	国有独资	北京	采矿业	3791.3
18	中国建筑工程总公司	国有独资	北京	建筑业	2058.39
21	中国平安保险（集团）股份有限公司	私营企业	深圳	金融业	1842.8
24	中国工商银行股份有限公司	国有独资	北京	金融业	1770.69
26	鸿海精密工业股份有限公司	港、澳、台商独资	新北	制造业	1728.69
30	中国建设银行股份有限公司	国有独资	北京	金融业	1588.84
35	中国农业银行股份有限公司	国有独资	北京	金融业	1473.13
43	中国银行股份有限公司	国有独资	北京	金融业	1350.91
45	中国人寿保险（集团）公司	国有独资	北京	金融业	1312.44
49	华为投资控股有限公司	私营企业	深圳	制造业	1243.16
50	中国铁路工程集团有限公司	国有独资	北京	交通运输、仓储和邮政业	1233.24
52	上海汽车集团股份有限公司	私营企业	上海	制造业	1220.71
54	中国铁道建筑集团有限公司	国有独资	北京	交通运输、仓储和邮政业	1203.02
64	中国海洋石油集团有限公司	国有独资	北京	采矿业	1086.87
65	中国移动通信集团有限公司	国有独资	北京	信息传输、软件和信息技术服务业	1085.27
75	太平洋建设集团有限公司	私营企业	乌鲁木齐	建筑业	8.66
78	中国交通建设集团有限公司	国有独资	北京	建筑业	950.96
79	中国华润有限公司	国有独资	香港	建筑业	947.58
89	中国第一汽车集团有限公司	国有独资	长春	制造业	894.17
90	中国邮政集团有限公司	国有独资	北京	交通运输、仓储和邮政业	893.47
91	深圳正威（集团）有限公司	私营企业	深圳	制造业	888.62

入围2020年"世界500强"中国企业评价分析

续表

排名	公司名称	企业性质	所在地	行业	营业收入
92	中国五矿集团有限公司	国有独资	北京	综合	883.57
100	东风汽车集团有限公司	国有独资	武汉	制造业	840.49
102	京东集团股份有限公司	私营企业	北京	批发和零售业	835.05
105	中国南方电网有限责任公司	国有独资	广州	电力、热力、燃气及水生产和供应业	819.78
107	恒力集团有限公司	私营企业	苏州	制造业	805.88
108	国家能源投资集团有限责任公司	国有独资	北京	综合	804.98
109	中国中化集团有限公司	国有独资	北京	综合	803.76
111	中国宝武钢铁集团有限公司	国有独资	上海	制造业	799.32
112	中国人民保险集团股份有限公司	国有独资	北京	金融业	797.88
126	中国中信集团有限公司	国有独资	北京	金融业	751.15
132	阿里巴巴（中国）网络技术有限公司	私营企业	杭州	批发和零售业	731.66
134	北京汽车集团有限公司	国有独资	北京	制造业	725.54
136	中粮集团有限公司	国有独资	北京	综合	721.49
145	中国医药集团有限公司	国有独资	北京	制造业	706.9
147	碧桂园控股有限公司	私营企业	佛山	建筑业	703.35
152	中国恒大集团	私营企业	深圳	建筑业	691.27
154	中国兵器工业集团有限公司	国有独资	北京	制造业	687.14
157	中国电力建设集团有限公司	国有独资	北京	电力、热力、燃气及水生产和供应业	673.71
158	中国电信集团有限公司	国有独资	北京	信息传输、软件和信息技术服务业	673.65
162	交通银行股份有限公司	国有控股	上海	金融业	665.64
163	中国航空工业集团有限公司	国有独资	北京	制造业	659.09
164	中国化工集团有限公司	国有独资	北京	制造业	657.67
176	绿地控股集团有限公司	私营企业	上海	建筑业	619.65
187	中国建材集团有限公司	国有独资	北京	建筑业	576.26
189	招商银行股份有限公司	其他	深圳	金融业	572.52
191	中国保利集团有限公司	国有独资	北京	综合	571.47
193	中国太平洋保险(集团)股份有限公司	国有控股	上海	金融业	558
197	腾讯控股有限公司	私营企业	深圳	信息传输、软件和信息技术服务业	546.13

续表

排名	公司名称	企业性质	所在地	行业	营业收入
206	广州汽车工业集团有限公司	国有控股	广州	制造业	536.62
208	万科企业股份有限公司	国有控股	深圳	建筑业	532.53
210	物产中大集团股份有限公司	国有控股	杭州	综合	519.54
212	山东能源集团有限公司	国有独资	济南	综合	518.93
217	中国铝业集团有限公司	国有独资	北京	采矿业	516.49
218	河钢集团有限公司	国有独资	石家庄	制造业	513.45
220	上海浦东发展银行股份有限公司	国有控股	上海	金融业	513.13
222	兴业银行股份有限公司	国有控股	福州	金融业	509.45
224	联想集团有限公司	私营企业	香港	综合	507.16
234	厦门建发集团有限公司	国有独资	厦门	综合	491.7
235	招商局集团有限公司	国有独资	香港	综合	491.26
239	中国民生银行股份有限公司	私营企业	北京	金融业	485.28
243	浙江吉利控股集团有限公司	私营企业	杭州	制造业	478.86
250	友邦保险集团	港、澳、台商独资	香港	金融业	472.42
253	中国光大集团股份公司	国有控股	北京	金融业	469.57
264	中国远洋海运集团有限公司	国有独资	上海	交通运输、仓储和邮政业	446.55
265	陕西延长石油(集团)有限责任公司	国有控股	西安	采矿业	445.64
266	中国华能集团有限公司	国有独资	北京	电力、热力、燃气及水生产和供应业	445.02
269	和硕联合科技股份有限公司	港、澳、台商独资	台北	制造业	442.07
273	陕西煤业化工集团有限责任公司	国有独资	西安	采矿业	437.98
281	中国机械工业集团有限公司	国有独资	北京	综合	431.22
284	厦门国贸控股集团有限公司	国有独资	厦门	综合	427.9
290	中国联合网络通信股份有限公司	国有独资	北京	信息传输、软件和信息技术服务业	420.52
295	兖矿集团有限公司	国有控股	邹城	综合	413.23
296	雪松控股集团有限公司	其他	广州	综合	412.77
298	厦门象屿集团有限公司	国有独资	厦门	综合	411.35
301	怡和集团	港、澳、台商独资	香港	综合	409.22

入围2020年"世界500强"中国企业评价分析

续表

排名	公司名称	企业性质	所在地	行业	营业收入
305	中国航空油料集团有限公司	国有独资	北京	交通运输、仓储和邮政业	404.87
307	美的集团股份有限公司	国有控股	佛山	制造业	404.4
308	山东魏桥创业集团有限公司	国有控股	滨州	制造业	404.26
316	国家电力投资集团有限公司	国有独资	北京	电力、热力、燃气及水生产和供应业	394.07
324	苏宁易购集团股份有限公司	私营企业	南京	批发和零售业	389.71
328	长江和记实业有限公司	港、澳、台商独资	香港	综合	381.66
329	青山控股集团有限公司	私营企业	温州	制造业	380.12
332	中国航天科工集团公司	国有独资	北京	制造业	376.04
343	江西铜业集团有限公司	国有控股	贵溪	制造业	369.8
351	江苏沙钢集团有限公司	私营企业	张家港	制造业	364.88
352	中国航天科技集团有限公司	国有独资	北京	制造业	362.09
353	中国能源建设集团有限公司	国有独资	北京	电力、热力、燃气及水生产和供应业	361.11
354	阳光龙净集团有限公司	私营企业	福州	综合	359.09
361	中国中车集团有限公司	国有独资	北京	综合	347.04
362	台湾积体电路制造股份有限公司	港、澳、台商独资	新竹	制造业	346.2
367	安徽海螺集团有限责任公司	国有控股	芜湖	制造业	339.16
369	金川集团股份有限公司	国有独资	金昌	制造业	338.24
370	中国华电集团有限公司	国有独资	北京	电力、热力、燃气及水生产和供应业	338.08
374	国泰人寿保险股份有限公司	港、澳、台商独资	台北	金融业	335.11
377	广达电脑股份有限公司	港、澳、台商独资	桃园	制造业	333.13
381	中国电子科技集团有限公司	国有独资	北京	制造业	329.48
386	中国电子信息产业集团有限公司	国有独资	北京	综合	324.47
392	中国太平保险集团有限责任公司	国有独资	香港	金融业	319.12
396	仁宝电脑工业股份有限公司	港、澳、台商独资	台北	制造业	317.23
401	鞍钢集团有限公司	国有独资	鞍山	制造业	314.69

续表

排名	公司名称	企业性质	所在地	行业	营业收入
403	富邦金融控股股份有限公司	港、澳、台商独资	台北	金融业	310.13
406	冀中能源集团有限责任公司	国有独资	邢台	综合	306.66
409	台湾中油股份有限公司	港、澳、台商独资	高雄	采矿业	305.46
422	小米集团	私营企业	北京	批发和零售业	297.95
423	上海建工集团股份有限公司	其他	上海	建筑业	297.46
424	泰康保险集团股份有限公司	私营企业	北京	金融业	295.02
429	首钢集团有限公司	国有独资	北京	综合	292.74
434	中国兵器装备集团有限公司	国有独资	北京	制造业	290.63
435	海尔智家股份有限公司	私营企业	青岛	制造业	290.6
436	珠海格力电器股份有限公司	国有控股	珠海	制造业	290.24
442	深圳市投资控股有限公司	国有独资	深圳	金融业	288.55
443	新疆广汇实业投资(集团)有限责任公司	私营企业	乌鲁木齐	制造业	287.11
449	华夏人寿保险股份有限公司	其他	北京	金融业	284.94
452	纬创集团	港、澳、台商独资	台北	制造业	284.16
455	盛虹控股集团有限公司	私营企业	苏州	批发和零售业	278.7
456	铜陵有色金属集团股份有限公司	国有控股	铜陵	采矿业	278.19
459	山东钢铁集团有限公司	国有控股	济南	制造业	277.55
463	晋能控股煤业集团有限公司	国有控股	大同	采矿业	275.57
465	中国大唐集团有限公司	国有独资	北京	制造业	274.64
468	海亮集团有限公司	私营企业	杭州	综合	272.09
473	上海医药集团股份有限公司	国有控股	上海	医疗行业	270.05
477	中国通用技术(集团)控股有限责任公司	国有独资	北京	综合	265.59
485	山西焦煤集团有限责任公司	国有独资	太原	采矿业	261.79
486	河南能源化工集团有限公司	国有独资	郑州	采矿业	261.63
489	山西潞安矿业(集团)有限责任公司	国有控股	长治	制造业	260.78
490	广西投资集团有限公司	国有独资	南宁	金融业	260.6
493	中国核工业集团有限公司	国有独资	北京	制造业	259.75
496	中国中煤能源集团有限公司	国有独资	北京	采矿业	258.46

续表

排名	公司名称	企业性质	所在地	行业	营业收入
499	山西阳泉煤业(集团)有限责任公司	国有控股	阳泉	采矿业	254.91
500	山西晋城无烟煤矿业集团有限责任公司	国有控股	晋城	采矿业	253.86
总计	133 家		金额合计		86384.81

资料来源：根据财富中文网和国家企业信用信息公示系统公开数据整理。

（二）地域分布

1. 区域分布

表2按我国的五大地域分布（包括东部、中部、西部、东北、港澳台地区）对2019年和2020年入围企业分别进行了分类统计，具体包括入围数量、入围数量占比、营业收入总额、营业收入总额占比和平均营业收入。①

表2　2019～2020年"世界500强"中国企业区域分布

地区	入围数量（家）		入围数量占比（%）		营业收入总额（亿美元）		营业收入总额占比（%）		平均营业收入（亿美元）	
	2019年	2020年	2019年	2020年	2019年	2020年	2019年	2020年	2019年	2020年
东部	95	99	73.64	74.44	68898	72071	82.28	83.43	725	728
中部	10	8	7.75	6.02	3392	2842	4.05	3.29	339	355
西部	5	8	3.88	6.02	2348	2332	2.80	2.70	469	292
东北	2	2	1.55	1.50	1224	1209	1.46	1.40	612	605

---

① 内资企业中东部、中部、西部和东北地区的区域划分依据是中国国家统计局编的《中国统计年鉴》，东部地区包括北京、天津、河北、山东、上海、江苏、浙江、福建、海南、广东，共计10个省市；中部地区包括山西、河南、安徽、江西、湖北和湖南，共计6个省份；西部地区包括：新疆、宁夏、内蒙古、青海、西藏、陕西、甘肃、重庆、四川、贵州、云南和广西，共计12个省区市；东北地区包括黑龙江、辽宁和吉林，共计3个省份。港、澳、台商独资经营企业则是根据企业所在地分为香港地区和台湾地区企业，澳门地区没有入围企业。

续表

地区	入围数量（家）		入围数量占比（%）		营业收入总额（亿美元）		营业收入总额占比（%）		平均营业收入（亿美元）	
	2019年	2020年	2019年	2020年	2019年	2020年	2019年	2020年	2019年	2020年
台湾地区	10	9	7.75	6.77	4608	4402	5.50	5.10	460	489
香港地区	7	7	5.43	5.26	3266	3528	3.90	4.08	466	504
澳门地区	0	0	0.00	0.00	0	0	0.00	0.00	0	0
合计	129	133	100	100	83736	86384	100	100	649	650

资料来源：财富中文网，http://www.fortunechina.com/。

从入围企业的区域分布来看，东部地区在入围数量和品牌价值总量上仍然占据主导地位，西部地区入围数量上涨较为明显。在入围数量方面：东部地区企业仍占主要部分，共计99家，较2019年增长4家，东部地区入围数量占比有所上升，从2019年的73.64%上涨至2020年的74.44%；中部地区入围数量有所下降，由2019年的10家降至2020年的8家；西部地区入围数量显著增加，由2019年的5家增长至2020年的8家，占比上涨至6.02%；东北地区2019年入围数量不变，仍为2家；台湾地区入围企业相较上年减少1家，香港地区和澳门地区无明显变化。在营业收入总额方面，东部地区入围企业的营业收入为72071亿美元，比2019年增加4.6%。中部地区营业收入总额较2019年下降幅度较大，约为16.21%，降至2842亿美元。西部地区的营业收入总额较上年无显著变化，而营业收入总额占比略有下降，这说明西部地区企业的经营状况并不理想。东北地区、香港地区、台湾地区的营业收入总额较上年无显著变化。在平均营业收入方面，东部地区、中部地区与台湾地区有小幅增长，分别增至728亿美元、355亿美元和489亿美元；香港地区入围企业的平均营业收入出现明显增长，增幅约为8.15%；西部地区与东北地区平均营业收入较上年有所下降，尤其是西部地区降幅明显。

总体而言，2020年，东部地区企业在入围数量以及营业收入方面均占据绝对优势。相比2019年，东部地区入围数量和营业收入总额均呈稳健增长态势。在全球经济受疫情冲击的背景下，我国东部地区企业的经营业绩在

"世界500强"中表现优异,这与我国政府及时建立的疫情防护体系与有效的经济恢复促进手段密不可分;而中部地区企业恢复速度较缓,这与其受疫情冲击影响更直接有关;香港地区企业在营业收入方面较2019年有所增长,说明了粤港澳大湾区的战略布局对香港地区的企业发展产生了显著的促进作用。

2. 省级行政区分布

2020年,共有22个省级行政区的企业入围"世界500强"排行榜,北京市和广东省聚集了中国51.88%的"世界500强"企业,内地省区市当中海南、湖南、四川等11个省区市没有企业入围,港澳台地区中澳门地区没有企业入围,说明"世界500强"企业的集聚现象明显、省级行政区分布较为不均衡。具体省级行政区与企业数量分布如表3所示。

表3 2020年"世界500强"入围数量和营业收入省级行政区分布

地区	入围数量(家)	入围数量占比(%)	营业收入总额(亿美元)	营业收入总额占比(%)	平均营业收入(亿美元)
北京	55	41.35	47762.09	55.29	868.4
广东	14	10.53	9772.74	11.31	698.05
上海	9	6.77	5390.52	6.24	598.95
浙江	5	3.76	2382.27	2.76	476.45
福建	5	3.76	2199.5	2.55	439.9
山西	4	3.01	1031.33	1.19	257.83
山东	5	3.76	1904.57	2.20	380.91
江苏	4	3.01	1839.17	2.13	459.79
陕西	3	2.26	1159.19	1.34	386.4
河北	2	1.50	820.11	0.95	410.06
新疆	2	1.50	295.77	0.34	147.89
安徽	1	0.75	339.16	0.39	339.16
甘肃	1	0.75	338.24	0.39	338.24
河南	1	0.75	261.63	0.30	261.63
湖北	1	0.75	840.49	0.97	840.49
吉林	1	0.75	894.17	1.04	894.17
江西	1	0.75	369.8	0.43	369.8
辽宁	1	0.75	314.69	0.36	314.69

续表

地区	入围数量（家）	入围数量占比（%）	营业收入总额（亿美元）	营业收入总额占比（%）	平均营业收入（亿美元）
广西	1	0.75	260.6	0.30	260.6
贵州	1	0.75	278.19	0.32	278.19
海南	0	0	0	0	0
黑龙江	0	0	0	0	0
湖南	0	0	0	0	0
内蒙古	0	0	0	0	0
宁夏	0	0	0	0	0
青海	0	0	0	0	0
四川	0	0	0	0	0
天津	0	0	0	0	0
西藏	0	0	0	0	0
云南	0	0	0	0	0
重庆	0	0	0	0	0
台湾	9	6.77	4402.16	5.10	489.13
香港	7	5.26	3528.42	4.08	504.06
澳门	0	0	0	0	0
合计	133	100	86384.81	100	649.51

资料来源：财富中文网，http://www.fortunechina.com/。

2020年，北京市共有55家企业入围"世界500强"榜单，占所有入围企业的41.35%，营业收入总额占比高达55.29%，北京作为首都继续保持其企业引领的绝对优势地位。北京汇集了全国一流的技术和人才资源，加上首都具有政策优势，国内各大知名企业纷纷汇集于此。表4呈现了2020年北京入围企业的名单。

表4 2020年"世界500强"北京企业排名

单位：亿美元

排名	公司名称	企业性质	所在地	所属行业	营业收入总额
2	中国石油化工集团有限公司	国有独资	北京	采矿业	4070.09
3	国家电网有限公司	国有独资	北京	电力、热力、燃气及水生产和供应业	3839.06
4	中国石油天然气集团有限公司	国有独资	北京	采矿业	3791.3

入围2020年"世界500强"中国企业评价分析

续表

排名	公司名称	企业性质	所在地	所属行业	营业收入总额
18	中国建筑工程总公司	国有独资	北京	建筑业	2058.39
24	中国工商银行股份有限公司	国有独资	北京	金融业	1770.69
30	中国建设银行股份有限公司	国有独资	北京	金融业	1588.84
35	中国农业银行股份有限公司	国有独资	北京	金融业	1473.13
43	中国银行股份有限公司	国有独资	北京	金融业	1350.91
45	中国人寿保险(集团)公司	国有独资	北京	金融业	1312.44
50	中国铁路工程集团有限公司	国有独资	北京	交通运输、仓储和邮政业	1233.24
54	中国铁道建筑集团有限公司	国有独资	北京	交通运输、仓储和邮政业	1203.02
64	中国海洋石油集团有限公司	国有独资	北京	采矿业	1086.87
65	中国移动通信集团有限公司	国有独资	北京	信息传输、软件和信息技术服务业	1085.27
78	中国交通建设集团有限公司	国有独资	北京	建筑业	950.96
90	中国邮政集团有限公司	国有独资	北京	交通运输、仓储和邮政业	893.47
92	中国五矿集团有限公司	国有独资	北京	综合	883.57
102	京东集团股份有限公司	私营企业	北京	批发和零售业	835.05
108	国家能源投资集团有限责任公司	国有独资	北京	综合	804.98
109	中国中化集团有限公司	国有独资	北京	综合	803.76
112	中国人民保险集团股份有限公司	国有独资	北京	金融业	797.88
126	中国中信集团有限公司	国有独资	北京	金融业	751.15
134	北京汽车集团有限公司	国有独资	北京	制造业	725.54
136	中粮集团有限公司	国有独资	北京	综合	721.49
145	中国医药集团有限公司	国有独资	北京	制造业	706.9
154	中国兵器工业集团有限公司	国有独资	北京	制造业	687.14
157	中国电力建设集团有限公司	国有独资	北京	电力、热力、燃气及水生产和供应业	673.71
158	中国电信集团有限公司	国有独资	北京	信息传输、软件和信息技术服务业	673.65
163	中国航空工业集团有限公司	国有独资	北京	制造业	659.09
164	中国化工集团有限公司	国有独资	北京	制造业	657.67
187	中国建材集团有限公司	国有独资	北京	建筑业	576.26

续表

排名	公司名称	企业性质	所在地	所属行业	营业收入总额
191	中国保利集团有限公司	国有独资	北京	综合	571.47
217	中国铝业集团有限公司	国有独资	北京	采矿业	516.49
239	中国民生银行股份有限公司	私营企业	北京	金融业	485.28
253	中国光大集团股份公司	国有控股	北京	金融业	469.57
266	中国华能集团有限公司	国有独资	北京	电力、热力、燃气及水生产和供应业	445.02
281	中国机械工业集团有限公司	国有独资	北京	综合	431.22
290	中国联合网络通信股份有限公司	国有独资	北京	信息传输、软件和信息技术服务业	420.52
305	中国航空油料集团有限公司	国有独资	北京	交通运输、仓储和邮政业	404.87
316	国家电力投资集团有限公司	国有独资	北京	电力、热力、燃气及水生产和供应业	394.07
332	中国航天科工集团公司	国有独资	北京	制造业	376.04
352	中国航天科技集团有限公司	国有独资	北京	制造业	362.09
353	中国能源建设集团有限公司	国有独资	北京	电力、热力、燃气及水生产和供应业	361.11
361	中国中车集团有限公司	国有独资	北京	综合	347.04
370	中国华电集团有限公司	国有独资	北京	电力、热力、燃气及水生产和供应业	338.08
381	中国电子科技集团有限公司	国有独资	北京	制造业	329.48
386	中国电子信息产业集团有限公司	国有独资	北京	综合	324.47
422	小米集团	私营企业	北京	批发和零售业	297.95
424	泰康保险集团股份有限公司	私营企业	北京	金融业	295.02
429	首钢集团有限公司	国有独资	北京	综合	292.74
434	中国兵器装备集团有限公司	国有独资	北京	制造业	290.63
449	华夏人寿保险股份有限公司	其他	北京	金融业	284.94
465	中国大唐集团有限公司	国有独资	北京	制造业	274.64
477	中国通用技术（集团）控股有限责任公司	国有独资	北京	综合	265.59
493	中国核工业集团有限公司	国有独资	北京	制造业	259.75
496	中国中煤能源集团有限公司	国有独资	北京	采矿业	258.46

资料来源：根据财富中文网和国家企业信用信息公示系统公开数据整理。

入围2020年"世界500强"中国企业评价分析

2020年，广东共有14家企业上榜"世界500强"，较上年增加1家，占所有入围企业数量的10.53%，营业收入总额占比高达11.31%，入围数量和营业收入总额仅次于北京市。在粤港澳大湾区的战略部署下，广东辖区内拥有广州、深圳等一线城市，是全面深化改革的前沿阵地和引进西方经济、文化、科技的窗口，民营企业发达，经济表现活跃。2020年入围"世界500强"的广东企业分布在广州、深圳、珠海和佛山四市。表5呈现了2020年广东入围企业的名单。

表5 2020年"世界500强"广东企业排名

单位：亿美元

排名	公司名称	企业性质	所在地	所属行业	营业收入总额
21	中国平安保险(集团)股份有限公司	私营企业	深圳	金融业	1842.8
49	华为投资控股有限公司	私营企业	深圳	制造业	1243.16
91	深圳正威(集团)有限公司	私营企业	深圳	制造业	888.62
105	中国南方电网有限责任公司	国有独资	广州	电力、热力、燃气及水生产和供应业	819.78
147	碧桂园控股有限公司	私营企业	佛山	建筑业	703.35
152	中国恒大集团	私营企业	深圳	建筑业	691.27
189	招商银行股份有限公司	其他	深圳	金融业	572.52
197	腾讯控股有限公司	私营企业	深圳	信息传输、软件和信息技术服务业	546.13
206	广州汽车工业集团有限公司	国有控股	广州	制造业	536.62
208	万科企业股份有限公司	国有控股	深圳	建筑业	532.53
296	雪松控股集团有限公司	其他	广州	综合	412.77
307	美的集团股份有限公司	国有控股	佛山	制造业	404.4
436	珠海格力电器股份有限公司	国有控股	珠海	制造业	290.24
442	深圳市投资控股有限公司	国有独资	深圳	金融业	288.55

资料来源：根据财富中文网和国家企业信用信息公示系统公开数据整理。

2020年，上海市共有9家企业入围，较上年增加2家，入围数量占6.77%，在全国范围内保持领先优势。上海市作为长三角地区的经济中心，拥有发达的金融系统、便捷的交通运输系统和雄厚的人才技术资源积累。其入围企业集中于金融业，制造业和交通运输、仓储和邮政业。表 6 是 2020 年上海入围企业的具体名单。

表 6　2020 年"世界 500 强"上海企业排名

单位：亿美元

排名	公司名称	企业性质	所在地	所属行业	营业收入总额
52	上海汽车集团股份有限公司	私营企业	上海	制造业	1220.71
111	中国宝武钢铁集团有限公司	国有独资	上海	制造业	799.32
162	交通银行股份有限公司	国有控股	上海	金融业	665.64
176	绿地控股集团有限公司	私营企业	上海	建筑业	619.65
193	中国太平洋保险(集团)股份有限公司	国有控股	上海	金融业	558
220	上海浦东发展银行股份有限公司	国有控股	上海	金融业	513.13
264	中国远洋海运集团有限公司	国有独资	上海	交通运输、仓储和邮政业	446.55
423	上海建工集团股份有限公司	其他	上海	建筑业	297.46
473	上海医药集团股份有限公司	国有控股	上海	医疗行业	270.05

资料来源：根据财富中文网和国家企业信用信息公示系统公开数据整理。

2020 年，浙江省共有 5 家企业入围榜单，入围数量和营业收入总额分别占全国入围企业数量和营业收入总额的 3.76% 和 2.76%。浙江省是国内经济大省，不仅拥有传统制造业企业，如温州的青山控股集团有限公司，还拥有互联网行业的领头羊阿里巴巴（中国）网络技术有限公司。表 7 是 2020 年浙江省入围企业的具体名单。

表 7　2020 年"世界 500 强"浙江企业排名

单位：亿美元

排名	公司名称	企业性质	所在地	所属行业	营业收入总额
132	阿里巴巴(中国)网络技术有限公司	私营企业	杭州	批发和零售业	731.66
210	物产中大集团股份有限公司	国有控股	杭州	综合	519.54
243	浙江吉利控股集团有限公司	私营企业	杭州	制造业	478.86
329	青山控股集团有限公司	私营企业	温州	制造业	380.12
468	海亮集团有限公司	私营企业	杭州	综合	272.09

资料来源：根据财富中文网和国家企业信用信息公示系统公开数据整理。

2020 年，福建省共有 5 家企业入围"世界 500 强"榜单，入围数量占比为 3.76%，营业收入总额占比为 2.55%。福建位于我国东南沿海，拥有多个开放通航港口，紧邻台湾和东南亚地区，拥有福州、厦门等经济发展前沿城市。表 8 是 2020 年福建省入围企业的具体名单。

表 8　2020 年"世界 500 强"福建企业排名

单位：亿美元

排名	公司名称	企业性质	所在地	所属行业	营业收入总额
222	兴业银行股份有限公司	国有控股	福州	金融业	509.45
234	厦门建发集团有限公司	国有独资	厦门	综合	491.7
284	厦门国贸控股集团有限公司	国有独资	厦门	综合	427.9
298	厦门象屿集团有限公司	国有独资	厦门	综合	411.35
354	阳光龙净集团有限公司	私营企业	福州	综合	359.09

资料来源：根据财富中文网和国家企业信用信息公示系统公开数据整理。

2020 年，山西省入围榜单的企业数量和营业收入总额分别为 4 家和 1031.33 亿美元，分别占全国入围数量和营业收入总额的 3.01% 和 1.19%。山西省是著名的煤炭资源采集和加工地，矿产资源丰富，采矿业发展迅速。表 9 是 2020 年山西省入围企业的具体名单。

表 9　2020 年"世界 500 强"山西企业排名

单位：亿美元

排名	公司名称	企业性质	所在地	所属行业	营业收入总额
485	山西焦煤集团有限责任公司	国有独资	太原	采矿业	261.79
489	山西潞安矿业（集团）有限责任公司	国有控股	长治	制造业	260.78
499	山西阳泉煤业（集团）有限责任公司	国有控股	阳泉	采矿业	254.91
500	山西晋城无烟煤矿业集团有限责任公司	国有控股	晋城	采矿业	253.86

资料来源：根据财富中文网和国家企业信用信息公示系统公开数据整理。

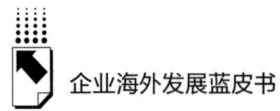

2020年,山东省有5家企业入围排行榜榜单,占全国入围总量的3.76%;营业收入总额为1904.57亿美元,占全国入围企业营业收入总额的2.20%。山东省是经济强省,拥有青岛、威海等诸多出海城市,是对外交流的重要门户。表10是2020年山东省入围企业的具体名单。

表10 2020年"世界500强"山东企业排名

单位:亿美元

排名	公司名称	企业性质	所在地	所属行业	营业收入总额
212	山东能源集团有限公司	国有独资	济南	综合	518.93
295	兖矿集团有限公司	国有控股	邹城	综合	413.23
308	山东魏桥创业集团有限公司	国有控股	滨州	制造业	404.26
435	海尔智家股份有限公司	私营企业	青岛	制造业	290.6
459	山东钢铁集团有限公司	国有控股	济南	制造业	277.55

资料来源:根据财富中文网和国家企业信用信息公示系统公开数据整理。

2020年,江苏省有4家企业入围排行榜榜单,占3.01%;入围企业营业收入总额为1839.17亿美元,占全国入围企业营业收入总额的2.13%。江苏省作为长三角地区的核心地带,拥有南京、苏州等一线城市,人才聚集,经济活跃。表11是2020年江苏省入围企业的具体名单。

表11 2020年"世界500强"江苏企业排名

单位:亿美元

排名	公司名称	企业性质	所在地	所属行业	营业收入总额
107	恒力集团有限公司	私营企业	苏州市	制造业	805.88
324	苏宁易购集团股份有限公司	私营企业	南京	批发和零售业	389.71
351	江苏沙钢集团有限公司	私营企业	张家港	制造业	364.88
455	盛虹控股集团有限公司	私营企业	苏州市	批发和零售业	278.7

资料来源:根据财富中文网和国家企业信用信息公示系统公开数据整理。

2020年,陕西上榜企业有3家,分别是陕西煤业化工集团有限责任公司、陕西延长石油(集团)有限责任公司和大同煤矿集团有限公司。2020年营业收入总额为1159.19亿美元,占比为1.34%。

2020年，河北、新疆上榜企业各有2家，分别是河刚集团有限公司、冀中能源集团有限责任公司和太平洋建设集团有限公司、新疆广汇实业投资有限责任公司，营业收入总额分别为820.11亿美元和295.77亿美元。

安徽、甘肃、河南、湖北、吉林、江西、辽宁、广西和贵州各有1家企业入围。其中：安徽入围的企业是安徽海螺集团有限责任公司，营业收入总额为339.16亿美元，占0.39%；甘肃省入围企业为金川集团股份有限公司，营业收入总额为338.24亿美元，占0.39%；河南省入围企业为河南能源化工集团有限公司，营业收入总额为261.63亿美元，占0.30%；湖北省入围企业为东风汽车集团有限公司，营业收入总额为840.49亿美元，占0.97%；吉林省入围企业为中国第一汽车集团有限公司，营业收入总额为894.17亿美元，占1.03%；江西省入围企业为江西铜业集团有限公司，营业收入总额为369.8亿美元，占0.42%；辽宁省入围企业为鞍钢集团有限公司，营业收入总额为314.69亿美元，占0.36%；广西入围企业为广西投资集团有限公司，营业收入总额为260.6亿美元，占0.30%；贵州省入围企业为铜陵有色金属集团股份有限公司，营业收入总额为278.19亿美元，占0.32%。

此外，台湾地区有9家企业入围，占比为6.76%；营业收入总额为4402.16亿美元，占5.10%。表12是台湾地区入围企业的具体名单。

表12　2020年"世界500强"台湾地区企业排名

单位：亿美元

排名	公司名称	企业性质	所在地	所属行业	营业收入总额
26	鸿海精密工业股份有限公司	港、澳、台商独资	新北	制造业	1728.69
269	和硕联合科技股份有限公司	港、澳、台商独资	台北	制造业	442.07
362	台湾积体电路制造股份有限公司	港、澳、台商独资	新竹	制造业	346.2
374	国泰人寿保险股份有限公司	港、澳、台商独资	台北	金融业	335.11
377	广达电脑公司股份有限公司	港、澳、台商独资	桃园	制造业	333.13
396	仁宝电脑工业股份有限公司	港、澳、台商独资	台北	制造业	317.23
403	富邦金融控股股份有限公司	港、澳、台商独资	台北	金融业	310.13
409	台湾中油股份有限公司	港、澳、台商独资	高雄	采矿业	305.46
452	纬创集团	港、澳、台商独资	台北	制造业	284.16

资料来源：财富中文网，http://www.fortunechina.com/。

香港地区有 7 家企业入围，占比为 5.26%；入围企业营业收入总额为 3528.42 亿美元，占比较上年有明显增长，高达 4.08%。表 13 是香港入围企业的具体名单。

表 13　2020 年"世界 500 强"香港地区企业排名

单位：亿美元

排名	公司名称	企业性质	所在地	所属行业	营业收入总额
79	中国华润有限公司	国有独资	香港	建筑业	947.58
224	联想集团有限公司	私营企业	香港	综合	507.16
235	招商局集团有限公司	国有独资	香港	综合	491.26
250	友邦保险集团	港、澳、台商独资	香港	金融业	472.42
301	怡和集团	港、澳、台商独资	香港	综合	409.22
328	长江和记实业有限公司	港、澳、台商独资	香港	综合	381.66
392	中国太平保险集团有限责任公司	国有独资	香港	金融业	319.12

资料来源：财富中文网，http://www.fortunechina.com/。

（三）行业分布

2020 年中国入围"世界 500 强"的企业主要分布于十大行业。入围企业行业分布的具体信息如表 14 所示。

表 14　2020 年入围"世界 500 强"企业数量和营业收入行业分布

行业	入围数量（家）	入围数量占比(%)	营业收入总额（亿美元）	营业收入总额占比(%)	平均营业收入（亿美元）
制造业	40	30.08	21323.55	24.68	533.09
综合类	24	18.05	11368.91	13.16	473.70
金融业	23	17.29	17227.33	19.94	749.01
采矿业	14	10.53	12498.24	14.47	892.73
建筑业	10	7.52	7386.11	8.55	738.61
电力、热力、燃气及水生产和供应业	7	5.26	6870.83	7.95	981.55
交通运输、仓储和邮政业	5	3.76	4181.15	4.84	836.23

续表

行业	入围数量（家）	入围数量占比(%)	营业收入总额（亿美元）	营业收入总额占比(%)	平均营业收入（亿美元）
信息传输、软件和信息技术服务业	4	3.01	2725.57	3.16	681.39
批发和零售业	5	3.76	2533.07	2.93	506.61
医疗业	1	0.75	270.05	0.31	270.05
农、林、牧、渔业	0	0	0	0	0
住宿和餐饮业	0	0	0	0	0
租赁和商务服务业	0	0	0	0	0
科学研究和技术服务业	0	0	0	0	0
水利、环境和公共设施管理业	0	0	0	0	0
居民服务、修理和其他服务业	0	0	0	0	0
教育	0	0	0	0	0
卫生和社会工作	0	0	0	0	0
文化体育和娱乐业	0	0	0	0	0
合计	133	100	86384.81	100	649.51

资料来源：《一文看懂2021年中国各省份、城市世界500强企业分布情况》，买购网，2021年8月16日，https://www.maigoo.com/news/603463.html。

2020年入围"世界500强"的制造业企业有40家，占比为30.08%；营业收入总额为21323.55亿美元，占比为24.68%，平均营业收入为533.09亿美元，相较全国各行业649.51亿美元的平均水平略低。这说明了中国制造业"世界500强"企业具有一定的数量规模，但我国制造业入围企业在营业收入方面存在相当大的差距，这也反映出我国制造业大而不强的现状，未来在做优做强制造业上仍有较大的提升空间。

综合类入围企业的数量达到24家，占比为18.05%，仅次于制造业。在全面深化改革的背景下，许多企业亟待进行多元化转型升级，拓展经营多个行业，如实业投资、金融投资、服务租赁和地产等。2020年综合类入围企业营业收入总额为11368.91亿美元，占13.16%，平均营业收入为473.70亿美元，低于全国各行业平均营业收入水平。

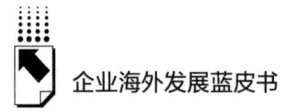

金融业入围企业数量达到 23 家,占比为 17.29%,入围数量居行业第三。金融业入围企业营业收入总额达 17227.33 亿美元,占比为 19.94%。入围企业平均营业收入为 749.01 亿美元,远高于全国各行业平均水平。采矿业入围企业数量达到 14 家,占比为 10.53%,入围数量居行业第四。采矿业入围企业营业收入总额达 12498.24 亿美元,占比为 14.47%。入围企业平均营业收入为 892.73 亿美元,远高于全国各行业平均水平。

建筑业入围企业共有 10 家,占比为 7.52%。建筑业入围企业的营业收入总额为 7386.11 亿美元,占比为 8.55%。在平均营业收入方面,建筑业较上年水平略有下降,达到 738.61 亿美元。电力、热力、燃气及水生产和供应业入围企业数量达到 7 家,占比为 5.26%,营业收入总额达 6870.83 亿美元,占比为 7.95%。入围企业平均营业收入为 981.55 亿美元,成为平均营业收入最高的行业。

交通运输、仓储和邮政业(简称"交运业"),批发和零售业(简称"零售业")入围企业数量均有 5 家,交运业入围企业数量占比为 3.76%,营业收入总额达 4181.15 亿美元,占比为 4.84%。零售业入围企业数量占比为 3.76%,营业收入总额合计 2533.07 亿美元,营业收入总额占入围企业营业收入总额的 2.93%,入围企业平均营业收入为 506.61 亿美元,低于全国各行业平均水平。信息传输、软件和信息技术服务业入围企业共有 4 家,占比为 3.01%,营业收入总额达 2725.57 亿美元,占比为 3.16%。入围企业平均营业收入为 681.39 亿美元,略高于全国各行业平均水平。

总体上,入围"世界 500 强"的企业集中于制造业、综合类、金融业、采矿业和建筑业。制造业、综合类、金融业、采矿业营业收入总额较高;零售业和医疗业营业收入总额较低,这可能是入围企业数量较少导致的。

(四)所有制结构分布

表 15 按所有制结构对入围"世界 500 强"的企业进行了分类统计。在入围数量方面,2020 年共有 29 家民营企业入围,占当年入围企业总体数量的 21.80%;共有 92 家国有企业入围,占入围企业总体数量的 69.17%;

港、澳、台商独资经营企业有 12 家入围。在营业收入总额方面，国有企业以 64328.12 亿美元领先于民营企业和港、澳、台商独资经营企业，占总体营业收入的 74.47%。在平均营业收入方面，民营企业为 565.21 亿美元，国有企业为 699.22 亿美元，两者之间无显著差异。

表15　2020年入围企业数量和营业收入所有制分布

所有制类型	入围数量（家）	入围数量占比（%）	营业收入总额（亿美元）	营业收入总额占比（%）	平均营业收入（亿美元）
国有企业	92	69.17	64328.12	74.47	699.22
民营企业	29	21.80	16391.22	18.97	565.21
港、澳、台商独资经营企业	12	9.02	5665.46	6.56	472.12
合计	133	100	86384.81	100	649.51

资料来源：根据财富中文网和国家企业信用信息公示系统公开数据整理。

二　2020年典型入围中国企业研究

（一）基于地域维度的典型企业研究

1. 东部地区——中国医药集团有限公司

中国医药集团有限公司（简称"国药集团"）是我国规模影响力最大、产业链条分布最完整、集团整体综合实力最强的医药健康产业集团，坐落于北京市，是典型的东部地区企业。

在业务布局方面，公司的主业是分销、零售、研发及生产预防治疗和诊断护理等健康相关产品。公司旗下共有国药控股、国药股份、国药一致、天坛生物、现代制药、中国中药 6 家上市公司以及 1500 余家子公司。在抗击新冠肺炎疫情的战役中，国药集团成为保护人民生命健康的主力军，在预防、诊断、治疗三大领域全面发力，取得"十个全球率先"重大突出成果，是中国企业前所未有的。

在排名和业绩表现方面，2020 年国药集团营业收入为 706.9 亿美元，列"世界500强"企业榜单第145位,排名较上年上升了14个位次,在"世界500强"医药企业榜单中列前5位。

2. 中部地区——东风汽车集团有限公司

东风汽车集团有限公司（简称"东风汽车公司"）的特大型汽车企业由中央直管,公司总部位于武汉,是中部地区较具代表性的企业。

在业务布局方面,东风汽车公司主营业务涵盖了全系列的商用车、乘用车、新能源汽车、军车以及关键汽车总成和零部件、汽车装备以及汽车相关业务。公司现有总资产3256亿元、员工16万多名,产业分布在武汉、十堰、襄阳、广州等国内20多个城市,在国外建有研发基地、海外制造基地、海外营销平台,公司还拥有法国PSA集团14%的股份,是PSA三大股东之一。

在排名和业绩表现方面,2020年东风汽车公司营业收入为840.49亿美元,在"世界500强"企业榜单中列第100位,排名较上年上升了18个位次,居中国汽车行业第2位、中国"世界500强"制造业企业第6位、中国"世界500强"企业的第25位。

3. 西部地区——金川集团股份有限公司

金川集团股份有限公司是特大型采、选、冶、化、深加工联合企业,位于中国西部河西走廊甘肃省,是较有代表性的西部地区企业。

在业务布局方面,金川集团以生产镍、铜、钴、铂族贵金属及有色金属压延加工产品、有色金属化学品、化工产品、有色金属新材料等为主业。该公司是中国最大、世界领先的铂族金属提炼中心和镍钴生产基地。拥有全亚洲第一座镍闪速熔炼炉、世界首座铜合成熔炼炉、世界首座富氧顶吹镍熔炼炉、世界上连续回采面积最大的机械化下向充填采矿法等国际领先的装备和工艺技术。

在排名和业绩表现方面,2020年该公司营业收入为338.24亿美元,居"世界500强"榜单第369位,列"中国企业500强"第93位。

4. 东北地区——鞍钢集团有限公司

鞍钢集团有限公司是我国大型钢铁联合企业和最早建成的钢铁生产基

地，总部位于东北老工业大省辽宁，是较有代表性的东北地区企业。

在业务布局方面，鞍钢集团的主要业务分布在中国东北、西南、华北、东南、华南等地，掌控着位于四川省、辽宁省和澳洲卡拉拉的丰富铁矿资源，是中国占有独特优势的钢铁企业。鞍钢产品在船舶、国防、汽车、铁路、家电等多个领域被广泛纳用，已经成为我国大国重器的钢铁脊梁。

在排名和业绩表现方面，2020年公司营业收入为314.69亿美元，居"世界500强"榜单第401位，列"中国企业500强"第98位。

5. 港澳台地区——招商局集团有限公司

招商局集团有限公司总部位于香港，是港澳台地区较具代表性的由中央垂直管理的国有重要骨干企业。

在业务布局方面，公司的业务主要分布于特色金融、综合交运、城市与园区综合开发运营三大关键产业，并正实现由三大主业向金融服务、投资与资本运营、实业经营这三大核心平台转变。招商局集团有限公司为中国沿海主要枢纽港湾建立了较为完善的港口网络群，控股并管理的港湾码头主要分布于深圳、天津、大连、营口、漳州、宁波、上海、青岛、湛江、汕头、香港、台湾等集装箱枢纽港，并成功布局海外核心沿海等地区。

在排名和业绩表现方面，2020年招商局集团有限公司实现营业收入8137亿元，同比增长13.9%；利润总额1751亿元，同比增长7.4%；净利润1371亿元，同比增长8.3%。截至2020年底总资产达到10.3万亿元，其中资产总额和净利润蝉联央企第一。在2020年"世界500强"榜单中，招商局集团有限公司列第235名。

（二）基于行业维度的典型企业研究

1. 制造业——中国航空工业集团有限公司

中国航空工业集团有限公司是国家授权的投资机构，是我国在飞机器械制造领域的典型企业，由原中国航空工业第一、第二集团公司重组整合而成。

在业务布局方面，该集团的主要业务分布于军用运输类飞机、直升机、航空武器装备、通用航空、航空研究、飞行试验、机载系统、航空供应链与军贸、金融、专用装备、汽车零部件、资产管理、工程建设等产业，旗下拥有100余家成员单位、24家上市公司，员工总数逾40万人。

在排名和业绩表现方面，2020年中国航空工业集团有限公司实现营业收入659.09亿美元，在"世界500强"榜单中列第163位。

2. 综合类——国家能源投资集团有限责任公司

国家能源投资集团有限责任公司，由神华集团有限责任公司和中国国电集团公司能源行业核心企业合并重组而成，是中央垂直管理的国有重要骨干企业、典型的综合类企业。

在业务布局方面，该集团拥有煤炭、电力、运输、化工等全产业链业务，产业分布在全国31个省区市以及美国、加拿大等10多个国家和地区，是全球规模最大的煤炭生产公司、火力发电公司、风力发电公司和煤制油煤化工公司。业务主要集中于新能源、交通运输、煤化工、产业科技、节能环保、煤炭、常规能源发电、产业金融等八大业务板块，业务范围广阔，业务形式多样。

在排名和业绩表现方面，2020年国家能源投资集团有限责任公司资产总额为17881亿元，营业总收入为5569亿元，净利润为577亿元，煤炭产量为5.3亿吨，电力总装机量为2.57亿千瓦，发电量为9828亿千瓦时，供热量为4.47亿吉焦，火电总装机量为1.91亿千瓦，风电总装机量为4604万千瓦。2020年在"世界500强"中排第108位。

3. 采矿业——中国海洋石油集团有限公司

中国海洋石油集团有限公司是中国最大的海上油气生产运营商，是中央直管国有重要骨干企业、典型的采矿业企业。

在业务布局方面，该集团近年来在全面深化改革的影响下，通过成功实施资本运营、改革重组、海外并购、上下游一体化等重大举措，实现了跨越式发展，综合竞争实力不断增强，由一家仅仅从事油气开采的上游公司，多元化发展成为主业突出、产业链完整的国际能源公司。业务主要集中于专业技术服务、油气勘探开发、天然气及发电、金融服务、新能源炼化销售及化肥等板块。

在排名和业绩表现方面，2020年中国海洋石油集团有限公司营业收入为1086.87亿美元，在《财富》杂志"世界500强"中排第64位。

4. 建筑业——中国华润有限公司

中国华润有限公司于1986成立，是中国内地实力雄厚的综合地产开发商之一，在国内建筑业具有一定影响力。

在业务布局方面，中国华润有限公司的主营业务集中于零售、啤酒、燃气、商业地产、制药和医疗等板块，且其经营规模在全国位居前列。值得一提的是，公司的水泥和电力业务的经营业绩、经营效率在行业中表现较为突出。该公司旗下的品牌华润万家、万象城、雪花、怡宝、双鹤、东阿阿胶、999、江中等都是全国知名品牌。

在排名和业绩表现方面，2020年中国华润有限公司实现营业收入947.58亿美元，同比增长5%。在2020年"世界500强"企业的排名中取得了第79位的好排名。

5. 金融业——中国人寿保险（集团）公司

中国人寿保险（集团）公司为中央金融企业，是国有特大型金融保险企业公司，中国资本市场最大的机构投资者之一。

在业务布局方面，中国人寿保险（集团）公司也是我国资本市场举足轻重的机构投资者，公司及其子公司组成了我国最大的国有金融保险集团。公司的业务范围涵盖了财险、寿险、企业和职业年金、资产管理、财富管理、银行、基金、实业投资、海外业务等金融和实业多个领域。

在排名和业绩表现方面，2020年该公司营业收入为1314.44亿美元，排"世界500强"第45位，其品牌价值高达4158.61亿元，是中国金融保险企业的领头羊。

（三）基于不同所有制结构典型企业研究

1. 国有企业——国家电网有限公司

国家电网有限公司（简称"国家电网"）是根据《公司法》设立的中

央直接管理的国有独资公司,以投资建设运营电网为核心业务,是关系国民经济命脉和国家能源安全发展的特大型国有重点骨干企业。

在业务布局方面,国家电网主营输配电业务,公司经营区域覆盖我国26个省区市,供电范围占国土面积的88%,供电人口超过11亿人。国家电网在全球范围内建成了多项特高压输电工程,拥有全球特大型电网最长安全纪录,专利拥有量连续10年位列央企第一,是全球范围内输电能力最强、新能源并网规模最大的电网。国家电网还投资和运营了葡萄牙、希腊、菲律宾、巴西、澳大利亚、意大利、阿曼、智利和中国香港等9个国家和地区的能源网络,连续8年获得标准普尔、穆迪、惠誉三大国际评级机构国家主权级信用评级。

在排名和业绩表现方面,2020年国家电网营业收入为3839.06亿美元,在"世界500强"中排第3位,是全球最大的公用事业企业。

2. 民营企业——华为投资控股有限公司

华为投资控股有限公司(简称"华为")总部位于广东省深圳市龙岗区,是我国规模最大的民营企业之一,是首屈一指的通信行业的公司。

在业务布局方面,华为被称为全球范围内领先的信息与通信技术(ICT)解决方案供应商,公司主营业务集中于ICT领域,在电信运营商、终端、企业和云计算等高端领域构建了特有的端到端的解决方案,为企业客户、运营商客户和消费者提供了有竞争力的ICT解决方案、产品和服务,是我国最具核心竞争力的公司之一。

在排名和业绩表现方面,2020年该公司营业收入为1243.16亿美元,在"世界500强"中列第49位,为"中国民营企业500强"第1名。

3. 港、澳、台商独资经营企业——富邦金融控股股份有限公司

富邦金融控股股份有限公司为台湾第二大金融控股公司,由富邦资产管理、富邦人寿保险、富邦产物保险、富邦综合证券、富邦银行、富邦银行(香港)于2001年12月19日共同成立。

在业务布局方面,富邦金融控股股份有限公司旗下主要子公司包括台北富邦银行、富邦银行(香港)、富邦华一银行、富邦人寿、富邦产险、富邦

证券及富邦投信等,公司拥有较为完整多元的金融产品与金融服务,经营绩效水平处于行业上游,位居市场领导地位。

在排名和业绩表现方面,2020年该公司营业收入达310.13亿美元,是台湾第二大金融控股公司,在"世界500强"企业榜中列第403位。

三 2020年"世界500强"中国企业的动态变化分析

(一)入围企业总体变动分析

表16是2016～2020年入围"世界500强"中国企业的情况,呈现了包括年份、入围数量、入围数量占比和入围数量占比变化的总体情况。

表16 2016～2020年入围"世界500强"中国企业总体情况

年份	入围数量(家)	入围数量占比(%)	入围数量占比变化(百分点)
2016	110	22.00	0.80
2017	115	23.00	1.00
2018	120	24.00	1.00
2019	129	25.80	1.80
2020	133	26.60	0.80

资料来源:财富中文网,http://www.fortunechina.com/。

2020年入围"世界500强"的中国企业数量为133家,较2019年增加了4家,入围数量占比提高了0.80个百分点。2016～2020年,入围"世界500强"企业的数量和占比稳步提高,入围数量从2016年的110家增加到2020年的133家。中国上榜企业的数量在"世界500强"榜单中的比重不断上升,且在"世界500强"各排名段分布比较均衡,营业收入类的规模实力指标排名靠前。

（二）地域分布变动分析

表17列示了2016～2020年入围"世界500强"中国企业的区域变动情况。具体包含东部、中部、西部、东北以及香港地区、澳门地区和台湾地区企业数量分布情况。

表17 2016～2020年入围"世界500强"中国企业区域变动

单位：家

年份	东部	中部	西部	东北	香港地区	澳门地区	台湾地区	合计
2016	87	7	2	1	6	0	7	110
2017	92	7	3	1	6	0	6	115
2018	89	7	4	2	8	0	10	120
2019	95	10	5	2	7	0	10	129
2020	99	8	8	2	7	0	9	133

资料来源：财富中文网，http://www.fortunechina.com/。

根据2016～2020年的入围企业情况可知，上榜企业主要分布于东部地区，中西部省区市上榜数量明显偏低，区域经济发展不均衡现象仍然明显。尤其是民营企业主要集中于长三角地区的江苏、浙江，珠三角的广东、福建等地。2020年东部地区入围企业数量达到99家，较2019年增加了4家；中部地区入围8家，比2019年减少2家；西部地区入围8家，比2019年增加了3家。2016～2020年，各区域总体呈现增长趋势，但是个别年份入围企业数量有所下降，这表明各区域企业之间的竞争比较激烈。在所有区域中，东部地区增长数量是最多的，而西部地区增幅最大。2016～2020年，东部地区企业入围数量增长12家，而西部地区入围企业增长6家，增幅达300%。

（三）行业分布变动分析

表18列示了2016～2020年入围"世界500强"榜单的中国企业的行业结构变动。

入围2020年"世界500强"中国企业评价分析

表18 2016~2020年入围"世界500强"中国企业行业结构变动

单位：家

行业	2016年	2017年	2018年	2019年	2020年
制造业	32	34	37	39	40
综合类	20	22	24	25	24
金融业	18	19	20	22	23
采矿业	12	10	11	14	14
建筑业	7	9	9	9	10
电力、热力、燃气及水生产和供应业	9	8	7	7	7
交通运输、仓储和邮政业	6	6	5	5	5
信息传输、软件和信息技术服务业	4	4	4	4	4
批发和零售业	1	3	3	4	5
农、林、牧、渔业	1	0	0	0	0
医疗业	0	0	0	0	1
住宿和餐饮业	0	0	0	0	0
租赁和商务服务业	0	0	0	0	0
科学研究和技术服务业	0	0	0	0	0
水利、环境和公共设施管理业	0	0	0	0	0
居民服务、修理和其他服务业	0	0	0	0	0
教育	0	0	0	0	0
卫生和社会工作	0	0	0	0	0
文化、体育和娱乐业	0	0	0	0	0
合计	110	115	120	129	133

资料来源：根据财富中文网和国家企业信用信息公示系统公开数据整理。

2016~2020年，中国上榜企业所在行业不断增多，制造业、金融业、采矿业与建筑业等领域营业收入已经具备行业优势，在交通运输、信息通信等领域也扮演着重要角色，但在零售、医疗等领域占比较低。2020年入围企业中，制造业、综合类、金融业和建筑业都达到2016~2020年数量的峰值，分别为40家、24家、23家和14家；2016~2020年，批发和零售业、建筑业入围企业稳步增长，交通运输、仓储和邮政业，电力、热力、燃气及水生产和供应业,农、林、牧、渔业有所降低。这反映了我国入围企业优势行业如制造业、金融业等的优势竞争力进一步提升,同时传统的能源类如交通运输、仓储和邮政业,电力、热力、燃气及水生产和供应业以及农、林、牧、渔业竞争力降低。

(四)所有制结构分布变动分析

表19列示了2016~2020年入围企业的所有制结构变动情况,具体包括国有企业,民营企业,港、澳、台商独资经营企业的数量和比例。

表19　2016~2020年入围"世界500强"中国企业所有制结构变动

单位:家,%

年份	国有企业		民营企业		港、澳、台商独资经营企业	
	数量	比例	数量	比例	数量	比例
2016	82	74.55	17	15.45	11	10
2017	81	70.43	24	20.87	10	8.70
2018	84	70.00	23	19.17	13	10.83
2019	89	68.99	27	20.93	13	10.08
2020	92	69.17	29	21.80	12	9.02

资料来源:根据财富中文网和国家企业信用信息公示系统公开数据整理。

国有企业,尤其是国资委、财政部等部门直接管辖的中央企业,汇聚了业内优质的生产要素资源,在竣工、能源、电信、航空等领域优势明显。2016~2020年,上榜国有企业的数量不断增长,排名靠前,所涉行业日渐增多,发挥了国民经济中流砥柱的力量。2020年国有企业入围数量达到2016~2020年的峰值,为92家,同时民营企业入围数量也达到历史最高水平,为29家。2016年国有企业仅82家,而民营企业和港、澳、台商独资经营企业分别为17家和11家。五年间,国有企业数量增长了12.20%,民营企业数量增长了70.59%,港、澳、台商独资经营企业数量增长了9.09%。

四 研究展望与建议

（一）研究展望

1. 总体趋势

2020年，"世界500强"排行榜榜单中最引人注目的变化无疑是中国企业实现了历史性跨越。2020年，中国内地和香港上榜公司数量达到133家，首次超越美国（121家）。中国企业实力的持续增强和规模的持续扩大，离不开中国持续不断的深化改革和扩大开放，也离不开政府在应对疫情时采取的有效治理措施和疫情防控常态化时期的经济恢复手段。然而，上榜的公司"偏科"严重，绝大多数是能源、基建、金融类企业，并且基本上是国有企业。而美国有34家入围100强名单，且行业分布比较均匀，有沃尔玛、美国电话电报公司（AT&T）、威瑞森电信、福特汽车公司、美国银行等基础民生或者金融类企业，还有亚马逊、苹果公司、微软、Alphabet（谷歌母公司）、戴尔等科技企业。未来，全球经济面临下行趋势，加上美国、加拿大以及欧洲等少数国家对中国企业采取单边制裁，贸易摩擦持续升级，我国企业若要逆周期获得发展仍面临较大挑战。

2. 地域趋势

2020年，中国上榜"世界500强"企业分布地域遍及中国20个省区市，台湾地区9家，香港地区7家。在中国内地，北京上榜企业的数量为全国最高，达到55家，而广东和上海分别是14家和9家。上榜企业主要分布于东部地区，中西部省区市上榜数量明显偏低，区域发展不平衡现象较为明显。我国的东部地区是全国范围内经济发展程度最高的区域，尤其是长三角和珠三角地区汇聚了大量优质企业。由于历史和现实的多方面原因，东部地区经济起飞更早，因此东部地区在营商环境、产业结构、科技实力、人力资源、就业机会等多个方面都优于中西部地区，更有利于企业快速成长。

3. 行业趋势

2020年，中国上榜"世界500强"的企业的行业分布情况相较于往年更为多元，在建筑、采矿、公共设施、通信网络等领域的营业收入总额占比过半，零售业务在新兴产业中占优势，但是在医疗、消费、交通运输等领域仍然与国际先进水平有一定的差距。就企业质量和企业发展效益而言，中国企业效益和行业竞争力与美国等发达国家仍存在差距，高质量转型之路任重道远。对于"世界500强"企业如何在国际行业竞争中突围仍需要政府、企业领袖进一步思考和探索。

4. 所有制趋势

2020年入围"世界500强"的中国企业中，国有企业尤其是中央直属的国企资历雄厚，且具有先发性优势，在榜单排名中名列前茅；部分民营企业后来居上，在消费、金融、通信技术与技术设备、互联网服务等行业展现了蓬勃的发展潜力，催生了许多在全球范围内颇具竞争力和市场影响力的新经济体。中国内地上榜的国有企业主要分布于北京和东北地区，而民营企业主要集中于长三角的江苏、浙江，珠三角的广东、福建等地。未来，我国在稳定国有企业发展，进一步加大国企改革转型力度的同时，也要优化营商环境，提供一个公平、透明、可预期的市场环境，以此促进新经济体的茁壮成长，开辟更好的经济发展局势。

（二）研究建议

1. 有效控制疫情，着力支撑经济恢复

新冠肺炎疫情是2020年全球经济最大的黑天鹅事件。我国在党中央、国务院坚强领导下，全国人民的共同努力之下，采取果断举措阻断了疫情传播链，率先实现了对疫情的有效控制，自2020年第二季度以来完成了经济的V形反转复苏。然而，从长远来看，国际上的外交和政治不确定性因素有增无减。中国企业须正视当前困难，积极应对挑战；同时，企业也应该加快自身转型升级的步伐，打造市场核心竞争力，加强风险管理措施，促进企业稳定健康发展。

2. 坚持创新驱动，加快智能转型升级

对比发达国家的入围企业，我国企业明显经济效益不足。在"互联网+"的新时代，创新将成为最关键的动力，引进、模仿、改良对经济发展的重要性将显著下降。若想在新经济形势下突围，企业应着力攻关"卡脖子"技术，主动用自主创新的确定性来应对外部环境的不确定性。既要积极开展技术创新、产品创新，也要不断推进管理创新、商业模式创新、业态创新、制度创新与文化创新，以创新推动企业新经济增长，优化全产业链布局，增强企业的核心竞争优势。

3. 畅通双循环，打造国际产业新形势

在"十四五"规划中，中央首次提出加快形成"以国内大循环为主体、国内国际双循环相互促进的新发展格局"，这是在我国面临百年未有之大变局的情境下，就推动中国开放型经济向更高层次发展做出的重大战略部署，是指导中国企业与产业克服困难与挑战，实现持续稳定发展的具体策略安排。作为"世界500强"的大企业，应在畅通国内国际双循环中充当主力军，通过主动带动中小企业融合发展为国内消费者提供优质供给，更要布局国际市场，展开竞争，争得稳定收益。企业应审慎谋划，合理布局，善于抓住国际市场机遇，管控风险，推动国际化产业链布局，寻求进入价值链的中高端环节。

参考文献

MBA智库百科，https：//wiki.mbalib.com/wiki/。
国家企业信用信息公示系统，http：//www.gsxt.gov.cn/index.html。
中华人民共和国商务部对外投资和经济合作司，http：//hzs.mofcom.gov.cn/。

B.3 入围2020年"最具价值全球品牌100强"中国企业评价分析

葛超 杨道广*

摘　要： 本报告分别从地域分布、行业分布、所有制结构分布等多个维度对2020年入围"最具价值全球品牌100强"的中国品牌进行定量分析，并选取典型企业进行定性分析与总结。总体而言，2020年我国入围的企业数量较2019年稳中有增。从地域分布来看，入围的中国企业大部分来自东部地区，西部地区仅茅台一家品牌企业入围；从行业分布来看，入围品牌企业主要来四个行业，分别为金融业，批发和零售业，制造业以及信息传输、软件和信息技术服务业；从所有制结构来看，入围数量最多的是民营企业，国有企业紧随其后，而港、澳、台商独资经营企业则无一入围。结合典型企业的具体案例，本报告分析认为：在突发风险频发和竞争日益激烈的大背景下，我国企业应当继续坚持产业结构的调整升级，加大对新科技的研发支持力度，致力于打造具有国际品牌影响力的中国企业。

关键词： 品牌价值　所有制结构　品牌影响力

---

* 葛超，博士，深圳职业技术学院经济学院讲师，主要研究方向为财务报表分析；杨道广，博士，对外经济贸易大学国际商学院副教授、博士生导师，主要研究方向为内部控制与公司财务、审计与公司治理。

入围2020年"最具价值全球品牌100强"中国企业评价分析

一 入围"最具价值全球品牌100强"中国企业排行榜

(一)2020年"最具价值全球品牌100强"中国企业排行榜

表1列示了2020年入围"最具价值全球品牌100强"的中国企业的相关信息,包括排名、企业简称、性质、所在地、行业及品牌价值总额。2020年,入围"最具价值全球品牌100强"的中国企业共17家,入围企业品牌价值总额合计6831.39亿美元。与2019年相比,入围的中国企业数量增长了2家,增幅达13.33%;入围企业的品牌价值总额稳中有升,品牌价值总额增加了952.55亿美元,增幅为16.2%;平均企业品牌价值增长9.92亿美元。总体上说明,具有国际影响力的中国企业正健康稳步发展。

表1 2020年"最具价值全球品牌100强"中国企业排行榜

单位:亿美元

排名	企业简称	性质	所在地	行业	品牌价值总额
6	阿里巴巴	民营企业	杭州市	批发和零售业	1525.25
7	腾讯	民营企业	深圳市	科技	1509.78
18	茅台	国有企业	茅台市	制造业	537.55
31	中国工商银行	国有企业	北京市	金融业	381.41
36	中国移动	国有企业	北京市	信息传输、软件和信息技术服务业	345.83
38	中国平安	民营企业	深圳市	金融业	338.1
45	华为	民营企业	深圳市	制造业	294.12
52	京东	民营企业	北京市	批发和零售业	254.94
54	美团	民营企业	北京市	批发和零售业	239.11
58	中国建设银行	国有企业	北京市	金融业	210.89
64	滴滴出行	民营企业	天津市	信息传输、软件和信息技术服务业	200.4
68	海尔	民营企业	青岛市	制造业	187.13

续表

排名	企业简称	性质	所在地	行业	品牌价值总额
69	中国农业银行	国有企业	北京市	金融业	186.39
79	抖音	民营企业	北京市	信息传输、软件和信息技术服务业	168.78
81	小米	民营企业	北京市	批发和零售业	166.44
91	百度	民营企业	北京市	信息传输、软件和信息技术服务业	148.4
97	中国银行	国有企业	北京市	金融业	136.86

资料来源：根据搜狐网和国家企业信用信息公示系统公开数据整理。

（二）地域分布

1. 区域分布

表2按我国的五大地域分布（东部地区、中部地区、西部地区、东北地区、港澳台地区）对2019年和2020年入围"最具价值全球品牌100强"的中国企业进行了分类统计，具体包括入围数量、入围数量占比、品牌价值总额、品牌价值总额占比和平均品牌价值。①

表2 2019~2020年"最具价值全球品牌100强"中国企业区域分布

地区	入围数量（家）		入围数量占比(%)		品牌价值总额（亿美元）		品牌价值总额占比(%)		平均品牌价值（亿美元）	
	2019年	2020年	2019年	2020年	2019年	2020年	2019年	2020年	2019年	2020年
东部地区	14	16	93.33	94.12	5539.6	6293.84	94.23	92.13	395.69	393.37
中部地区	0	0	0.00	0.00	0	0	0.00	0.00	339.24	0
西部地区	1	1	6.67	5.88	339.24	537.55	5.77	7.87	339.24	537.55
东北地区	0	0	0.00	0.00	0	0	0.00	0.00	0	0

---

① 东部、中部、西部和东北地区的地域划分依据是中国国家统计局编的《中国统计年鉴》，东部地区包括北京、天津、河北、山东、上海、江苏、浙江、福建、海南、广东，共计10个省市；中部地区包括山西、河南、安徽、江西、湖北和湖南，共计6个省份；西部地区包括新疆、宁夏、内蒙古、青海、西藏、陕西、甘肃、重庆、四川、贵州、云南和广西，共计12个省区市；东北地区包括黑龙江、辽宁和吉林，共计3个省份。

入围2020年"最具价值全球品牌100强"中国企业评价分析

续表

地区	入围数量（家）		入围数量占比（%）		品牌价值总额（亿美元）		品牌价值总额占比（%）		平均品牌价值（亿美元）	
	2019年	2020年	2019年	2020年	2019年	2020年	2019年	2020年	2019年	2020年
香港地区	0	0	0.00	0.00	0	0	0.00	0.00	0	0
澳门地区	0	0	0.00	0.00	0	0	0.00	0.00	0	0
台湾地区	0	0	0.00	0.00	0	0	0.00	0.00	0	0
总计	15	17	100	100	5878.84	6831.39	100	100	391.92	401.85

资料来源：根据搜狐网公开数据整理。

从入围企业的区域分布来看，东部地区在入围数量和品牌价值总额上占据主导地位，西部地区入围企业的品牌价值总额上涨则较为明显。在入围数量方面，东部地区企业仍占绝大多数，共计16家，较2019年增长2家，东部地区企业的入围数量占比从2019年的93.33%上升到2020年的94.12%；西部地区仅有茅台1家企业入围榜单，相较于2019年没有新增入围，西部地区企业的入围数量占比从2019年的6.67%下降至2020年的5.88%；中部地区、东北地区、香港地区、澳门地区和台湾地区均无企业入围。在品牌价值总额方面，东部地区企业的品牌价值总额从2019年的5539.6亿美元增加到2020年的6293.84亿美元，但是东部地区企业的品牌价值总额占比有所下降，从2019年的94.23%下降至2020年的92.13%；西部地区企业的品牌价值总额增长明显，品牌价值总额从2019年的339.24亿美元上升至2020年的537.55亿美元，品牌价值总额占比从2019年的5.77%上升至2020年的7.87%。中部地区、东北地区、香港地区、澳门地区和台湾地区与2019年一样，没有企业入围，因而没有变化。在平均品牌价值方面，东部地区企业的平均品牌价值略有下降，由2019年的395.69亿美元下降至2020年的393.37亿美元，这可能与2020年全球经济增长疲软、贸易保护主义抬头以及新冠肺炎疫情有关；西部地区茅台品牌价值大幅增加；中部地区、东北地区、香港地区、澳门地区和台湾地区与2019年一样，没有企业入围，因而没有变化。

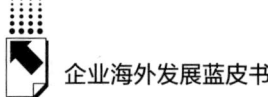

总体而言，2020年东部地区企业在入围数量上的优势仍然十分明显，但是东部地区企业的平均品牌价值相较于2019年变动不大；西部地区仅茅台一家企业入围榜单，品牌价值增长迅速；中部地区、东北地区、香港地区、澳门地区和台湾地区的企业品牌竞争力仍然不足，需要加快自身品牌建设。

2. 省级行政区分布

表3按省级行政区对2020年入围企业进行了分类统计，具体包括入围数量、入围数量占比、品牌价值总额、品牌价值总额占比和平均品牌价值。其中，北京市企业入围10家，广东省企业入围3家，浙江省、贵州省、天津市、山东省各有1家企业入围，其他省区市和香港地区、澳门地区、台湾地区企业无一入围，说明高品牌价值企业的集聚现象明显、省级行政区分布极不均衡。

表3 2020年入围企业数量和品牌价值的省级行政区分布

地区	入围数量（家）	入围数量占比（%）	品牌价值总额（亿美元）	品牌价值总额占比（%）	平均品牌价值（亿美元）
北京	10	58.82	2239.05	32.78	223.91
广东	3	17.65	2142	31.36	714
浙江	1	5.88	1525.25	22.33	1525.25
贵州	1	5.88	537.55	7.87	537.55
天津	1	5.88	200.41	2.93	200.41
山东	1	5.88	187.13	2.74	187.13
上海	0	0.00	0	0.00	0
福建	0	0.00	0	0.00	0
山西	0	0.00	0	0.00	0
江苏	0	0.00	0	0.00	0
安徽	0	0.00	0	0.00	0
河北	0	0.00	0	0.00	0
陕西	0	0.00	0	0.00	0
新疆	0	0.00	0	0.00	0
甘肃	0	0.00	0	0.00	0
河南	0	0.00	0	0.00	0
湖北	0	0.00	0	0.00	0

续表

地区	入围数量（家）	入围数量占比（%）	品牌价值总额（亿美元）	品牌价值总额占比（%）	平均品牌价值（亿美元）
吉林	0	0.00	0	0.00	0
江西	0	0.00	0	0.00	0
辽宁	0	0.00	0	0.00	0
广西	0	0.00	0	0.00	0
海南	0	0.00	0	0.00	0
黑龙江	0	0.00	0	0.00	0
湖南	0	0.00	0	0.00	0
内蒙古	0	0.00	0	0.00	0
宁夏	0	0.00	0	0.00	0
青海	0	0.00	0	0.00	0
四川	0	0.00	0	0.00	0
西藏	0	0.00	0	0.00	0
云南	0	0.00	0	0.00	0
重庆	0	0.00	0	0.00	0
香港地区	0	0.00	0	0.00	0
澳门地区	0	0.00	0	0.00	0
台湾地区	0	0.00	0	0.00	0
合计	17	100	6831.39	100	401.85

资料来源：根据搜狐网和国家企业信用信息公示系统公开数据整理。

北京市2020年表现突出，共有10家企业入围，位居全国之首，具体企业名单见表4。与2019年相比，入围企业增加了2家，分别为抖音和中国银行。这说明2020年所有增加的入围企业均来自北京。10家入围企业的品牌价值总额为2239.05亿美元，占全国入围企业品牌价值总额的32.78%。虽然北京在入围数量和品牌价值总额上依然占据绝对优势，但是也应注意到北京入围企业平均品牌价值为223.91亿美元，远远低于全国401.85亿美元的平均水平，说明北京优质企业数量多，但是北京个体企业的竞争优势与其他区域相比仍有较大差距。

表4 2020年"最具价值全球品牌100强"北京企业排行

单位：亿美元

排名	公司简称	性质	所在地	行业	品牌价值总额
31	中国工商银行	国有企业	北京	金融业	381.41
36	中国移动	国有企业	北京	信息传输、软件和信息技术服务业	345.83
52	京东	民营企业	北京	批发和零售业	254.94
54	美团	民营企业	北京	批发和零售业	239.11
58	中国建设银行	国有企业	北京	金融业	210.89
69	中国农业银行	国有企业	北京	金融业	186.39
79	抖音	民营企业	北京	信息传输、软件和信息技术服务业	168.78
81	小米	民营企业	北京	批发和零售业	166.44
91	百度	民营企业	北京	信息传输、软件和信息技术服务业	148.4
97	中国银行	国有企业	北京	金融业	136.86

资料来源：根据搜狐网和国家企业信用信息公示系统公开数据整理。

广东省作为我国最大的经济省份，拥有较多改革开放的排头兵。2020年广东省入围数量为3家，仅次于北京市，列全国第2位，具体企业名单见表5。从表5可以看出，入围的3家广东企业均位于一线城市——深圳。深圳是我国高科技企业聚集地，涌现了一大批如华为、腾讯等优秀企业。2020年广东省入围企业的品牌价值总额为2142美元，占全国入围企业品牌价值总额的31.36%，平均品牌价值为714亿美元，远远高于全国平均品牌价值。这表明广东省入围企业尽管在数量上不如北京有优势，但单个入围企业的品牌价值具有比较强的竞争优势。

表5 2020年"最具价值全球品牌100强"广东企业排行

单位：亿美元

排名	公司简称	性质	所在地	行业	品牌价值总额
7	腾讯	民营企业	深圳	信息传输、软件和信息技术服务业	1509.78
38	中国平安	民营企业	深圳	保险	338.1
45	华为	民营企业	深圳	信息传输、软件和信息技术服务业	294.12

资料来源：根据搜狐网和国家企业信用信息公示系统公开数据整理。

2020年浙江省有1家企业入围"最具价值全球品牌100强",入围企业为网络批发和零售业的阿里巴巴,总部位于杭州市。浙江省位于中国东部地区,是中国制造业集散中心,也是电子商务中心。杭州是浙江的省会城市,也是长江三角洲的中心城市之一。2020年阿里巴巴品牌价值总额高达1525.25亿美元,是全国平均品牌价值的近4倍,是中国企业品牌的代表。由于阿里巴巴这种超级品牌的存在,浙江省2020年入围品牌企业价值约占全国的1/5,仅次于北京和广东省。

2020年贵州省有茅台1家企业入围"最具价值全球品牌100强"。茅台位于贵州省,属于西部地区。2020年茅台的品牌价值总额为537.55亿美元,较2019年上涨58.46%,列全国第4位。

2020年天津市有滴滴出行1家企业入围"最具价值全球品牌100强"。天津市是我国北方最大的港口城市、北方中心城市和四大直辖市之一。2020年滴滴出行的品牌价值总额为200.4亿美元,与2019年持平,列全国第5位。

2020年,山东省有海尔1家企业入围,入围企业位于青岛市。山东省是我国东部沿海省份之一,是经济强省之一。青岛市是亚洲和欧洲的重要枢纽城市。2020年海尔的品牌价值总额为187.13亿美元,比2019年增长11.57%,列全国各省第6位。

(三)行业分布

2020年,我国入围企业主要集中分布于4个行业,分别为信息传输、软件和信息技术服务业,金融业,批发和零售业以及制造业。具体行业分布结构见表6。总体来看,入围企业在4个行业的数量分布上比较均匀。17家入围企业中,有3家制造业企业,4家批发和零售业企业,5家金融业企业和5家信息传输、软件和信息技术服务业企业。在品牌价值总额上看,品牌价值总额最高的行业是信息传输、软件和信息技术服务业,为2373.2亿美元,紧随其后的是批发和零售业,为2185.74亿美元,金融业和制造业分别以1253.65亿美元和1018.8亿美元居第3位、第4位。

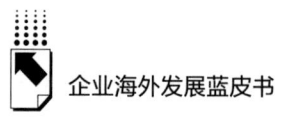

表6 2020年入围企业数量和品牌价值的行业分布

行业	入围数量（家）	入围数量占比（%）	品牌价值总额（亿美元）	品牌价值总额占比（%）	平均品牌价值（亿美元）
信息传输、软件和信息技术服务业	5	29.41	2373.2	34.74	474.64
金融业	5	29.41	1253.65	18.35	250.73
批发和零售业	4	23.53	2185.74	32.00	546.44
制造业	3	17.65	1018.8	14.91	339.60
合计	17	100.00	6831.39	100.00	401.85

资料来源：根据搜狐网和国家企业信用信息公示系统公开数据整理。

信息传输、软件和信息技术服务业是融合了计算机等现代高科技手段，通过一系列方式向客户提供信息产品的服务产业。信息传输、软件和信息技术服务业经济附加值较高而资源消耗较少，属于知识密集型产业，是我国优先发展的朝阳产业。2020年新入围的抖音就属于信息传输、软件和信息技术服务业。2020年该行业入围的5家企业的品牌价值总额为2373.2亿美元，品牌价值总额占比为34.74%，位居各行业第一。平均品牌价值仅次于批发和零售业，超过其他行业平均品牌价值，高达474.64亿美元。

批发和零售业是生产商品或者面向消费者提供劳务的行业。随着互联网、大数据、物联网的发展，越来越多的批发和零售业企业选择实施技术升级和产业融合。2020年入围的4家批发和零售业企业为阿里巴巴、美团、小米和京东。这4家企业均为线上批发和零售企业。2020年批发和零售业品牌价值总额为2185.74亿美元，占比为32.00%，仅次于信息传输、软件和信息技术服务业。平均品牌价值达546.44亿美元，位居入围各行业之首。

金融业是指从事金融商品交易的行业，包括银行、保险、信托证券等各类企业。我国金融业主要还是以四大国有银行为代表，但近年来保险等其他金融行业也逐渐发展起来，同时民营金融企业也迸发出较大的发展活力。2020年入围的5家金融企业分别为四大国有银行以及一家民营保险企业。它们分别是中国工商银行、中国建设银行、中国农业银行、中国银行以及中国平安。行业品牌价值总额达1253.65亿美元，占入围企业的18.35%，平均品牌价值为250.73亿美元，低于其他行业品牌价值。这说明相比其他行业而言，金融业品牌竞争力不足。

制造业是对采购要素进行机械化加工实现销售的行业。2020年入围的制造业企业共有3家，分别是茅台、海尔和华为。制造业企业品牌价值总额为1018.8亿美元，占比为14.91%，平均品牌价值为339.60亿美元，品牌竞争力表现较弱，需要进一步增强我国制造业的品牌影响力。

总体来看，在数量分布上，四大行业分布均匀；在品牌价值总额上，信息传输、软件和信息技术服务业，批发和零售业品牌价值总额较高，制造业和金融业品牌价值总额较低，主要是由金融业平均品牌价值最低，而制造业入围数量最低导致的。

（四）所有制结构分布

表7按所有制结构对入围企业进行了分类统计。在入围数量方面，2020年共有11家民营企业入围，占当年入围企业总体数量的64.71%；国有企业共有6家入围，占入围企业总体数量的35.29%；没有港、澳、台商独资经营企业入围。在品牌价值总额方面，入围的民营企业品牌价值总额合计5032.46亿美元，占比高达73.67%；国有企业品牌价值总额合计1798.93亿美元，占比为26.33%。在平均品牌价值方面，民营企业为457.50亿美元，而国有企业仅为299.82亿美元。

表7 2020年入围企业数量和品牌价值的所有制结构分布

所有权	入围数量（家）	入围数量占比（%）	品牌价值总额（亿美元）	品牌价值总额占比（%）	平均品牌价值（亿美元）
民营企业	11	64.71	5032.46	73.67	457.50
国有企业	6	35.29	1798.93	26.33	299.82
港、澳、台商独资经营企业	0	0.00	0	0.00	0
合计	17	100.00	6831.39	100.00	401.85

资料来源：根据搜狐网和国家企业信用信息公示系统公开数据整理。

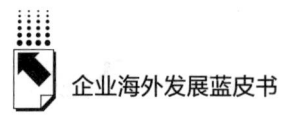

二 2020年典型入围中国企业研究

（一）不同地区典型企业研究

1. 东部地区典型企业——美团

美团创建于2011年，公司坐落于北京市，是典型的东部地区企业。

在业务布局方面，美团作为中国领先的生活服务电子商务平台，拥有美团大众点评、美团外卖等众多App业务，产品涉及吃、喝、出行、游玩等各个方面，包括外卖业务、共享单车业务、订票业务等，基本涵盖全国各大城市和乡镇地区。

在业绩表现方面，虽然受2020年新冠肺炎疫情的影响，美团在餐饮、住宿和旅游方面遭受了巨大的冲击，但美团在疫情逐渐控制后，表现强劲。根据该公司披露的年度报告，2020年美团实现营业收入1148亿元，比2019年的759.29亿元增长了51.19%；营业利润47.08亿元，比2019年增长110.55%，盈利增长巨大。

在品牌价值表现方面，2020年美团品牌价值总额达239.11亿美元，居"最具价值全球品牌100强"排行榜第54位，较2019年下降了36个位次。

2. 西部地区典型企业——茅台

茅台位于中国贵州省仁怀市茅台镇，是唯一一家入围的西部地区企业，也是唯一一家连续5年入围的品牌企业。此外茅台市值也是多年高价位运行，2020年12月31日公司股票收盘价为1998元/股，市值超过2万亿元。究其原因，是公司主营的茅台酒产品畅销，深受市场欢迎。

在业绩表现方面，茅台同样强劲。根据该公司披露的年度报告，2020年茅台实现销售收入949.15亿元，比2019年增长11.1%；归属于母公司的净利润达466.97亿元，比2019年增长13.33%。从年报的业务结构上看，茅台依然以茅台酒作为公司的主营业务产品，且市场主要在国内。2020年茅台酒单品收入达948.22亿元，占公司总收入的99.9%。从产品业务分布来看，国内收入923.9亿元，占茅台总收入的97.44%，产品主要面向国内消费者；国外收入24.32亿元，仅占2.56%，国外收入贡献不足。

在品牌价值表现方面，2020年茅台品牌价值总额达537.55亿美元，居"最具价值全球品牌100强"排行榜第18位，较2019年上升了17个位次。

（二）不同行业典型企业研究

1. 金融业典型企业——中国建设银行

中国建设银行是大型国有上市公司，总部位于北京市。公司于2005年在香港证券交易所上市，是典型的金融业企业。

在业务布局方面，中国建设银行是中国国有控股的四大国有银行之一，核心业务包括吸收存款，办理各类贷款业务，各类债券买卖、发行，各类银行卡业务、信用服务等多种金融相关业务。目前中国建设银行下设多家子公司，业务范围涉及巴西、俄罗斯、马来西亚、欧洲等多个国家和地区，业务覆盖人寿、投资、信托、养老、住房、租赁等多个细分领域。旗下有飞驰、惠市宝、龙支付、民工惠等18种品牌产品。

在业绩表现方面，根据中国建设银行2020年度财务公告披露的数据，中国建设银行资产负债规模实现较快增长，集团资产总额为28.13万亿元，增幅为10.60%；其中发放贷款和垫款净额为16.23万亿元，较2019年增加11.62%。负债总额为25.74万亿元，较2019年增加10.96%，资产负债稳健增长。利息净收入较2019年增加7.23%，手续费及佣金净收入较2019年增加3.32%，经营收入超过7000亿元，较2019年增长5.34%。贷款不良率为1.56%，继续维持在较低水平。

在品牌价值表现方面，2020年中国建设银行的品牌价值总额为210.89亿美元，居"最具价值全球品牌100强"排行榜第58位。

2. 批发和零售业典型企业——京东

京东是2004年成立的综合网上购物商城，销售数万种品牌商品，覆盖了家电、服装、电脑、手机、母婴等13个大类，是典型的批发和零售业企

业,总部位于北京市。

在业务布局方面,京东创建之初从电脑产品开始,逐渐扩张。2006年开始涉足数码产品,2007年涉足手机和小家电,2008年又涉足三大家电行业。截至目前,京东已经涉足13个大类行业,涵盖了包括金融、物流、日常用品在内的各个领域。京东通过在线销售平台为消费者提供各类服务产品,同时京东在全国超过360座城市建立核心城市配送站,提供专门的送货上门快递服务。

在业绩表现方面,京东作为非上市公司没有披露财务业绩。根据百度百科提供的资料,京东拥有今日资本、梁伯韬个人公司、老虎基金等11家风投机构为其提供资金支持,财务实力雄厚。

在品牌价值表现方面,2020年京东的品牌价值总额为254.94亿美元,居"最具价值全球品牌100强"排行榜第52位。

3. 信息传输、软件和信息技术服务业典型企业——百度

百度于2000年1月1日在北京市成立。百度是基于互联网基础的AI公司,旗下的百度引擎软件是广大网民获取中文信息和服务的最主要的搜索引擎软件,服务数十亿网络用户。百度是典型的信息传输、软件和信息技术服务业企业。

在业务布局方面,百度涵盖了搜索引擎、语音、图像、知识图谱、自然语言处理等人工智能技术;并在深度学习、人工智能操作系统、自动驾驶和AI芯片等前沿领域投资。目前百度公司的产品和服务涉及社区服务、游戏、移动服务、站长与开发者服务、软件工具等多个软件服务领域,并在日本等多个国家和地区开设分支机构。

在业绩表现方面,2020年百度公司实现净利润224.72亿元,比2019年的220亿元上涨2.1%;2020年百度公司实现营业收入1070.74亿元,比2019年的1074.13亿元下降0.32%。

在品牌价值表现方面,2020年百度的品牌价值总额为148.4亿美元,居"最具价值全球品牌100强"排行榜第91位。

4. 制造业典型企业——海尔

海尔创建于1984年,主营各类电子家电,是典型的制造业企业。

入围2020年"最具价值全球品牌100强"中国企业评价分析

在业务布局方面，海尔主要经营领域为电冰箱、洗衣机等日用家电及生物等。海尔不断采用物联网等最新科技与商品进行结合，提升商品服务质量。目前海尔有海尔生物医疗、盈康生命、海尔智家等三家上市公司，拥有海尔、新西兰Fisher & Paykel、日本AQUA等品牌。海尔业务遍布全球100多个国家和地区，全球用户高达数十亿。

根据盈康生命公布的财年数据，该公司2020年实现营业收入6.61亿元，比2019年增长15.38%；实现归属于母公司的利润总额1.28亿元，比2019年增长118.21%。

根据海尔生物医疗公布的财年数据，公司2020年实现营业收入14.02亿元，比2019年增长29.69%；实现归属于母公司的利润总额0.31亿元，比2019年增长87.88%。

根据海尔智家公布的财年数据，公司2020年实现营业收入2097.26亿元，比2019年增长4.46%；实现归属于母公司的利润总额88.77亿元，比2019年增长8.17%。

在品牌价值表现方面，2020年海尔品牌价值总额为187.13亿美元，居"最具价值全球品牌100强"排行榜第68位。

（三）不同所有制典型企业研究

1. 国有企业典型企业——中国移动

中国移动通信集团有限公司（简称"中国移动"）总部位于北京，是典型的国有企业。

在业务布局方面，中国移动经营范围涉及各通信电信服务领域，包括各类电信服务、信息传输业务、广播和电视业务、广告业务、漫游结算、国有资产投资业务等活动。中国移动目前是中国最大的电信运营商，公司注册资本为3000亿元，员工总数近50万人。

在业绩表现方面，根据中国移动年报披露，2020年该公司实现营业收入1127.34亿元，比2019年降低0.4%。公司旗下拥有移动、宽带和物联网三大主营业务。中国移动2020年积极开拓海外市场，注重公司产品和科技的融合。

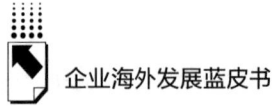

在品牌价值表现方面,2020年中国移动的品牌价值总额达345.83亿美元,居"最具价值全球品牌100强"排行榜第36位。

2. 民营企业典型企业——小米

小米成立于2010年3月3日,是一家创新型科技企业,是典型的私营企业。

在业务布局方面,小米投资的公司超过400家,覆盖的领域包括智能硬件、教育、游戏、文化娱乐、社交网络、生活消费用品、医疗健康、汽车交通、金融等。小米积极开展科技研发,推进产品与5G、大数据、AI和人工智能等先进技术相融合。

在业务表现方面,根据小米公布的财务报告,2020年小米实现营业收入2458.66亿元,比2019年增长19.45%;2020年实现营业利润203.13亿元,比2019年降低101.06%。公司积极开展对外贸易活动,产品市场面向全球。

在品牌价值表现方面,2020年小米的品牌价值总额达166.44亿美元,居"最具价值全球品牌100强"排行榜第81位。

三 2020年入围中国企业变化分析

(一)入围企业总体变动

表8是2016～2020年入围"最具价值全球品牌100强"的中国企业情况,包括每一年的入围数量及其变化率、品牌价值总额及其变化率。

表8 2016～2020年入围"最具价值全球品牌100强"中国企业的数量及品牌价值总额

年份	入围数量(家)	入围数量变化率(%)	品牌价值总额(亿美元)	品牌价值总额变化率(%)
2016	13	18.18	3721.95	3.08
2017	14	7.69	4177.18	12.23
2018	14	0	6050.24	44.84
2019	15	7.14	5878.84	-2.83
2020	17	13.33	6831.39	16.20

资料来源:根据搜狐网和MBA智库百科公开数据整理。

入围2020年"最具价值全球品牌100强"中国企业评价分析

2016年中国企业品牌影响力较2015年进一步扩大。在入围数量方面，入围"最具价值全球品牌100强"的企业数量上升到了13家，与2015年相比增加了2家，增幅为18.18%。在品牌价值总额方面，2016年入围品牌价值总额为3721.92亿美元，比2015年上涨3.08%。

2017年中国企业品牌影响力继续保持强劲增长势头，入围"最具价值全球品牌100强"的企业数量和品牌价值总额均有所增加。在入围数量方面，2017年入围的中国企业数量为14家，较2016年的13家增加了1家，变化率为7.69%；在品牌价值总额方面，2017年入围的品牌价值总额达4177.18亿美元，较2016年3721.95亿美元的品牌价值总额上升了12.23%。

2018年入围中国企业品牌影响力显著增强。从数量方面来看，入围"最具价值全球品牌100强"的中国企业数量和2017年一样，为14家。但从入围品牌价值总额方面来看，中国企业品牌价值总额升至6050.24亿美元，变化率达44.84%，是2016～2020年品牌价值总额变化率最高水平。这表明2018年我国企业品牌竞争实力进一步加强，单个企业品牌价值增长迅速。

2019年入围中国企业品牌竞争力增长有所放缓。在入围数量方面，入围"最具价值全球品牌100强"的企业数量较2018年增长1家。在品牌价值总额方面，2019年入围中国企业品牌价值总额为5878.84亿美元，较2018年略有降低，品牌价值总额变化率为-2.83%。2019年品牌竞争力增长放缓可能与贸易保护主义抬头、国际市场需求疲软以及国内产业结构调整有关。

2020年入围中国企业品牌在数量和价值总额方面都有较大增长。从入围数量方面来看，2020年共有17家企业入围，入围数量创历史之最，与2019年相比增长了13.33%。在品牌价值总额方面，入围的中国企业品牌价值总额达到6831.39亿美元，为历史最高水平，比2019年入围企业的品牌价值总额增长了16.20%。尽管2020年新冠肺炎疫情对国内外市场都产生了巨大的影响，但是中国企业能够逆势而上，实现品牌价值的巨大增长，说明我国企业品牌价值建设管理是富有成效的。

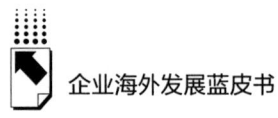

总体来看，2016~2020年我国品牌建设逐年增强，不论是数量还是质量都稳步增长。同时也应当做好品牌风险管理措施，谨防个别年份出现的贸易保护主义、疾病大流行等突发风险对品牌价值的影响。

（二）地域分布变动分析

入围"最具价值全球品牌100强"的中国企业绝大多数分布于我国的东部地区。西部地区始终仅有1家企业——茅台。香港地区在2016年和2017年仅有1家企业入围。中部地区、东北地区、澳门地区和台湾地区均没有企业入围，说明该地区整体品牌竞争力还有待提升。2016~2020年各年入围企业的地域分布情况见表9。

表9 2016~2020年入围"最具价值全球品牌100强"中国企业的地域分布

单位：家

年份	东部地区	中部地区	西部地区	东北地区	台湾地区	香港地区	澳门地区	总计
2016	11	0	1	0	0	1	0	13
2017	12	0	1	0	0	1	0	14
2018	13	0	1	0	0	0	0	14
2019	14	0	1	0	0	0	0	15
2020	16	0	1	0	0	0	0	17

资料来源：根据搜狐网和MBA智库百科公开数据整理。

表9结果表明，2016~2020年入围企业品牌的地域特点明显。2016年入围的13家中国企业中除了1家来自西部地区的茅台以及1家来自香港地区的友邦保险外，其余11家企业均来自东部地区。2017年入围企业的区域分布与之类似，除了1家企业来自西部地区、1家企业来自香港地区外，其他12家企业均来自东部地区。2018~2020年入围企业数量逐年增加，3年入围的中国企业总数分别是14家、15家和17家。这些入围企业中，仅茅台1家企业来自西部地区，其他企业均来自东部地区。表9的结果表明：我国企业发展存在严重的区域不平衡。东部企业品牌实力十分雄厚，优质企业均向东部地区集中。这可能与东部地区经济发达、

人才聚集和市场广阔有关。相反中部地区、港澳台地区企业的品牌竞争优势表现不尽如人意。尽管港澳台地区经济发达,但是没有企业入围。中部地区连续5年没有企业入围,而西部地区得益于茅台,每年都有1家企业入围。

通过上述内容可见,我国企业品牌的区域分布存在显著不平衡。东部地区是品牌企业的集中地,而西部地区靠着1家品牌企业年年入围榜单,中部地区和港澳台地区则多年没有企业入围。未来政府需要加强对其他地区企业的政策倾斜。

(三)行业结构变动分析

2016~2020年,我国品牌价值的行业分布呈现由多种行业缩减到几类行业的态势。表10是2016~2020年入围企业的行业分布。

表10 2016~2020年入围中国企业的行业分布

单位:家

年份	采矿业	金融业	批发和零售业	信息传输、软件和信息技术服务业	交通运输、仓储和邮政业	制造业	总计
2016	1	6	2	2	0	2	13
2017	1	7	1	2	0	3	14
2018	0	6	2	2	1	3	14
2019	0	4	4	4	0	3	15
2020	0	5	4	5	0	3	17

资料来源:根据搜狐网和MBA智库百科公开数据整理。

2016年共有13家中国企业入围"最具价值全球品牌100强"。其中金融业数量最多,为6家。其次为批发和零售业,信息传输、软件和信息技术服务业,制造业,各占2家。其中制造业2015年没有企业入围,2016年新增2家企业。采矿业仅中国石化集团1家企业入围,与2015年相比减少了2家。

2017年共有14家企业入围"最具价值全球品牌100强"。其中金融业企业入围 7 家，占据了当年入围企业的一半，为历史最高水平。制造业 3 家，比 2016 年增加了 1 家。信息传输、软件和信息技术服务业 2 家，采矿业、批发和零售业均只有 1 家企业入围。

2018 年共有 14 家企业入围"最具价值全球品牌 100 强"。其中 6 家金融业企业入围，其次制造业有 3 家企业入围，批发和零售业及信息传输、软件和信息技术服务业分别有 2 家企业入围，交通运输、仓储和邮政业中顺丰快递入围，采矿业没有企业入围。2018 年入围企业行业结构发生了一定的变化。传统行业的采矿业首次下降至没有企业入围。可能的原因是，采矿业受到国家行业结构政策调整和国内市场饱和等因素的影响。

2019 年共有 15 家企业入围"最具价值全球品牌 100 强"。15 家企业较为均匀地分布在金融业，批发和零售业，信息传输、软件和信息技术服务业，制造业。其中金融业，批发和零售业，信息传输、软件和信息技术服务业均有 4 家企业入围，而制造业有 3 家企业入围。这可能与我国产业结构调整有关。

2020 年共有 17 家企业入围"最具价值全球品牌 100 强"，入围企业数量历史最高。其中信息传输、软件和信息技术服务业，金融业各占 5 家，批发和零售业占 4 家，制造业占 3 家。与 2019 年相比，入围行业结构基本没有改变。

表 10 表明最具价值的企业品牌正在发生深刻的结构性调整。由传统行业、资源消耗型行业、劳动密集型行业逐渐向新兴产业、知识密集型行业转变。例如，采矿业在 2018 年以前一直有企业入围，但是 2018 年之后未有企业入围；传统行业中的金融业、制造业入围数量逐渐趋于稳定，而新兴行业中科技含量较高的信息传输、软件和信息技术服务业，批发和零售业逐渐发展壮大。

但同时，交通运输、仓储和邮政业等关系民生生活的服务性行业一直较弱。仅 2018 年有顺丰快递入围，后来再无企业入围，说明我国服务品牌价值较低，仍需做大做强。

（四）所有制结构变动分析

2016~2020年，我国入围企业的所有制结构发生了较大的转变，民营企业品牌逐渐发展壮大，逐渐成为中国知名品牌的中坚力量。表11为2016~2020年入围中国企业所有制分布情况。我国企业所有制可以分为国有企业，民营企业和港、澳、台商独资经营企业三类。

表11　2016~2020年入围中国企业的所有制分布情况

单位：家

年份	国有企业	民营企业	港、澳、台商独资经营企业	总计
2016	8	4	1	13
2017	9	4	1	14
2018	8	6	0	14
2019	5	10	0	15
2020	6	11	0	17

资料来源：根据搜狐网和MBA智库百科公开数据整理。

2016年入围"最具价值全球品牌100强"的中国企业共计13家。其中，国有企业8家，民营企业4家，港、澳、台商独资经营企业1家。从结构上看，2016年入围数量仍然以国有企业居多。

2017年入围"最具价值全球品牌100强"的中国企业共计14家。其中，国有企业9家，民营企业4家，港、澳、台商独资经营企业1家。与2016年相比，民营企业和港、澳、台商独资经营企业的数量均没有变化，国有企业入围数量仅增加1家。从结构上看，2017年入围数量仍然以国有企业居多。

2018年入围"最具价值全球品牌100强"的中国企业共计14家。其中，国有企业减少1家，为8家；民营企业增加了2家，为6家；没有港、澳、台商独资经营企业入围。从结构上看，2018年国有企业品牌的数量优势没有改变，民营企业数量增长较快。

2019年入围"最具价值全球品牌100强"的中国企业共计15家。其中，国有企业减少3家，仅为5家，为历史最低数量；民营企业增加了4家达到10家，为历史最高数量，仍然没有港、澳、台商独资经营企业入围。2019年国有企业数量进一步减少，民营企业数量增长较快。民营企业数量首次超过国有企业，成为入围企业中的中坚力量。

2020年入围"最具价值全球品牌100强"的中国企业共计17家。其中，国有企业6家，民营企业11家，国有企业与民营企业均增长1家，仍然没有港、澳、台商独资经营企业入围。在结构上仍然维持2019年民营企业数量居多，国有企业紧随其后的态势，民营企业和国有企业数量均有所增长。

由此可以看出，2016~2020年我国入围企业的所有制结构发生了较大转变。2019年以前，我国知名品牌以国有企业品牌为主，而民营企业品牌为辅。2019年之后，民营企业品牌逐渐发展壮大，并且逐渐超过国有企业品牌成为入围企业的中坚力量，而国有企业品牌逐渐成为辅助。港、澳、台商独资经营企业入围数量较少。由此可见，入围企业的所有制结构中我国民营企业发展最快最多，国有企业发展相对较慢。

四 展望与建议

2020年我国面临较为复杂多变的国内和国际环境，新冠肺炎疫情肆虐，国际环境不确定性持续增大。尽管如此，我国企业仍然顶住压力、砥砺前行，品牌价值进一步提升，品牌影响力与竞争力进一步增强。未来我国企业应当继续深化改革、勇于创新，努力打造具有全球影响力的知名品牌。具体展望和建议概述如下。

（一）研究展望

1. 总体趋势

2020年入围的中国企业在入围数量、品牌价值总额以及平均品牌价值三方面均创历史新高。总体而言，入围企业的行业结构调整进一步深化，民营企业和国有企业发展势头良好。未来，中国企业在品牌建设过程中将面临一些风险，应予以重视。具体表现在以下方面：首先，国际市场不景气。2020年10月国际货币基金组织发布的《世界经济展望》预测，全球经济将衰退4.4%。全球经济不景气带来的国际市场增长疲软将使得中国品牌难以进一步开拓国际市场。其次，贸易摩擦进一步升级。美国等国家的企业与我国企业之间贸易摩擦持续升级，我国优秀企业遭受重大打击。最后，新冠肺炎疫情导致我国许多行业遭受重大损失，如何恢复生产、融通资金、弥补亏损仍是企业需要考虑的问题。

2. 地域趋势

2020年入围的中国企业的地域分布极不均衡，东部地区以外的其他地区难有入围企业的极端格局尚未改变。造成此种现象的原因是复杂多样的，可能有以下几个方面的原因：首先，历史原因。新中国成立之初就建立了许多国有企业。这些国有企业大多根据其行业特点分布在不同的地区，如我国的四大国有银行基本分布在北京。其次，资源优势。东部地区是我国经济最发达的地区，拥有全国所有的一线城市，具有最为广阔的市场和充足的人力资源，吸引优秀企业前去发展。而这些资源优势又能反过来进一步促进企业发展。最后，市场成熟度与营商环境。与中部地区和西部地区相比，东部地区的市场化程度高、治理机制健全、营商环境完善，更利于企业发展壮大。

3. 行业趋势

2020年入围的中国企业集中分布于四大行业，其他行业没有企业入围。入围行业中，信息传输、软件和信息技术服务业，批发和零售业属于新兴行业。这两大行业具有科技含量高、资源消耗低的特点。两大行业的品牌价值增长迅猛，金融业和制造业属于我国传统优势行业，品牌价值增长相对稳定。但是关系国计民生的农林矿产资源类行业以及经济增加值高的服务类行业（如新闻文化传播等行业）均无企业入围。这些企业的品牌价值如何做大做强需要政府、企业管理者思考和探索。

4. 所有制趋势

2020年入围的中国企业明显呈现民营企业占绝对优势，国有企业紧随其后，港、澳、台商独资经营企业缺少知名品牌的局面。我国是公有制经济占主体的国家，国有企业是国民经济的主体。为了鼓励多种所有制经济发展，国家出台了许多文件和政策帮助民营企业做大做强。目前可以清楚地看到，我国已经建立了一大批世界知名的民营企业。港、澳、台商独资经营企业品牌知名度较低，可能源于港澳台投资者对内地的相关政策、文化以及顾客偏好的了解不是很全面，在资源整合和定制策略时会产生一定的影响，进而影响公司整体品牌的发展。未来我国应当继续坚持鼓励发展民营企业，同时加大对国有企业的改革力度。对于港、澳、台商独资经营企业，需要加强政策和文化交流，方便其加深对于内地的了解。

（二）研究建议

1. 加强政策引导，推动其他区域企业均衡发展

我国品牌企业主要集中分布于东部地区，主要是由历史原因和我国早期的宏观政策导致的。目前东部地区是我国最为发达的地区，拥有巨大的消费市场、人才资源、便利的交通等多种便利条件，此外东部地区的市场化程度较高，治理体系较为完善，这些都给企业品牌的发展壮大提供了良好的条件。反观其他地区，缺乏东部地区的便利条件，需要依靠国家和当地各级政府的优惠政策积极吸引优质企业投资设厂、发展壮大现有企业。比如国家层面要落实"中部崛起"、"西部大开发"和"振兴东北老工业基地"的宏观政策，应当结合当地实际情况以实际行动细化并落实企业发展策略。对于当地政府而言，可以建立良好的基础设施，修建公路、水利和电力设施，降低企业税收负担，为企业精简审批手续并为企业办事提供绿色通道，促使企业品牌做大做强。

2. 加大科技投入力度，促进企业经济附加值增加

当今时代科技日新月异。产业链、数字经济、智能技术等前沿科技逐渐与产品融合走向大众消费者。企业要想树立自己的品牌优势，需要更多地融合前沿科技，提供更高质量、更便利和更具特色的产品或服务。抓住前沿科技的品牌才能在众多品牌中脱颖而出，为消费者所认可和熟知。此外高科技

产品具有知识含量高、不易模仿、资源消耗低、经济附加值高等诸多优点，是企业品牌做大做强的重要手段。特别是对于我国金融业和制造业来说，虽然这些行业是我国传统优势行业，但是整体品牌价值不高。这就需要企业管理者加大科技投入的力度，加大产品与科技的融合，做大做强自身品牌。

3. 完善国有体制改革，振兴国有经济发展

我国的基本经济制度是公有制为主体，多种所有制经济共同发展。在很长一段时间内，我国国有企业较强而民营企业等其他所有制企业发展薄弱。在国家政策的大力扶植下，民营企业取得了长足发展，涌现了一大批优秀民营企业，但国有企业发展后劲不足，特别是东北老工业革命基地。为此，国家应当积极探索激励国有企业发展的策略，对国有企业实施大刀阔斧的改革，积极推动国有企业做大做强。

参考文献

佘欣艺等：《扩大有效需求　推动供给升级　加快构建新发展格局——2020年宏观形势分析与2021年展望》，《宏观经济管理》2021年第3期。

李鸿阶、张元钊：《全球经济形势新变化与中国新发展格局构建》，《当代世界》2021年第6期。

郭文胜、刘忠：《西部地区民营企业发展战略初探》，《中国西部科技》2004年第16期。

国家企业信用信息公示系统，http://www.gsxt.gov.cn/index.html。

中华人民共和国商务部对外投资和经济合作司，http://hzs.mofcom.gov.cn/。

B.4
2020年中国上市公司海外投资分析

陈 帅 杨道广*

摘 要： 本报告以2020年我国上市公司为分析对象，在介绍海外投资总体概况的基础上，分别从投资地区、投资领域、投资模式，以及投资企业的地域、行业与所有制结构分布六个维度对海外投资的具体情况进行定量分析。分析表明：2020年我国上市公司海外投资总量继续呈收缩态势，投资地区以发达国家（地区）为主，投资领域趋于多元并主要集中在金融、金属和信息技术与服务行业，投资模式以独立投资、增资和并购为主；投资企业的地域分布不均衡，表现为"东多西少"；投资企业主要来源于制造业和采矿业；投资企业类型以民营企业居多，但国有企业投资拉动能力更强。结合典型企业案例分析，本报告认为，新形势下我国企业海外发展需要以双边和多边合作机制为基础，以国家需求和政府对外投资政策为导向，不断增强海外投资风险防控意识，进而促进海外投资高质量发展。

关键词： 上市公司 海外投资 投资布局

---

* 陈帅，对外经济贸易大学国际商学院博士研究生，主要研究方向为会计信息与资本市场；杨道广，博士，对外经济贸易大学国际商学院副教授、博士生导师，主要研究方向为内部控制与公司财务、审计与公司治理。

一 2020年中国上市公司海外投资总体概况分析与评价

（一）2020年中国上市公司海外投资总量

近年来，受国际关系日趋复杂、贸易保护主义以及欧美发达国家对外资投资审查力度趋严等多重因素的影响，海外投资环境的不确定性持续增强。特别是在新冠肺炎疫情不断蔓延的形势下，国际投资市场活跃度明显下降。根据《世界投资报告2021》，2020年全球外国直接投资（FDI）较2019年下降近35%，其中，发达经济体外国直接投资同比下降58%。在此背景下，中国上市公司海外投资总量亦呈现持续收缩态势。

如图1所示，2020年中国上市公司海外投资总量为1836亿元，较2019年同比下降了39.72%。据统计：共计有155项海外投资项目的规模达到或超过1亿元，其中，40项海外投资项目的规模突破10亿元、2项海外投资项目的规模突破100亿元。

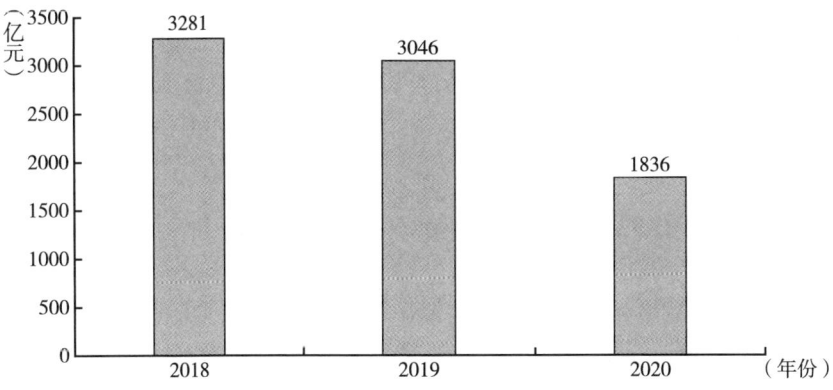

图1 2018~2020年中国上市公司海外投资总量情况

资料来源：中投大数据·投资数据库。

如图2所示,从全年上市公司海外投资规模月度分布情况来看,2020年,中国上市公司海外投资规模分别在1月和7月达到最高值和最低值,分别占全年上市公司海外投资总量的17.93%和3.20%,而且相较于下半年,上半年海外投资规模更大。不难发现,在全球经济持续低迷,国际贸易局势日趋严峻以及海外疫情引致的投资风险激增的大背景下,我国上市公司海外投资活动受到了明显影响,总体投资规模有所减小。同时,海外投资规模收缩也在一定程度上表明,疫情防控常态化时期,我国在注重提升国家对外开放水平的同时,开始注重对国内市场的挖掘,形成国内国际双循环相互促进的新发展格局。

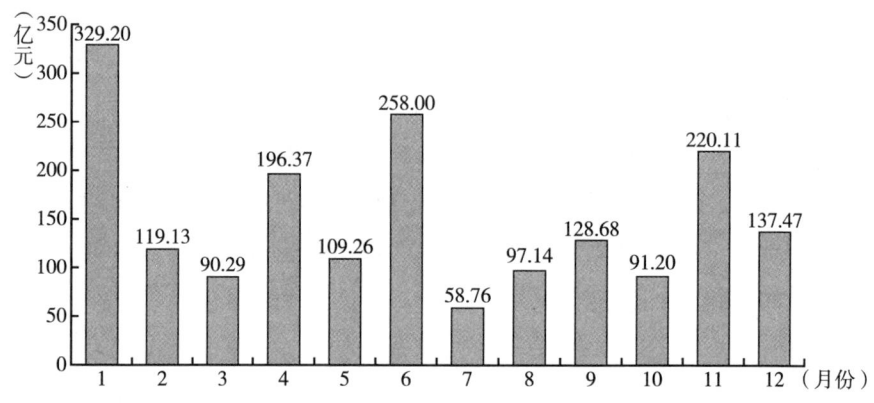

图2　2020年中国上市公司海外投资规模月度情况

资料来源:中投大数据·投资数据库。

(二)2020年中国上市公司海外投资地区分析

上市公司海外投资地区选择是外部投资环境与内部投资需求综合作用的结果:一方面,随着单边主义和逆全球化思潮持续蔓延,特别是在新冠肺炎疫情发生后,各国限制性和封锁政策呈逐步收紧趋势,海外投资项目充满各种不确定性和供给冲击,中国企业"走出去"愈加困难;另一方面,囿于国内经济转型和资源禀赋差异,中国企业需要通过"走出去"的方式在国际市场中寻求新的增长机会。整体而言,在中国"双循环"新发展格局下，中国上市公司在继续保持海外投资地域多元化等特点的基础上，也开始注重对国内市场需求的挖掘。图 3 主要列示了 2020 年中国上市公司海外投资的地区分布情况。

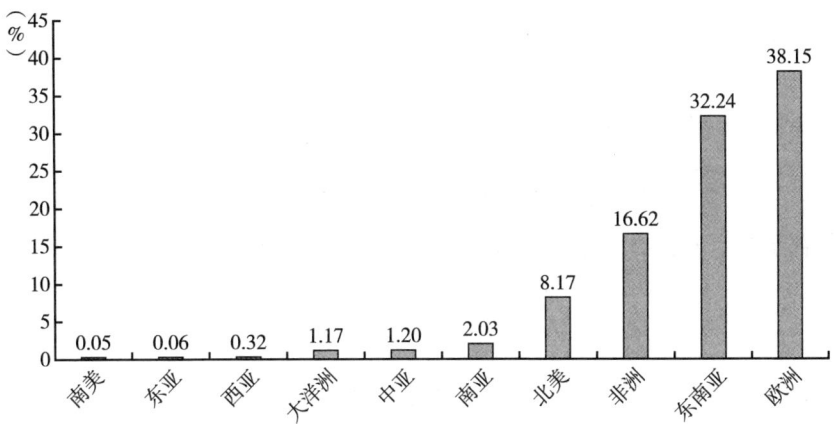

图 3　2020 年中国上市公司海外投资的地区分布

资料来源：中投大数据·投资数据库。

如图 3 所示，中国上市公司海外投资地区主要为欧洲、东南亚、非洲和北美等，而在南美和东亚等地区，中国企业的投资规模相对较小。进一步地，从海外投资所在地的具体国家来看，中国上市公司在欧洲地区的海外投资对象主要包括英国、德国、俄罗斯和瑞士等国家，在东南亚地区的海外投资对象主要包括印度尼西亚等国家，在非洲地区的海外投资对象主要包括刚果民主共和国等国家，在北美地区的海外投资对象主要为美国等国家。而在投资规模相对较小的南美和东亚地区，投资项目主要分布在厄瓜多尔、智利和日本等国家。

总体而言，中国上市公司海外投资地区分布主要具有以下三个方面的特点：首先，海外投资地区分布多元化。近年来，为持续推进海外贸易的稳步发展，优化开放结构和提升开放质量，中国上市公司海外投资地区（国家）依然呈现明显的多元化特点。其次，对外投资流入地仍以经济发展水平较高的国家或地区为主。与以往海外投资地区选择倾向一致，由于发达地区能够为中国企业海外发展提供良好的营商环境,因此,从国家和地区发展程度来看,目前中国上市公司海外投资流入地区仍以发展水平相对较高的地区为主。最后,受地缘政治不确定性、单边主义和贸易保护主义的影响,中国上市公司海外投资风险激增,海外投资发展面临较大压力,在我国"双循环"新发展格局下,我国对外投资活动开始注重统筹国内、国际两大市场。

(三)2020年中国上市公司海外投资领域分析

从2020年中国上市公司海外投资领域来看,中国上市公司海外投资领域具有明显的宽领域、全方位的特点,主要涉及金属(如有色金属)、金融(如产业投资基金)、信息技术与服务(如电子元器件、软件开发)、化工(如塑料制品)、装备制造(如汽车零部件)、医疗医药(如生物医药)以及能源电力(如煤化工)等领域。但是,对于不同的领域,中国上市公司海外投资情况也存在一定差异。图4体现了2020年中国上市公司在不同领域的海外投资差异。

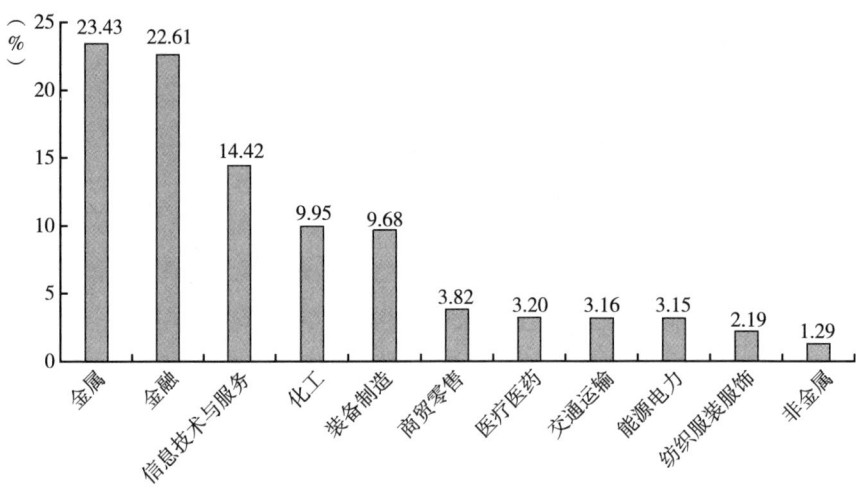

图4 2020年中国上市公司海外投资主要领域分布

资料来源:中投大数据·投资数据库。

如图4所示，以金属（占比为23.43%）、金融（占比为22.61%）、信息技术与服务（占比为14.42%）、化工（占比为9.95%）和装备制造（占比为9.68%）为依托的投资项目占比较高，而商贸零售（占比为3.82%）、医疗医药（占比为3.20%）和交通运输（占比为3.16%）等行业的投资规模占比相对较低。这表明，中国上市公司海外投资布局日益趋于多元，投资产业结构持续优化，同时，以金属行业为代表的投资项目更受中国上市公司海外投资企业的青睐。形成该特点的原因在于：其一，从外部环境来看，投资领域更加丰富多元是中国积极融入经济全球化的有效举措，是不断提升开放型经济水平、促进国内国际两种资源互联互通的重要保证，同时，投资领域多元化也是更好地形成国际竞争与合作能力的重要手段。其二，相较于其他行业，金属行业（特别是有色金属）的投资规模占比较高的原因在于，目前国内有色金属矿产资源禀赋相对较低，国内生产成本相对较高，这促使国内矿业企业"出海"，寻求新的经济增长点。值得注意的是，与2019年海外投资情况不同，受疫情因素的影响，各国政府更加注重疫情控制，新的基建项目较少，而且受入境管制和设备跨境运输困难等因素影响，2020年，中国上市公司海外投资项目在大型基建领域的投入有所减少。

（四）2020年中国上市公司海外投资模式分析

中国上市公司海外投资主要包括独立投资、合资经营、股权投资、并购以及增资五种模式。表1分别列示了2020年中国上市公司海外投资模式及项目分布情况。在2020年中国上市公司海外投资项目中，独立投资项目有115个、合资经营项目有19个、股权投资项目有25个、并购项目有38个，增资项目有79个。从投资规模来看，上述项目的投资金额分别为5941586万元、2596945万元、442446万元、2865489万元和6509585万元。由此可见，2020年中国上市公司海外投资模式中，投资规模占比最高的模式为增资模式，投资规模占比为35.46%；其次为独立投资模式，投资规模占比为32.37%；而投资规模较小的模式则为股权投资模式和合资经营模式，投资规模占比分别为2.41%和14.15%。

表1　2020年中国上市公司海外投资模式及项目分布

投资模式	项目数量（个）	项目数量占比（%）	投资规模（万元）	投资规模占比（%）
独立投资	115	41.67	5941586	32.37
合资经营	19	6.88	2596945	14.15
股权投资	25	9.06	442446	2.41
并购	38	13.77	2865489	15.61
增资	79	28.62	6509585	35.46

资料来源：中投大数据·投资数据库。

二　2020年中国上市公司海外投资企业特征分析

（一）2020年中国上市公司海外投资企业的地域分布分析

中国上市公司海外投资企业的空间分布具有鲜明的地域特征，[①] 目前，经济发展水平较高的东部地区依然是中国上市公司海外投资企业的主要来源地，而来自中部与西部地区的上市公司海外投资企业，其海外投资力度相对较小。表2分别列示了2020年中国上市公司海外投资企业在不同地区的具体分布和投资情况。

表2　2020年中国上市公司海外投资企业的区域分布

单位：万元，%

	东部地区	中部地区	西部地区	东北地区
投资规模	16160494	1336455	820516	38586
投资占比	88.04	7.28	4.47	0.21

资料来源：中投大数据·投资数据库。

[①] 根据《中国统计年鉴》，东部地区包括北京、天津、河北、上海、江苏、浙江、福建、山东、广东和海南10个省市；中部地区包括山西、安徽、江西、河南、湖北和湖南6个省份；西部地区包括内蒙古、广西、重庆、四川、贵州、云南、西藏、陕西、甘肃、青海、宁夏和新疆12个省区市；东北地区包括辽宁、吉林和黑龙江3个省份。

如表2所示，2020年，来源于中国东部地区、中部地区和西部地区的上市公司海外投资企业的投资规模分别为16160494万元（占比为88.04%）、1336455万元（占比为7.28%）、820516万元（占比为4.47%），而东北地区的上市公司海外投资额最少，投资规模仅占投资规模总量的0.21%。进一步地，在同一地区，经济发展优势明显的省区市，海外投资规模也相对较大。以企业注册所在地为北京市的上市公司海外投资企业为例，其海外投资规模为2441552万元（占比为13.30%）；注册所在地位于上海市的上市公司的海外投资规模为4078762万元（占比为22.22%）；注册所在地为广东省的上市公司的海外投资规模为2433178万元（占比为13.26）；等等。

（二）2020年中国上市公司海外投资企业的行业分布分析

从2020年中国上市公司海外投资企业所属的行业分布来看，"出海"企业行业分布具有明显的多元化特点，同时，不同行业类型企业的海外投资力度存在明显差异。图5为2020年不同行业中上市公司海外投资企业的数量占比情况。

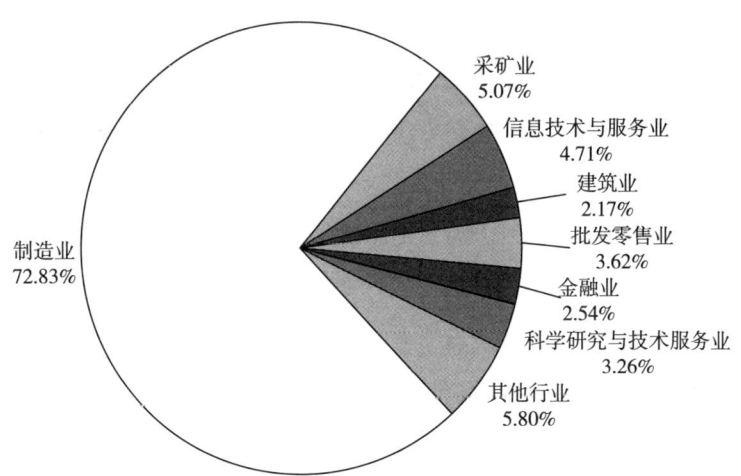

图5　2020年中国上市公司海外投资企业的行业分布

资料来源：中投大数据·投资数据库。

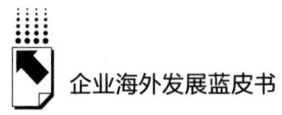

如图5所示,从中国上市公司海外投资企业所属的行业分布来看,海外投资企业主要来源于制造业、采矿业、信息技术与服务业、建筑业、批发零售业、金融业和科学研究与技术服务业等行业,而且,不同行业之间,集聚分布程度存在明显差异。具体而言,来源于制造业的上市公司数量最多,占比为72.83%;采矿业、信息技术与服务业、批发零售业、科学研究与技术服务业、金融业等行业的上市公司数量次之,占比分别为5.07%、4.71%、3.62%、3.26%和2.54%,而来自建筑业等行业的上市公司数量相对较少。本报告认为,形成该行业分布特征的原因在于:其一,从中国上市公司行业本身分布来看,中国上市公司中制造业企业仍然占较高比例,在一定程度上会影响海外投资企业的行业分布格局;其二,中国制造业、采矿业等传统行业在国际市场中仍具有比较优势,这使得在海外投资过程中,制造业企业的投资活跃度和竞争力相对较高;其三,在全球新冠肺炎疫情不断蔓延的形势下,各个国家开始采取不同程度的入境管制和投资审查,这在一定程度上影响了项目进展和投资预期,以建筑业等为代表的行业受到较大冲击。

(三)2020年中国上市公司海外投资企业的所有制结构分布分析

图6为2020年我国上市公司海外投资企业的所有制结构分布情况,该部分主要将企业性质分为国有企业、民营企业、外资企业和其他类型企业。

从2020年中国上市公司海外投资企业的所有制结构分布情况来看,民营企业在中国上市公司海外投资企业中的占比最高,有71.38%的海外投资项目由民营企业发起,而国有企业次之,占比为16.67%,外资企业和其他类型企业的占比分别为7.25%和4.71%。值得注意的是,尽管从所有制结构分布来看,进行海外投资的国有企业数量与民营企业数量存在较大差距,但从海外投资规模来看,国有企业投资规模占比为47.07%,而民营企业投资规模占比为45.57。由此可见,从带动海外投资的力度来看,国有企业海外投资的整体实力较民营企业更强。

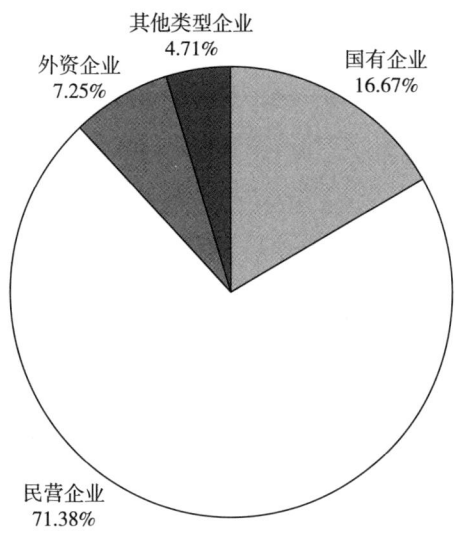

图6　2020年中国上市公司海外投资企业的所有制结构分布情况

资料来源：中投大数据·投资数据库。

三　2020年中国上市公司海外投资典型企业研究

（一）基于地域维度的典型企业研究

1. 东部地区——闻泰科技股份有限公司

闻泰科技股份有限公司（简称"闻泰科技"）于1996年上市，是东部地区的代表企业，其主营业务包括半导体IDM、光学模组、通信产品集成三大板块，目前闻泰科技已经形成集半导体芯片设计、晶圆制造、封装测试、半导体设备、光学模组、通信终端、笔记本电脑、IoT、服务器、汽车电子产品研发制造于一体的全产业链布局。2020年，闻泰科技获得"2020中国年度最佳雇主"、2020年中国新经济企业500强第51位、中国电子信息行业竞争力百强企业第47位等荣誉。表3为2020年闻泰科技的主要对外投资情况。

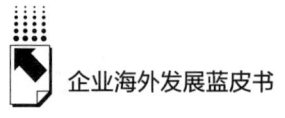

表3 2020年闻泰科技主要海外投资情况

单位：万元

项目序号	投资项目名称	投资模式	投资地区	投资金额	投资领域
1	发行股份并购Nexperia Holding B.V.项目	并购	欧洲荷兰	633371.55	信息技术与服务行业

资料来源：中投大数据·投资数据库。

2. 中部地区——洛阳栾川钼业集团股份有限公司

洛阳栾川钼业集团股份有限公司（简称"洛阳钼业"），是位于河南省洛阳市栾川县的一家大型民营企业。洛阳钼业主要从事铜、钼等有色金属矿业的采选、冶炼和深加工等业务，拥有较为完整的一体化产业链条。该公司早期以钼钨业务为主，2012年A股上市以后，开始积极开拓海外市场。2020年，洛阳钼业列"2020河南民营企业100强榜单"第1位，并获评第二届"中国有色金属工业境外资源开发战略功勋企业"。表4为2020年洛阳钼业的主要海外投资情况。

表4 2020年洛阳栾川钼业集团股份有限公司主要海外投资情况

单位：万元

项目序号	投资项目名称	投资模式	投资地区	投资金额	投资领域
1	洛阳钼业收购Phelps Dodge Congo S.A.R.L.95%股份项目	并购	非洲刚果金	359634	有色金属行业

资料来源：中投大数据·投资数据库。

3. 西部地区——贵州轮胎股份有限公司

贵州轮胎股份有限公司（简称"贵州轮胎"），始建于1958年，1996年改制为上市公司，并更名为贵州轮胎股份有限公司，股票在深交所上市交易，简称"贵州轮胎"。该企业为贵阳市规模最大的生产制造型企业，已被列入国企改革"双百行动"和贵阳市首批"百亿企业"名单，并入围"2020年度中国轮胎企业排行榜"，列第10位。2021年，贵州轮胎年产120万条全钢子午线轮胎生产线首胎成功下线，标志着贵州轮胎即将实现国内、国外双基地生产模式。表5主要列示了贵州轮胎2020年的海外投资情况。

表5 2020年贵州轮胎股份有限公司海外投资情况

单位：万元

项目序号	投资项目名称	投资模式	投资地区	投资金额	投资领域
1	越南年产120万条全钢子午线轮胎项目	独立投资	东南亚 越南	143416.08	化工行业

资料来源：中投大数据·投资数据库。

4. 东北地区——长春高新技术产业（集团）股份有限公司

长春新技术产业（集团）股份有限公司（简称"长春高新"）由长春高新技术产业发展总公司独家发起设立。长春高新坚持以生物制药为主、房地产为辅的产业定位，形成了基因工程药物、生物疫苗、现代中药三大产业发展平台，实现了与金赛药业、百克生物、华康药业、高新地产"四驾马车"鼎力发展格局。在2019年度中国生物医药（含血液制品、疫苗、胰岛素等）企业Top20排行榜中，长春高新与百济神州、智飞生物位列前三；2020年，获评2020"新冠疫期"医药健康行业上市企业公益声誉排行榜Top30。表6列示了长春高新在2020年的主要海外投资情况。

表6 2020年长春高新技术产业（集团）股份有限公司主要海外投资情况

单位：万元

项目序号	投资项目名称	投资模式	投资地区	投资金额	投资领域
1	关于儿童药平台的对外投资（美国Brillian公司）项目	股权投资	中北美 美国	19845.94	医药行业

资料来源：中投大数据·投资数据库。

（二）基于行业维度的典型企业研究

1. 制造业——晶澳太阳能科技股份有限公司

晶澳太阳能科技股份有限公司（简称"晶澳科技"），成立于2005年，立足于光伏产业链垂直一体化模式发展，长期致力于为全球客户提供光伏发电系统解决方案，主营业务为太阳能硅片、电池及组件的研发、生产和销售,以及太阳能光伏电站的开发、建设、运营等。晶澳科技 2020 年年报显示,公司已在海外设立了 13 个销售公司,销售服务网络遍布全球 135 个国家和地区,产品品质得到了中国电力投资集团公司、Cypress Creek EPC 等国内外大型、战略客户的广泛认可,与全球优质的能源电力公司及光伏电站系统集成商等核心客户建立了稳定的长期合作关系。而且,根据第三方权威咨询机构 PV InfoLink 的统计数据,公司 2020 年组件出货量全球排第 3 名。表 7 列示了晶澳科技在 2020 年的海外投资情况。

表 7　2020 年晶澳太阳能科技股份有限公司海外投资情况

单位:万元

项目序号	投资项目名称	投资模式	投资地区	投资金额	投资领域
1	年产 3.5GW 高效太阳能电池项目	独立投资	东南亚越南	147000	装备制造行业——输配电设备

资料来源:中投大数据·投资数据库。

2. 采矿业——紫金矿业集团股份有限公司

紫金矿业集团股份有限公司(简称"紫金矿业"),是一家以金属矿产资源勘查和开发及工程技术应用研究为主的大型跨国矿业集团。截至 2020 年底,公司海外金铜矿产资源储量和产量、利润贡献率均超过或接近集团总量的一半。作为中国"走出去"先行先试的代表企业,紫金矿业已在数十个"一带一路"共建国家进行了跨区域经贸合作。表 8 列示了紫金矿业在 2020 年海外投资的主要情况。

表 8　2020 年紫金矿业集团股份有限公司主要海外投资情况

单位:万元

项目序号	投资项目名称	投资模式	投资地区	投资金额	投资领域
1	刚果金 Kamoa-Kakula 铜矿项目	合资经营	非洲刚果金	1042645.98	有色金属
2	塞尔维亚 Rakita 公司 Timok 铜金矿上部矿带采选工程项目	独立投资	欧洲塞尔维亚	336134.64	有色金属

资料来源:中投大数据·投资数据库。

（三）基于所有制结构维度的典型企业研究

1. 国有企业——中国葛洲坝集团股份有限公司

中国葛洲坝集团股份有限公司（简称"葛洲坝"），是湖北省唯一一家营收规模超千亿元的上市公司，并成为上证180、中证200、新基建50等重要指数样本股。近年来，作为水电水利行业的标杆企业，葛洲坝先后创造了5000余项精品工程和100多项世界之最。坚持工程承包与投资双轮驱动、国内国际协调发展的战略，逐步形成了工程承包、海外投资、国际贸易和管理咨询"四位一体"协调发展的国际业务格局。葛洲坝海外新签项目合同额和营业额连续多年在中国4000多家"走出去"企业中列前10位。表9列示了葛洲坝2020年的主要海外投资情况。

表9　2020年中国葛洲坝集团股份有限公司主要海外投资情况

单位：万元

项目序号	投资项目名称	投资模式	投资地区	投资金额	投资领域
1	日产5000吨熟料水泥生产线及相关配套项目	合资经营	东南亚缅甸	220495.66	非金属（水泥）行业

资料来源：中投大数据·投资数据库。

2. 民营企业——比亚迪股份有限公司

比亚迪股份有限公司（简称"比亚迪"）主要聚焦于汽车、轨道交通等领域，历经多年发展，其海外市场已涵盖全球50多个国家，而且在"一带一路"共建国家和地区建立了多个生产基地，是民营企业"走出去"的代表。表10列示了比亚迪2020年海外投资的主要情况。

表10　2020年比亚迪股份有限公司主要海外投资情况

单位：万元

项目序号	投资项目名称	投资模式	投资地区	投资金额	投资领域
1	Subscription Agreement relating to Harmony Fund LP项目	合资经营	欧洲英国	396162	金融行业

资料来源：中投大数据·投资数据库。

3. 外资企业——英飞特电子（杭州）股份有限公司

英飞特电子（杭州）股份有限公司（简称"英飞特"），主要业务范围是LED驱动电源的研发、生产、销售和技术服务，为客户提供高品质、高性价比的智能化LED照明驱动电源及解决方案。英飞特先后获得了"2020年浙江省隐形冠军企业"称号、美国第六届LEDs Magazine "蓝宝石奖"等荣誉。2020年，英飞特通过增资方式进行了2项海外投资活动，投资地区分别是南亚印度、中北美墨西哥，在一定程度上有助于解释中国上市公司海外投资行为的选择。表11为2020年英飞特的海外投资情况。

表11 2020年英飞特电子（杭州）股份有限公司海外投资情况

单位：万元

项目序号	投资项目名称	投资模式	投资地区	投资金额	投资领域
1	Inventronics SSL Indiaprivate Limited 项目	增资	南亚印度	2122.86	信息技术与服务行业
2	Inamcsociedad Anonimade Capitalvariable 项目	增资	中北美墨西哥	4953.34	信息技术与服务行业

资料来源：中投大数据·投资数据库。

四 2020年中国上市公司海外投资100强排行榜及评价

根据中投大数据·投资数据库，2020年，中国上市公司海外投资前100名企业的境外投资总额合计为1756.42亿元，比2019年下降38.35%。表12为2020年中国上市公司海外投资100强排行榜，分别包括排名、海外投资公司的企业简称、企业所在地以及投资规模。

2020年中国上市公司海外投资分析

表12　2020年中国上市公司海外投资100强排行榜

单位：亿元

排名	企业简称	企业所在地	投资规模
1	交通银行	浦东新区	270.00
2	紫金矿业	龙岩市	230.76
3	中国化学	东城区	99.57
4	闻泰科技	嘉兴市	79.09
5	比亚迪	深圳市	39.62
6	农业银行	东城区	37.56
7	华友钴业	嘉兴市	36.83
8	洛阳钼业	洛阳市	35.96
9	环旭电子	浦东新区	34.71
10	海普瑞	深圳市	33.72
11	立讯精密	东莞市	32.16
12	森麒麟	青岛市	31.84
13	TCL科技	惠州市	28.30
14	赣锋锂业	新余市	26.51
15	ST国重装	德阳市	25.86
16	南钢股份	南京市	25.18
17	招商轮船	浦东新区	24.17
18	晶澳科技	邢台市	23.17
19	东方日升	宁波市	22.42
20	葛洲坝	武汉市	22.05
21	江苏国泰	苏州市	21.49
22	中金岭南	深圳市	20.91
23	海立股份	浦东新区	20.86
24	盛屯矿业	厦门市	20.77
25	赤峰黄金	赤峰市	20.20
26	东方铁塔	青岛市	19.17
27	光启技术	杭州市	18.76
28	嘉友国际	西城区	16.03
29	江丰电子	宁波市	16.03
30	华孚时尚	淮北市	15.06
31	游族网络	徐汇区	15.01
32	贵州轮胎	贵阳市	14.34
33	晨鸣纸业	潍坊市	13.89

续表

排名	企业简称	企业所在地	投资规模
34	中化国际	浦东新区	13.05
35	文灿股份	佛山市	12.39
36	山东黄金	济南市	12.21
37	科达利	深圳市	10.95
38	世纪微熵	朝阳区	9.96
39	华钰矿业	拉萨市	9.57
40	药明康德	无锡市	9.47
41	航新科技	广州市	9.40
42	巨星科技	杭州市	9.26
43	中原证券	郑州市	9.09
44	康龙化成	北京市	9.03
45	康辰药业	北京市	9.00
46	玲珑轮胎	烟台市	8.56
47	光弘科技	惠州市	8.03
48	乐歌股份	宁波市	7.86
49	汇顶科技	深圳市	7.65
50	太龙照明	漳州市	7.50
51	甬金股份	金华市	7.49
52	中石科技	大兴区	7.48
53	甘李药业	北京市	7.04
54	海亮股份	绍兴市	6.79
55	共创草坪	淮安市	6.66
56	石头科技	北京市	6.11
57	万业企业	浦东新区	6.00
58	隆鑫通用	南岸区	5.54
59	东方电缆	宁波市	5.20
60	顾家家居	杭州市	5.05
61	道氏技术	佛山市	5.00
62	渤海汽车	滨州市	4.78
63	泉峰汽车	南京市	4.72
64	中宠股份	烟台市	4.61
65	恒邦股份	烟台市	4.58
66	博晖创新	昌平区	4.58
67	洲际油气	海口市	4.41

2020年中国上市公司海外投资分析

续表

排名	企业简称	企业所在地	投资规模
68	埃斯顿	南京市	4.09
69	东凌国际	广州市	4.00
70	腾龙股份	常州市	3.97
71	模塑科技	无锡市	3.92
72	埃夫特	芜湖市	3.91
73	汤臣倍健	广州市	3.91
74	汉钟精机	金山区	3.90
75	博威合金	宁波市	3.74
76	开润股份	滁州市	3.73
77	康斯特	海淀区	3.69
78	合纵科技	海淀区	3.55
79	伯特利	芜湖市	3.50
80	方正证券	长沙市	3.50
81	鹏鼎控股	深圳市	3.50
82	天合光能	常州市	3.45
83	威孚高科	无锡市	3.38
84	遨森电商	宁波市	3.06
85	蓝色光标	朝阳区	3.00
86	安洁科技	苏州市	2.93
87	微芯生物	深圳市	2.84
88	佩蒂股份	温州市	2.77
89	天赐材料	广州市	2.75
90	尔康制药	长沙市	2.75
91	新产业	深圳市	2.75
92	渤海轮渡	烟台市	2.68
93	中元股份	武汉市	2.62
94	利通电子	无锡市	2.59
95	双环传动	杭州市	2.56
96	海思科	山南市	2.47
97	科泰电源	青浦区	2.45
98	永艺股份	湖州市	2.44
99	弘讯科技	宁波市	2.40
100	复旦张江	上海市	2.30

资料来源：中投大数据·投资数据库。

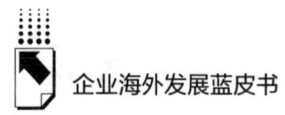

（一）入围门槛变动分析

2020年中国上市公司海外投资100强排行榜的入围门槛由2019年的3.22亿元下降至2.30亿元，同比下降28.57%。这表明，在2020年全球海外投资减少、海外并购热度不断下降，特别是在海外疫情防控形势依然严峻的大背景下，中国上市公司海外投资100强排行榜的入围门槛也有所降低。但总体而言，从入围企业整体实力来看，尽管受到贸易保护主义、逆全球化等因素影响，入围企业往往具有较强的核心竞争优势和风险抵御能力，尤其是在中国"一带一路"倡议下，企业"走出去"仍是中国本土企业提升自身竞争力、开拓海外市场的重要手段。

（二）地域分布变动分析

从中国上市公司海外投资100强的地域分布变动来看，2020年地域分布特征与2019年基本一致，入围中国上市公司海外投资100强榜单的企业在地域分布上存在明显的"东部地区分布较多、西部地区分布较少"的特征。整体而言，近年来，上市公司海外投资企业的地域分布情况基本未发生较大的结构性变动。表13为2020年中国上市公司海外投资100强的地域分布情况。

表13 2020年中国上市公司海外投资100强的地域分布情况

分布地区	入围企业数量（家）	投资金额（亿美元）	投资金额占比（%）
东部	84	1553.19	88.44
中部	10	124.95	7.12
西部	6	77.98	4.44
东北	0	0	0

资料来源：中投大数据·投资数据库。

如表13所示，东部地区上市公司海外投资企业在100强排行榜中占据着绝对的数量优势，而中西部等地区的海外投资热度相对较弱。2020年，入围100强排行榜的企业数量为84家,投资金额占比为88.44%,入围企业主要集中在北京市、上海市、浙江省、广东省、江苏省等地;中部与西部地区的入围企业数量分别为10家、6家,投资规模占比分别7.12%、4.44%。相较于2019年,2020年东部地区新增了4家企业,中部地区新增了3家企业,西部地区减少了6家企业,而东北地区则没有企业入围该榜单。与2019年的地域分布情况基本一致,2020年,中国上市公司海外投资企业的地域分布主要呈现"东多西少"的特点,这与东西部之间经济发展差异的实际情况基本吻合。

(三)行业结构变动分析

行业结构变动反映了上市公司海外投资企业投资领域的调整。表14列示了2020年中国上市公司海外投资100强的主要行业分布情况。

表14 2019年中国上市公司海外投资100强的主要行业分布情况

所属行业	入围企业数量(家)	投资金额(亿元)	投资金额占比(%)
金融	8	428.70	24.41
金属(有色金属)	12	416.54	23.72
信息技术与服务	14	249.87	14.23
化工	6	175.15	9.97
装备制造	23	169.56	9.66
交通运输	5	63.79	3.63
能源电力	3	55.45	3.16
商贸零售	7	49.10	2.80
医疗医药	9	43.23	2.46
纺织服装服饰	3	40.28	2.29
非金属	1	22.05	1.26
食品饮料	4	15.29	0.87
科学研究与技术服务	1	9.96	0.57
家具家居	2	7.49	0.43
轻工制造	1	6.66	0.38
居民及商务服务	1	3.00	0.17

资料来源:中投大数据·投资数据库。

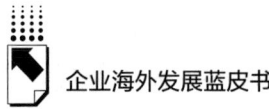

2020年，中国上市公司海外投资100强中，入围企业数量最多的行业为装备制造业（入围企业数量为23家），其次为信息技术与服务业（入围企业数量为14家）、金属（有色金属）业（入围企业数量为12家）、医疗医药业（入围企业数量为9家），以及金融业（入围企业数量为8家）。较2019年，中国上市公司海外投资企业仍然将制造业作为主要的投资方向。但从各行业投资金额来看，投资规模较大的行业分别为金融业（投资规模占比为24.41%）、金属（有色金属）业（投资规模占比为23.72%）、信息技术与服务业（投资规模占比为14.23%）、化工业（投资规模占比为9.97%）、装备制造业（投资规模占比为9.66%）。从行业结构变动来看，装备制造业和能源电力业投入规模较2019年出现明显下滑，而金融业、金属（有色金属）业和信息技术与服务业的投资规模逆势增长。不难发现，随着海外投资风险不断激增，特别是新冠肺炎疫情发生以来，海外各国限制性和封锁政策严重限制了相关人员、设备的入境，从而导致以装备制造业为主导的行业结构发生明显变化。

（四）所有制结构变动分析

2020年中国上市公司海外投资100强中，民营企业与国有企业仍然是海外投资的中坚力量，而外资企业与其他类型企业的数量相对较少。从入围企业数量来看，民营企业入围数量为66家；国有企业数量次之，为21家；外资企业及其他类型企业数量较少，入围数量合计为13家（见表15）。相较于2019年，入围国有企业数量减少5家，民营企业数量新增1家，外资企业和其他类型企业新增4家。

表15 2020年中国上市公司海外投资100强的所有制结构

所有制结构	入围企业数量（家）	投资金额（亿元）	投资金额占比（%）
国有企业	21	857.86	48.85
民营企业	66	774.58	44.11
外资企业	6	56.60	3.22
其他类型企业	7	67.08	3.82

资料来源：根据中投大数据·投资数据库整理。

2020年中国上市公司海外投资分析

但从不同类型企业的海外投资规模来看，尽管2020年国有企业入围数量较民营企业更少，但国有企业海外投资规模最大，投资金额为857.86亿元，投资金额占比为48.85%；入围企业数量最多的民营企业投资规模次之，投资金额为774.58亿元，投资金额占比为44.11%。整体而言，2020年中国上市公司海外投资企业的所有制结构分布及相应的投资规模比例与2019年基本一致。同时，值得注意的是，在不同所有制结构下，上市公司海外投资力度存在明显差异，尤其是从100强企业的整体情况来看，国有企业海外投资平均水平明显高于民营企业。

五 展望与建议

（一）展望

受地缘政治风险、逆全球化和贸易保护主义等多重因素的影响，尤其是在境外疫情形势依然严峻的大背景下，2020年中国上市公司海外投资活动面临诸多不确定性风险因素。总体而言，2020年中国上市公司海外投资发展主要呈现以下三个特点：一是海外投资总体规模持续呈收缩态势。全球经济逐步放缓，贸易紧张局势加剧，受海外疫情引致的管制政策和限制性措施影响，中国上市公司海外投资规模有所减小。二是海外投资模式多样化。从海外投资项目的运营方式来看，目前中国上市公司海外投资主要采用独立投资、合资经营、股权投资、并购与增资五种模式，较好地满足了不同类型投资项目的需要。三是海外投资地域与领域多元化。在"一带一路"倡议下，为确保对外贸易的稳步持续发展，优化开放结构，中国上市公司海外投资地区和行业分布依然呈现明显的多元化特点。

回顾2020年中国上市公司海外投资发展情况，企业"走出去"在面临诸多挑战的同时，也面临重要发展机遇。首先，在中国经济步入高质量发展阶段以来，为提升对外开放质量，适应全球经济环境，中国开始立足"双循环"新发展格局重塑经济优势。因此，在"双循环"新发展格局下，依托"一带一路"倡议提供的广阔市场和平台，海外投资企业将拥有更多的发展机遇。其次，海外投资活动所呈现的全方位（区位选择）、多层次（项目规模）和宽领域（行业分布）特点，凸显了中国企业较强的国际市场竞争力，不难发现，作为本土企业"走出去"的核心支撑能力，企业竞争优势将有助于促进海外高质量投资项目的共建和市场开拓。最后，随着进入疫情防控常态化时期，为实现常态化疫情防控和经济恢复之间的平衡，海外各个国家将更加注重国际合作，特别是限制性政策的放松和投资风险的降低，将在一定程度上加快中国上市公司海外投资进程。

（二）建议

1. 完善双边和多边合作机制，推动形成海外投资多元化格局

海外投资地区分布和行业布局多元化是近年来中国上市公司海外发展的一个重要特征，不仅是中国提升对外开放水平，优化对外开放结构的重要手段，也是助推中国企业跻身国际舞台的必然要求。2020年中国上市公司海外投资实践表明，依托"一带一路"倡议和"第三方市场合作"国际合作新模式等合作机制，中国上市公司海外投资企业和相关国家之间的投资合作持续升温，也是推动中国形成更大范围、更宽领域、更深层次对外开放的重要基础。因此，为更好地推进企业参与国际合作与竞争，加速形成互利互惠的海外投资环境，中国政府相关部门要积极搭建双边和多边合作机制，依托中国企业自身竞争优势，在对外交流合作过程中努力实现互利共赢。比如，在尊重共同利益的基础上，通过贡献中国方案解决现存的贸易争端解决机制问题；构建由相关部门牵头、投资企业参与的双多边对话机制，特别是在中国"双循环"新发展格局下，政府与企业更要积极构建全方位的合作机制，进而促进多元化对外投资格局的形成。

2. 加强海外投资政策引导，完善投资服务体系

新形势下推动海外投资，不仅要满足企业战略需求，还要结合中国对外投资结构综合考虑，在相关政策引导下研判形势、明确方向、找准

重点。以往海外投资经验表明，当前中国企业尚未拥有大规模到海外投资发展的条件，由于对国际市场规则和外国法律法规方面的了解的欠缺以及投资经验不足等原因，部分企业的海外投资效果并不理想，甚至出现企业亏损，这要求相关政府部门必须加强海外投资政策引导，推动中国企业"走出去"。具体而言，其一，政府可以强化海外投资公共服务平台建设，实现"一站式"企业信息服务，帮助企业更好地防范和应对境外投资风险；其二，加强对境外投资企业的监管审查力度，激励企业依法依规开展境外投资，减少非理性投资行为，同时严格按照中国对企业的"放管服"要求，及时对境外投资企业进行随机审查，通过科学的政策引导确保企业规范经营。

3. 增强海外投资风险防控意识，提升企业海外投资竞争力

目前，尽管经济全球化不断深入发展，贸易和投资自由化仍是主流，但随着我国企业海外投资日益规模化、多元化和复杂化，以单边主义、贸易壁垒等为代表的不确定性风险对中国企业海外投资活动的影响越来越大。因此，一方面，中国企业进行海外投资战略决策时，要在借鉴国内外经验的基础上，建立健全境外经营风险评估体系，准确把握和预判投资项目和投资所在地潜在的各种风险。同时，海外投资企业还要注重关注国际贸易中的相关标准和贸易规则，并积极参与相关标准和贸易规则的制定，规范企业海外经营行为，将贸易摩擦引致的损失降到最低。另一方面，海外投资企业还要通过预案对不可预测风险进行充分考虑，比如，受海外新冠肺炎疫情影响，中国装备制造、大型建筑基建项目投入受到明显影响。基于此，企业在培育国际市场竞争力的同时，还要持续提升自身的风险意识。

参考文献

佟家栋等：《新冠肺炎疫情冲击下的全球经济与对中国的挑战》，《国际经济评论》

2020年第3期。

"World Investment Report 2021: Investing in Sustainable Recovery",联合国贸易和发展会议（UNCTAD）网站，2021年6月21日，https://unctad.org/system/files/official-document/wir2021_en.pdf。

专题篇
Specific Topics

B.5 北京自贸区与共建"一带一路"协调对接研究

金瑛 刘思义*

摘　要： 自贸区建设与共建"一带一路"倡议均为我国深化改革和扩大开放的重大新举措。本报告聚焦北京自贸区建设与共建"一带一路"的协调对接，介绍和分析了两者的背景概况、协调基础、总体路径与具体举措，以及协调对接政策建议四个方面。分析表明：自贸区建设与共建"一带一路"在理念、战略、机制和文化四个方面一致协同；基于这一协调基础，北京自贸区可从经贸往来、制度引荐、文化交流和地理联通四个方面发挥自身优势，布局总体对接路径和具体对接举措。本报告认为，北京自贸区在我国自贸区格局中具有独特战略定位，其与共建"一带一路"的协调对接将为两大战略举措的对接融合提供示

---

* 金瑛，对外经济贸易大学国际商学院博士研究生，主要研究方向为会计信息与资本市场；刘思义，博士，对外经济贸易大学国际商学院讲师，主要研究方向为审计与内部控制。

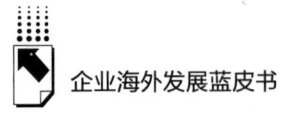

范。本报告也有助于理解两大对外开放战略举措之间的关系，对于具体对接实践具有一定启示意义。

关键词： 北京自贸区 共建"一带一路" 协调对接 全方位改革开放

一 自贸区建设与共建"一带一路"的背景概况

（一）自贸区战略定位与发展概况

1. 中国自贸区战略定位和发展概况

（1）战略定位

中国自由贸易试验区（以下简称"中国自贸区"）是指在我国境内关外设立的，以优惠税收和海关特殊监管政策为主要手段，以贸易自由化便利化为主要目的的多功能经济性特区（FTZ）。① 中国自贸区的设立是党中央、国务院全面深化改革和扩大开放的重大战略举措。2013 年，在国际投资贸易规则变化和国内经济新常态的宏观背景下，我国首先设立中国（上海）自由贸易试验区（以下简称"上海自贸区"，其他省市同）。自 2013 年的初期试点阶段到 2020 年的全面推进阶段，中国自贸区实现了从点到线、再从线到面的空间战略布局。

总体定位。作为经济功能区的一种，自贸区与传统的经济特区、经济技术开发区、海关特殊监管区域等经济功能区不同。后者更多是对外开放政策洼地，而自贸区是集投资、贸易、金融、科创等领域于一体的综合改革区。②

---

① 自由贸易区有两个本质上相区分的概念：一个是 FTA（Free Trade Area），指"在两个或两个以上独立关税主体之间，就贸易自由化取消关税和其他限制性贸易法规"；另一个是 FTZ（Free Trade Zone），指"缔约方境内的一部分，进入这部分的任何货物，就进口关税而言，通常视为关境之外"。本文所论中国自贸区属于 FTZ。

② 李善民：《中国自贸区的发展历程及改革成就》，《人民论坛》2020 年第 27 期。

中国自贸区的核心任务是制度创新,包括政府职能转变、贸易便利化、投资便利化、金融开放和法治化建设五大领域的制度创新,其实质在于"用制度创新倒逼改革"。

具体定位。在五大领域的制度创新要求和目标之外,各自贸区的具体定位根据地理优势和产业特点而有所不同(见表1)。例如,上海是我国金融中心,上海自贸区的定位在于金融开放创新;福建毗邻我国台湾地区,福建自贸区的定位在于彰显对台特色,深化两岸经济合作;陕西是古丝路的起点,也是"一带一路"的重要节点,陕西自贸区的定位则在于打造"一带一路"经济合作和人文交流重要支点。

表1 中国自贸区各区定位

自贸区	各区定位
上海自贸区	进一步探索金融开放创新
天津自贸区	京津冀协同发展高水平对外开放平台、全国改革开放先行区和制度创新试验田、面向世界的高水平自由贸易园区
广东自贸区	粤港澳深度合作示范区、21世纪海上丝绸之路重要枢纽和全国新一轮改革开放先行地
福建自贸区	彰显对台特色,深化两岸经济合作
辽宁自贸区	提升东北老工业基地发展整体竞争力和对外开放水平的新引擎
浙江自贸区	东部地区重要海上开放门户示范区、国际大宗商品贸易自由化先导区和具有国际影响力的资源配置基地
浙江自贸区扩展区域	以油气为核心的大宗商品资源配置基地、新型国际贸易中心、国际航运和物流枢纽、数字经济发展示范区和先进制造业集聚区
河南自贸区	服务于"一带一路"建设的现代综合交通枢纽、全面改革开放试验田和内陆开放型经济示范区
湖北自贸区	中部有序承接产业转移示范区、战略性新兴产业和高技术产业集聚区、全面改革开放试验田和内陆对外开放新高地
重庆自贸区	"一带一路"和长江经济带互联互通重要枢纽、西部大开发战略重要支点
四川自贸区	西部门户城市开发开放引领区、内陆开放战略支撑带先导区、国际开放通道枢纽区、内陆开放型经济新高地、内陆与沿海沿边沿江协同开放示范区
陕西自贸区	全面改革开放试验田、内陆型改革开放新高地、"一带一路"经济合作和人文交流重要支点

续表

自贸区	各区定位
海南自贸区	全面深化改革开放试验区、国家生态文明试验区、国际旅游消费中心和国家重大战略服务保障区，面向太平洋和印度洋的重要对外开放门户
山东自贸区	推进新旧发展动能接续转换、发展海洋经济，形成对外开放新高地
江苏自贸区	开放型经济发展先行区、实体经济创新发展和产业转型升级示范区
广西自贸区	沿边地区开放、发展，同周边国家进行经贸合作
云南自贸区	连接南亚东南亚大通道的重要节点，推动形成我国面向南亚东南亚辐射中心、开放前沿
黑龙江自贸区	东北全面振兴全方位振兴、向北开放重要窗口，与俄罗斯及东北亚区域合作的中心枢纽
河北自贸区	京津冀协同发展，高标准高质量建设雄安新区，承接北京非首都功能疏解和京津科技成果转化，国际商贸物流重要枢纽、新型工业化基地、全球创新高地和开放发展先行区
北京自贸区	具有全球影响力的科技创新中心，服务业扩大开放先行区，数字经济试验区，京津冀协同发展的高水平对外开放平台
湖南自贸区	世界级先进制造业集群、联通长江经济带和粤港澳大湾区的国际投资贸易走廊、中非经贸深度合作先行区和内陆开放新高地
安徽自贸区	科技创新策源地建设、先进制造业和战略性新兴产业集聚发展，形成内陆开放新高地

资料来源：百度百科。

（2）发展概况

自2013年8月国务院正式批准设立中国（上海）自由贸易试验区，截至目前，我国共设立（含扩容）21个自贸区（见表2），包含67个分片区，每个分片区重点发展3~6个产业，形成了东西南北中协调、陆海统筹的开放态势，推动形成了我国新一轮全面开放格局。

表2 中国自贸区设立情况一览

时间	设立情况
2013年	上海自贸区
2015年	天津、广东、福建自贸区
2017年	辽宁、浙江、河南、湖北、重庆、四川、陕西自贸区
2018年	海南自贸区

续表

时间	设立情况
2019年	上海自贸区临港片区
2019年	山东、江苏、广西、河北、云南、黑龙江自贸区
2020年	海南自贸港
2020年	北京、湖南、安徽自贸区，浙江自贸区扩展区

资料来源：百度百科。

2013年以来，我国21个自贸区以制度创新为核心任务积极探索，改革开放试验田作用充分显现。首先，就任务实施来看。前四批12个自贸试验区总体方案和深化方案部署的试点任务已基本实施。2019年新设的上海自贸区临港片区总体方案试点任务实施率已超过90%，山东等6个自贸试验区总体方案试点任务实施率已超过86%。2020年新设的海南自贸港、北京等3个自贸区以及浙江自贸区扩展区总体方案试点任务正在加快推进。其次，就扩大开放来看。根据商务部研究院发布的《中国自由贸易试验区发展报告2020》，2020年1~10月，前18家自贸试验区进出口总额为3.8万亿元，占全国的14.8%；实际利用外资为1310.1亿元，占全国的16.4%。最后，就深化改革来看。截至2020年7月，在中央层面，自贸区已累计向全国或特定区域复制推广了260项制度创新成果，包括集中复制推广143项，"最佳实践案例"43个，有关部门自主复制推广74项。在地方层面，据不完全统计，18个自贸区已在本省（区、市）内推广了1151项制度创新成果。总体而言，围绕全面深化改革和扩大开放的重大战略举措，中国自贸区成绩亮眼。

2. 北京自贸区战略定位和发展概况

（1）战略定位

根据2020年8月30日国务院印发的《中国（北京）自由贸易试验区总体方案》，北京自贸区的战略定位为"具有全球影响力的科技创新中心、服务业扩大开放先行区、数字经济试验区，京津冀协同发展的高水平对外开放平台"。这一战略定位的提出，与北京市产业发展的政策导向、禀赋优势

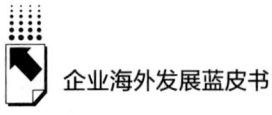

密不可分。

具有全球影响力的科技创新中心。根据自然指数（Nature Index）发布的"自然指数——科研城市2020"，北京在全球科研城市中继续蝉联第一。从北京市"全国科技创新中心"的定位到北京自贸区"具有全球影响力的科技创新中心"的定位，这是基于北京市高端人才集聚、科技基础雄厚的优势。首先，北京市高端人才集聚。例如，在全国42所世界一流大学建设高校中，北京市共有8所，占比为19.0%；全国95所世界一流学科建设高校中，北京市共有26所，占比为27.4%。此外，依托高校、军工、事业单位、企业等，北京还拥有众多科研机构。这些高等院校和科研院所会聚了来自全国乃至全球的高端科研人才，形成了雄厚的科研智力资本。其次，北京市科技基础雄厚。在科研机构集中和科研人才会聚之外，一方面，北京市重视科技园区打造。例如，起源于20世纪80年代、有"中国硅谷"之称的中关村科技园是我国科教智力和人才资源最为密集的区域，也是北京市的科技名片；此外，北京还建设有昌平未来科学城、怀柔科技城、总部基地、房山科技产业园、翠湖科技园五大科技园区。另一方面，北京市科技企业涌现。根据新经济智库长城战略咨询发布的《中国独角兽企业研究报告2021》，在2020年中国251家独角兽企业中，北京共有82家，占比为32.7%，位列全国各省市第一。这些独角兽企业主要布局在互联网教育、新能源与智能汽车、创新药与器械等科技和新经济赛道。

服务业扩大开放先行区。2015年，国务院批复北京市开展服务业扩大开放综合试点总体方案，北京成为全国首个服务业扩大开放综合试点城市。截至2020年底，北京服务业扩大开放首轮方案确定的226项试点任务全面实施，新一轮试点方案确定的177项任务完成率达96.6%。将北京自贸区打造成为"国家服务业扩大开放综合示范区"，既是对北京市开展服务业扩大开放综合试点的承接和拓展，也具有良好的现实基础。从数据来看：北京市服务业占GDP比重超过80%，已达到全球发达国家城市水平；北京服务业消费额占市场总消费额的55%，服务贸易进出口额占全国比重的20%以上，服务业新设外商投资企业占新设外商投资企业的96%，服务业实际利用外资占实际利用外资的95%，此外，在保险、金融和信息等新兴服务贸易方面，北京保持全国领先水平。从领域来看：北京服务业扩大开放主要围绕科技、互联网信息、金融、教育、文化旅游、医疗养老、专业服务7个领域，已涵盖多数服务贸易领域，具有全方位特征。

数字经济试验区。北京市历来重视数字经济，将北京自贸区打造成"数字经济试验区"，符合北京市建设全球数字经济标杆城市的"十四五"规划要求，北京市也具备得天独厚的背景优势。一是政策层面。2020年6月，北京市发展和改革委员会发布《北京市加快新场景建设培育数字经济新生态行动方案》，指出要"培育形成高效协同、智能融合的数字经济发展新生态，将北京建设成为全国领先的数字经济发展高地"。2020年9月，北京市经济和信息化局印发《北京市促进数字经济创新发展行动纲要（2020—2022年）》（以下简称"纲要"），指出要加快推动北京市数字经济创新发展，打造全国数字经济发展先导区和示范区。在工作目标中，纲要特别指出，"突破制约数字经济发展的体制机制约束和政策瓶颈，建立数字贸易试验区"。二是实践层面。北京丰富的数字资源（包括众多数字技术企业和高层次创新人才）有助于其通过引领和转移相结合的模式推动数字经济发展。2020年，北京数字经济增加值为1.44万亿元，占GDP比重达40%。而根据纲要工作目标，2022年，北京数字经济增加值占地区GDP比重要达55%。此外，截至2020年底，北京市规模以上工业企业的生产设备数字化率达65%，关键工序数控化率达70%，数字化生产设备联网率达60%。总之，北京市在数字经济浪潮中具有得天独厚的优势，也积极地争当先手。

京津冀协同发展的高水平对外开放平台。京津冀协同发展是当前三大国家战略之一。将北京自贸区打造成为"京津冀协同发展高水平对外开放平台"，既响应了京津冀协同发展的国家战略，也体现北京市在京津冀协同发展中的重要引领作用。首先，北京是京津冀区域协同发展改革的引领区和"龙头城市"，在疏解首都功能、联动"两翼"、"织密"交通网等方面发挥重要协同作用。其次，在京津冀三地中，北京作为我国"四大中心"城市，其经济最为发达，在国际交往、文化交流、地缘政治等方面具备天然优势，在前述科技创新、服务业、数字经济三个方面具备明显禀赋,因此北京对京津冀对外开放具有更大的带动和驱动作用。

(2)发展概况

北京自贸区目前涵盖三个片区:科技创新片区,重点发展新一代信息技术、生物与健康、科技服务等产业,打造数字经济试验区、全球创业投资中心、科技体制改革先行示范区;国际商务服务片区,重点发展数字贸易、文化贸易、商务会展、医疗健康、国际寄递物流、跨境金融等产业,打造临空经济创新引领示范区;高端产业片区,重点发展商务服务、国际金融、文化创意、生物技术和大健康等产业,建设科技成果转换承载地、战略性新兴产业集聚区和国际高端功能机构集聚区。三大片区的功能定位也响应了北京自贸区的总体战略定位,支撑北京自贸区发展目标的实现。

(二)共建"一带一路"倡议定位与共建概况

1. 共建"一带一路"倡议定位

共建"一带一路"属于国家级顶层合作倡议。共建"一带一路"旨在促进经济要素有序自由流动、资源高效配置和市场深度融合,推动各国实现经济政策协调,开展更大范围、更高水平、更深层次的区域合作,共同打造开放、包容、均衡、普惠的区域经济合作架构。因此,在定位上,"一带一路"不属于某种侧重于地缘政治和国际利益层面的战略设计,而是一个旨在促进区域经济发展的合作倡议。

从我国自身情况来看,共建"一带一路"倡议是我国在外部面临"百年未有之大变局"、内部面临经济转型升级和进一步改革开放的背景下提出的,共建"一带一路"倡议与中国自贸区一致,两者均为我国全面深化改革和扩大开放的重大举措,也是我国基于当前国际政治经济变局,适应我国经济发展新常态,充分利用国内国际两个市场、两种资源的对外开放战略和举措。

2. 共建"一带一路"概况

自2013年我国提出共建"一带一路"倡议以来,秉承共商、共享、共建原则，截至2021年6月23日，我国已同140个国家和32个国际组织签署了206份共建"一带一路"合作文件，共建"一带一路"早期成果丰硕。

第一，"六廊六路多国多港"的互联互通基础设施建设网络体系已基本建立，为区域经济一体化提供了良好的硬件支撑。第二，大批建设项目得到实施和快速推进，我国对共建国家的投资快速增长。例如，2013～2020年，我国对共建国家的累计直接投资达1351亿美元。第三，共建国家的总体运输成本下降，贸易潜力得到更好发挥。例如，中国与共建国家之间的货物贸易占中国货物进出口总额的比重由共建初期2014年的26%提高至2020年的29%。第四，全球治理体系的某些方面已经逐步得到改进和完善。例如，中国与100多个国家共同创建亚投行以及中国独立设立丝路基金，有利于增加对全球基础设施的投资，也是对当前国际金融治理体系的重要补充和完善。第五，共建"一带一路"也有助于促进全球减贫事业的发展。

此外，在2020年初新冠肺炎疫情造成生产要素流动受阻的情况下，共建"一带一路"合作仍然展现强大的韧性与活力。例如，中欧班列克服疫情考验，为防疫用品运送和区域疫情防控发挥了不可或缺的作用。

二 自贸区建设与共建"一带一路"的协调基础

（一）自贸区建设与共建"一带一路"的四个协同

1. 理念协同

当代自由贸易区产生的原因之一在于通过开放合作实现互利共赢，中国自贸区建设遵循投资自由化、贸易便利化、金融国际化、行政管理简化的原则。而共建"一带一路"倡议所秉承的理念是和平合作、开放包容、互学互鉴、互利共赢，倡导政策沟通、道路联通、贸易畅通、货币流通和民心相通。由此可见，自贸区建设与共建"一带一路"倡议在理念上存在共通，例如贸易便利化与贸易畅通一致、金融国际化与货币流通一致，而开放合作共赢的价值理念一致。二者在理念上存在协同基础。

2. 战略协同

自贸区建设与共建"一带一路"倡议均为我国与时俱进的改革开放新举措[1]，共同服务于我国对外开放战略。当前，我国正面临经济转型升级和步入对外高水平开放的改革深水区，对内改革和对外开放成为紧要任务。自贸区建设是重要抓手，通过制度创新和先行先试对标国际高水平贸易措施和通用规则，推动制度改革与建设；通过桥头堡建设构建新一轮全面开放格局，全方位扩大开放。而共建"一带一路"倡议有利于利用好国内国际两个市场、两种资源，通过沿线经贸投资推动国内经济结构调整。由此可见，自贸区建设和共建"一带一路"倡议在战略上存在协同基础。

3. 机制协同

自贸区建设的主要合作机制包括引进外商投资、跨境贸易、文化交流、科研合作等；而共建"一带一路"倡议的主要合作机制包括对外投资、出口贸易、对外承包工程等。两者在贸易、投资等合作机制上存在一致。而要推动和保障这些合作项目的顺利持续开展，从制度规则制定到保障机制搭建，二者也有相通之处。例如，二者均要考虑跨境融资风险管控、法律服务平台建设、国际贸易通关平台建设、外汇管理等问题。由此可见，自贸区建设和共建"一带一路"倡议在机制上存在协同基础。

4. 文化协同

文化协同是经贸合作的重要基础和助力。自贸区建设离不开国际间文化交流和往来，例如北京自贸区的主要任务便涉及建设国际交往中心、优化人才全流程服务体系、满足高品质文化消费需求等重要人文方面。而共建"一带一路"倡议首先借用了古代丝绸之路的历史符号，倡导人文交流更加广泛深入，不同文明互鉴共荣，各国人民相知相交、和平友好。两者共同秉持文化包容、民心相通的人文愿景。由此可见，自贸区建设和共建"一带一路"倡议在文化上存在协同基础。

---

[1] 林毅夫:《"一带一路"与自贸区：我国改革开放的新举措》，《新经济》2016年第34期。

（二）自贸区建设与共建"一带一路"的两种联系

作为我国全面深化改革和扩大开放战略的重要组成部分，中国自贸区建设与共建"一带一路"具有共性。二者具有相近的战略背景、历史使命和功能价值，均在适应世界政治经济新格局、调整转变国内经济结构、打破欧美经济封锁与政治孤立的宏观背景下提出，同为深化改革开放的新举措。[①] 自贸区建设与共建"一带一路"两大举措通过地缘优势和制度创新实现对接，以"由点成线、从线到面"的方式共同推进我国对外开放空间新格局的形成。

1. 自贸区建设服务支撑共建"一带一路"

自贸区建设对共建"一带一路"的服务支撑可以体现在硬件支撑和软件支撑两个方面，两者分别主要从地缘优势和制度创新两个着力点出发。

（1）自贸区是共建"一带一路"的重要载体

在地缘上，河南、重庆、陕西三个自贸区的明确定位为服务于"一带一路"建设的重要枢纽和支点，而广东、福建、浙江三个自贸区则是"海上丝绸之路"的重要口岸和窗口。六大自贸区通过国内交通将其他自贸区串联起来，将我国沿海和内陆联结起来，共同形成了共建"一带一路"的国内"桥头堡"。这也体现了自贸区建设对共建"一带一路"的硬件支撑。

（2）自贸区为共建"一带一路"积累新经验

自贸区承载建设更高水平开放型经济新体制的重大使命，其核心任务在于制度创新。在自贸区探索可复制、可推广的经验做法，进行各项管理制度、法律规范、经贸规则等的先行先试，可为"一带一路"制度建设创造条件和积累经验。例如，在浙江省自贸办公布的扩区以来第一批最佳制度创新案例中，出口退税备案单证数字化管理模式、"义新欧"班列双平台、国际航行船舶转港数据复用模式等创新制度均可通过复制服务于"一带一路"

---

① 李猛：《中国自贸区服务与"一带一路"的内在关系及战略对接》，《经济学家》2017年第5期。

建设中的相关事项。这也体现了自贸区建设对"一带一路"的软件支撑。

2. 共建"一带一路"引领自贸区发展

(1) 共建"一带一路"为自贸区指引发展方向

每个自贸区都有其自身发展基础和优势,如何服务于"一带一路"应当有所不同。国家明确支持福建建设21世纪海上丝绸之路核心区,明确定位将河南、重庆、陕西等自贸试验区作为深入推进共建"一带一路"的重大举措。由此可见,以共建"一带一路"为统领,基于不同自贸区在"一带一路"中的地缘和区位优势,自贸区本身的战略定位也有所不同,服务于共建"一带一路"的试验任务也因之具有针对性。未来,依据不同自贸区在共建"一带一路"中的产业、制度、外交、人文等优势,共建"一带一路"将进一步引领自贸区的发展方向。

(2) 共建"一带一路"为自贸区提供广阔市场

共建"一带一路"国家幅员辽阔、人口众多、民族各异,潜在市场广阔;同时,共建国家中既有发达国家,又有发展中国家,潜在市场层次多样。因此,"一带一路"为我国产品和服务通过自贸区走向国际市场提供了广阔空间。此外,依托共建"一带一路"以"六廊六路、多国多港"为骨架推动的综合交通基础设施建设,我国产品和服务通过自贸区走向国际市场也将更加便利。

三 北京自贸区建设对接共建"一带一路"的路径

(一)总体对接路径

1. 经贸往来对接

经贸往来是主要的对接路径。作为共建"一带一路"的"桥头堡",中国自贸区为共建"一带一路"国家进入中国市场创造了机会和平台;作为自贸区发展的桥梁,"一带一路"也为中国自贸区企业提供了广阔的市场空间。由此可见,自贸区发展与共建"一带一路"是天然互补的,能够协同国内经济发展和亚太地区经济发展。就具体对接方式而言，在"引进来"方面，可以吸引"一带一路"外资企业进驻中国自贸区开展贸易合作，吸引外商投资；在"走出去"方面，可以鼓励支持自贸区内中国企业扩展"一带一路"市场和增加投资机会，在基础设施建设、园区产业、金融货币、旅游观光等方面探索与共建国家和地区的利益共同点，创造经贸合作条件。

2. 制度引荐对接

制度引荐是创新的对接路径。中国自贸区内部的制度创新可以为共建"一带一路"过程中的制度建设和完善提供实践渊源。制度引荐对接的基本思路：自贸区制度创新—自贸区经贸规则体系完善—自贸区经贸规则体系向共建"一带一路"复制或移植—推动共建"一带一路"国家（地区）法制营商环境改善、管理治理机制优化，激发共建"一带一路"国家（地区）市场活力—反向带动中国自贸区"走出去"。例如，上海自贸区自成立至今，已产生和向全国贡献300多项制度创新成果，包括投资领域的负面清单、贸易领域的单一窗口、金融领域的自由贸易账户和政府监管领域的证照分离等基础性和核心制度。可以将这些制度向共建"一带一路"经贸实践引荐，助力共建"一带一路"经贸合作的自由化、便利化。

3. 文化交流对接

文化交流是天然的对接路径。植根于古代丝绸之路邦交历史，多数共建"一带一路"国家与我国有着悠久的文化交流传统。"一带一路"总体设计中的深厚历史情感与文化情怀，使得与共建国家开展文化交流具有得天独厚的历史基础和优势。而在中国自贸区发展过程中，文化产业方面也采取了诸多新举措和新制度，例如放宽文化产业许可范围、便利艺术品进出口贸易等。中国自贸区可以成为我国向共建"一带一路"国家和地区展示和与其开展文化交流的窗口；自贸区企业也可以在文化产业方面创新发展模式，深化与共建国家在文化产业方面的贸易与合作。

4. 地理联通对接

地理联通是基础的对接路径。从自贸区建设来看，河南、重庆、陕西三个"一带一路"定位的自贸区分别位于我国东部、西南、西北,且作为我国重要交通枢纽,几乎联通了我国陆路动脉;而广东、福建和浙江作为"海上丝绸之路"的重要窗口,联通了我国东南沿海的长三角和珠三角等发达地区。从共建"一带一路"来看,基础设施"硬联通"是共建"一带一路"国家互联互通的基石,将为中国自贸区的"引进来"和"走出去"创造良好条件。

(二)具体对接举措

本报告接下来分析"基于北京自贸区的战略定位和现有规划,北京自贸区对接共建'一带一路'的具体举措",主要从经贸往来、文化交流、制度引荐、地理联通四个方面展开(见图1)。

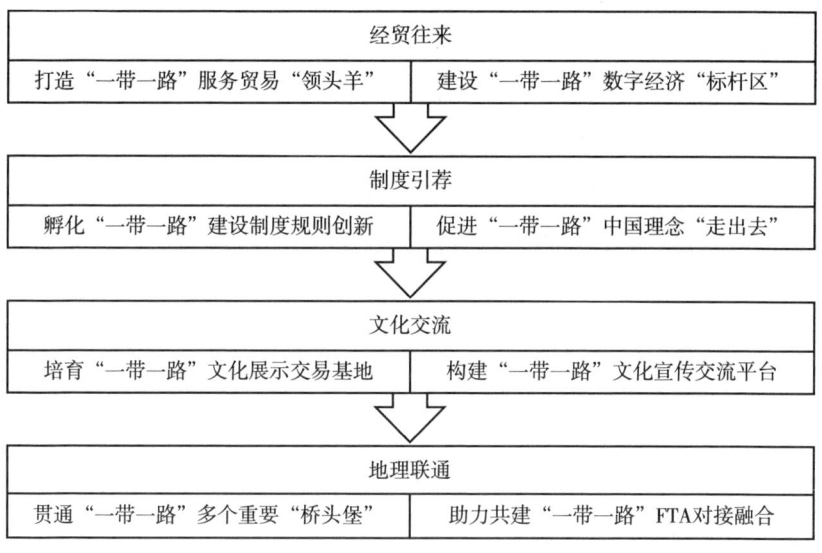

图1 北京自贸区对接"一带一路"建设的具体举措

1.经贸往来方面

(1)打造"一带一路"服务贸易"领头羊"

一是发展新型服务贸易。一方面,我国与共建"一带一路"国家的服务贸易合作主要体现在旅游、运输、建筑三类传统领域，而北京市服务业优势体现在科技、互联网信息、金融、教育、文化旅游、医疗养老、专业服务等领域；另一方面，尽管共建"一带一路"国家和地区多处于工业化和信息化起步阶段，对传统服务业和新型服务业均有需求，但在新冠肺炎疫情冲击下，传统三类服务贸易容易遭受冲击，而新型服务贸易则展现强大的活力和广阔的前景。因此，北京自贸区在对接共建"一带一路"过程中，可以发挥自身的服务业领域优势。二是以服务贸易带动货物贸易。货物贸易是传统的贸易形式。2021年上半年，我国与共建"一带一路"国家货物贸易额为5.35万亿元，占外贸总额的比重为29.6%。在更好地利用国际国内两个市场、两种资源的基调下，我国与共建"一带一路"国家和地区的货物贸易仍有较大的增长空间。北京自贸区在对接共建"一带一路"过程中，可以探索通过服务贸易带动货物贸易提升的途径，并推广至全国，从而促进我国与共建"一带一路"国家和地区货物贸易的发展。

（2）建设"一带一路"数字经济"标杆区"

一是发展丝路电商。2016年以来，我国已与乌兹别克斯坦、意大利、卢旺达、澳大利亚、巴西、越南等遍及五大洲的22个国家建立了电子商务合作关系。北京自贸区的国际商务服务片区将重点发展数字贸易和国际寄递物流等产业，有助于推动丝路电商发展。二是推动数字经济产业走向共建"一带一路"国家和地区。依托雄厚的科技基础，北京市在云计算、大数据、人工智能、区块链等产业领域领先。北京自贸区可以依托这些优势，加强与共建"一带一路"国家和地区的数字经济合作，在服务贸易之外提升数字贸易比重，优化贸易结构。三是通过金融创新推动共建"一带一路"国家和地区跨境金融发展。跨境金融是北京自贸区的重点发展产业，依托北京市发达的金融产业和人民银行金融创新，北京自贸区可以通过开展本外币一体化试点、建设法定数字货币试验区和数字金融体系、支持区内企业跨境融资等方式来接入共建"一带一路"。四是建设数字经济合作平台。例如，合作成立"一带一路"数字经济联盟或大数据中心，为共建国家和地区的经济发展、社会治理等提供数据参考和智力支撑。

2. 制度引荐方面

（1）孵化共建"一带一路"制度规则创新

尽管北京自贸区设立较晚，但北京自贸区制度创新成绩亮眼。2020年1月，北京自贸区大兴机场片区发布第一批81条制度创新清单，涵盖赋予大兴机场片区更多改革自主权、推动高端高新产业集聚发展、完善财税金融支持政策、打造具有吸引力的人才发展环境、推动京津冀协同发展5大类；2020年12月，大兴机场片区发布第二批39条制度创新清单，涵盖机场发展类、生物医药类、类海外商务区类、数字经济类、金融类、区域协同类6个领域。这些制度创新不仅涉及片区自身发展、区域协同，也涉及国际合作与发展，例如数字经济类制度清单包含"构建安全便利的国际互联网数据专用通道""探索实现数据跨境流动安全管理""建设完备的国际通信设施"等举措。这些制度创新举措通过在北京自贸区孵化、验证和完善后，可进一步向共建"一带一路"复制或移植。

（2）促进"一带一路"中国理念"走出去"

依托人口红利，我国被誉为"世界工厂"，而无论中国制造"走出去"、中国品牌"走出去"，还是中国智造"走出去"，我国的"走出去"战略仍停留在产品输出和贸易往来层面。而中国理念"走出去"，则是对我国"走出去"战略的重大升级，不仅有助于将我国一流的技术技艺、运营管理智慧推向世界，也有助于在全球范围内塑造全新的中国制造/品牌/智造形象，推动"世界工厂"的转型升级。北京的服务贸易、数字经济在全国乃至全世界具有领先地位，在制定这些领域内的标准方面具有先发优势；而多数共建"一带一路"国家和地区处于发展中状态，在相关行业领域发展方面缺乏基础。北京自贸区可以作为这些领域内中国方案"走出去"的窗口，通过加强经贸合作、落实重大项目等对接共建"一带一路"。

3. 文化交流方面

（1）培育"一带一路"文化展示交易基地

自古以来，共建"一带一路"国家和地区便与我国有良好的文化交流传统。而北京作为我国首都和历史文化名城，既是全国最大的文化汇聚地，也具有深厚的文化基因。以北京自贸区作为窗口推动北京市及至我国与共建"一带一路"国家和地区的文化贸易与文化交流，具有天然优势。根据北京自贸区总体方案，文化贸易和文化创意是北京自贸区的优势产业，也是主要任务产业。2014年，国家对外文化贸易基地（北京）落户北京天竺综合保税区文化保税园，目前基地正加速推进"一带一路"文化展示交易馆建设，已与瑞士、尼泊尔、日本、印度尼西亚、孟加拉国、印度等国企业签订了文化展示交易馆（中心）合作协议。通过培育文化展示交易基地，可以推动共建"一带一路"国家和地区文化及文化产业"引进来"，满足我国民众高品质文化消费需求，也有助于推动我国文化及文化产业"走出去"，增强我国文化软实力。

（2）构建"一带一路"文化宣传交流平台

共建"一带一路"的核心话语是"倡议"，其强调的是合作共赢。北京自贸区作为北京市参与共建"一带一路"的重要"前沿阵地"，在一定程度上彰显了北京态度和中国态度。因此，一方面，北京自贸区可以通过文化贸易和文化交流宣传我国"和平发展、合作共赢"的初心、决心和信心以及共商、共建、共享原则，改善国际社会有关共建"一带一路"倡议的舆论环境，推动"一带一路"从一国倡议成为国际共识；另一方面，北京自贸区可以通过推动合作共赢项目的落地、建设和成果惠及，以实际发展成果来彰显共建"一带一路"倡议在改善全球经济治理体系、促进共同发展繁荣、推动构建人类命运共同体方面发挥的作用，以获得国际认同。

4. 地理联通方面

（1）贯通"一带一路"多个重要"桥头堡"

从国内自贸区（FTZ）角度来看。北京自贸区设立时间虽晚，但是我国首都、重要交通枢纽和集散中心城市。一方面，北京与天津、河北两个自贸区毗邻，联通形成了京津冀协同发展的首都经济圈；与黑龙江、辽宁、山东自贸区邻近，联通了华北经济圈和东北经济圈。另一方面，通过发达的高铁、航空交通网络，北京能有效串联和聚集中原城市群与长江经济带，协同和推动这些地区参与共建"一带一路"。由此，依托首都城市的战略地位和区位优势，北京自贸区可以贯通和协同多个自贸区，构筑共建"一带一路"的强支点和"桥头堡"，并由点及面，协同亚欧大陆桥东亚一端的广阔腹地，共同参与"一带一路"建设。例如，2019年9月，与北京大兴机场同步设立的北京大兴国际机场临空经济区廊坊片区，便是北京自贸区与河北自贸区协同共建的范例。

（2）助力共建"一带一路"FTA对接融合

从国际自贸区（FTA）角度来看。北京自贸区是中国自贸区（FTZ）的重要示范区和引领区，在促进国内FTZ与共建"一带一路"国际FTA对接融合、战略联动方面，北京自贸区可以发挥"领头羊"作用，先行先试，打造"北京自贸区样板"。具体而言：首先，北京自贸区可以基于FTA战略协同的视角进行制度创新，为推动我国与共建"一带一路"国家（地区）签署FTA协定提供制度经验；其次，我国在积极与共建"一带一路"国家FTA合作时，可以充分考虑北京自贸区先行先试的进展和效果；最后，基于北京自贸区，尝试搭建FTA和FTZ联动平台，包括构建区域合作平台、产业合作对接平台、一体化风险防控体系等。

四 北京自贸区建设对接共建"一带一路"的政策建议

（一）推进自贸区基础设施建设

北京自贸区于2020年9月正式揭牌成立，相较于前几批自贸区，北京自贸区起步较晚，在园区建设、企业落户、项目引进、人才引进方面仍处于发展初期。截至2021年4月，北京"两区"建设251项任务落地57.8%，新增项目入库1400个，并建立了境外专业人才过往资历认可机制、国际人才一站式服务中心等。未来，北京自贸区仍然要从产业、园区、要素保障三个维度加速推进建设，为"一带一路"建设创造良好的硬件和软件条件。

（二）加快自贸区制度创新复制推广

自建立以后，北京自贸区大兴机场片区先后发布120条制度创新清单（第一批81条，第二批39条），且截至2021年1月，第一批81条制度创新清单已落实48条。按照自贸区制度创新可复制可推广的要求，未来，北京在继续推动制度创新清单落实的同时，既要加强创新制度向全国的复制推广，又要站在共建"一带一路"高度，向其他国家和地区分享创新经验。

（三）建立统一的协调对接机制

北京自贸区建设向内对接京津冀协同发展战略，向外对接共建"一带一路"合作倡议，同时其自身在全国21个自贸区中因首都战略地位而具有独特的历史使命。因此，要推动北京自贸区对接共建"一带一路"，要综合考虑北京自贸区发展的特殊地位，就京津冀协同发展、共建"一带一路"、中国自贸区建设等多项国家重大战略和举措进行统筹协调，从顶层设计、基础制度等方面做出统一安排，以实现多个国家战略举措的协同推进，全方位提高我国改革开放水平。

参考文献

《北京市加快新场景建设培育数字经济新生态行动方案》，北京市发展和改革委员会网站，2020年6月10日，http://fgw.beijing.gov.cn/fzggzl/pyxytxms/zcwj/202006/t20200610_1921747.htm。

《北京市经济和信息化局关于印发〈北京市促进数字经济创新发展行动纲要（2020—2022年）〉的通知》，北京市人民政府网站，2020年9月22日，http://www.beijing.gov.cn/zhengce/zhengcefagui/202009/t20200924_2089591.html。

《国务院印发〈北京加强全国科技创新中心建设总体方案〉》，中国人民政府网，2016年9月18日，http://www.gov.cn/xinwen/2016-09/18/content_5109127.htm。

《国务院印发〈中国（海南）自由贸易试验区总体方案〉》，中国人民政府网，2018

年 10 月 16 日，http：//www.gov.cn/xinwen/2018 - 10/16/content_ 5331223. htm。

商务部国际贸易经济合作研究院：《中国自由贸易试验区发展报告（2020）》，2020 年 12 月。

新经济智库长城战略咨询：《中国独角兽企业研究报告 2021》，2021 年 4 月。

B.6
北京自贸区对企业对外贸易影响研究

韩紫轩 刘思义*

摘　要： 北京自贸区的建立是新时期企业"走出去"的重要战略举措之一，其作为试点的一系列创新措施对企业对外贸易产生了重要影响。基于此，本报告首先梳理了北京自贸区成立的基本情况，包括其建立与战略定位、空间布局与规划、相关措施与保障机制等。在此基础上，又分析了自贸区建立对企业对外贸易的具体影响机制；评估了自贸区成立前后企业对外贸易的具体变动情况。最后，本报告分别从政府和企业两个层面提出了自贸区与企业对外贸易的相关建议。本报告对于北京市开创对外开放新局面，推动企业贸易发展、提升贸易质量等具有一定借鉴意义。

关键词： 北京市　自由贸易试验区　对外贸易　"走出去"

一　北京自贸区的基本情况

（一）北京自贸区的建立与战略定位

2020年9月4日，习近平总书记在中国国际服务贸易交易会全球服

---

* 韩紫轩，对外经济贸易大学国际商学院博士研究生，主要研究方向为会计信息与资本市场；刘思义，博士，对外经济贸易大学国际商学院讲师，主要研究方向为审计与内部控制。

务贸易峰会上发表重要讲话，提出将支持北京打造国家服务业扩大开放综合示范区，更好发挥北京在中国服务业开放中的引领作用，探索更多可复制可推广经验；设立以科技创新、服务业开放、数字经济为主要特征的自由贸易试验区，构建京津冀协同发展的高水平开放平台，带动形成更高层次改革开放新格局。2020年9月21日，国务院印发了《中国（北京）自由贸易试验区总体方案》。2020年9月23日，北京自贸区正式成立。

从总体战略定位来看，北京自贸区以制度创新为核心，以可复制性为基本前提，深入贯彻中央关于创新驱动发展的要求，推进京津冀协同合作，助力科技创新中心的建设。提升自贸区的全球影响力，助力京津冀协同发展，建设高水平对外开放平台，推进"服务业扩大开放先行区"与"数字经济试验区"两区建设。

北京自贸区有较大的改革自主权，可以深入进行差异化和多样化的探索。以国际先进规范为标准，北京自贸区提高了开放程度，引入了系统化的规则、条例、治理标准和制度框架。其未来的发展目标包括以下三个方面：第一，在三到五年改革探索的基础上，强化原始创新、技术创新、开放创新、协同创新的优势，进一步积累经验，扩大对外开放水平，探索建立制度创新机制；第二，在探索学习的同时，不断优化区内营商环境，为区内企业提供便利化的金融服务，促进贸易主体的国际经济交往，保障有效监管，突出京津冀辐射带动作用，努力建设高品质的自由贸易试验区；第三，共同推动自贸区改革与北京市改革。在条件成熟的情况下，将中关村国家自主创新示范区作为改革试点，落实各项具体任务的实施，并将成功经验逐步在北京市复制推广。

（二）北京自贸区的空间布局与规划

区位选择和产业定位可以调整企业的产业布局、提高企业素质、改善产业组织形式。合理的空间规划不仅可以促进自贸区的贸易增长，而且可以丰富企业的贸易方式。在充分考虑中央战略定位的前提下，结合北京市自身的地理空间特点，北京自贸区被划分为科技创新、国际商务服务、高端产业三个不同片区，总占地面积为119.68平方公里。不同片区具有不同的定位及重点产业（见表1）。

表1 北京自贸区区位布局及功能划分

单位：平方公里

片区划分	占地面积	地理范围	重点产业	片区定位	意义及作用
科技创新片区	31.85	中关村科学城与北京生命科学园片区	高新技术产业、生物健康产业、科技服务产业	该片区定位为数字经济试验区、全球创业投资中心、机制创新改革示范区	借助北京的全球影响力，建立科技创新中心，推动创新型国家与世界科技强国的建设
国际商务服务片区	48.34	首都国际机场片区、北京CBD与金盏国际合作服务区；城市副中心运河商务区和张家湾设计小镇周边地区	重点发展数字贸易、文化贸易、商务会展、医疗健康、国际寄递物流、跨境金融等产业	引领临空经济创新，打造示范区	促进优势产业在自贸区聚集，有利于产业链协同发展
高端产业片区	39.49	大兴国际机场西侧区域、经济技术开发区	重点发展国际金融、文化创意、生物技术和大健康等产业	建立战略性新兴产业聚集区和国际高端功能机构聚集区	推动高端科技创新项目的落地与实现，促进转换科技成果，整合全球创新资源，有助于完整产业链的形成

资料来源：根据国务院《中国（北京）自由贸易试验区总体方案》整理。

（三）北京自贸区促进对外贸易的相关措施

北京自贸区促进对外贸易的相关措施主要聚焦科技创新、服务业开放、数字经济等领域。具体而言，相关措施的特色和亮点体现在推动投资贸易自由化便利化、深化金融领域开放创新、推动创新驱动发展、创新数字经济发展环境、高质量发展优势产业、探索京津冀协同发展新路径、加快转变政府职能七大方面（见表2）。

表2　北京自贸区的任务及相关措施

总体任务	具体任务	相关措施
推动投资贸易自由化便利化	提升贸易便利化水平	1. 支持北京首都国际机场、北京大兴国际机场对第五航权的充分利用，提升航班的国际客运和货运能力 2. 持续拓展国际贸易"单一窗口"服务功能和应用领域 3. 在自贸区中利用跨境电商平台试点开展药品进口工作，对区内相关研发机构科研设备的进口进行免税 4. 促进整车进口口岸功能的完善 5. 推动北京天竺综合保税区打造具有服务贸易特色的综合保税区
	创新服务贸易管理	1. 服务贸易试行负面清单管理方式，放宽服务贸易准入限制 2. 为高端人才出入境提供便利 3. 对区内企业人员、资金及商品等流动进行追溯和监管
深化金融领域开放创新	扩大金融领域开放	1. 开展本外币一体化试点 2. 为有真实贸易背景的企业主体提供跨境金融服务，推动重点产业人民币及外汇业务便利化
	促进金融科技创新	建立贸易金融区块链标准体系，促进监管体制创新
推动创新驱动发展	优化人才全流程服务体系	1. 分层次分类别制定人才吸引政策 2. 试点开展外籍人才配额管理制度，简化境外人员工作、居住审批流程，探索推荐制人才引进模式
创新数字经济发展环境	增强数字贸易国际竞争力	1. 以国际先进水平为基准，建立适合中国国情的数字贸易发展规则 2. 探索数据服务体系、规范数据交易行为 3. 探索开展数字贸易统计监测
	鼓励发展数字经济新业态新模式	1. 利用区块链技术，规范跨境贸易实施，保障跨境贸易多边合作的无纸化、动态化，推动形成标准化体系 2. 利用区块链技术对企业数据及信息进行整合，推动建立进出口商品高效便捷通关新模式
	探索建设国际信息产业和数字贸易港	对软件和互联网服务贸易进行高效、便利的数字进出口检验
高质量发展优势产业	助力国际交往中心建设	1. 探索开展本外币合一跨境资金池试点，对跨境资金流动实行双向宏观审慎管理 2. 提升中国国际服务贸易交易会规格和能级，将其打造成为国际服务贸易主平台

续表

总体任务	具体任务	相关措施
高质量发展优势产业	满足高品质文化消费需求	打造国际影视动漫版权贸易平台,探索开展文化知识产权保险业务,开展宝玉石交易业务,做强"一带一路"文化展示交易馆
	创新发展全球领先的医疗健康产业	简化医疗器械通关程序,加速急需试剂设备审批,保障临床需求
	优化发展航空服务	1. 推动国际航空枢纽的建立,北京首都国际机场和北京大兴国际机场联动发展,建设世界级航空枢纽 2. 优化航材保税监管措施,降低航材运营成本 3. 试点开展公务机按照包修协议报关业务
探索京津冀协同发展新路径	助力高标准建设城市副中心	探索实施相对集中行政许可权试点
	深化产业链协同发展	1. 自贸区推动京津冀之间跨区域进行产业合作,探索建立多元化产业合作新平台 2. 鼓励京津冀自贸区共同参与共建"一带一路",合作建立境内境外园区,并共享区内基础设施与优惠政策
	推动形成统一开放市场	1. 逐步实现京津冀自贸区贸易服务标准统一化,推动不同区域结果相互认证 2. 逐步形成京津冀联合授信机制与一体化征信体系
加快转变政府职能	建立高品质营商环境	1. 对国际物流业务及代理的经营许可审批权进行下放 2. 推进"证照分离"改革
	强化多元化法治保障	1. 允许境外知名仲裁及争议解决机构在区内设立业务机构,就国际贸易等领域民商事争议开展仲裁业务
	完善风险防控体系	1. 聚焦贸易领域,推行以信用为基础的分级分类监管制度 2. 依托信息技术创新风险防控手段,健全风险监测和预警机制

资料来源：根据国务院《中国（北京）自由贸易试验区总体方案》整理。

（四）北京自贸区对外贸易的相关保障机制

保障机制主要从北京自贸区的工作机制、风险管控机制、制度创新机制及管理权限等方面提出了一系列要求，涉及自由贸易试验区工作部际联席会议、北京市人民政府、自贸区所在片区等各个层面（见表3）。

表3　北京自贸区对外贸易的相关保障机制

保障机制	具体措施
完善自贸区工作机制	1. 加快构建自贸试验区管理体制,权责分离 2. 完善人才培养,探索人才吸引新政策 3. 构建法制保障体系,优化法治环境
强化自贸区风险管控机制	1. 及时开展风险评估与风险监测工作 2. 建立健全风险预警与防范机制
推动自贸区制度创新机制	鼓励创新,积极探索新业态新模式发展
统筹推进新冠肺炎疫情防控与自贸区发展	1. 降低疫情损失,全面落实"外防输入、内防反弹" 2. 强化主体责任,切实防范疫情风险
相关部门管理权限下放	1. 精简管理程序,推动各项业务办理便利化,保障各项措施落地实施 2. 严格执法、严格监督,重大事项及时向国务院、党中央请示报告

资料来源：根据国务院《中国（北京）自由贸易试验区总体方案》整理。

二　北京自贸区对企业对外贸易的影响机制分析

（一）营商环境

北京自贸区成立后，针对贸易主体保护不平衡、贸易投资不便利、贸易服务不充分、监管执法不统一等短板，政府制定了一系列针对性条款，以持续推动自贸区内营商环境的优化。在贸易便利化方面，自贸区推进市场主体登记便利化改革。具体措施：探索"证照分离"与"证照联办"；促进对外贸易"单一窗口"功能的实施并拓展其服务领域，推动对外贸易程序便利化发展；简化高级认证企业的申报程序，扩大免担保范围；深化单证改革，减少进出口所需单证，进口单证数量由8个减至3个，出口单证数量由6个减至3个；国际物流业务及代理的经营、审批权逐步简化下放；政务审批全面推行告知承诺制；试点开展跨境电商工作，对药品、科研设备等符合政策的特殊商品的进口免税；创新服务贸易管理模式，以自贸区为试点实施负面清单管理模式，并在满足条件的区域内放宽服务贸易准入限制。贸易结算是企业开展国际贸易业务中一个非常重要的环节，它往往与投资和融资紧密相连,共同构成企业的财务体系。在推动贸易结算改革中,北京自贸区提出了新的管理模式。具体措施:以自贸区为试点开展人民币跨境支付业务,以国际先进水平为标准,制定数据贸易保护规则,推动人民币跨境支付,在全市范围开展资本项目收入支付便利化试点;企业在出口销售时可以使用人民币在电商平台进行结算,以国际先进水平为标准,建立与中国实际情况相符的数字贸易发展标准,制定跨境数据保护规则,推动电子签名与数字证书的国际相互认证。

这一系列措施提高了信息传递效率,为贸易企业提供了便利高效的服务。在贸易监管方面,自贸区对监管服务进行改革,依托数字技术系统等技术,对区内贸易主体,进出口交易单据,员工、资金与货物流动等进行实时追溯与监测。

经过多方面的改革与制度创新,自贸区的营商环境正在向市场化、法治化、国际化的高质量营商环境高地迈进,不仅有助于降低贸易企业的制度性交易成本,提高企业交易效率,还产生了一系列"技术红利"与"制度红利"效应,进一步推动企业对外贸易数额的不断增长、结构的不断优化。

(二)产业协同

国务院印发的《深化北京市新一轮服务业扩大开放综合试点建设国家服务业扩大开放综合示范区工作方案》,明确支持北京在按规定程序报批后实施自贸区在服务业领域的开放政策,推动北京自由贸易试验区与国家服务业扩大开放综合示范区协同联合发展。自贸区内行政权力的灵活性保证了经济资源的可用性。优惠和较少干预的政策允许企业使用更多的资源。北京市借鉴并利用自贸区的开放方式及政策优势,聚焦优势产业的发展,形成"产业+园区"优势互补、良性互动的模式。优势产业以医疗健康产业、文化消费产业、航空业等服务产业为主。相关的措施:优化航空服务业的建设,将北京首都国际机场与北京大兴国际机场打造成世界级航空枢纽,同时在北京首都国际机场周边建立综合会展中心;提升中国国际服务贸易交易会规格和能级,将其打造成为国际服务贸易主平台;助力医疗健康产业的发

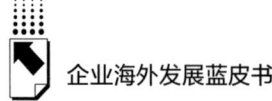

展,加速急需医疗器械和研发用材料试剂、设备通关;打造国际影视动漫版权贸易平台等。一方面,这些措施吸引了优势产业的企业集聚在自贸区,实现专业化生产,共享知识、技术溢出效应,共享集中的人才市场,促进优势产业抱团式增长效应的形成。优势产业在自贸区内的集聚有助于规模经济的实现,促进上下游产业形成紧密的产业链,扩大交易范围,降低交易成本,促进资本的形成和积累,进而促进对外贸易的增长。另一方面,自贸区内金融科技创新政策的实施以及投资贸易自由便利化措施的落地,不仅可以促进区内企业与境外合作商的贸易往来,防止国外资金外流,而且有利于外贸企业拓展新的出口渠道,实现出口多元化,分散市场风险。

在京津冀一体化的背景下,北京自贸区的设立可以作为京津冀产业深化合作的新平台,天津海关的地理优势、快捷服务以及天津港的效率使得北京市受到正面的辐射作用,北京、天津及河北自贸区也可以跨产业、跨园区进行合作,在稳妥有序的基础上共建并共享境内外合作园区。同时,津冀两地也会疏解北京的非首都功能,对接北京市的优势产业、人才、资本等要素,北京市企业中的制造业等第二产业以及将科技成果进行转化的企业可以逐步向河北、天津两地转移,北京市作为总部,津冀作为生产基地,不同产业之间实现合作对接,建立多元化的园区共建新模式。北京自贸区推出了多项举措,探索京津冀协同发展的新路径,例如,在京津冀探索实施相对集中的行政许可权试点,构建金融风险监管机制,鼓励北京、天津、河北自贸区共同参与共建"一带一路",逐步实现三地政务服务"同事同标"。就自贸区的管理而言,去中心化的行政体系提高了自贸区的竞争力,有利于统一开放市场的形成。精简的监管执法、更简单的企业建立规则、快速的海关管理和其他简化的程序规则都有利于区域内企业的发展,从而推动京津冀三地对外贸易和经济增长效果的实现。

(三)人才支持

微观层面的人才竞争是企业成长发展的要素优势,也是经济社会发展的核心驱动力。高端的人才资源为在京企业的发展提供了强有力的智力支持。

为了吸引国外科研机构在京设立，吸引更多国外创新人才、专家学者参与北京全国科技创新中心的建设，北京自贸区在人才引进方面出台了一系列政策，有助于优化人才发展环境，促进国际人才在北京集聚。具体政策：以北京市为试点实施海外人才配额管理制度，研究人才引进制度；探索制定多层次、多类别的人才吸引政策；简化对进入中国的外国人发放工作和居留许可的程序，采用"线上+线下"的模式，建立全面的一站式服务体系；同时，探索建立先前资格的认可机制，允许在金融、建筑设计和规划方面具有外国专业资格的专业人员依法在本地区申请工作和居留许可及服务，其外国从业经验可作为国内从业经验对待；支持鼓励境外专业人员来京创业、工作，为其提供便捷的职业资格考试服务，以自贸区为试点开放境外人员职业资格考试等。

（四）科技创新

在"四个中心"建设要求的指导下，北京自贸区的重要立足点之一为科技创新。在全国科技创新中心的构建上，北京市已经取得了显著成效。根据中关村论坛发布的《全球科技创新中心指数2020》，北京市排名第五位。北京自贸区主要从金融领域利用"科技+金融"推动对外贸易的发展。

北京是全球十大金融中心之一，是中国的金融决策中心、监管中心和资金清算中心，拥有集决策监管、资产管理、支付结算等功能于一体的优势。北京也是重要的国家金融基础设施和众多大型金融机构所在地，中国最大的银行、保险、证券、基金、投资等公司的总部均设在北京，北京金融资产总量在全国各城市中居首位，占全国的50%以上。以科技创新为指引，北京自贸区在金融领域进行了一系列开拓性探索，以满足跨境资金流动方面的需求。这些开拓性的探索包括在跨境交易、金融监管、信用评级等环节借助科技手段提升金融基础设施服务水平，适应数字经济、数字金融时代变革趋势。具体措施：建设数字金融与数字货币试验区；加强对外贸易监管创新，建立并有效利用"监管沙箱机制"；在中国人民银行指导下，适当开展金融科技创新；以中国人民银行为依托，构建标准化贸易金融区块链体系。

（五）数字经济

数字化逐渐成为经济和贸易创新与变革的重要突破口，数字经济的应用及发展是企业对外贸易高质量发展的新动力。北京市首先开展了一系列数字经济的创新与开放举措，引领了全国数字经济的发展。2019年数字经济的增加值在我国GDP中占比为36.2%，北京市数字经济占全市GDP的比重则高达52.2%。由此可见，数字经济有助于进一步支撑经济发展，对贸易促进也起到了重要作用。数据资源不仅是推动国际服务贸易发展的新动力，也是国家间博弈的重要资源，在对数据安全与交易便捷进行权衡的基础上，北京自贸区采取了一系列措施，探索有效的数据监管措施，以国际先进水平为标准，建立数据交易与数据贸易平台，利用数字经济拓展对外贸易机会，提高国际竞争力，促进高端对外贸易发展，构建高水平、高质量的对外开放新体系。

一方面，数字技术的发展提升了国内产业需求。通过数字技术赋能产业升级，加快推动数字技术与传统产业的深度融合。实施大数据行动计划，重新构建产业组织模式，依托数字经济的优势，引导农业、工业和服务业的数字化转型，推动产业数字化再上新台阶。利用上云用数赋智、精准化城市治理等方式，拓宽中小企业产业集群，优化产业结构，畅通产业循环，实现国内需求从低端向高端的转变，不仅有助于增加出口商品的价格优势和技术优势，促进出口升级、扩大出口规模，同时可以助力企业以更高效便捷的方式嵌入全球价值链。另一方面，数字技术的有效运用有利于对外贸易国内国际双循环发展新格局的形成。具体而言，数字经济有助于打破贸易壁垒与信息壁垒，有效降低对外贸易的物流、运输成本。数字贸易的发展促进了数据资源的共享、开发、增值，充分释放了数据资源潜力。企业可以利用互联网、5G技术、人工智能等数字技术，精准挖掘并及时获取贸易数据，并将其与物流服务融合，在对数据进行分析的基础上有效解决贸易过程中出现的问题，提高数字化基础产业能力及以工业互联网为代表的数字化转型服务能力。此外，区块链等数字技术手段在自贸区被重点应用，建立起了规范的跨境贸易体制，促进了法律体系的建立与技术标准的制定，可以有效保障跨境贸易多边合作的无纸化、动态化、标准化，为企业对外贸易提供必要条件并为双循环格局提供动力。

综上，北京自贸区中对数字经济的创新与应用有助于开拓国内市场需求，促进产业结构升级，形成规模经济与范围经济，提升企业产业效率，从而为企业对外贸易提供必要条件，推动国内国际双循环相互促进新格局的形成。

三 北京自贸区成立前后企业对外贸易的情况分析

本部分主要从货物贸易、服务贸易和北京市相关口岸运营情况三个方面分析北京自贸区的建立对企业对外贸易情况产生的影响。

（一）货物贸易

1. 总体情况

从年度变化趋势来看，2016～2019年，北京市进出口总值持续增长，由2016年的2823.8亿美元增长至2019年的4162.8亿美元。由于受到新冠肺炎疫情的影响，2020年北京市货物贸易总体出现显著下降，进出口总额为3350.4亿美元，相较于2019年下降19.52%，其中出口670.1亿美元，下降10.71%，进口2680.3亿美元，下降21.45%（见图1）。北京市进出口、出口和进口贸易总额在全国分别列第5位、第7位和第3位。

从2020年3月至2021年5月的数据来看，北京市企业进出口贸易总额总体呈波动上升趋势。在2020年9月23日北京自贸区成立之前，企业进出口贸易额由2020年3月份的28.69亿美元上升至2020年9月的30.25亿美元，而2020年10月下降至26.95亿美元后又持续上升至2021年3月的38.88亿美元，2021年5月虽然下降至35.93亿美元，但进出口总额仍高于自贸区成立前的水平。其中，进口额由2020年10月的21.56亿美元上升至2021年3月的31.34亿美元，2021年5月下降至27.76亿美元；而出口额则由2020年10月的5.39亿美元持续上升，2021年5月高达8.17亿美元（见图2）。

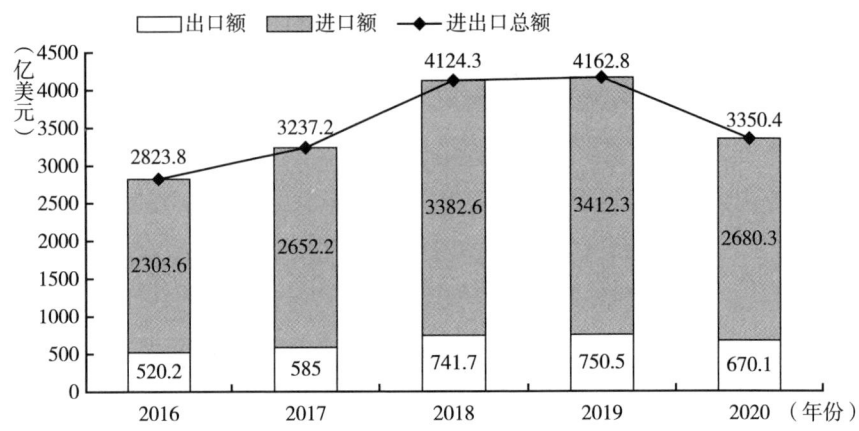

图 1　2016～2020 年北京市进出口贸易总额变动情况

资料来源：根据北京海关、《北京统计年鉴 2020》公开数据整理。

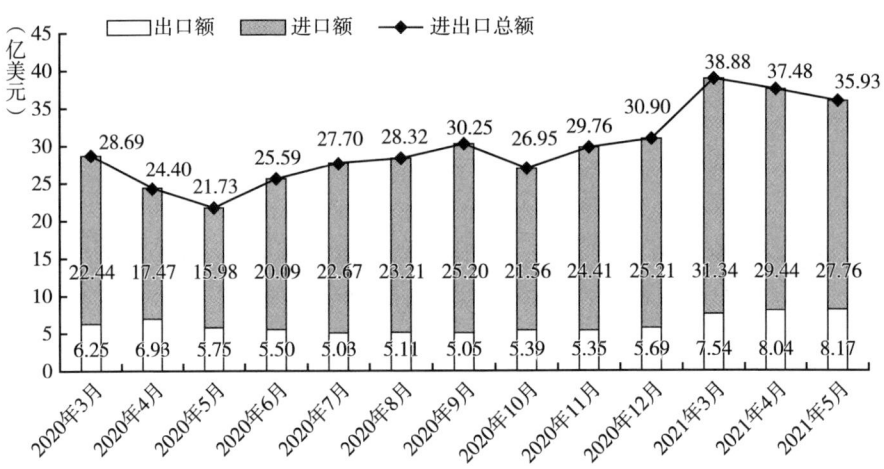

图 2　北京自贸区成立前后企业进出口贸易额变动情况

资料来源：中华人民共和国北京海关。

综上，2020 年新冠肺炎疫情对北京市企业对外贸易产生了较大的负面影响，但从月度进出口贸易总额变动来看，北京自贸区成立后，企业进出口贸易总额、进口贸易额、出口贸易额等相较于成立前都出现了明显的上升趋势，说明自贸区的成立及一系列相关措施的实施总体上有利于企业对外贸易的发展。

2. 对比分析

由于北京自贸区成立时间较短，无法对其对企业对外贸易的长期影响趋势进行观察，因此本报告选取具有一定代表性的上海自贸区与天津自贸区，分析其成立前后企业对外贸易的总体情况变动，以进一步对北京自贸区对企业对外贸易的长期影响进行预测。

2013年9月29日，上海自贸区正式成立，主要区域包括上海市4个保税区及金桥出口加工区、张江高科技园区和陆家嘴金融贸易区7个片区，总面积为120.72平方公里。图3显示了2010~2020年上海自贸区成立前后企业进出口贸易额的变动情况。由图3可见，2010~2014年，上海市企业的进出口贸易呈增长趋势，2010年为6846.45亿美元，2014年持续增长至8634.55亿美元。2015~2016年，随着一系列贸易监管措施的实施及新一轮的政策改革，非理性投资得到抑制，对外贸易进出口总额呈下降趋势。自贸区建立及一系列改革创新措施落地实施后，上海市企业进出口贸易额逐步上升，由2016年的7925.99亿美元增加至2018年的9715.23亿美元，达到2010~2020年最高值。2019~2020年，由于全球贸易摩擦与新冠肺炎疫情的影响，进出口贸易总额略有下降，但仍高于自贸区成立前的水平。

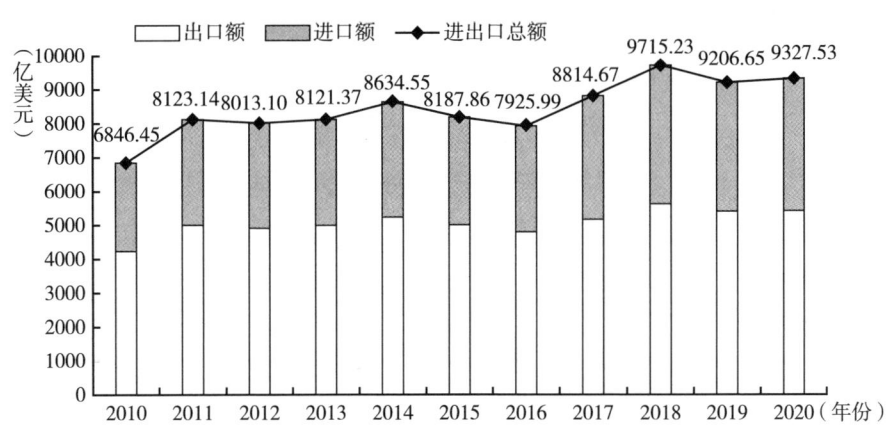

图3　上海自贸区成立前后企业进出口贸易额变动情况

资料来源：根据上海海关、《上海统计年鉴2020》公开数据整理。

上海自贸区成立后，北方也于2015年4月21日在天津正式成立了第一个自贸区，包括天津港东疆、天津机场、滨海新区及中心商务共3个片区，总面积达119.9平方公里。图4为天津市2010~2020年对外贸易进出口总额、出口额、进口额的变动情况。由图4可见，与上海自贸区一致，2010~2014年，天津市企业进出口贸易总额持续增长，2010年进出口贸易总额为822.01亿美元，2014年持续上升至1339.13亿美元，增长62.91%。2014~2016年，天津市企业进出口贸易总额受到国家政策调控的影响同样略有下降，而在自贸区成立后，天津市企业进出口贸易总额由下降转为上升，由2016年的1026.51亿美元上升至2018年的1225.12亿美元。2019年天津市企业的进出口贸易总额下降至1066.45亿美元，2020年又上升至1125.87亿美元。

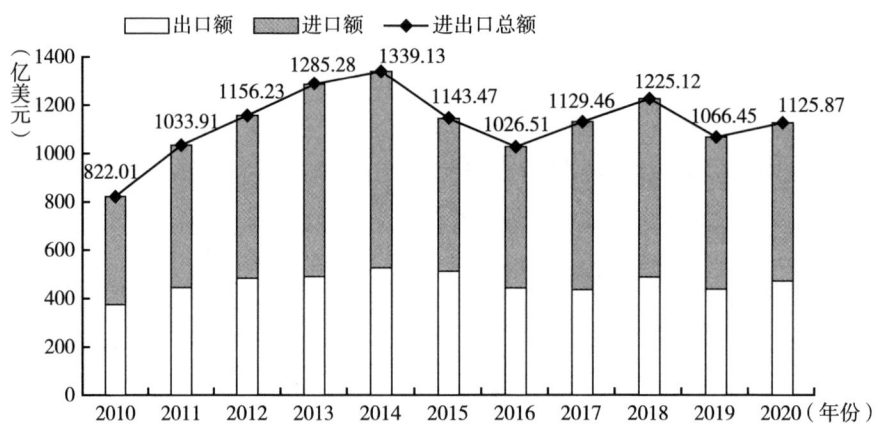

图4　天津自贸区成立前后企业进出口贸易额变动情况

资料来源：根据天津海关、《天津统计年鉴2020》公开数据整理。

综上，通过上海和天津自贸区的数据可见，自贸区的成立对企业对外贸易有一定的促进作用。因此预期北京自贸区成立后，随着一系列以科技创新、服务业开放、数字经济为主要特征的措施逐步落实，从长期来看对企业对外贸易的发展有较大的促进作用。

3. 具体情况

本部分分别从地区、贸易方式、重点进出口商品构成和企业主体性质四个方面来分析自贸区成立对企业对外贸易的影响。

（1）按地区划分

图5列示了2020～2021年北京自贸区成立前后北京市企业对外贸易在各大洲的分布及变动情况。从进出口总额的结构看，我国企业对外贸易以亚洲和欧洲为主。从变动上看，北京自贸区成立后，北京市企业对亚洲、非洲、欧洲、拉丁美洲、北美洲、大洋洲的进出口总额都呈上升趋势，尤其是亚洲和北美洲出现了较大增长。其中，对亚洲的进出口额由2020年7～9月的34.34亿美元上升至2021年1～3月的43.47亿美元，增幅达26.59%。对北美洲的进出口额由2020年7～9月的9.29亿美元上升至2021年1～3月的13.51亿美元，增幅达45.43%。这些数据表明，在北京自贸区建立的影响下，企业对外贸易在不同地区都出现了不同程度的增长。

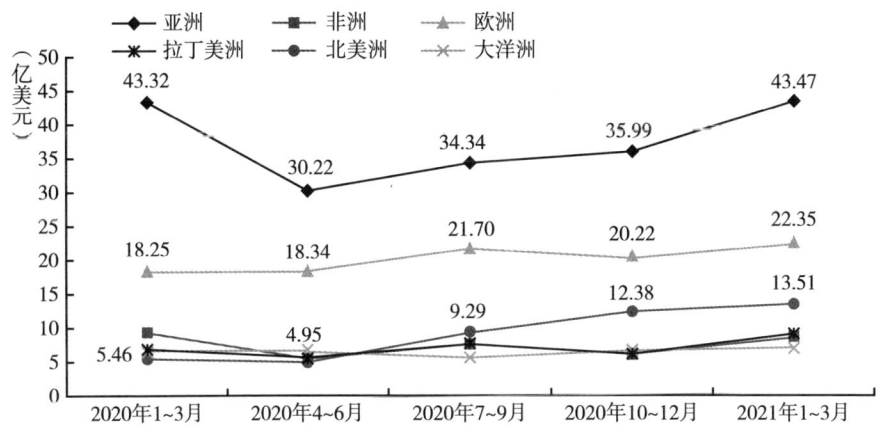

图5　北京自贸区成立前后北京市企业对外贸易地区分布及变动情况

资料来源：根据北京海关统计数据整理。

图6根据企业进出口的地区分布绘制了进口额和出口额的直方图。由图6可见，北京企业出口地区以亚洲和欧洲为主，拉丁美洲和非洲次之，北美洲和大洋洲再次之。自贸区成立后，企业在亚洲的出口额略有上升，对欧洲的出口额则出现下降趋势，对其他地区的出口额则变动不大。从进口来看，

北京企业进口地区以亚洲、欧洲为主，北美洲、非洲、拉丁美洲次之，大洋洲再次之。对亚洲、北美洲与大洋洲的进口额持续上升，对非洲、欧洲、拉丁美洲的进口额则呈先下降后上升的趋势。

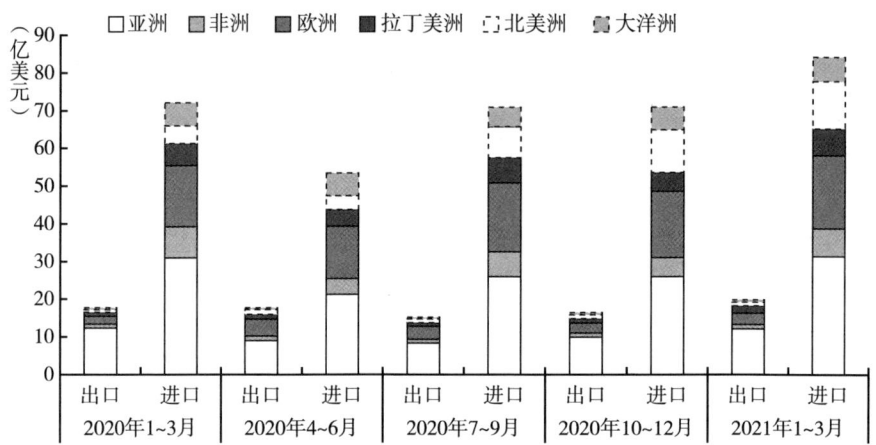

图6 北京市自贸区成立前后北京市企业进、出口额地区分布情况

资料来源：根据北京海关统计数据整理。

为进一步考察北京自贸区建立对企业对外贸易进口和出口的地区分布变动情况，表4显示了自贸区成立前后企业进口和出口在不同大洲之间的占比变动情况。从出口来看，北京自贸区成立后，企业对亚洲地区出口占比呈先下降后上升的趋势，由2020年7~9月的54.71%上升至2021年1~3月的60.89%，对非洲地区的出口占比基本持平，对拉丁美洲的出口占比呈上升趋势，由2020年7~9月的6.21%持续上升至2021年1~3月的9.94%，对北美洲的出口呈下降趋势，由2020年7~9月的6.48%持续下降至2021年1~3月的4.81%，对大洋洲的出口占比则基本保持稳定。从进口来看，与自贸区成立之前相比，企业对亚洲地区的进口占比略有下降。对非洲地区的进口占比呈下降趋势，由2020年7~9月的9.28%下降至2020年10~12月的7.09%，2021年1~3月又上升至8.73%。对欧洲、拉丁美洲的进口占比也略有下降，对北美洲的进口占比则呈上升趋势，由2020年7~9月的

11.70%上升至2020年10~12月的16.03%,对大洋洲的进口占比则基本保持不变。

表4 北京市自贸区成立前后企业进、出口地区分布占比变动情况

单位:%

时间	进出口	亚洲	非洲	欧洲	拉丁美洲	北美洲	大洋洲
2020年 1~3月	出口	69.62	5.93	11.74	5.87	3.78	3.05
	进口	42.95	11.43	22.41	8.09	6.64	8.47
2020年 4~6月	出口	50.82	6.87	25.28	7.13	7.24	2.66
	进口	39.74	7.99	25.95	8.21	6.87	11.24
2020年 7~9月	出口	54.71	6.73	22.78	6.21	6.48	3.10
	进口	36.67	9.28	25.69	9.39	11.70	7.27
2020年 10~12月	出口	60.34	6.65	16.10	7.18	6.05	3.69
	进口	36.69	7.09	24.73	6.98	16.03	8.48
2021年 1~3月	出口	60.89	6.03	15.05	9.94	4.81	3.27
	进口	37.26	8.73	22.97	8.49	14.89	7.65

资料来源:根据北京海关统计数据整理。

(2)按贸易方式划分

图7列示了2020~2021年北京自贸区成立前后企业不同方式进出口贸易的分布及变动情况。从进出口贸易的方式上看,我国企业对外贸易以一般贸易为主,加工贸易和其他贸易方式次之。从变动上看,北京自贸区成立后,北京市企业一般贸易、加工贸易和其他贸易方式的进出口总额都呈上升趋势,尤其是一般贸易方式出现了较大的增长。一般贸易的进出口总额由2020年7~9月的75.36亿美元增加至2021年1~3月的90.94亿美元,远高于自贸区成立前的水平,增长幅度达20.67%。加工贸易和其他贸易方式也略有上升,其中,其他贸易方式由2020年7~9月的7.69亿美元增加至2021年1~3月的9.57亿美元。这些数据表明,北京自贸区的建立对企业不同方式的对外贸易都有积极影响。

图8根据企业贸易的方式分布绘制了进口额和出口额变动的直方图。从出口来看,北京企业出口方式以一般贸易为主,且一般贸易的出口额呈先下

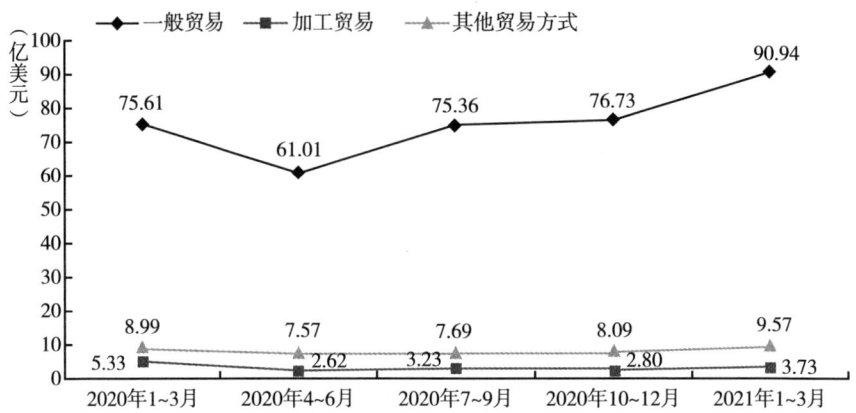

图 7　北京市自贸区成立前后企业进出口贸易方式分布及变动情况

资料来源：根据北京海关统计数据整理。

降后上升的趋势，加工贸易出口额则变动不大；从进口来看，北京市企业进口方式同样以一般贸易为主，自贸区成立前，一般贸易进口额持续下降，而自贸区成立后，则由下降转为上升趋势，其他贸易方式的进口额也在自贸区成立后呈增长趋势，加工贸易进口额则变动不大。

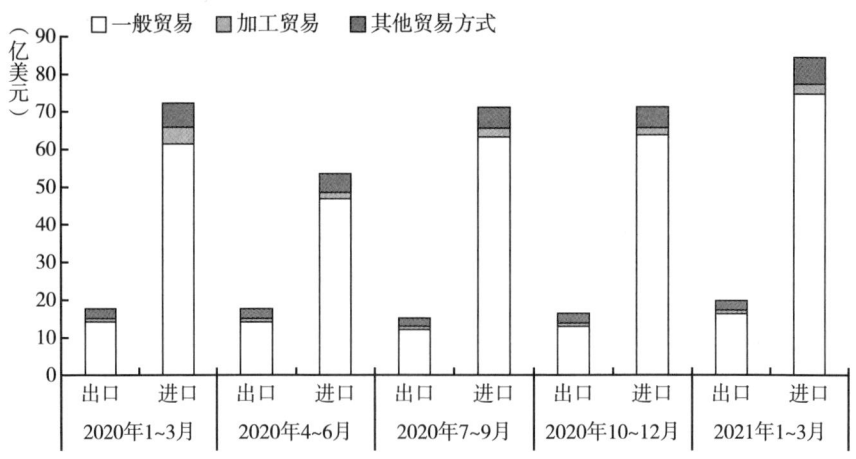

图 8　北京市自贸区成立前后企业进出口贸易方式分布情况

资料来源：根据中华人民共和国北京海关统计数据整理。

为进一步考察北京自贸区成立前后企业对外贸易进口和出口方式分布的变动情况，表5显示了自贸区成立前后企业进口和出口不同方式的占比及变化。从出口来看，北京自贸区成立后，一般贸易出口占比呈上升趋势，由2020年7~9月的79.79%上升至2021年1~3月的82.31%，加工贸易的出口占比则略有下降，由2020年7~9月的5.89%下降至2021年1~3月的5.05%，其他贸易方式的出口占比也呈下降趋势，由2020年7~9月的14.32%持续下降至2021年1~3月的12.63%。从进口来看，北京企业进口方式也以一般贸易为主。与北京自贸区成立之前相比，企业一般贸易的进口占比基本保持不变。加工贸易的进口占比则呈下降趋势，由2020年1~3月的6.15%下降至2021年1~3月的3.23%。其他贸易方式的进口占比在自贸区成立后略有上升，但仍低于自贸区成立前的水平。

表5 北京市自贸区成立前后企业进出口不同方式占比变化情况

单位：%

时间	进出口	一般贸易	加工贸易	其他贸易方式
2020年1~3月	出口	80.21	5.04	14.75
	进口	85.02	6.15	8.83
2020年4~6月	出口	80.06	5.33	14.61
	进口	87.54	3.14	9.32
2020年7~9月	出口	79.79	5.89	14.32
	进口	88.96	3.28	7.76
2020年10~12月	出口	78.99	5.33	15.67
	进口	89.55	2.70	7.74
2021年1~3月	出口	82.31	5.05	12.63
	进口	88.40	3.23	8.36

资料来源：根据北京海关统计数据整理。

(3) 按重点进出口商品构成划分

图9显示了自贸区成立前后企业主要出口商品出口额及变动趋势。主要出口商品包括机电产品、成品油、高新技术产品、医药材及药品和农产品。

从变动来看，自贸区成立之前，机电产品和高新技术产品出口额呈上升趋势。其中，机电产品出口额由2020年1～3月的6.71亿美元上升至2020年7～9月的8.69亿美元，增长29.5%；高新技术产品出口额由2020年1～3月的3.64亿美元上升至2020年7～9月的5.64亿美元，增长54.95%；成品油出口额则持续下降，由2020年1～3月的8.27亿美元下降至2020年7～9月的2.52亿美元，下降69.53%；农产品和医药材及药品出口额则基本保持不变。自贸区成立之后，机电产品和高新技术产品出口额呈现先下降后上升的趋势，且上升后出口额高于自贸区成立前的水平；成品油出口额呈上升趋势，由2020年7～9月的2.52亿美元持续上升至2021年1～3月的5.09亿美元；由于受到新冠肺炎疫情的影响，医药材及药品成为新的出口增长点，出口额由2020年10～12月的0.42亿美元增长至2021年1～3月的2.05亿美元，增幅达388.1%。农产品出口额也略有增加。综上可见，北京自贸区的成立对重点商品的出口增长有积极影响。

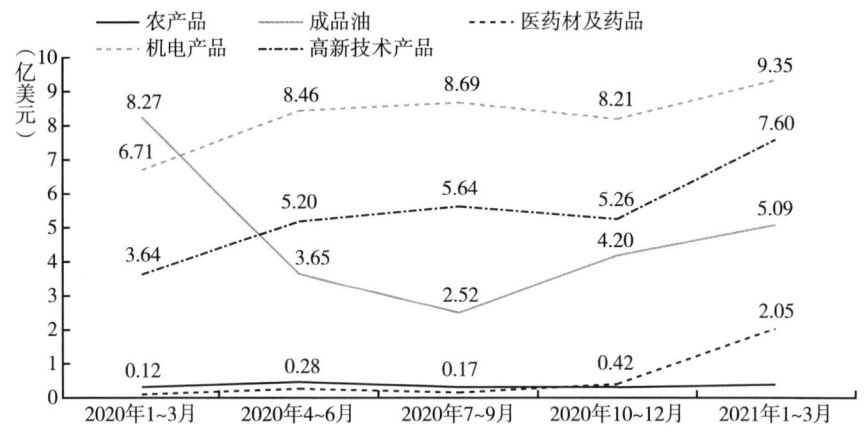

图9　北京市自贸区成立前后企业主要出口商品出口额及变动趋势

资料来源：根据北京海关统计数据整理。

图10显示了自贸区成立前后企业主要进口商品进口额及变动趋势，主要进口商品包括机电产品、高新技术产品、医药材及药品、金属矿及矿砂和农产品。从变动来看，自贸区成立之前，机电产品和高新技术产品的进口额

呈上升趋势，机电产品由2020年1~3月的13.87亿美元，下降至2020年4~6月的12.99亿美元后又上升至2020年7~9月的18.77亿美元，增长了44.50%；高新技术产品由2020年1~3月的5.92亿美元上升至2020年7~9月的7.54亿美元，增长27.36%；农产品、金属矿及矿砂、医药材及药品进口额也略有上升。自贸区成立之后，机电产品进口额于2020年10~12月上升至21.00亿美元，2021年1~3月又下降至18.46亿美元。高新技术产品、农产品、金属矿及矿砂业进口额则持续上升，高新技术产品进口额由2020年10~12月的7.92亿美元上升至2021年1~3月的8.09亿美元；农产品进口额由2020年10~12月的5.90亿美元上升至2021年1~3月的8.66亿美元，增长46.78%；医药材及药品进口额由2020年10~12月的2.53亿美元上升至2021年1~3月的3.30亿美元，增幅达30.43%。综上所述，北京自贸区的成立对重点商品的进口也产生了一定影响。

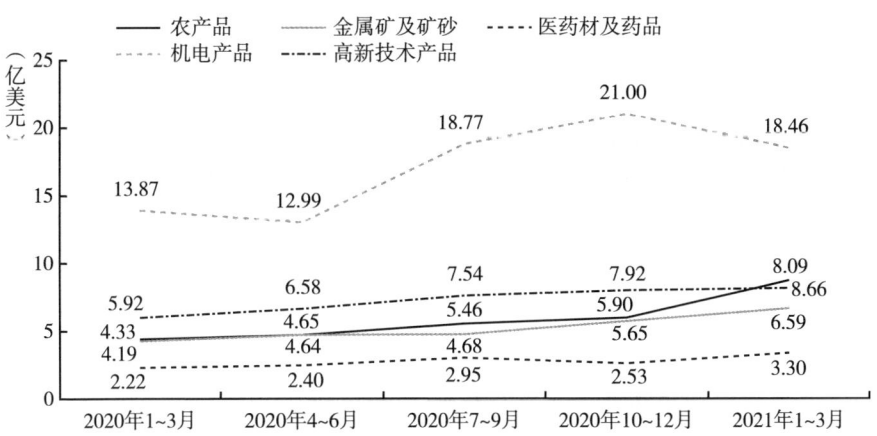

图10　北京市自贸区成立前后企业主要进口商品及变动趋势

资料来源：根据中华人民共和国北京海关统计数据整理。

（4）按企业主体性质划分

从对外贸易企业主体性质的分布来看，如图11所示，北京市对外贸易的企业主体以国有企业为主，外商投资企业次之，民营企业和其他企业再次之。从不同企业主体进出口总额的变动趋势来看，自贸区成立以前，国有企业对外贸易进出口总额由2020年1~3月的67.03亿美元下降至2020年4~6月的46.20亿美元。自贸区成立后，这一下降趋势出现逆转，国有企业进出口总额持续上升，2021年1~3月上升至70.16亿美元。外商投资企业和民营企业进出口总额也呈现持续上升趋势，其中，外商投资企业进出口总额由2020年1~3月的16.36亿美元上升至2021年1~3月的24.23亿美元，民营企业进出口总额由2020年1~3月的6.15亿美元上升至2021年1~3月的9.15亿美元。可见，在北京自贸区成立的影响下，不同性质企业主体的进出口额都有不同程度的上升。

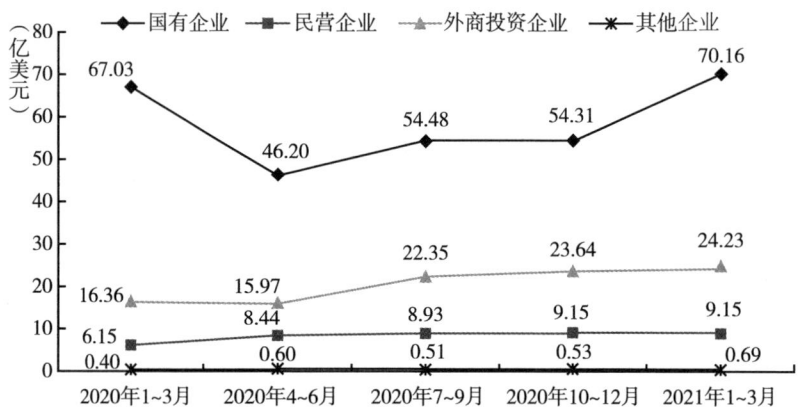

图11　北京市自贸区成立前后不同企业主体进出口总额变动情况

资料来源：根据北京海关统计数据整理。

图12则根据企业主体性质的分布绘制了进口和出口直方图。从出口来看，北京市出口企业主体性质以国有企业为主，外商投资企业次之，其他企业出口额最少。在自贸区成立之前，国有企业的出口额呈下降趋势，民营企业和外商投资企业的出口额则略有上升；而在自贸区成立之后，国有企业的出口额由下降转为上升趋势，外商投资企业的出口额也不断增长，民营企业出口额则基本保持不变。从进口额分布来看，北京地区进口企业主体性质同样以国有企业为主，外商投资企业次之，其他企业进口额最少。北京自贸区成立，对不同主体性质企业的进口额均有所影响。

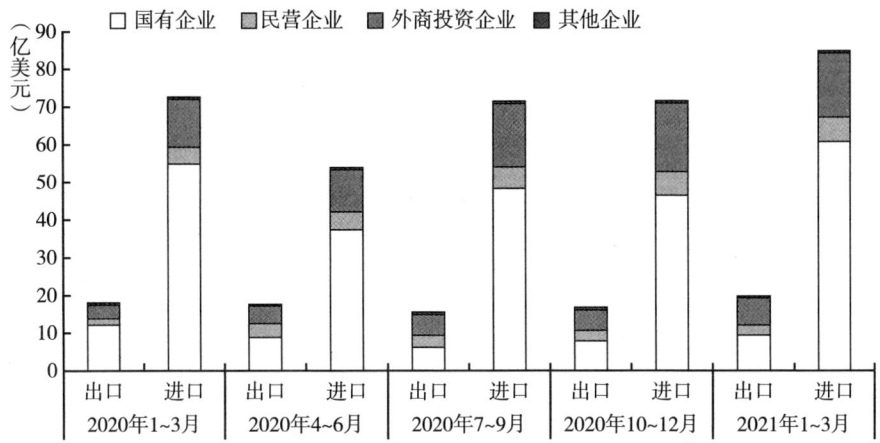

图12 北京市自贸区成立前后企业进出口主体性质分布

资料来源：根据北京海关统计数据整理。

为进一步考察北京自贸区建立对不同企业主体进口和出口占比的影响，表6显示了自贸区成立前后不同企业主体进口和出口的占比及变化情况。从出口占比来看，自贸区成立之前，国有企业出口呈下降趋势，由2020年1～3月的68.52%下降至2021年7～9月的40.68%，民营企业出口占比则呈现上升趋势，由2020年1～3月的9.57%上升至2020年7～9月的20.85%，外商投资企业占比也略有上升。而自贸区成立之后，国有企业的出口占比由下降转为上升趋势，2021年1～3月出口占比达47.31%。民营企业的出口占比则呈现下降趋势，2021年1～3月下降至13.47%，外商投资企业出口占比则先下降后上升，由2020年10～12月的33.49%上升至2021年1～3月的36.66%。从不同性质企业主体的进口占比来看，自贸区成立之前，国有企业的进口占比呈现下降趋势，由2020年1～3月的76%下降至2020年7～9月的67.95%，民营企业和外商投资企业进口占比都持续上升，其中民营企业进口占比由2020年1～3月的6.17%上升至2020年7～9月的8.10%，外商投资企业进口占比由2020年1～3月的17.57%上升至2020年7～9月的23.59%。而在自贸区成立之后，民营企业与外商投资企业的进口占比都呈现先上升后下降的趋势。

表6 北京市自贸区成立前后不同性质进出口企业主体分布占比变化情况

单位：%

时间	进出口	国有企业	民营企业	外商投资企业	其他企业
2020年1~3月	出口	68.52	9.57	20.73	1.18
	进口	76.00	6.17	17.57	0.26
2020年4~6月	出口	49.93	20.85	26.80	2.42
	进口	69.81	8.88	20.99	0.32
2020年7~9月	出口	40.68	20.85	36.75	1.72
	进口	67.95	8.10	23.59	0.36
2020年10~12月	出口	47.69	16.94	33.49	1.88
	进口	65.28	8.93	25.48	0.31
2021年1~3月	出口	47.31	13.47	36.66	2.56
	进口	72.00	7.68	20.10	0.22

资料来源：根据北京海关统计数据整理。

（二）服务贸易

北京服务业规模多年居全国大城市服务业规模首位。随着北京试点实施服务业扩大开放，北京市服务贸易发展动力进一步增强。第三产业在北京市经济中的占比达83.5%；2018年服务贸易进出口总额达1606.19亿美元；数字经济占GDP的比重达38%左右，居全国首位。金融、科技服务、信息服务等优势行业在地区生产总值中的比重达76.6%，对经济增长贡献率保持在60%以上，其中，北京市服务业的增加值在GDP中所占比重已与全球先进国家城市持平。服务贸易不断发展，品质也不断升级。2020年，受到新冠肺炎疫情的影响，服务贸易交易会在北京市以线上线下相结合的方式成功举办，这是我国疫情以来举办的第一场经贸活动，也是全球范围内的重大经贸活动。服贸会所取得的成果共计1418项，签约金额高达165亿美元。

图13呈现了2015~2019年北京市企业服务贸易进出口额的变动。北京市服务贸易进出口总额总体呈现上升趋势①，由2015年1302.78亿美元波动增加

---

① 由于北京市服务贸易2020年的相关数据尚未更新，此处数据分析仅至2019年。

至2019年的1545.50亿美元,增长18.63%。其中,服务贸易进口额从2015年的812.11亿美元持续增加至2018年的1043.43亿美元,2019年则略有下降,为1005.49亿美元。全市企业服务贸易出口额则在上升后呈现下降的趋势。

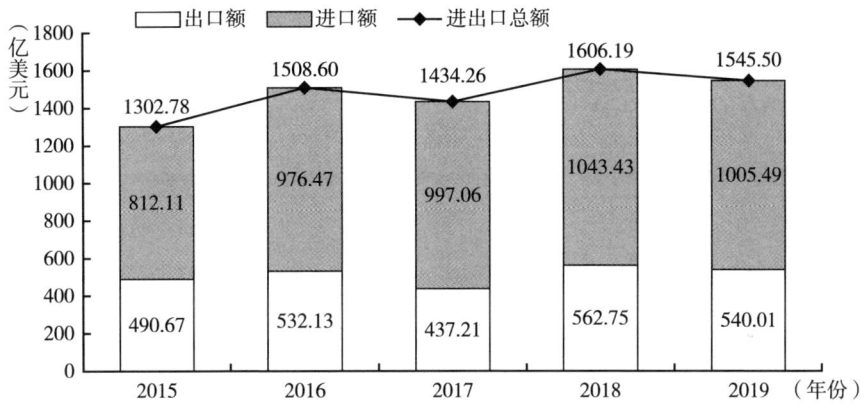

图13　2015~2019年北京市企业服务贸易进出口额变动情况

资料来源:根据《北京统计年鉴2020》《北京投资指南(2020—2021)》相关数据整理。

2019年,北京市实现服务贸易进出口额10646.9亿元,同比增长0.2%。2019年北京市离岸服务外包合同执行金额达75.7亿美元,同比增长26.4%。图14显示了2019年北京市离岸服务外包合同执行的具体情况。其中,信息技术外包为43.0亿美元,占比为56.8%,同比增长22.8%;业务流程外包为19.9亿美元,占比为26.3%,同比增长55.6%;知识流程外包为12.9亿美元,占比为17.0%,同比增长6.0%。2019年,北京市实现技术合同金额166.1亿美元,同比增长123.8%。其中,技术进口合同金额为68.8亿美元,同比增长155.7%;技术出口合同金额为97.3亿美元,同比增长105.7%。2019年,实现全市文化贸易进出口额72.8亿美元,同比增长20.9%。其中,进口额为44.4亿美元,同比增长24%;出口额为28.3亿美元,同比增长16.3%。

北京自贸区在成立后,采取了一系列措施促进服务贸易的发展,创新服务贸易管理模式,在有条件的区域最大限度放宽服务贸易准入限制,提升中国国际服务贸易交易会规格和能级,将其打造成为国际服务贸易主平台。在

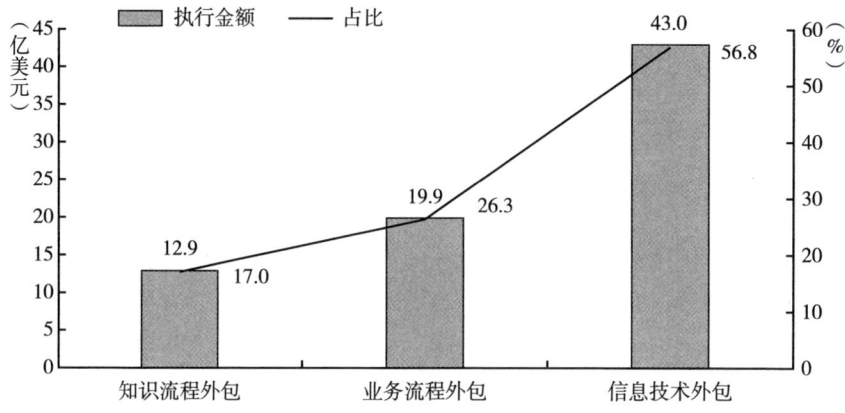

图14　2019年北京市离岸服务外包合同执行情况

资料来源：根据《北京投资指南（2020—2021）》相关数据整理。

跨境服务贸易中，试行负面清单管理模式，北京市商务局、发展和改革委员会及其他分支机构在审查和拒绝外国投资项目申请方面拥有广泛的自由裁量权。负面清单概念的成功实施可能有助于改变政府的干预性行政管理体制，将政府的"有形之手"从商业领域移开，提高公共决策过程的透明度。综上所述，自贸区的成立对企业的服务贸易具有促进作用，未来我国服务业和服务贸易的国际竞争力也将进一步增强。

（三）北京市相关口岸运营情况

口岸是对外开放的门户和企业进行对外贸易的重要桥梁。目前，北京市逐步推动对外贸易网络的建设，形成了以铁路、公路、航空、港口为主体的便利的交通体系。2020年北京市的口岸经济体系进一步完善，北京大兴国际机场航空口岸正式对外开放，与北京首都国际机场联动发展，建设世界级航空枢纽。同时，北京大兴国际机场综合保税区建设完成，进一步推动进出口贸易的发展，北京市相关口岸年度货物进出口数量逐年增长，已突破1.1亿吨。北京形成"双枢纽"空运口岸、1个铁路口岸、2个综合保税区、3个口岸功能物流园区的口岸经济功能区体系，有效推动了北京市首都战略定位的实现以及国际交往中心的建设。北京市自贸区的建立进一步促进了口岸体系建设，口岸开放平台之间互联互通，有助于实现空间布局协调互补，优化资源配置，同时口岸优势也可以转化为新一轮的开放优势，推动企业对外贸易的发展（见表7）。

表7 2018~2020年北京市相关口岸运营情况

项目	2018年	2019年	2020年
北京首都国际机场空港口岸			
旅客吞吐量(万人)	10001	10081	3451.46
进出境人员(万人)	2655	2685	292.57
外籍人员进出境	696	715	55.28
货邮吞吐量(万吨)	195	205	120.99
飞机起降(架次)	594286	613118	291497
进出境飞机起降	149475	150539	42684
海关监管货物(万吨)	10305	8719	—
北京丰台货运口岸			
海关监管货物(吨)	8782	18273	—
北京朝阳口岸			
海关监管货物(吨)	823743	1249014	—
北京西站铁路口岸			
进出境人员(人次)	30618	44864	2082
外籍人员进出境	1348	2817	82
北京平谷国际陆港			
海关监管货物(吨)	70833	101140	—
北京天竺综合保税区			
实际进出货物(吨)	71737	77264	—
海关征收税款净入库税额(亿元)	677.86	678.47	—

资料来源：根据《北京统计年鉴2020》《北京市2020年国民经济和社会发展统计公报》相关数据整理。

四 展望与建议

（一）展望

北京自贸区的建立是新时代党中央与国务院为推进改革开放所做出的重

大战略举措。从已有数据来看，短期内，自贸区的建立对北京市企业的进出口贸易额有正向的带动作用，有助于进一步促进服务贸易的发展和北京市相关口岸体系的完善。长期来看，北京自贸区作为开放经济的试验点，通过其对周边地区的辐射作用，在为企业对外贸易的发展带来巨大机遇的同时，将对京津冀地区乃至全国的经济发展产生更加深远的影响。

（二）建议

从政府层面而言，北京自贸区的建立是我国进一步深化改革开放的重要探索，对企业的对外贸易有很大的促进作用，也对北京市自身的经济发展有一定的影响。因此，在完善自贸区的制度建设并在全国范围内推广和复制时，应做好以下工作。

第一，一方面，处理好北京自贸区与国际双边自由贸易区的关系，要把国际自由贸易区作为我国自贸区的补充，促进我国的经济发展；另一方面，要防止自贸区过度的政策开放对企业已达成的双边自由贸易协定产生重大影响。

第二，在数据统计方面，本报告发现北京市自贸试验区具有较大的贸易促进作用。在保护产业不受冲击的前提下，可以考虑加快北京市自贸区政策的推广和复制，促进京津冀地区的协调发展。

第三，为防止制度的过度创新，投资便利化和贸易便利化等措施应建立在法律和反复论证的基础上。比如，"负面清单"制度不能盲目缩减，要综合考虑法律的适用性和其对国内现有产业的影响，防止出现资本流动的风险。

从企业自身层面而言，北京自贸区的建立将使区内外贸企业与世界的对接更加方便、快捷，有利于外贸企业"走出去"。企业可以以北京自贸区为平台，抓住和利用贸易自由、资金自由流通等优惠政策，解决自身问题，加强企业品牌建设，加快现代企业制度建设，不断推动我国外贸事业发展。企业只有通过自我发展，提高国际竞争力，才能更好地享受自贸区的好处。

第一，企业有必要将建立产权清晰、权责明确、政企分开的现代企业制度作为自我完善的目标，成为成熟的商品生产者和贸易商以及市场参与者。同时市场也应在资源配置中发挥积极作用，释放有效信号，引领企业加快对外开放步伐，及时调整经营方向及生产规模，提高对外贸易质量、降低对外贸易成本。

第二，外贸企业要主动了解和掌握国家对自贸区的各项优惠政策，定期参与政策宣传，学习优惠政策的内容，及时申请和享受相关优惠政策，有效利用全球资源，最大限度地获得比较优势，在思想上、策略上和技术上做好对接，降低经营成本和出口成本，增强自身的市场竞争力。同时充分利用自贸区这一平台，在政策引导下，积极创新商业模式，提高国际贸易和外商投资效率和效益，提高参与国际竞争的能力，有效规避和应对贸易壁垒。

参考文献

傅强、易云锋：《天津自贸区建设对北京市对外贸易的影响分析》，《经济研究导刊》2020年第2期。

王朝领：《自由贸易区合作与治理机制构建》，《对外经贸实务》2020年第2期。

B.7
北京自贸区对企业对外直接投资的影响研究

韩紫轩 刘思义*

摘 要: 北京自贸区的建立是推动建立高层次对外开放新格局的重要战略举措。本报告首先梳理了北京市企业对外投资的基本情况,包括其现状、优势及挑战、自贸区建立及对外直接投资相关措施等。在此基础上,又从投资创造效应、产业聚集效应、辐射带动效应、金融创新效应四个方面分析了自贸区建立对企业对外直接投资的具体影响机制;进一步,评估自贸区成立前后企业对外直接投资的具体变动情况。最后,本报告分别从政府和企业两个层面提出了自贸区与企业对外直接投资的相关建议。本报告对于北京市企业"走出去"战略的实施、推进区域经济一体化建设、提高企业对外投资效益等具有一定的借鉴意义。

关键词: 北京市 自由贸易试验区 对外直接投资 "走出去"

一 北京市企业对外直接投资的基本情况

(一)北京市企业对外直接投资现状

近年来,北京市对外直接投资蓬勃发展,在我国乃至全球经济活动中发

---

* 韩紫轩,对外经济贸易大学国际商学院博士研究生,主要研究方向为会计信息与资本市场;刘思义,博士,对外经济贸易大学国际商学院讲师,主要研究方向为审计与内部控制。

挥举足轻重的作用。图1展示了2011~2020年北京市企业对外直接投资的流量额变动情况,总体来看,呈现先上升后下降的趋势。2011年开始,北京市企业对外直接投资进入快速发展阶段,企业对外直接投资流量额持续增长,并于2016年达到最高值155.74亿美元。2016年底,为了防范金融风险、强化对资本流动的监管,国家针对房地产业、娱乐业、酒店业等领域出现的非理性对外投资相继出台了一系列控制措施。2017年北京市企业对外直接投资流量额下降至66.51亿美元,同比下降57.29%。可见,在这些措施的引导下,企业的盲目投资得到有效遏制,对外直接投资与之前相比更加稳健。2018~2019年,北京市企业对外直接投资流量额呈现先下降后上升的趋势,由2018年的64.70亿美元上升至2019年的82.66亿美元。2020年,北京市境内投资主体共计398家,其进行对外直接投资的境外企业共计487家,分布在全球70多个国家及地区。2020年,在全球新冠肺炎疫情的影响下,北京市企业对外直接投资流量额为42.35亿美元,与2019年相比下降48.77%,居全国省市对外直接投资第6位,在25个共建"一带一路"国家的直接投资达1.21亿美元。

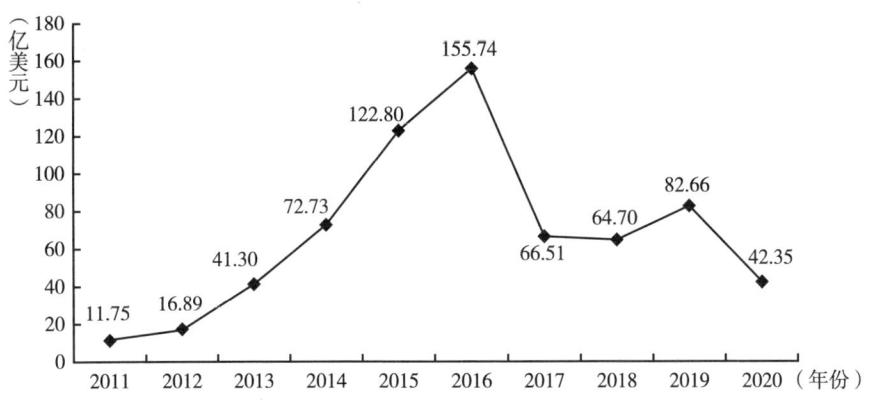

图1 2011~2020年北京市企业对外直接投资流量额变动情况

资料来源:根据北京市商务局、《北京统计年鉴2020》相关数据整理。

图2显示了2011~2020年北京市企业对外直接投资的存量变化。2011~2020年,北京市对外直接投资规模持续增长,2013~2016年增速较快,2017年开始逐步放缓,截至2019年末,北京市2617家境内投资主体

对全球144个国家（地区）的3604家境外企业累计直接投资存量为736.89亿美元。2020年，北京市企业对外直接投资存量为779.24亿美元，较上年增加5.75%，在42个共建"一带一路"国家的直接投资达40.8亿美元，投资主要集中于商务服务业、制造业和建筑业等行业。

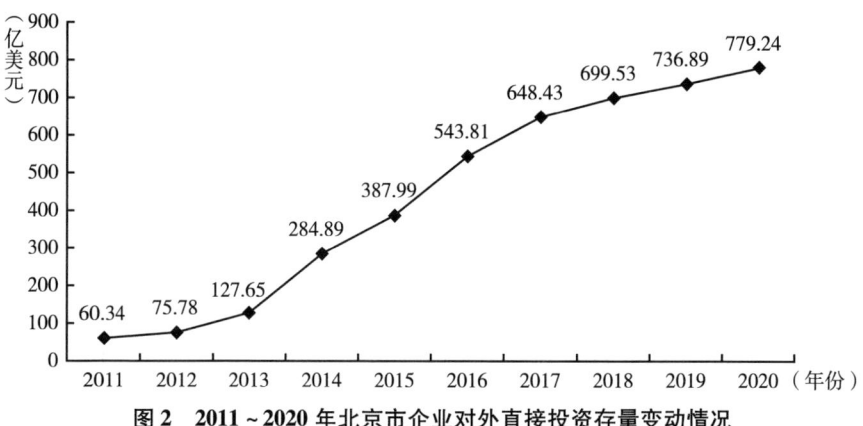

图2　2011~2020年北京市企业对外直接投资存量变动情况

资料来源：根据北京市商务局、《北京统计年鉴2020》相关数据整理。

图3为2017年1月至2021年7月中国各直辖市企业对外直接投资金额与项目数的对比。如图3所示，不同直辖市企业的投资金额与投资项目数差

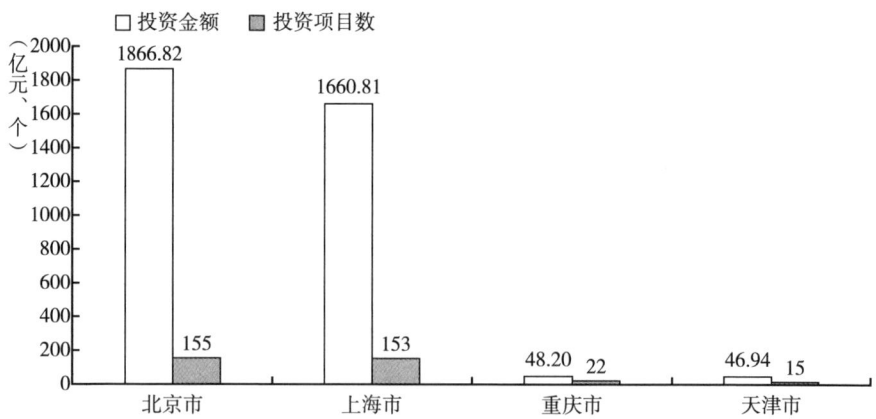

图3　2017年1月至2021年7月中国各直辖市企业对外直接投资金额及项目数对比

资料来源：根据中投大数据库相关数据整理。

异较大，主要集中于北京市和上海市。其中，北京市企业对外投资金额与项目数居各直辖市首位，投资金额为1866.82亿元，投资项目数为150个。重庆市和天津市企业投资金额与投资项目数总体偏低，其中，投资金额分别为48.20亿元与46.94亿元，投资项目数分别为22个与15个，远低于北京市与上海市对外投资水平，仍有较大的提升空间。

（二）北京市企业对外直接投资的优势及挑战

北京市作为国内经济和世界经济的纽带，是中国对外投资的重要窗口。随着改革开放日益深化，北京市对外交往能力不断提升，"走出去"步伐不断加快，形成了全方位、多层次、宽领域的对外开放格局。立足于首都丰富的资源与政策，北京市在金融资源、服务业扩大开放、高精尖产业、基础设施配套、营商环境等方面都具有较大的优势。

企业对外直接投资的重要影响因素之一为母国的金融发展水平，发达的金融体系和便利的融资环境有助于企业获得丰富的金融资源，提高对外直接投资能力。从金融资源来看，北京是全球十大金融中心之一，是中国的金融决策中心、监管中心和资金清算中心，拥有集决策监管、资产管理、支付结算等功能于一体的优势。同时北京也是重要的国家金融基础设施和众多大型金融机构所在地，中国最大的银行、保险、证券、基金、投资等公司的总部均设在北京，北京市金融资产量占全国金融资产总额的近50%，在各个城市中位列第一。

从服务业扩大开放而言，对外直接投资的动机之一为寻求市场，服务业由于不需要大规模的固定投资，一般选择对外直接投资并带动出口贸易的发展。作为全国首个，也是唯一一个服务业扩大开放综合试点城市，北京市聚焦服务业重点领域，积极探索不受区域和对象限制的产业开放路径。北京市已形成以服务业为主的经济发展格局，服务业规模多年居全国大城市首位。随着服务业扩大开放的实施，金融、科技服务、信息服务等优势行业在地区生产总值中的比重达76.6%。在北京市经济增长总额中，服务业的贡献率占比为60%以上，该比重已与全球先进国家城市的水平相一致。此外，北

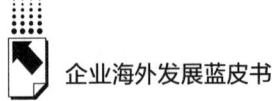

京市的产业结构不断优化升级,"高精尖"产业体系加快构建,进一步支撑北京市企业对外直接投资高质量发展。具体而言,北京市选取了10个产业作为重点发展的高精尖产业,出台了指导意见及用地、财政、人才3项配套支持政策,成立了规模约为45亿美元的科技创新基金,支持高精尖产业在北京发展。2019年,高端产业贡献突出,高技术制造业、战略性新兴产业增加值分别增长9.3%和5.5%,高新技术产业发展势头强劲。

基础设施也是企业赖以生存和发展的基本条件,包括交通、通信、技术等资源,其建设水平对国家及地区的发展影响显著,而企业的对外直接投资是这一影响链条中必不可少的中间环节。在城市建设中,北京市始终把基础设施建设放在优先发展的首要地位。特别是在道路、轨道交通、通信、电力、燃气以及科技、教育、文化、卫生、体育等设施方面,北京一直居中国各大城市的前列,拥有全球第2个年旅客吞吐量超过1亿人次的北京首都国际机场和全球建成规模最大的北京大兴国际机场,市内轨道交通总运营里程达699公里,拥有包括协和医院、友谊医院等一流医院在内的1.1万家医疗机构,为在京企业发展提供便利。

营商环境是企业对外投资的重要影响因素,直接反映了企业所处地区的政治、经济与社会环境,与企业对外直接投资的绩效息息相关。自2017年以来,北京市政府持续推进优化营商环境改革,营商重点领域迈入"1"时代,企业办事法治化、便利化水平不断提高。北京市营商环境综合排名连续2年位列中国第一,在世界银行全球营商环境评选中的排名不断跃升,成为全球营商环境改善幅度最大的经济体之一,众多改革措施被世界银行采信,并在中国全面推广。经过多轮改革,北京市营商环境正在向市场化、法治化、国际化的高质量营商环境高地迈进。

但同时,随着全球新冠肺炎疫情的蔓延以及逆全球化趋势及贸易保护主义的不断加剧,全球出现了经济增速放缓、地缘政治不确定性加大等问题。2017年开始北京市企业对外直接投资规模也出现较大的回落,面临一系列风险与不确定性。首先,从外部投资环境来看,北京市企业对外直接投资面临较大的挑战。企业对外投资的主要目的地亚洲、欧洲、美洲等疫情防控形势严峻,采取了一系列管控措施,人员、物资等的跨境流动受到了较大的限制,投资活动步伐放缓,长期来看将对北京市企业对外直接投资产生不利影响。其次,北京市企业对外投资的规模与发达国家相比仍有较大差异,投资区域分布呈现空间聚集效应且规模不均衡,投资仍以发展中国家为主,这些地区虽然拥有丰富的资源,但技术优势较为缺乏,企业难以从对这些区域的投资中获得技术反溢出效应,对这些地区的投资也无法促进企业产业结构进一步升级。再次,北京市企业对外投资涉及众多行业,但存在分布不均的问题,主要投资行业集中在第二产业,高新技术产业、服务业等第三产业占比较低。产业结构的不均衡不利于北京市企业利用东道国和地区的相关优势,也不利于相关产业的发展。最后,政府在企业对外直接投资的扶持政策、融资便利化及资金支持方面存在一定的不足,在大数据、数字化、5G等新一代信息技术的应用和工业互联网等基础设施的建设方面有较大的提升空间,在企业投资地区及投资行业选择、境外投资服务体系建设等方面业缺乏相对有效的引导机制。

(三)自贸区的建立及对外直接投资相关措施

基于以上背景,为了进一步帮助企业"走出去",获得投资相关条件、更好地融入东道国的当地市场,2020年9月7日国务院批复同意北京市服务业扩大开放正式由"试点"升级为"示范区"之后,2020年9月21日国务院又批复同意设立中国(北京)自由贸易试验区。2020年9月23日,北京自贸区正式成立。北京"两区"叠加的新开放优势,为新时代首都新发展注入了强大动力。"两区"建设将推动重点领域深化改革扩大开放,推动重点园区示范发展,形成与国际规则接轨的制度创新体系,着力打造"新高地、新引擎、新平台、新机制",以高水平的开放推动高质量的发展,为北京市企业和投资者创造更多的投资机遇和更好的投资环境。

作为对外开放的先行区,北京市自贸区承载着科技创新中心建设、数字经济改革、京津冀协同发展的高水平对外开放平台建设等多项战略建设重任,聚焦科技创新、服务业开放、数字经济等主要特征,在推动投资贸易自由化便利化、深化金融领域开放创新、推动创新驱动发展、创新数字经济发展环境、高质量发展优势产业、探索京津冀协同发展新路径、加快转变政府职能7大方面提出110余项开放创新政策措施,其中,全国首创的政策措施高达30余项。自贸区的建立目标是,通过简化行政审批程序,提高透明度和自动化程度,加快政府职能转变;通过放开市场准入限制,扩大服务业开放;推动外商投资行政法规改革;吸引更多跨国公司落地自贸区。在对外直接投资方面,自贸区也采取了一系列具体的促进措施,具体而言,包括以下几个方面。

第一,在深化投资改革领域,赋予自贸区一定的自主权,鼓励相关部门在法律允许的范围内制定并试点开展投资和产业促进政策,加强完善企业"走出去"综合服务体系的建设,建立境外服务中心,在投资促进、信息服务、跨境物流等领域为开展对外投资的企业提供多方面的服务,同时帮助企业尽快了解东道国的环境、文化、税收与金融政策等;搭建企业境外投资风险预警与风险防控体系,为企业投资项目、资金流动、人员安全等提供有效保障;为共建"一带一路"国家的境外投资企业提供政策支持。

第二,在促进投资便利化方面,北京自贸区将提高企业对外投资便利化水平、降低制度性交易成本作为重点任务。提出优化企业对外投资境外备案及外汇管理流程,保障企业对外投资项目顺利进行,在审批方面开展企业投资项目"区域评估+标准地+告知承诺制+政府配套服务"改革。在工程建设领域,探索缩小施工图审查范围,推动审批制度改革,简化相关程序。鼓励更多产业及相关企业入住自贸园区,实现开发、运营、生产服务。

第三,在金融领域,为企业对外投资提供资金支持,使企业跨境资金流动更加便利,规范探索开展跨境绿色信贷资产证券化、绿色债券、绿色股权投融资业务,支持相关企业融资发展。支持符合条件的金融机构设立专营机构。开展本外币一体化试点。为境外投资企业提供人民币贷款,推动人民币跨境结算与外汇业务的便利化发展;对外投资过程中,在政策允许的范围内赋予企业更多的金融选择权,企业可以自行决定融资金额、融资方式、融资时间、债务管理模式等。支持依法合规地通过市场化方式设立境内外私募平行基金。推动私募公司及资产管理机构在境外投资的自由化便利化。开展区内企业外债一次性登记试点，不再逐笔登记。

第四，在对外投资重点领域的促进方面，提出将为涉及装备制造业、国际产能合作和矿产资源开发的对外投资项目发展提供便利，利用产业优势带动北京市企业对外投资的转型升级。在境外设立研发中心、实验室及科技企业孵化器，带动中华传统文化"走出去"，开展传播优秀传统文化的境外投资；开展境外农业合作项目的境外投资；开展品牌、营销网络等领域的境外投资，打造企业国际品牌优势。在监管方面，自贸区推行以信用为基础的分级分类监管制度。

二 自贸区建立对企业对外直接投资的影响机制分析

从对外直接投资的动机而言，企业主要是为了寻找具有更高购买力的市场，也是为了寻找新的技术和管理流程。这种战略并不局限于某一特定方面，而是将新的生产过程和新的管理模式纳入世界格局，也就是说，通过对外直接投资寻找新的市场、新的技术等。而企业在对外投资过程中所拥有的优势主要体现在所有权优势、竞争优势与制度优势三个方面。特殊的所有权优势来自企业国内经营所获取的经验和知识，同时也源于公司所拥有的无形专有资产的所有权，包括品牌商誉以及组织、技术、管理和营销技能和战略等。竞争优势主要是指企业的灵活性，即利用有限资源经营的能力或产生合作网络的能力，这意味着企业为应对本国条件而获得的能力可以作为竞争优势在国外类似市场中得到利用。从制度优势来看，企业所在地政府在决定对外直接投资的水平和方向方面往往起着关键作用。参与对外直接投资的市场主体通常会通过获得原材料、较低的融资成本、政府补贴等形式得到政府的大力支持。北京自贸区建立主要通过为企业提供不同方面的优势，影响企业直接投资的因素，进而影响企业的对外投资决策。具体而言，主要从投资创造效应、产业聚集效应、辐射带动效应和金融创新效应四个方面为企业提供优势，影响企业的对外直接投资。

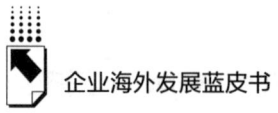

（一）投资创造效应

根据区域经济一体化理论，一方面，自贸区内的一系列税收优惠、效率增长和科技创新政策的实施，可以吸引大量企业入驻自贸区，改善企业的投资环境，从而直接促进企业对外直接投资的自由流动。北京自贸区建立后采取了一系列贸易投资自由便利化措施，大大降低了贸易和投资壁垒。壁垒的减少使企业贸易成本下降，有助于企业通过对外直接投资寻求资源及提高效率。另一方面，自贸区内贸易与投资的相互促进作用也间接促进了企业的对外直接投资。自贸区的建立使得原来分割的市场转变为一个整体，消除了原有制约商品、人力、资本等要素自由流动的壁垒，从而扩大了企业有效的市场范围，有助于企业利用区域一体化形成的新市场进行对外投资或者出口导向性投资，同时也促进了企业间的相互竞争，从而引导区内市场结构的转变，为投资战略的实施提供了便利。此外，自贸区内区域经济一体化的措施可以消除企业经济活动的障碍，公司的组织形式与市场结构都为了适应市场合并的需要而发生变化，有利于企业调整经营战略。组织结构的优化也为区内企业通过对外直接投资进行资源的有效配置提供了机会，从而有助于企业提高生产效率，实现规模经济。

（二）产业聚集效应

北京自贸区在建立的同时确立了三个片区，三个片区有各自不同的重点产业。科技创新片区重点发展新一代信息技术、生物与健康、科技服务等产业，打造数字经济试验区、全球创业投资中心、科技体制改革先行示范区；国际商务服务片区重点发展数字贸易、文化贸易、商务会展、医疗健康、国际寄递物流、跨境金融等产业，打造临空经济创新引领示范区；高端产业片区重点发展商务服务、国际金融、文化创意、生物技术和大健康等产业，建设科技成果转换承载地、战略性新兴产业集聚区和国际高端功能机构集聚区。相对应产业的企业，可以入驻不同的自贸区，并进一步发展。一方面，北京自贸区拥有"高精尖"产业和资源整合能力，大量企业进驻到自贸区内，有助于企业聚集效应的形成，不仅可以带来规模效应，降低劳动力成本，提高技术水平，区内企业还可以共享自然资源与基础设施，享受自贸区内的一系列优惠政策；不仅如此，企业间的竞争意识也可以促进产业结构的优化升级与企业自身能力的提升，进而促进对外投资的增长。另一方面，对外直接投资增长后，通过技术反溢出效应有助于企业的产业结构升级。由于生产力的大幅提升，进行对外投资的企业会提高供应链上相关企业的产品或服务标准，从而迫使相关企业进行技术升级以满足要求，实现行业内的技术进步。此外，这种联动效应也存在于产业链相关的前端和后端产业之间，并促进跨产业的技术进步。高水平的自贸区产业发展也会促进产业内的技术溢出和产业间的技术溢出。最终不同产业的技术水平得到了本质的提高，企业也实现了产业结构的升级。

（三）辐射带动效应

北京自贸区的成立将通过其辐射效应，带动天津、北京、河北三个城市的投资发展。北京自贸区总体方案中提出切实加强京津冀三地技术市场融通合作，对有效期内整体迁移的高新技术企业保留其高新技术企业资格。推动京津冀自贸试验区内政策及服务标准的逐步统一，支持不同区域内业务联合办理以及结果相互认证的实现。探索建立北京、天津、河北自贸试验区联合授信机制，健全完善京津冀一体化征信体系。这一系列措施能够切实转变政府职能，深化对外投资领域改革。

根据"增长极理论"，资金、信息、技术人才等资源迅速在发达地区内集中，可以促进"增长极"所在地经济的高速发展，从而通过辐射效应带动其所在地区和周边地区的投资发展。北京自贸区的建立即经济增长极的构建，有助于北京市对周边地区强辐射带动效应的实现。区内推动投资自由化便利化措施的实施、公平的营商环境、高水平的对外开放政策以及不断完善的监管制度，构建起了与对外投资国际准则相适应的制度体系，使其成为区域的增长极，有助于优势产业在园区中聚集，促进上下游紧密产业链的形成，实现区域内及区域周边地区产业结构的优化升级，带动北京市以及河北、天津等区域的经济增长与转型。

（四）金融创新效应

目前，金融约束和低效的金融资源再配置已成为对外直接投资溢出的主要瓶颈。而北京自贸区针对金融领域实施了一系列制度创新措施。突出特点之一是跨境资金流动更加便利，自贸区服务于北京科技创新、数字贸易等领域的跨境资金需求，支持金融机构的发展，为企业提供高效便捷的金融服务。此外，自贸区还鼓励金融机构开展全球资产配置，建设全球财富管理中心，积极开展跨境绿色信贷资产证券化，建立自愿减排中心，以实际行动支持绿色金融的发展。

对外直接投资是企业在国际市场上寻求利润最大化的一种商业行为，从本质上看，企业对外直接投资与国内投资没有区别，但与国内投资相比，对外投资一旦成功，就能为企业带来更大的利益。但同时，对外投资的投资周期一般较长，面临的风险也更大，企业需要预付大量的资金。而制度创新将为对外直接投资的参与带来巨大的推动力。从数量上看，金融发展将为企业提供更多的资金支持。对外直接投资的参与更依赖于企业对外部融资的可得性。信贷工具的创新可以创造更多的金融货币，而金融机构的扩张则有利于企业获得金融资源。此外，成熟的资本市场下，企业能够对债务期限结构进行调整，而这种调整是以投资项目为基础的。通过直接融资和间接融资的结合，债务资本成本相应降低。从质量上看，金融领域的发展意味着金融资源配置效率的提高。丰富的风险规避和对冲工具可以提高企业管理经营风险的能力，以及保险工具的多样性。机构的网络结构使得信息交流加速，从而有助于消除投资项目中的信息不对称。此外，任何从事多国业务的企业都无法避免外汇风险，而这只能在外汇市场上对其进行管理。充足的外汇储备和有效的结售汇服务是健全外汇市场的体现，也是降低外汇风险的必要条件。自贸区高水平的金融创新改革措施会提高对外直接投资的成功率，使更多具有巨大风险承受能力的长期资本流向对外直接投资。因此，金融制度创新也拓展了对外直接投资的广度和深度。

综上所述，总体来看，自贸区的成立有助于促进企业对外投资的发展。

自贸区出台的一系列措施通过投资创造效应、产业聚集效应、金融创新效应、辐射带动效应使北京市及其周边城市重点产业的对外投资活动实现快速增长,投资开放度得以提升。从宏观角度看,根据国务院发布的自贸区总体方案,市场改革被放在了突出位置,旨在充分发挥市场配置资源的决定性作用。自贸区可以提高市场化水平,促进企业对外投资。从微观角度看,企业是投资的主要贡献者。自贸区的建立促进了企业在外国投资的意愿,提升了企业对外投资的便利化,为企业对外投资提供了保障。此外,在自贸区政策的吸引下,中国企业家也更有信心寻求对外投资,加快企业国际化的步伐。

三 自贸区成立前后企业对外直接投资的情况分析

(一)总体情况

从 2020 年 4 月至 2021 年 2 月的数据来看,北京市企业对外直接投资流量额呈现不断波动的状态,2020 年 9 月 23 日北京自贸区成立之前,企业对外直接投资额由 2020 年 4 月的 4.60 亿美元波动下降至 2020 年 8 月的 3.11

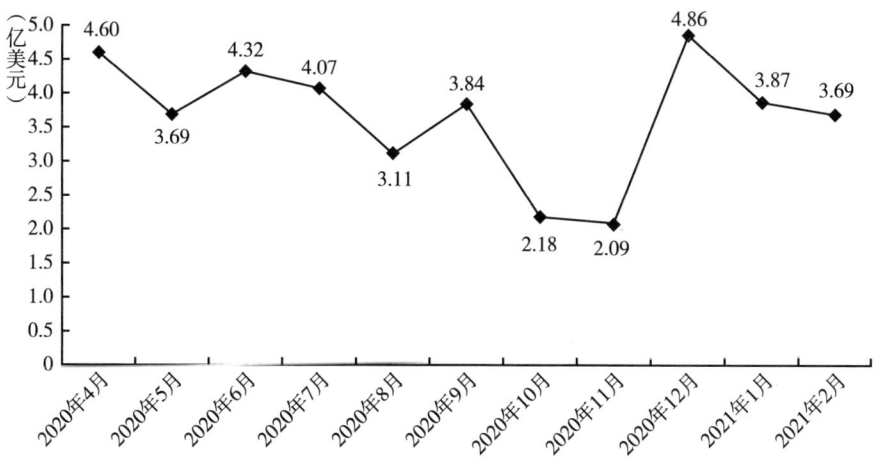

图 4 北京自贸区成立前后北京市企业对外直接投资流量额变动情况

资料来源:根据北京市商务局、北京市统计局公开数据整理。

亿美元，而2020年9月上升至3.84亿美元后，2020年11月又持续下降至2.09亿美元，之后又上升至2020年12月的最高值4.86亿美元，2021年1~2月又持续下降至3.69亿美元（见图4）。从变动来看，北京自贸区成立后，企业对外直接投资流量额相较于成立前出现了明显的增长趋势，说明自贸区的成立及一系列相关措施的实施总体上有利于企业对外直接投资的发展。

（二）具体情况

1. 投资目标区域分布

图5列示了2017年至2021年7月北京市企业对外直接投资的区域分布情况。从对外直接投资的区域结构上看，北京市企业对外直接投资主要分布在南美和欧洲，我国香港、非洲、东南亚次之，中北美和大洋洲再次之，对东亚和南亚投资额最少。其中，对南美的投资额高达611.27亿元，对欧洲的投资额为584.43亿元。对东亚、南亚等地区的投资额则较低，其中，对东亚的投资额仅为10.31亿元，对南亚的投资额为7.90亿元。总体上，北京市企业在对外直接投资的区位选择上呈现

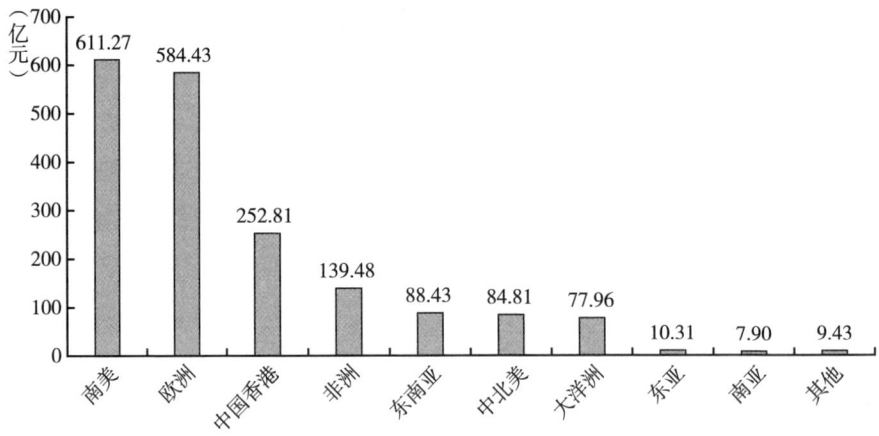

图5 2017年至2021年7月北京市企业对外直接投资区域分布

资料来源：根据中投大数据库相关数据整理。

分布不平衡的态势，而企业在一些地区的重复投资可能会降低投资效率，增加投资风险，不利于企业在全球范围内的平衡发展和合理布局。

图 6 列示了北京自贸区成立前后北京市企业对外直接投资的区域分布及金额变动，北京自贸区成立之前，北京市企业对外直接投资的区域以欧洲、美洲和我国香港为主，而自贸区成立之后，企业对欧洲、美洲的投资额出现下降趋势，对我国香港的投资额呈现先上升后下降的趋势，而对东南亚、南亚、东亚等地区的投资额逐步上升。

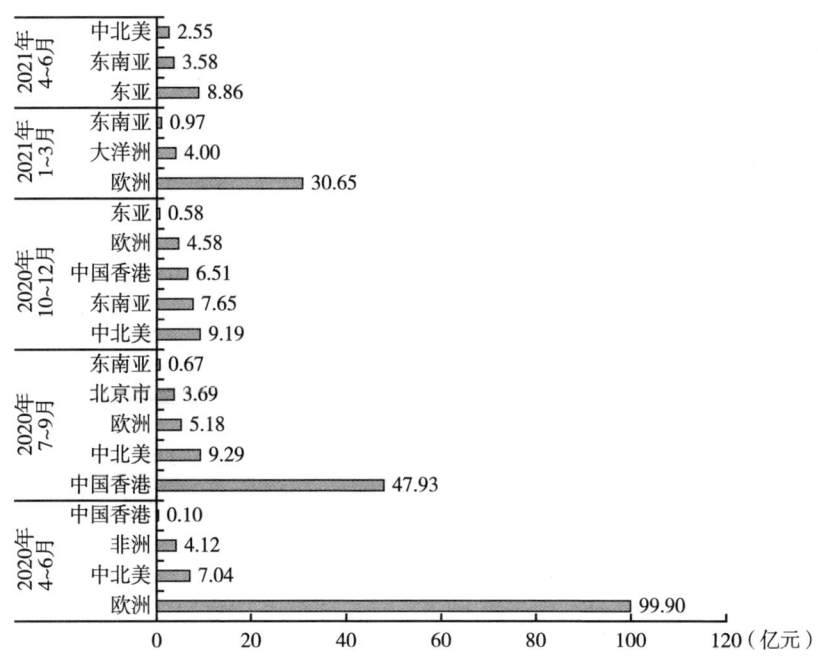

图 6　北京自贸区成立前后北京市企业对外直接投资区域及金额分布

资料来源：根据中投入数据库相关数据整理。

为进一步考察北京自贸区建立对企业对外直接投资地区分布的影响，表 1 显示了自贸区成立前后企业对外直接投资在不同区域之间的投资金额与投资项目数及占比的变动情况。从表 1 来看，对欧洲的投资额由 2020 年 4~6 月的 99.9 亿元下降至 2020 年 7~9 月的 5.18 亿元，相应地，投资金额占比也由原来的89.87%下降至7.76%,2021年1~3月又上升至30.65亿元,投资金额占比上升至86.40%。对东南亚的投资金额由2020年7~9月的0.67亿元上升至2020年10~12月的7.65亿元,投资金额占比也由1.01%提高至26.82%。

表1 北京自贸区成立前后企业对外直接投资金额与投资项目数区域分布及占比变动情况

单位:亿元,%

时间	区域	投资金额	投资金额占比	投资项目数	投资项目数占比
2020年4~6月	欧洲	99.9	89.87	2	28.57
	中北美	7.04	6.33	2	28.57
	非洲	4.12	3.71	2	28.57
	中国香港	0.1	0.09	1	14.29
2020年7~9月	中国香港	47.93	71.79	3	33.33
	中北美	9.29	13.91	1	11.11
	欧洲	5.18	7.76	3	33.33
	北京市	3.69	5.53	1	11.11
	东南亚	0.67	1.01	1	11.11
2020年10~12月	中北美	9.19	32.24	2	25
	东南亚	7.65	26.82	2	25
	中国香港	6.51	22.84	2	25
	欧洲	4.58	16.06	1	12.50
	东亚	0.58	2.04	1	12.50
2021年1~3月	欧洲	30.65	86.04	4	66.67
	大洋洲	4	11.23	1	16.67
	东南亚	0.97	2.73	1	16.67
2021年4~6月	东亚	8.86	59.11	1	25
	东南亚	3.58	23.86	1	25
	中北美	2.55	17.03	2	50

资料来源:根据中投大数据库境外项目区域分布数据整理。

这些数据表明,北京自贸区的建立影响了企业对外投资的区位选择。原因如下:一方面,对中北美、欧洲等发达国家的投资有助于引进先进技术、学习先进管理经验;另一方面,对东南亚、东亚等投资的增长有助于借助"一带一路"建设的红利,降低成本与投资风险。

2. 投资目标行业分布

总体来看，北京市企业的对外直接投资覆盖了国民经济的多种类别，图 7 列示了 2017～2021 年 7 月北京市企业对外直接投资行业分布的总体情况。从对外直接投资的行业结构上看，北京市企业对外直接投资的行业分布存在不平衡的现象，偏重于能源电力业、建筑基建业、制造业等相关行业，其中对能源电力的投资额高达 433.52 亿元，对建筑基建业的投资额为 404.84 亿元。而对高新技术产业、服务业等技术、资本密集型行业的投资则有所不足，这种行业分布模式不利于多元化战略的实施和国际市场的开拓，与发达国家相比还有一定的差距，产业结构有待进一步升级。

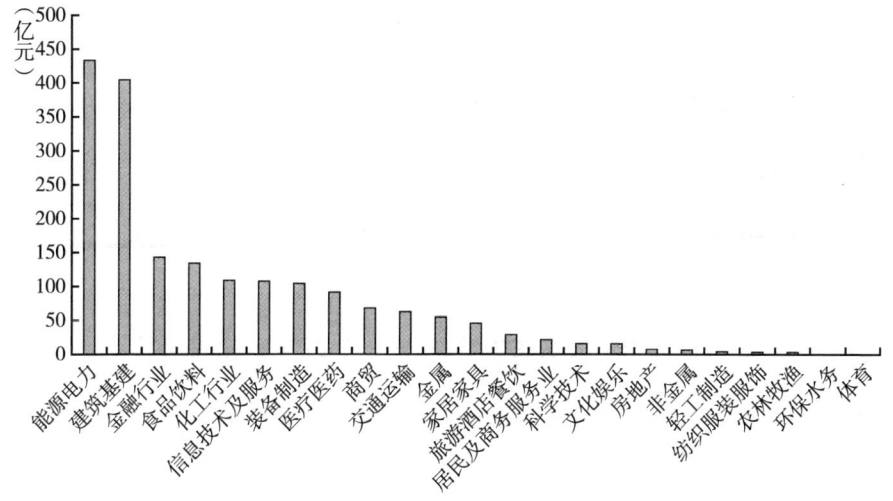

图 7　2017 年至 2021 年 7 月北京市企业对外直接投资行业分布

资料来源：根据中投大数据库境外项目区域分布数据整理。

北京市自贸区成立后，积极引导计算机、通信和其他电子设备制造业对外投资合作，推动建立境外协同创新中心、企业境外研发中心；引导产业结构优化升级，推动上下游产业形成紧密产业链，联合建立境外投资共同体，有助于推动不同产业企业联合"走出去"。图 8 列示了北京自贸区成立前后北京市企业对外直接投资前五大行业分布。从不同行业投资金额来看，北京自贸区成立之前，北京市企业对外直接投资的行业以化工行业、医疗医药及装备制造业为主，信息技术及服务业等在对外直接投资中占比相对较低，而自贸区成立之后，企业对化工行业的投资额出现下降趋势，对商贸、信息技术及服务业、医疗医药行业的投资呈现先上升后下降的趋势。

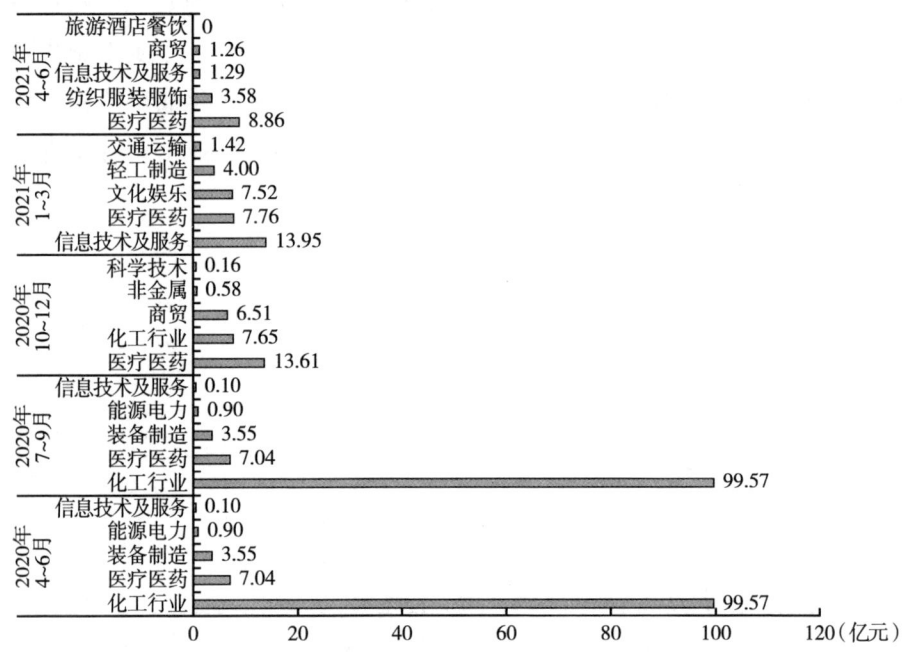

图8 北京自贸区成立前后北京市企业对外直接投资金额前五大目标行业分布情况

资料来源：根据中投大数据库境外项目区域分布数据整理。

表2进一步考察了北京自贸区成立前后企业对外直接投资金额及项目数的行业分布及占比。具体来看，北京市企业对化工行业的投资额由2020年4月至9月的99.57亿元下降至2020年10~12月的7.65亿元，相应地投资金额占比也由原来的89.57%下降至26.82%。对信息技术及服务业的投资金额由2020年4~6月及2020年7~9月的0.1亿元上升至2021年1~3月的13.95亿元，之后又下降至2021年4~6月的1.29亿元，占比也由0.09%提高至39.16%后，又下降至8.62%。

表 2　北京市自贸区成立前后企业对外直接投资金额及项目目标行业分布及占比情况

单位：亿元，%

时间	行业	投资金额	投资金额占比	投资数量	投资数量占比
2020年4~6月	化工行业	99.57	89.57	1	14.29
	医疗医药	7.04	6.33	2	28.57
	装备制造	3.55	3.19	1	14.29
	能源电力	0.9	0.81	2	28.57
	信息技术及服务	0.1	0.09	1	14.29
2020年7~9月	化工行业	99.57	89.57	1	14.29
	医疗医药	7.04	6.33	2	28.57
	装备制造	3.55	3.19	1	14.29
	能源电力	0.9	0.81	2	28.57
	信息技术及服务	0.1	0.09	1	14.29
2020年10~12月	医疗医药	13.61	47.73	2	25
	化工行业	7.65	26.82	2	25
	商贸	6.51	22.84	2	25
	非金属	0.58	2.04	1	12.50
	科学技术	0.16	0.57	1	12.50
2021年1~3月	信息技术及服务	13.95	39.16	1	16.67
	医疗医药	7.76	21.78	1	16.67
	文化娱乐	7.52	21.11	1	16.67
	轻工制造	4	11.23	1	16.67
	交通运输	1.42	4	1	16.67
2021年4~6月	医疗医药	8.86	59.11	1	25
	纺织服装服饰	3.58	23.86	1	25
	信息技术及服务	1.29	8.62	1	25
	商贸	1.26	8.41	1	25
	旅游酒店餐饮	0	0	0	0

资料来源：根据中投大数据库境外项目企业分布数据整理。

这些数据表明，北京自贸区成立后采取的满足高品质文化消费需求、创新发展全球领先的医疗产业、支持服务业扩大开放等政策影响了企业对外直接投资的行业分布，重点发展国际金融、文化创意、生物技术和大健康等产业，建设科技成果的转换承载地、战略性新兴产业聚集区和国际高端功能机构聚集区，有利于提高北京对全球创新资源的集聚和整合能力，推动企业产业结构不断优化升级，将过剩产能进行转移的同时获得技术溢出效应，引导企业对外直接投资在不同行业之间科学布局。

3. 投资主体区域分布

图 9 列示了 2017~2021 年 7 月北京市企业对外直接投资主体区域的总体分布情况。从对外直接投资的企业所在地来看，北京市对外直接投资的企业主要分布在朝阳区和海淀区，西城区、大兴区、东城区次之，通州区、石景山区、昌平区、丰台区再次之，怀柔区、密云区、顺义区最少。其中，海淀区企业的对外直接投资额高达 48 亿元，朝阳区企业的对外直接投资额为 31 亿元，大兴区、东城区、西城区等地区的投资额则相对较低，其中，大兴区的投资额为 14 亿元，西城区的投资额为 16 亿元，东城区的企业投资额为 13 亿元。总体上北京市对外直接投资企业所在地区呈现分布不均衡的现象。

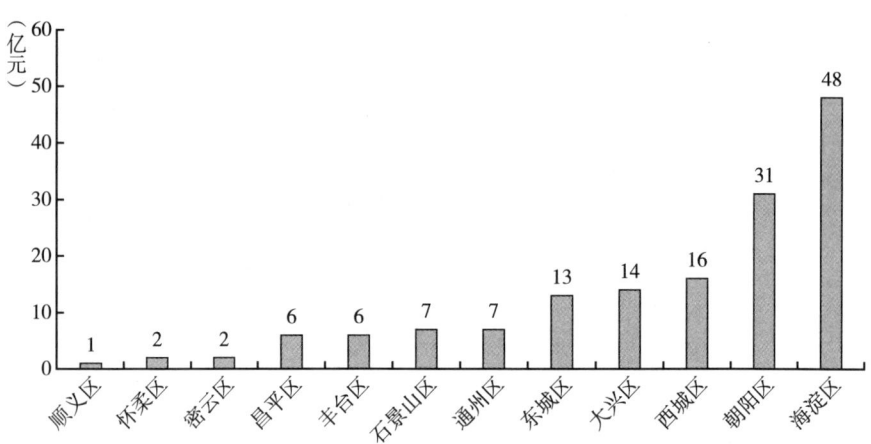

图 9　2017 年至 2021 年 7 月北京市企业对外直接投资主体区域分布情况

资料来源：根据中投大数据库境外项目企业分布数据整理。

北京自贸区划分为三个片区，从片区所在地的地理位置来看，科技创新片区主要包括中关村科学城和北京生命科学园周边地区；商务服务片区包括首都国际机场周边、北京 CBD 与金盏国际合作服务区，以及城市副中心运河商务区和张家湾设计小镇周边地区。高端产业片区则包括大兴国际机场和北京经济技术开发区周边地区。表3显示了北京自贸区成立前后投资主体的名称、企业所在地及投资金额与投资项目数的变化。北京自贸区成立之前，对外投资企业主要集中于海淀区、朝阳区、东城区等，而自贸区建立后，采取一系列措施吸引企业在园区内聚集，投资主体所在区域逐步向自贸区所在片区转移，投资项目和投资金额都有所增长，有助于北京市不同地区的对外直接投资协调平衡发展，进而促进全市对外投资的不断增长。

表3　北京市自贸区成立前后投资主体名称、企业所在地、对外直接投资金额及投资项目数变化情况

单位：亿元，个

时间	投资企业	企业地点	投资金额	投资项目数
2020年4~6月	中国化学	东城区	99.57	1
	甘李药业	北京市	7.04	2
	合纵科技	海淀区	3.55	1
	金诚信	丰台区	0.9	2
	宏天信业	海淀区	0.1	1
2020年7~9月	农业银行	东城区	37.56	1
	世纪微熵	朝阳区	9.96	2
	康辰药业	北京市	9	1
	康斯特	海淀区	3.69	1
	蓝色光标	朝阳区	3	1
	青鸟消防	北京市	1.97	1
	东华软件	海淀区	1.36	1
	用友网络	海淀区	0.21	1
2020年10~12月	康龙化成	昌平区	9.03	1
	中石科技	大兴区	7.48	1
	石头科技	海淀区	6.11	1
	博晖创新	昌平区	4.58	1
	八亿时空	昌平区	0.58	1
	天音控股	西城区	0.4	1
	三聚环保	海淀区	0.17	1
	乐普四方	海淀区	0.16	1

续表

时间	投资企业	企业地点	投资金额	投资项目数
2021年1~3月	昆仑万维	东城区	13.95	1
	康龙化成	昌平区	7.76	1
	江河集团	顺义区	7.52	1
	奥瑞金	怀柔区	4	1
	长久物流	朝阳区	1.42	1
	有研粉材	怀柔区	0.97	1
2021年4~6月	爱美客	昌平区	8.86	1
	爱慕股份	朝阳区	3.58	1
	首都在线	海淀区	1.29	1
	中际联合	通州区	1.26	1

资料来源：根据中投大数据库境外项目企业分布数据整理。

4. 投资主体性质分布

从投资主体性质的分布来看，图10和图11分别显示了2017~2021年7月，不同性质企业主体的投资项目数和投资金额的分布。其中，图10为对外直接投资项目数的统计，私营企业对外直接投资项目数高达69个，国有企业次之，为46个，外商投资企业再次之，为13个，其他类型企业共计25个。

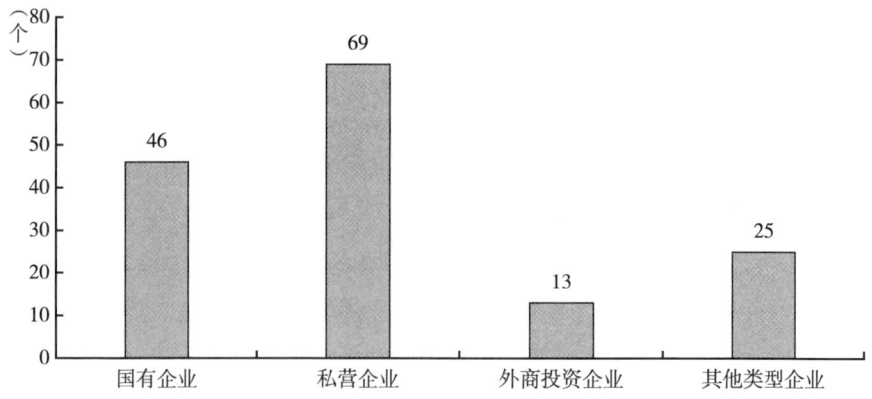

图10　2017年至2021年7月北京市不同性质企业主体对外直接投资项目数

资料来源：根据中投大数据库境外项目企业分布数据整理。

图 11 为对外直接投资金额的统计，国有企业对外直接投资金额最高，私营企业次之，外商投资企业再次之。具体来看，国有企业对外直接投资金额高达 1334.86 亿元，远高于私营企业的 321.61 亿元，外商投资企业对外直接投资金额仅为 160.39 亿元。

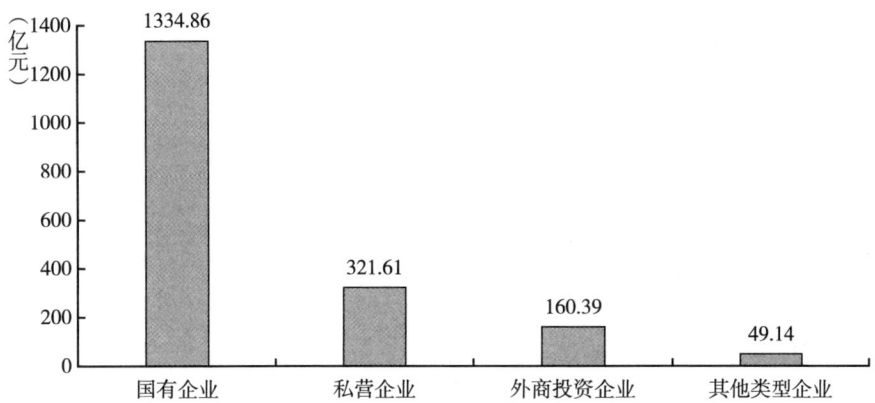

图 11　2017 年至 2021 年 7 月北京市不同性质企业主体对外直接投资金额

资料来源：根据中投大数据库境外项目企业分布数据整理。

可见，目前北京市对外直接投资的企业性质仍以国有企业为主，但私营企业在我国对外直接投资中发挥着越来越重要的作用。自贸区建立后，通过改革创新，为市场主体提供更加高效便捷的服务。在推动投资自由化便利化、加快转变政府职能等方面采取的一系列措施，有助于北京市境外投资企业从以单一的国有企业为主向多种所有制经济主体共同发展转变，从而优化对外直接投资的主体结构。

四　展望和建议

（一）展望

随着北京自贸区的建立及相应制度和政策的逐步出台，从已有数据来看，短期内自贸区的成立对北京市企业"走出去"有着重要的正面带动作用，有助于进一步促进企业多元化战略的实施，企业对外直接投资数额不断增长，投资的产业结构不断优化升级。长期来看，在三至五年的不断改革及探索的基础上，自贸区的制度体系将逐步完善，对标国际先进水平，营商环境不断优化，人才和资本等要素大量引进，建设形成高水平、高质量的自贸试验区，进而引领京津冀地区转变经济发展方式，使得京津冀乃至全国的对外投资质量和水平都得到提高。

(二)建议

政府层面。第一，中国政府可以提高政策的透明度，制定稳定的政策，积极有序地提升中国企业的全球信心，减少国内政策不确定性的负面影响。第二，政府应进一步加大现代金融体系对实体经济的服务力度。一方面，金融机构强大的信贷管理能力可以提高海外投资的成功率；另一方面，金融资源的有效配置有助于对外直接投资引进技术的扩散。第三，完善对外直接投资风险控制与风险预警体系。政府在提供信息咨询、技术援助等官方服务的同时，也应开展投资担保计划，以解除海外投资企业的后顾之忧，降低企业在投资过程中所面临的政治风险与经济风险。第四，政府在不同行业之间科学布局对外直接投资也是至关重要的。一方面，通过将产能过剩的产业转移到国外，可以将有限的生产要素释放给技术密集型产业；另一方面，高科技企业努力在发达国家开展跨国活动，如与海外研发机构建立合作基地，以获得积极的技术溢出效应。

企业层面。第一，企业应充分考虑目标国家的政治、经济和社会因素，加强东道国政治、经济、社会风险评估体系的规范化建设，建立系统完善的投资风险防范机制。第二，企业应向高精尖产业转型，逐步改变资本驱动的产出增长方式，加大企业研发资金投入，促进技术创新，进一步提高企业技术水平，提高企业全要素生产率，以生产率的提高促进企业产出增长。第三，要注重高端制造业人才的培养。通过与高校和研究中心的合作开发项目、海外引进项目，或合作开展科研和技术开发，培养高端化、国际化的制造业人才。第四，企业应及时掌握自贸区内政策的动态和趋势，根据政策的变化及时调整对外直接投资的决策,并为变化做好充分的准备。但是,对政策的敏锐把握和了解可能是企业无法控制的。因此,企业可以加强对海外投资风险的预警措施。进一步完善海外投资损失准备金制度,为参与海外投资的企业提供商业保险。

参考文献

王永钦、杜巨澜、王凯:《中国对外直接投资区位选择的决定因素:制度、税负和资源禀赋》,《经济研究》2014 年第 12 期。

扶涛、王方方:《我国自贸区建设与对外经济开放三元边际扩展战略》,《经济问题探索》2015 年第 12 期。

B.8 "双循环"新格局下北京企业海外投资研究

陈帅 刘思义 杨晴贺*

摘　要： "双循环"新发展格局是我国基于国内外发展形势做出的一项重大战略部署，不仅关乎宏观经济政策调整，也深刻影响微观企业投资行为。本报告以2020年在京企业为分析对象，在介绍"双循环"新格局下北京企业海外投资总体概况的基础上，分别从投资国别、投资领域和投资模式三个维度对海外投资的具体情况进行定量分析。分析表明：2020年北京企业海外投资总量呈大幅下滑态势；投资国别布局相对均衡，并主要集中在发达地区和共建"一带一路"国家；投资领域多元化，但投资力度又表现出相对集中的特点；投资模式以独立投资、增资和并购为主，以合资经营与股权投资为辅。结合典型企业案例分析，本报告认为，"双循环"新格局下，北京企业海外投资发展需要不断完善多边合作机制，加强政府政策引导，创新对外投资模式，培育企业核心竞争力，以提升国际循环质量和水平，推动海外投资高质量发展。

关键词： "双循环"　北京企业　海外投资

---

* 陈帅，对外经济贸易大学国际商学院博士研究生，主要研究方向为会计信息与资本市场；刘思义，博士，对外经济贸易大学国际商学院讲师，主要研究方向为审计与内部控制；杨晴贺，对外经济贸易大学国际商学院博士研究生，主要研究方向为会计信息与资本市场。

一 "双循环"新发展格局提出的背景

当前,世界局势正发生深刻变化,日趋复杂的国际环境为我国经济发展带来了诸多不确定性和前所未有的冲击。为应对外部环境变化,促进经济高质量发展,2020年5月14日,中央政治局常委会会议基于供给、需求视角首次提出了"双循环"概念。5月23日,习近平总书记再次强调,要把满足国内需求作为发展的出发点和落脚点,逐步形成以国内大循环为主体、国内国际双循环相互促进的新发展格局。根据"双循环"战略内涵,内循环主要是通过激活和扩大内需,提高国内市场供给质量,释放国内的经济和消费潜力,让国内的供给和需求形成自我循环;外循环主要是提升国际循环质量和水平,对接国际高标准的自由化便利化经贸规则,以实现更高水平、更大范围、更深层次的对外开放。因此,"双循环"新发展格局不是封闭的,而是开放的,高质量发展不仅要利用好国内循环这个主体,还要充分利用国内和国际的市场和资源优势,实现国内循环和国际循环相互促进。总体而言,"双循环"新发展格局的提出是基于我国发展阶段、发展环境与发展条件变化所做出的战略决策及深层次变革,有着深刻的政治经济背景。

(一)国际环境日趋复杂,对外投资不确定性增加

近年来,国际环境复杂多变、全球经济增速放缓是我国"双循环"战略提出的一个重要宏观背景。一直以来,随着对外开放的深入,"走出去"逐步成为我国上市公司寻求更多投资机会、参与国际合作与竞争的重要选择。然而,日趋复杂的国际经济环境给我国企业对外投资带来了巨大冲击和不确定性,海外投资风险不断激增,主要表现在三个方面。其一,单边主义和逆全球化趋势愈演愈烈。受贸易保护主义等多重因素的影响,当前,全球贸易和投资缺乏新的增长动力,并开始进入产业链的自我强化过程。该风险

不仅会加剧国际关系的紧张局势，同时还会在不同程度上影响跨境合作氛围，阻滞贸易投资自由化。其二，部分国家对外商投资审查力度趋严。由于全球主要经济体对外商投资相关法规、特别资源和关键技术等敏感领域进行了重要修订，这使得各国政府开始警惕外商投资领域的相关风险，如安全风险等，并导致外商投资审批时间延长、审查管辖范围扩大、审查力度加强。其三，新冠肺炎疫情防控时期境外经济封锁和限制性政策持续收紧。受新冠肺炎疫情在全球蔓延的影响，海外国家陆续采取应对疫情的限制性举措，这使全球跨境投资活动受到明显抑制，投资效率大幅降低，资本支出也因此减少。因此，从海外投资环境来看，受地缘政治动荡、贸易保护主义，以及疫情防控时期封锁政策等因素的影响，我国企业海外投资不确定性增加，企业"走出去"愈加困难。

（二）全球经济下行明显，内需市场亟待深入挖掘

目前，世界大变局加速演变，尤其是在西方发达国家掀起的新一轮贸易保护主义和贸易摩擦等多重因素影响下，国际直接投资活动低迷。与此同时，相较于低迷的海外投资环境，国内市场已成为我国经济发展的比较优势，进而使我国加快构建国内国际"双循环"相互促进的新发展格局，集中表现在以下三个方面。一是我国国内市场潜力巨大，市场规模持续扩大，内需成为实现社会经济长久发展的稳定来源。疫情防控时期，国内消费水平整体呈现复苏态势，国家统计局数据显示，2020年我国国内最终消费支出对GDP的贡献率达54.3%，成为助推我国经济增长最为重要的动力支撑。二是国内供给调整加速，新兴领域投资增长显著。比如，2020年我国固定资产投资为518907亿元，高技术制造业和高技术服务业投资分别增长11.5%和9.1%。而且，我国拥有全球最为完整且规模最大的工业供应体系，以及最为健全的工业门类，这使得国内消费市场规模广阔、需求多样。三是国内投资环境整体向好，市场活力和社会创造力不断迸发。"放管服"改革不断深化，特别是市场准入负面清单、知识产权保护等制度的完善，推动了市场准入门槛的降低和制度性交易成本的下降，市场主体数量实现了较快增长，创新潜力得到了加快释放。因此，在国际环境日趋复杂、全球经济下行明显的经济背景下，我国亟须挖掘国内市场需求及发展潜力。

（三）重塑国际竞争合作新优势，推动形成全面开放新格局

随着我国经济步入高质量发展阶段，高水平对外开放也开始对我国技术水平提出新的要求。然而，长期以来，受西方发达国家关键技术封锁等因素影响，我国整体上仍处在全球供应链和产业链的中低端水平，特别是在一些核心技术层面，仍存在被严重掣肘的问题，相关新兴产业转变升级面临较大困难。在此背景下，如果单纯地依靠国外供给侧或国内需求侧创新将难以为经济高质量发展提供动力来源。根据"双循环"实质内涵，"双循环"是以内为主、内外互动的循环。从中国的现实看，在2008年的全球金融危机后，中国积极调整发展方式，推动经济发展向内需主导转变，内需逐渐成为中国经济增长的主要动力，国内大循环的地位和作用日益突出。从国际经验看，大国经济的基本特征就是以内需为主导。因此，为实现更大范围、更宽领域和更深层次的对外开放，必须进一步依托我国国内市场优势，积极培育核心竞争优势，提升国际循环质量和水平，促进形成全面开放新格局。

二 "双循环"新格局下北京企业海外投资功能定位

（一）引领京津冀区域协同"走出去"

作为国家治理体系的重要组成部分，区域治理能够依托各个区域的资源禀赋、区位优势和发展特色等要素，充分发挥其示范带动作用，进而实现以区域层面的治理能力现代化带动提升国家治理能力现代化水平。尤其在我国"双循环"新发展格局下，京津冀作为环渤海地区具有重要带动作用的节点城市群，为区域一体的对外开放格局创造了条件，有助于发挥首都经济圈在对外开放过程中的独特优势。如表1所示，近年来京津冀地区对外贸易与投资额总体上呈现不断上升趋势，2020年，京津冀地区生产总值为8.6万亿

元,对外贸易与投资规模达到 3.5 亿元,已然成为对外投资先行先试的示范区。

表1　2014~2020 年京津冀地区对外贸易与投资情况

单位:亿元,%

年份	对外贸易与投资额	占全国比重	GDP	占全国比重
2014	6093	14.20	66479	9.7
2015	4852	12.30	69359	9.6
2016	28504	11.70	75625	9.7
2017	32968	11.90	80580	9.5
2018	23515	7.70	85140	9.3
2019	23664	7.50	84580	8.6
2020	34967	10.87	86393	8.5

资料来源:根据 Wind 数据库与 2020 年地方政府《国民经济和社会发展统计公报》整理。

具体而言,北京企业海外投资在促进京津冀区域协同"走出去"过程中的引领示范作用主要表现在以下三个方面。一是推进区域外向型产业结构升级。京津冀地区是我国最为重要的政治、经济、文化与科技中心,同时也是中国自主创新、高端服务、现代制造的核心区域。因此,在"双循环""以外促内"、"以内提外"和"内外协调"发展格局下,北京企业海外投资发展将有助于促进我国在国际市场上对优质资源进行集聚和配置。二是加速形成内外互动、东西双向互济的海外投资布局。从地理区位优势来看,京津冀区位优越,处于东北亚经济圈的中心地带,连接亚欧大陆桥。以北京海外投资企业为代表的经济增长动能,有利于在我国共建"一带一路"倡议下带动发展中国家的经济增长。三是有利于打造协同发展、互利互惠的区域发展示范区。京津冀作为我国三大城市群之一,资源要素集中,产业基础雄厚,在发展基础等方面的互补性强。因此,北京企业海外投资将有助于打造我国经济增长和产业转型升级的新引擎,进而为京津冀地区对外开放提供示范样板。

(二)提升北京"四个中心"战略定位

2017年,《北京城市总体规划(2016年—2035年)》(以下简称《总体规划》)立足首都城市战略定位,对北京"四个中心"核心功能,即全国政治中心、文化中心、国际交往中心、科技创新中心,进行了明确定位。一直以来,作为首都经济圈高质量发展的重要推动力量,北京海外投资企业发挥着重要作用。如表2所示,尽管受外部地缘政治动荡、贸易保护主义和新冠肺炎疫情等因素影响,北京市对外直接投资存量表现依然亮眼,并呈现逐步递增趋势。

表2 北京市对外直接投资存量构成

单位:万美元,%

年份	总额	股权投资		收益再投资		债务工具	
		金额	占比	金额	占比	金额	占比
2015	3926669	1783577	45	1323009	34	820083	21
2016	5484774	2720851	50	1585602	29	1178322	21
2017	6508010	3189063	49	1972133	30	1346813	21
2018	6995279	3116532	44	2356284	34	1522463	22
2019	7368891	3267369	44	2656494	36	1445211	20

资料来源:根据北京市商务局公开数据整理。

当前,我国逐步形成以国内大循环为主体、国内国际"双循环"相互促进的新发展格局,在此背景下,在京企业海外投资发展将从以下方面提升首都"四个中心"战略定位。

首先,政治中心建设,就是坚持把政治中心安全保障放在突出位置,为中央党政军领导机关提供优质服务。对外投资作为资源有序转移,是推动部分优质公共服务资源合作的有效手段,为缓解首都城市的特殊地位、城市规模的日益庞大所带来的发展压力,北京企业海外投资发展,有助于通过减负形式推动首都北京的城市转变,即由过去的多功能型城市转向单一功能型城市,持续强化其政治中心定位。

其次，文化中心建设，即以培育和弘扬社会主义核心价值观为引领，以保护历史文化名城为根基，自觉肩负起推动全国文化发展的重任。北京企业对外投资在推动企业文化"走出去"的同时，也推动多元文化的融合与实践，有助于文化外交的机制化、常态化，多维度提升首都城市的文化中心功能。

再次，国际交往中心建设，即要服务于国家开放大局，着力优化九类国际交往功能的空间布局，同时注重加强国际交往重要设施和能力建设等。北京企业海外投资通过中国（北京）自由贸易试验区、京津冀开发区先行先试政策，以及共建"一带一路"倡议，不断增强本土企业在国际市场中的竞争力，提升区域对外开放层次和水平。

最后，科技创新中心建设，即要充分发挥丰富的科技资源优势，不断提高自主创新能力，以"三城一区"为重点。通过北京企业海外投资在国际交往过程中的经济合作、内外科技创新协同，以及对外投资新模式创新，增强北京地区的发展体制机制创新，进而发挥北京市对全国其他大城市的示范引领作用。

（三）打造"双循环"新格局下的企业样板

党的十八大以来，北京落实首都城市战略定位，通过控增量、疏存量、提质量，推动产业结构优化和经济效益提升。由于独特的地理区位优势，北京地区要素流动范围广、人口和产业集聚度高，北京企业在新冠肺炎疫情特殊背景下，应主动迎接新挑战，抓住新机遇，发挥引领示范作用，打造北京样板。特别是随着国家扩大开放综合示范区和中国（北京）自由贸易试验区的建设，相关产业开放发展水平得到进一步提高。因此，在"双循环"新格局下，北京企业海外投资，一是依托科技创新固链强链，培育大型企业和龙头企业，在全球范围内开展价值链整合，实现企业从"走出去"到"走上去"的转变；二是把握自身"两区"建设机遇，深化对外开放，积极参与全球产业链重构，打造"双循环"新格局下的企业样板。

三 "双循环"新格局下北京企业海外投资总体概况分析与评价

(一) 北京企业海外投资总量分析

2020年，受全球经济下行风险加剧、国际贸易投资持续萎缩，以及新冠肺炎疫情在全球范围内不断蔓延的影响，全球经济整体上增长疲软。在此背景下，北京企业的海外投资活动也受到明显影响。

如图1所示，从投资规模总量来看，2020年北京企业海外投资规模为164.22亿元，较2019年同比下降了78.92%，而国内投资规模为11297.88亿元，较2019年同比增长了146.30%。不难发现，在"双循环"新发展格局下，北京企业海外投资力度明显减小，而国内投资规模呈现大幅上升趋势。从外部原因来看，囿于地缘政治动荡、贸易摩擦加剧以及欧美发达国家的投资审查趋严，我国企业"走出去"面临诸多投资风险和挑战。特别是受新冠肺炎疫情蔓延的影响，各国政府实施了经济管控和封锁政策，这使得企业对外投资更为困难，投资效率大幅降低，投资规模缩小。从内部原因来看，为实现经济高质量发展和应对外部环境变化，2020年我国加快构建以国内大循环为主体、国内国际"双循环"相互促进的新发展格局，在此背景下，北京企业开始注重国内国际两个市场、两种资源的互联互通，尤其是对国内市场潜力的挖掘。

(二) 北京企业海外投资国别 (地区) 分析

随着全球经济一体化发展与我国对外开放的不断深入，我国对外开放模式已逐步由以吸引外资为主，转向吸引外资和海外投资发展并重的格局。该部分主要基于海外投资的国别（地区）视角，对"双循环"新发展格局下北京企业海外投资状况进行分析。如图2所示，从海外投资的国家和地区分布来看，2020年北京企业海外投资地区主要以欧洲、北美洲、非洲和东南

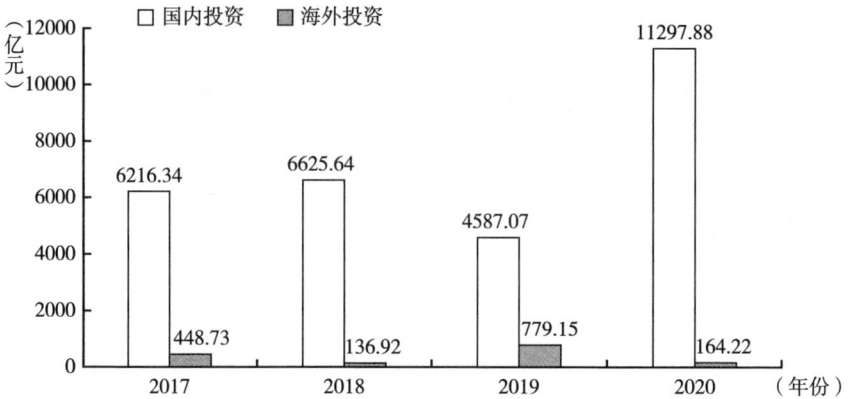

图1　2020年北京企业海外投资总量情况

资料来源：中投大数据·投资数据库。

亚地区为主，并主要集中在俄罗斯、美国、英国、法国、赞比亚、刚果（金）等国家。其中，投资规模占比较高的国家为俄罗斯（60.63%）、美国（9.79%）和刚果（金）（9.76%），而马来西亚与塞尔维亚的投资规模占比相对较低，投资规模占比分别为0.11%和0.20%。

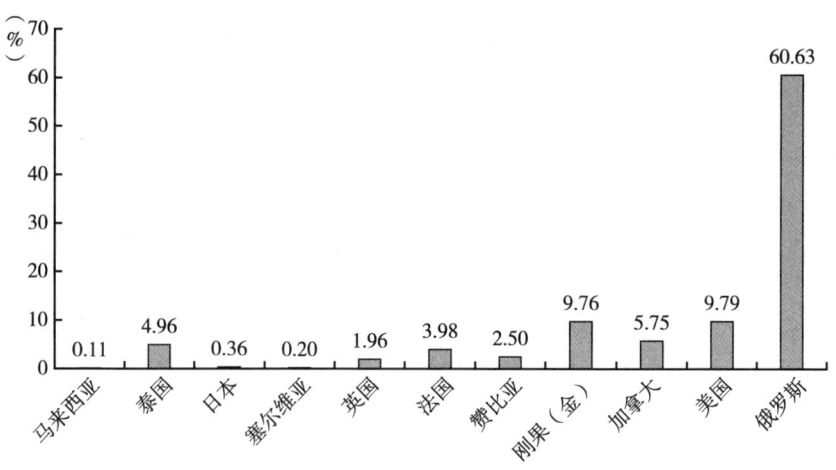

图2　2020年北京企业海外投资的国家分布

资料来源：中投大数据·投资数据库。

总体而言,从投资流入地区的分布特点来看,北京企业海外投资地区分布主要呈现以下特点。一是对外投资空间布局更加均衡,地域范围更加多元化。2020年北京企业对外投资地域涵盖欧洲、北美洲、非洲和东南亚地区,投资国家既包括美国、英国等经济发展水平较高的发达国家,也涉及赞比亚、刚果(金)等经济发展程度较低的非洲市场,投资国家和地区相对多元,实现了海外投资布局的均衡发展。二是依托"一带一路"经贸合作的成果开始显现。近年来,在共建"一带一路"倡议下,我国与越来越多的国家达成共识,这在一定程度上为我国企业"走出去"、积极参与跨区域交流和合作提供了重大发展机遇。特别是越来越多的国家同我国签署共建"一带一路"合作文件,为北京企业进行海外投资提供了便利。三是注重利用国内国际两大市场、两种资源。近年来,受地缘政治风险、贸易摩擦加剧,以及境外新冠肺炎疫情蔓延等因素的影响,全球对外投资热度持续下降。为应对外部环境变化,促进形成我国以国内大循环为主体、国内国际双循环相互促进的新格局,北京企业在积极开拓海外市场的同时,也开始注重对国内市场潜力的挖掘。

(三)北京企业海外投资领域分析

海外投资领域选择是综合权衡企业发展实际、国家战略需要与外部投资环境多方面的结果,其不仅受到国内资源禀赋、产业结构调整和经济发展需要的影响,还受到国际市场准入门槛、贸易关税壁垒以及海外投资动因的制约。总体而言,与我国海外投资领域分布的总体特点一致,2020年北京企业海外投资领域分布总体呈现涵盖领域多元,但投资规模又相对集中的特点。

如图3所示,从投资规模占比来看,化工行业和医疗医药行业是北京企业海外投资的主要领域,投资规模占比分别为63.85%和12.30%,而能源电力行业和非金属行业的投资规模占比较低,分别为0.54%和0.32%。本报告认为,形成该投资领域分布特点的原因:一方面,基于国内产业结构亟待转型升级和全球要素不断流动趋势的双重背景,更好地发挥首都城市核心功能和"四个中心"战略定位，依托海外投资，北京企业能够通过产业投资承接的转移效应，为国际经济高质量发展带来强劲动能；另一方面，在新冠肺炎疫情叠加百年变局大背景下，为应对全球经济增长放缓和新冠肺炎疫情冲击，世界各国在公共卫生医疗等为主要领域的合作需求愈加凸显。特别是新冠肺炎疫情在全球范围内的蔓延引发了全社会对人与自然关系的深刻反思，越来越多的国家（地区）关注全球气候治理，而不再仅仅关注短期的经济恢复数据，因此，以医疗医药为代表的业务模块逐渐成为海外投资的新热点和主阵地。

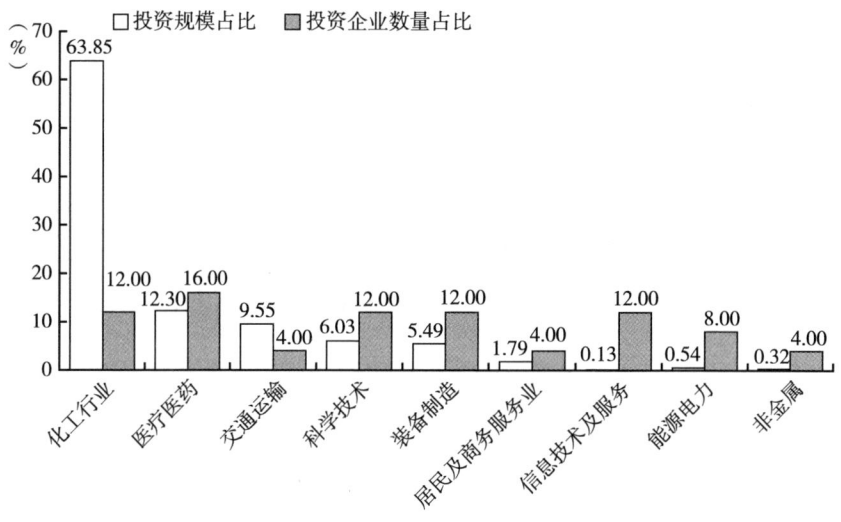

图3　2020年北京企业海外投资领域分布

资料来源：中投大数据·投资数据库。

（四）北京企业海外投资模式分析

北京企业海外投资模式主要分为独立投资、合资经营、股权投资、并购以及增资五种。表3分别列示了2020年"双循环"新格局下北京企业海外投资规模及项目分布情况。

表3 2020年北京企业海外投资规模及项目分布

单位：万元，%

投资项目类型	投资规模	投资规模占比	投资项目数量占比
独立投资	1313533	79.98	47.37
合资经营	99591	6.06	10.53
股权投资	71245	4.34	15.79
并购	155770	9.49	15.79
增资	2101	0.13	10.52

资料来源：中投大数据·投资数据库。

如表3所示，从海外投资规模来看，独立投资项目的投资金额为1313533万元（投资规模占比为79.98%）、合资经营项目的投资金额为99591万元（投资规模占比为6.06%）、股权投资项目的投资金额为71245万元（投资规模占比为4.34%）、并购项目的投资金额为155770万元（投资规模占比为9.39%）、增资项目的投资金额为2101万元（投资规模占比为0.23%）。从不同类型的投资项目数量分布来看，其项目数量占比分别为47.37%、10.53%、15.79%、15.79%和10.52%。由此可见，受全球海外投资风险的影响，由于独立投资经营模式下，投资企业能够独立地进行项目策划、建设，这使得投资者具有更大的主动性和更强的风险管控能力。因此，在对外投资模式选择上，独立投资项目更受北京海外投资企业的青睐，其投资力度更大，而股权投资项目和增资项目投资规模较小。

四 "双循环"新格局下北京海外投资典型企业分析

（一）基于投资国别维度的典型企业研究

诚如前文所述，北京企业海外投资国别和地区分布具有以下特征：一方面，海外投资空间范围较广，但投资存量相对集中，主要分布在经济发展程度较高的欧洲发达国家；另一方面，依托共建"一带一路"倡议和"走出去"战略，北京海外投资企业与共建"一带一路"国家的经贸合作成果逐步凸显。基于此，本报告分别聚焦欧洲与非洲两大海外市场，选取在法国和刚果（金）投资的典型企业进行分析。

1. 投资国别为法国的典型企业——北京博晖创新生物技术集团股份有限公司

中法政府《关于第三方市场合作的联合声明》标志着我国首创的中国方案——"第三方市场合作"国际合作新模式正式形成，而法国也成为第一个与我国进行"第三方市场合作"的国家。《2019年在法外商投资年报》显示，法国在2019年成为最具外商投资吸引力的欧洲国家，而中国已经成为在法国投资最多的亚洲国家。因此，基于投资国别为法国的典型企业研究，对北京企业的海外投资发展具有较好示范作用。

北京博晖创新生物技术集团股份有限公司，于2001年成立，主要聚焦生物医疗领域。2015年，该公司全资收购美国Advion公司，并通过不断收购的方式进入生物制药行业。目前公司业务涉及检验检测及生物制品两个细分领域。检验检测业务主要为检验仪器、检验试剂的研发、生产和销售，其中，母公司运营的检验检测业务属于医药制造业之体外诊断产品制造行业，美国子公司Advion运营的检验检测业务主要面向非医疗用户。表4列示了2020年北京博晖创新生物技术集团股份有限公司的海外投资情况。

表4　2020年北京博晖创新生物技术集团股份有限公司海外投资情况

单位：万元

投资项目名称	投资模式	投资国别	投资金额	投资领域
购买Adchim SAS股权项目	并购	法国	45775.75	医疗医药—医疗器械

资料来源：中投大数据·投资数据库。

2. 投资国别为刚果（金）的典型企业——嘉友国际物流股份有限公司

近年来，中非贸易额增速持续领跑非洲其他主要贸易伙伴国，而且，中国已连续11年稳居非洲第一大贸易伙伴国。作为非洲地区同我国建交最早的国家之一，刚果（金）于2018年同中国签署共建"一带一路"谅解备忘录和避免双重征税协定。这为我国企业在非投资、加快形成"双循环"新发展格局，以及促进对外开放高质量发展具有重要意义。同时，对中国与全球伙伴共建"一带一路"具有示范带动作用。

嘉友国际物流股份有限公司成立于2005年，业务网络遍及亚洲、非洲、欧洲、北美等60多个国家和地区，其中，具有国际陆路口岸跨境运输特点的国家和地区是公司重点开展业务的主要区域。近年来，嘉友国际物流股份有限公司不断组建通关和物流服务网络，以客户需求为核心，提供差异化、专业化、信息化的跨境综合物流代理服务。表5列示了2020年嘉友国际物流股份有限公司的海外投资情况。

表5　2020年嘉友国际物流股份有限公司海外投资情况

单位：万元

投资项目名称	投资模式	投资国别	投资金额	投资领域
卡松巴莱萨—萨卡尼亚道路与陆港的现代化改造项目	独立投资	刚果（金）	160330.52	交通运输—公路运输

资料来源：中投大数据·投资数据库。

（二）基于投资领域维度的典型企业研究

"双循环"新发展格局利用国内国际两大市场、两种资源在全球范围内进行优质资源集聚和配置，是国内产业重构和升级，以及企业海外投资布局的重要影响因素。诚如前文所述，2020年，北京企业海外投资总体呈现涵盖领域多元，但投资规模又相对集中的特点，基于此，本报告以投资规模占比相对较高的化工行业和医疗医药行业为例，对相关典型企业进行研究。

1. 化工行业——北京中石伟业科技股份有限公司

北京中石伟业科技股份有限公司，是一家主要从事电子设备及元件研发的企业，经营范围涉及企业自产产品及技术出口业务。作为化工行业典型的

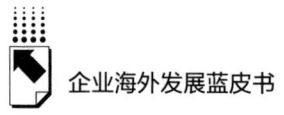

对外投资公司，该公司在国外投资了近10家公司，并设立了1处分支机构。表6列示了2020年北京中石伟业科技股份有限公司的海外投资情况。

表6　2020年北京中石伟业科技股份有限公司海外投资情况

单位：万元

投资项目名称	投资模式	投资国别	投资金额	投资领域
增资全资子公司及设立孙公司项目	独立投资	泰国	74755.5	化工行业—化工制品

资料来源：中投大数据·投资数据库。

2. 医疗医药行业——甘李药业股份有限公司

甘李药业股份有限公司（简称"甘李药业"），是一家主要从事胰岛素类似物原料药及注射剂研发、生产和销售的高新技术企业。作为我国首家掌握产业化生产重组胰岛素类似物技术的中国企业，公司主要产品包括重组甘精胰岛素注射液、重组赖脯胰岛素注射液、精蛋白锌重组赖脯胰岛素混合注射液、门冬胰岛素注射液、门冬胰岛素30注射液5个胰岛素类似物品种。自成立以来，甘李药业长期坚持自主研发，立足糖尿病领域，先后研发出多款三代胰岛素产品，覆盖长效、速效、预混3个胰岛素功能细分市场，同时不断丰富研发管线。2020年，甘李药业先后荣获"2019年度北京民营企业科技创新百强"、"2020中国化学制药行业工业企业综合实力百强"和"2020年度社会责任贡献企业"等荣誉。表7列示了2020年甘李药业基于独立投资模式所进行的海外投资情况。

表7　2020年甘李药业股份有限公司海外投资情况

单位：万元

投资项目名称	投资模式	投资国别	投资金额	投资领域
重组赖脯胰岛素产品美国注册上市项目	独立投资	美国	41514	医疗医药—生物药
重组甘精胰岛素产品美国注册上市项目	独立投资	美国	28900	医疗医药—生物药

资料来源：中投大数据·投资数据库。

（三）基于投资模式维度的典型企业研究

国际环境日趋复杂是我国"双循环"战略提出的一个重要宏观背景。由于地缘政治动荡、贸易摩擦加剧和单边主义势力抬头等多重因素叠加，海外投资风险不断激增，这使得海外投资模式必须兼具多元和灵活的特点。比如，从投资模式来看，为更大程度地提高项目实施主动权，降低海外投资风险，北京企业海外投资更加倚重独立投资模式。为进一步考察"双循环"背景下北京企业海外投资模式选择差异和投资项目情况，本报告分别对独立投资、增资、并购、合资经营和股权投资模式下的典型企业进行分析。

1. 独立投资模式——中国化学工程股份有限公司

中国化学工程股份有限公司，注册地为北京市东城区，是一家研发、投资、勘察、设计、采购、建造和运营一体化的知识密集型工程建设企业。近年来，凭借齐全的资质、完备的功能和完整的业务链，公司业务已拓展至全球50多个国家和地区，并不断探索"技术＋产业"的一体化开发模式，聚焦高性能纤维、特种合成橡胶、工程塑料等高精尖材料的研发。目前，中国化学公司在共建"一带一路"等重大战略的实施带动下，在助推区域经济高质量发展中发挥重要作用。如表8所示，2020年，中国化学公司通过独立投资方式签署了俄罗斯纳霍德卡NFP5400MTPD甲醇项目合同，该项目是目前该公司历史上单体相对较大的工程合同。

表8 2020年中国化学工程股份有限公司海外投资情况

单位：万元

投资项目名称	投资模式	投资国别	投资金额	投资领域
俄罗斯霍德卡NFP5400MTPD甲醇项目	独立投资	俄罗斯	995666	化工行业—化工制品

资料来源：中投大数据·投资数据库。

2. 增资模式——用友网络科技股份有限公司

用友网络科技股份有限公司，是一家综合型、融合化、生态式的企业云

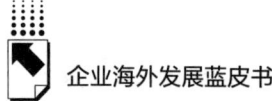

服务和软件提供商。根据2020年年报，该公司近年来在企业云服务市场领先的基础上，致力于新的战略发展阶段，即构建和运营全球领先的企业云服务平台。2020年，其入选《2020福布斯中国最具创新力企业榜》，同时位列《2020中国品牌500强》第395。表9列示了2020年用友网络科技股份有限公司的海外投资情况。

表9　2020年用友网络科技股份有限公司海外投资情况

单位：万元

投资项目名称	投资模式	投资国别	投资金额	投资领域
对用友海外发展公司的投资项目	增资	英国	2101.02	信息技术及服务—软件开发

资料来源：中投大数据·投资数据库。

3. 并购模式——康龙化成（北京）新药技术股份有限公司

康龙化成（北京）新药技术股份有限公司，是一家领先的全流程一体化医药研发服务平台，致力协助客户加速药物创新，为客户提供一体化的药物发现服务。2020年，康龙化成公司打造了医药研发服务一体化平台，在包括美国在内的多个国家设立了16家运营实体。如表10所示，为进一步加强全流程一体化服务平台的建设及继续加强全球化布局，该公司于2020年11月收购了Absorption Systems，并通过这一收购开展美国实验室服务，进而通过全球部署的实验室服务，进一步巩固在药物发现及开发全流程的DMPK一体化服务平台的领先地位。

表10　2020年康龙化成（北京）新药技术股份有限公司海外投资情况

单位：万元

投资项目名称	投资模式	投资国别	投资金额	投资领域
收购境外Absorption Systems LLC项目	并购	美国	375636.1	医疗医药—生物药

资料来源：中投大数据·投资数据库。

"双循环"新格局下北京企业海外投资研究

4. 合资经营模式——北京科创数联科技股份有限公司

北京科创数联科技股份有限公司,主要为客户提供区域能效管理云平台系统和用能设备控制优化解决方案;主要产品包括能源互联网云数据平台和用能设备控制优化设备(主机房监控设备、分量计量设备、末端监控设备)等软硬件产品。如表11所示,2020年,科创数联采用合资经营模式发起两项对外投资项目,分别是与泰国国家电力有限公司共同投资设立东南亚大数据中心股份有限公司,与施罗德集团共同设立油砂能源公司。

表11　2020年北京科创数联科技股份有限公司海外投资情况

单位:万元

项目序号	投资项目名称	投资模式	投资国别	投资金额	投资领域
1	与泰国国家电力有限公司共同投资设立东南亚大数据中心股份有限公司项目	合资经营	泰国	6715.8	科学技术—科技推广和应用服务
2	与施罗德集团共同投资石油领域,建立以石油天然气开采为主业的油砂能源公司项目	合资经营	加拿大	92876.4	科学技术—科技推广和应用服务

资料来源:中投大数据·投资数据库。

5. 股权投资模式——北京蓝色光标数据科技股份有限公司

北京蓝色光标数据科技股份有限公司,是一家营销科技公司,业务板块包括全案推广服务、全案广告代理等。在公司海外业务拓展方面,该公司主要为全球500强品牌以及"走出去"的中国品牌提供国际化传播服务,比如CRM、大数据分析、数字和传统媒介购买以及社交媒体洞察和营销的全球智能营销方案。旗下拥有Vision7、We Are Social、Metta等多家在行业内享有盛誉的数字营销、公共关系、整合传播和广告代理公司的子品牌,以及享有盛誉的工业设计公司Fuse Project。表12列示了其2020年的海外投资情况。

表12　2020年北京蓝色光标数据科技股份有限公司海外投资情况

单位：万元

投资项目名称	投资模式	投资国别	投资金额	投资领域
获取MadhouseInc.部分股权项目	股权投资	英国	29956.69	居民及商务服务—商务服务

资料来源：中投大数据·投资数据库。

五　总结与展望

（一）总结

基于首都城市战略定位和独特的区位优势，北京企业海外投资在引领示范都市圈高水平对外开放、助推区域经济高质量发展和打造"双循环"北京样板方面具有重要的战略意义。基于此，本报告以在京企业作为研究对象，基于海外投资视角，考察"双循环"新格局下北京企业对外投资发展情况。总体而言，在当前"百年未有之大变局"的背景下，2020年北京企业海外投资主要呈现以下几个方面的特点：一是在投资规模层面，受贸易摩擦和新冠肺炎疫情叠加等多重因素影响，对外投资规模呈现大幅收缩态势；二是在投资地域层面，对外投资空间布局更加均衡，投资地域范围多元化，特别地，依托共建"一带一路"经贸合作的成果开始显现；三是在投资领域层面，对外投资具有涵盖领域多元，但投资规模又相对集中的特点；四是在投资模式层面，北京企业海外投资涉及独立投资、合资经营、股权投资、并购与增资五种模式，其中，独立投资项目更受青睐，投资力度更大，而股权投资和增资项目的投资规模相对较小。

回顾2020年北京企业海外投资情况，"双循环"新格局下的北京企业海外投资在面临"走出去"压力的同时，也具有明显的发展优势：首先，为应对外部环境变化，推动经济高质量发展，2020年我国提出"双循环"新格局，这为北京企业充分利用国内国际两个市场、两种资源提供了有利条件；其次，依托京津冀城市群和北京"四个中心"战略定位，借助控增量、疏存量、提质量经济政策，北京企业在对外开放和创新发展过程中将面临更多的发展机遇；最后，疫情防控时期，全球经济逐渐复苏，外需逐渐好转。此外，内需方面，为积极落实"十四五"规划，我国基建投资将会持续发力，消费也会继续反弹，内外需共振将会使北京企业海外投资更好地适应"双循环"新格局。

（二）展望

1. 完善多边合作机制，推动形成全面开放新格局

国际经验和我国改革开放实践表明，鉴于国家之间不尽一致的发展水平、多元的利益诉求，以及复杂多变的地缘政治关系，对外开放高质量发展必须依托多层次、多种形式的新合作机制，充分利用和发挥好现有双边、多边合作机制在全面开放新格局中的保障作用。具体而言，一是要充分发挥政府在对话机制建设方面的主导作用，积极构建形成区域经济合作新平台。如，自我国共建"一带一路"倡议得到越来越多的国家响应以来，倡议逐步变为现实，经贸合作成果和红利逐步显现。因此，在"双循环"新格局下，我国政府必须在对话机制建设过程中发挥主导作用，依托共建"一带一路"倡议，开展第三方市场合作，签订境外经贸合作区、双边投资协议等，为企业"走出去"打造坚实平台。二是要建立健全民间交流机制，鼓励区域经济组织和海外投资企业交流机制的设立与发展，进而通过发挥民间社会团体的能动性，让跨境经济合作转变成民间自发行为。三是发挥非政府组织与相关智库的作用。为促进形成全新的对外开放格局，多边合作机制建设还必须充分重视非政府组织与相关智库在交流互动机制建设方面的基础性和对策性研究，依托智库专业优势，为多边合作机制的构建提供支持。

2. 加强政府政策引导，促进海外投资自由化和便利化

现阶段，我国本土企业对外投资进程明显加快，效率和效益显著提升，企业海外投资在推动相关产品、技术、服务"走出去"，助推经济高质量发展方面的作用越发凸显。然而，由于海外投资环境日趋复杂，我国企业海外投资面临前所未有的挑战。因此，新形势下推动海外投资，必须

加强政府对海外投资的宏观指导，进一步引导和规范海外投资方向，主动塑造开放的外部环境，促进海外投资的自由化和便利化。具体而言，一是要建立健全海外投资管理体制，实现企业海外投资与经济发展需求的高度耦合。在坚持以企业为主体和尊重市场规律的基础上，政府部门要积极通过政策性引导，从产业结构布局和高质量发展需要视角对北京企业海外投资发展提供科学指导，做到"放管结合"。二是赋予北京自贸区更大改革自主权，深入开展差别化探索，进而为企业提供宽领域、多维度的全方位服务。三是注重国际合作平台建设，为企业海外投资提供良好的环境。比如，可以通过加强亚投行及其他多边开发机构，推动中外深度合作，促进海外投资稳定发展。

3. 创新海外投资模式，增强海外投资灵活性和适应性

2020年全球海外投资发展情况和北京企业海外投资典型案例表明，由于海外新冠肺炎疫情不断蔓延，各国政府均在不同程度上采取了应对疫情的限制性措施，而受封锁性政策影响较大的海外投资项目，投资效率断崖式下跌。在此背景下，海外投资企业在增强风险意识的同时，还需要通过创新海外投资合作方式的形式，灵活应对外部环境变化。比如，依托既有海外合作平台，针对拥有资源禀赋的发展中国家，可充分发挥其资源优势，与中国在基础设施领域的相关优势相结合，形成互利互惠；针对发展程度较高的发达国家，可通过投资具有先进技术、产品和服务的项目，以反哺国内经济高质量发展。因此，在"双循环"新格局下企业能更好地适应海外投资环境、灵活应对海外投资面临的挑战。

4. 培育企业核心竞争力，提升国际循环质量和水平

目前，全球新一轮科技革命和产业变革方兴未艾，在此背景下，各国政府对在新兴技术领域中的优势地位尤为重视，为确保既有优势，各国采取多种手段保护本国的优势项目和技术。部分国家甚至通过收紧外资安全审查，将关键技术领域的外商投资纳入审查范围，这使得我国企业参与国际合作越发困难，因此，作为外向型企业，为更好地促进形成"双循环"新格局，尤其是提升国际循环质量，我国海外投资企业必须积极培育参与国际竞争的

核心竞争力。比如，可以通过技术创新方式，形成核心技术和知识产权，将现有的和潜在的比较优势转化为国际市场的竞争优势，从而彻底地化解"卡脖子"难题，更好地应对国际经济新形势。

参考文献

李卓、包益红：《新冠疫情下经济不确定性之不确定研究》，《经济评论》2020年第4期。

李俊：《全面准确理解"双循环"新发展格局的深刻内涵》，《人民论坛》2021年第2期。

B.9
2020年北京企业在共建"一带一路"国家的投资分析

金 瑛　刘思义*

摘　要： 北京企业是共建"一带一路"国家投资的"排头兵"和主力军，在2020年新冠肺炎疫情全球蔓延背景下，北京企业在共建"一带一路"国家的投资出现了新变化。本报告对北京企业在共建"一带一路"国家的投资的形势、投资思路、投资现状、问题与建议进行了分析，并辅以典型案例说明。分析表明，首先，在2020年较为严峻的内外部形势下，北京企业在共建"一带一路"国家的投资规模明显下降，在投资区域中拉丁美洲比重凸显，投资行业仍聚焦能源和交通运输业，投资主体主要为在京央企，投资方式以绿地和非绿地并重。其次，部分北京企业砥砺前行，在疫情挑战下积极推进投资项目，取得了一定成绩。最后，未来北京企业在共建"一带一路"国家的投资可从医疗卫生、民生健康、重大公共危机应对等方面拓展思路。本报告旨在揭示北京企业在共建"一带一路"国家的投资现状并提供有借鉴意义的对策。

关键词： 北京企业　"一带一路"　海外投资

---

* 金瑛，对外经济贸易大学国际商学院博士研究生，主要研究方向为会计信息与资本市场；刘思义，博士，对外经济贸易大学国际商学院讲师，主要研究方向为审计与内部控制。

一 北京企业在共建"一带一路"国家的投资形势

2020年,北京企业在共建"一带一路"国家的投资面临新形势,具体包括新冠肺炎疫情全球蔓延、全球经济低位运行、地缘政治不稳定、我国经济增速放缓四个方面。总体而言,在此严峻形势下:北京企业在共建"一带一路"国家的投资面临新的困难和挑战;共建"一带一路"并未停滞,展现很强的韧性与活力,而北京企业在海外投资中发挥了重要作用;全球抗疫和经济复苏也对共建"一带一路"提出了强劲需求,北京企业在共建"一带一路"国家的投资面临新的机遇。本部分将梳理上述四个方面因素可能对北京企业在共建"一带一路"国家的投资造成的影响。

(一)新冠肺炎疫情冲击

2020年初开始,新冠肺炎疫情在全球范围内迅速蔓延。截至2020年12月31日,全球累计确诊病例超8372万例,累计死亡病例超182万例,单日新增确诊病例近74万例[①];共建"一带一路"国家俄罗斯、波兰、捷克、印度、土耳其五国单日新增确诊病例超万例,乌克兰、伊朗等多个国家单日新增确诊病例超千例。国内外严峻的疫情形势对北京企业在共建"一带一路"国家的投资产生直接不利冲击,主要表现在以下几个方面。

首先,疫情传播导致部分国家采取一系列限制措施,影响国家间正常的经贸往来。例如,菲律宾、以色列等国对中国旅客采取禁止入境措施;巴基斯坦、保加利亚、黎巴嫩等国则对中国公民和来自中国的第三国公民采取隔离和跟踪监测措施;越南、阿曼、伊朗等国对中国航空禁飞;俄罗斯取消对中国的大部分航班;哈萨克斯坦取消了与中国的火车客货运输往来等。其次,疫情蔓延使得全球供应链遭受冲击,建设项目不能获得及时的设备、物资和原材料供给。例如,中企在缅甸承建的小其培水电站以及在老挝承建的

---

① Worldmeter网站实时统计数据。

南欧江梯级水电站因项目工作人员、材料和机电设备不能及时到位而面临工期目标不能按时实现的风险。最后，部分国家受疫情影响，经济发展严重衰退，无法为建设项目提供必要的配套资金和物质保障。例如，疫情加剧了巴基斯坦、哈萨克斯坦和越南等国的债务负担，导致中国企业在这些国家投资的风电绿地项目无法正常开展。

然而，尽管面临新冠肺炎疫情冲击，共建"一带一路"国家投资仍然展现十足韧性。首先，中欧班列运输网络持续拓展，已通达欧洲21个国家92个城市，为维护国际供应链产业链稳定提供了重要支撑。其次，部分重大项目进展顺利。例如，中印雅万高铁项目3号隧道建设工程、中老铁路友谊隧道等实现贯通；中巴经济走廊建设项目、中印万隆高速公路项目等在经历短暂停工后，迅速复工复产；中泰铁路一期线上工程合同达成一致等。

（二）全球经济低位运行

受新冠肺炎疫情冲击，2020年全球经济出现深度衰退。一是全球GDP出现少有的负增长。根据国际货币基金组织发布的《世界经济展望报告》，2020年全球GDP增长率按购买力平价（PPP）计算，约为-4.4%。二是失业率明显上升。例如，美国2020年2月失业率仅为3.5%，4月却迅速攀升至14.8%。三是通货膨胀率普遍下降，全球宏观经济形势总体上表现为总需求不足。四是国际贸易萎缩。例如，2020年第一季度和第二季度，全球货物出口额同比增长率分别为-6.4%和-21.3%。五是国际直接投资断崖式下跌。例如，2020年上半年，全球外国直接投资（FDI）流入额相比2019年同期下降49%。六是全球金融市场大起大落。七是全球债务水平快速攀升。以总债务占GDP比重计，发达经济体政府占比同比上升20.2%，新兴市场与中等收入经济体占比上升10%，低收入发展中国家占比上升约5.5%；各国企业债务也在2020年快速上升。

就共建"一带一路"国家/地区而言，根据国际货币基金组织数据，除了缅甸、伊朗、孟加拉国、土库曼斯坦、巴基斯坦等国的GDP保持较高增长，以及越南、塞尔维亚、立陶宛、以色列、老挝、阿富汗、尼泊尔等国的

2020年北京企业在共建"一带一路"国家的投资分析

GDP 保持正增长外,其余 51 个国家/地区均为负增长或零增长,部分国家甚至陷入极度衰退状态(见表1)。总体上,2020年共建"一带一路"国家/地区经济增长形势不容乐观,可能导致这些国家/地区债务高企、风险水平上升,难以继续提供必要的配套资金与物质保障,对北京企业在共建"一带一路"国家的投资产生不利影响。

表1 2020年共建"一带一路"国家/地区 GDP 名义增速

单位:%

国家/地区	GDP 名义增速	国家/地区	GDP 名义增速	国家/地区	GDP 名义增速	国家/地区	GDP 名义增速
西奈半岛	19.68	波兰	-0.27	波黑	-3.96	亚美尼亚	-10.22
缅甸	18.17	斯洛伐克	-0.95	塞浦路斯	-4.00	格鲁吉亚	-10.29
伊朗	9.36	罗马尼亚	-1.00	摩尔多瓦	-4.17	也门	-11.06
孟加拉国	8.83	塔吉克斯坦	-1.23	印度尼西亚	-5.39	文莱	-11.11
土库曼斯坦	4.87	阿尔巴尼亚	-1.31	匈牙利	-5.44	阿塞拜疆	-11.25
巴基斯坦	4.82	乌克兰	-1.56	土耳其	-5.44	沙特阿拉伯	-11.54
越南	3.43	爱沙尼亚	-1.59	印度	-5.63	吉尔吉斯斯坦	-11.76
塞尔维亚	2.91	拉脱维亚	-1.76	克罗地亚	-6.41	黑山	-12.73
立陶宛	2.01	巴林	-1.95	蒙古	-6.43	俄罗斯	-12.77
以色列	2.00	马其顿	-2.38	白俄罗斯	-6.52	阿联酋	-15.86
老挝	1.60	约旦	-2.47	马来西亚	-7.24	卡塔尔	-16.89
阿富汗	1.06	斯洛文尼亚	-2.58	泰国	-7.77	阿曼	-17.17
尼泊尔	0.88	柬埔寨	-2.62	希腊	-7.79	科威特	-19.84
乌兹别克斯坦	0.00	捷克	-3.67	新加坡	-9.19	伊拉克	-22.62
不丹	0.00	菲律宾	-3.87	哈萨克斯坦	-9.30	马尔代夫	-32.14
保加利亚	0.00	斯里兰卡	-3.93	巴勒斯坦	-9.36	黎巴嫩	-63.69

注:此表仅统计"丝绸之路经济带"和"海上丝绸之路经济带"涉及的65个国家和地区,其中叙利亚因无数据而未被列入表中,西奈半岛采用埃及数据。但"一带一路"是一个开放体系,参与共建"一带一路"的国家和地区现已包括非洲、拉丁美洲部分国家。

资料来源:国际货币基金组织。

(三)地缘政治仍不稳定

地缘政治风险是北京企业在共建"一带一路"国家投资面临的重大风险。

这一风险主要来自两个方面：一是欧美等西方国家对"一带一路"建设的搅局，尽管2020年1月中美签署了第一阶段经贸协议，但中美在经济领域仍时有摩擦；二是共建"一带一路"国家本身的地缘政治环境不稳定，共建"一带一路"国家民族众多、信仰各异，且部分国家政局不稳定。

总体而言，2020年共建"一带一路"国家的地缘政治风险仍然存在，且叠加新冠肺炎疫情负面影响和全球及区域经济衰退压力，导致东道国投资环境不稳定态势可能会加剧，这对北京企业在共建"一带一路"国家投资造成了明显困难，提出了严峻挑战。

（四）我国经济增速放缓

根据国家统计局数据，自2018年以来，我国经济增速持续放缓。2018年四个季度我国GDP同比增长分别为6.9%、6.9%、6.7%、6.5%，2019年四个季度分别为6.4%、6.2%、6.0%、6.0%，而2020年四个季度则分别为-6.8%、3.2%、4.9%、6.5%。尽管2020年第四季度GDP同比增长率出现明显回升、我国经济展现强大的韧性与活力，但受年初新冠肺炎疫情和经济增速持续放缓的影响，2020年总体经济增速处于低位。这可能对北京企业在共建"一带一路"国家的投资产生至少两方面的影响。

首先，在2020年我国经济增速低位运行背景下，我国经济稳增长任务更加凸显。如何利用国内国际两个市场、两种资源，牢牢把握好发展主动权，需要通过共建"一带一路"这一国际合作倡议来拓展经济发展空间，这形成了北京企业在共建"一带一路"国家投资的内在驱动力。其次，在2020年我国经济增速低位运行背景下，我国经济调结构压力更大。发达国家"再工业化"战略的推进与周边发展中国家人口优势及政策红利的扩大对我国制造业发展形成了双重挤压，促进我国企业在共建"一带一路"国家投资中考虑进行产业调整，例如投资屋顶太阳能、LED照明等新兴产业应用项目，这形成了北京企业在共建"一带一路"国家投资的外在压力。

总之，我国经济增速放缓是我国企业在共建"一带一路"国家投资的动力和压力，在2020年叠加新冠肺炎疫情导致停工停产、经济短期下行的背景下，稳增长和调结构成为紧要任务。这同时对北京企业共建"一带一路"国家投资提出了量和质的要求，也响应了高质量共建"一带一路"的发展总基调。

二 北京企业在共建"一带一路"国家的投资思路

北京企业作为北京市参与共建"一带一路"的重要主体，是共建"一带一路"国家投资合作的主要力量和实施者。2018年10月22日，北京市推进"一带一路"建设工作领导小组印发《北京市推进共建"一带一路"三年行动计划（2018—2020年）》（以下简称《行动计划》），明确了北京市推进共建"一带一路"的总体思路、主要原则、主要目标、重点任务和保障措施。《行动计划》将"不断深化投融资合作，服务繁荣之路建设"作为重点任务之一，指出"以基础设施互联互通和国际产能合作为重点，以重大项目和园区建设为抓手，加强优势领域对外投资合作"。《行动计划》还指出要"强化企业主体作用"。这确定了北京企业在共建"一带一路"国家投资的思路基调。

（一）投资定位

作为我国首都，北京具有独特的战略定位和地位。作为我国政治中心，北京担纲"国家的门面"，在一定程度上代表了中国态度，因而在国家文化宣传交流、国际贸易与投资中发挥着很强的示范效应和引领作用；作为我国国际交往中心，北京与国内各省市和国际各国/地区交往密切，是互联互通的重要枢纽，辐射作用巨大；作为我国文化中心，北京历史悠久、文化底蕴深厚，兼容并蓄，是国际文化交流、文化产业传承和创新的核心地和引领区；作为我国科技创新中心，北京科技人才会聚、科研基础雄厚、高新企业数量居全国之首，在数字经济、金融创新等领域处于全国领先地位。企业是"一带一路"建设的重要主体，北京企业依托北京首都战略地位和"四个中心"定位，在共建"一带一路"国家投资中发挥举足轻重的引领和示范作用。因此，北京企业是共建"一带一路"的"排头兵"。

作为我国重要经济中心之一，北京是众多央企和企业总部的所在地。就央企而言，截至2021年5月，我国97家央企中，76家总部设在北京，占比为78.4%；其中54家副部级及以上央企中，北京占据37家，占比为68.5%。就企业总部而言，根据北京总部企业协会公开信息，北京4000多家总部企业拥有的资产全市占比超过70%，营业收入全市占比近70%，实现利润全市占比超过88%。① 在中国一带一路网公布的100家中国企业名录中②，央企为85家，位于北京的央企为68家，占比为68%；而总部位于北京的企业为79家，占比为79%。此外，相较于其他企业，央企和企业总部通常具有雄厚的资金实力和决策权利，在对外投资中往往占据鳌头。由此可见，北京企业是共建"一带一路"国家投资的主力军。

（二）投资优势

1. 外交优势

作为我国首都，北京在国际交往中的"外交角色"突出；作为兼具政治中心、文化中心、国际交往中心、科技创新中心多重身份的国际大都市，北京在国际交往中的"示范作用"明显。这在一定程度上为北京企业"走出去"提供了良好的"背书"。

一方面，北京可以发挥城市外交作用，积极参与共建"一带一路"国际规则的构建，为北京企业投资共建"一带一路"国家提供更多机会。目前，北京市已与56个国际城市建立友好关系，其中共建"一带一路"城市为25个（见表2）。通过城市友好建交，双方可更加便利地开展经贸合作。

---

① 参见北京总部企业协会网站，http：//www.bhea.org.cn/index.php/Home/Index/about1/id/1。
② 参见中国一带一路网，https：//www.yidaiyilu.gov.cn/info/iList.jsp？cat_id=10039。

例如,2018年5月,北京与柬埔寨金边市正式结为国际友好城市,伴随着两市结好,北控集团控股的中柬金边经济特区有限公司正式成立,在北京市国企的投资建设下,这个地处金边以北60公里、总规划面积30平方公里的综合性经济特区将进入建设发展快车道。

表2 共建"一带一路"北京市级友好城市

城市	所在国家	所属洲
贝尔格莱德市	塞尔维亚	欧洲
安卡拉市	土耳其	亚洲
开罗省	埃及	非洲
雅加达省	印度尼西亚	亚洲
伊斯兰堡市	巴基斯坦	亚洲
曼谷市	泰国	亚洲
基辅市	乌克兰	欧洲
河内市	越南	亚洲
莫斯科市	俄罗斯	欧洲
雅典市	希腊	欧洲
布达佩斯市	匈牙利	欧洲
布加勒斯特市	罗马尼亚	欧洲
马尼拉市	菲律宾	亚洲
努尔苏丹市	哈萨克斯坦	亚洲
特拉维夫—雅法市	以色列	亚洲
地拉那市	阿尔巴尼亚	欧洲
多哈市	卡塔尔	亚洲
德里邦	印度	亚洲
德黑兰市	伊朗	亚洲
乌兰巴托市	蒙古国	亚洲

续表

城市	所在国家	所属洲
万象市	老挝	亚洲
布拉格市	捷克	欧洲
明斯克市	白俄罗斯	欧洲
里加市	拉脱维亚	欧洲
金边市	柬埔寨	亚洲

资料来源：北京市人民政府外事办公室。

另一方面，作为国际性大都市，北京在城市发展和治理方面的经验可以与共建"一带一路"城市共享，拓宽投资渠道。例如，根据北京市发展和改革委员会介绍，北京中关村聚集了全国近30%的国家级重点实验室和大量创新型企业。此外，在新一代人工智能技术的推动下，"智慧北京"建设已在信息基础设施、公共服务方面有了突破式进展。以上城市发展和治理经验均为正在不断崛起的共建"一带一路"城市起到了示范引领作用，也为北京市技术类企业"走出去"创造了机会。

2. 产业优势

（1）服务业

服务业是北京市的王牌产业之一。从数据来看，北京市服务业占GDP比重超过80%，已达到全球发达国家城市水平[1]；北京服务业消费额占市场总消费额的55%，服务贸易进出口额占全国比重20%以上，服务业新设外商投资企业占新设外商投资企业的96%，服务业实际利用外资占实际利用外资的95%，此外，在保险、金融和信息等新兴服务贸易方面，北京保持全国领先[2]。从领域来看，北京服务业扩大开放主要围绕科技、互联网信息、金融、教育、文化旅游、医疗养老、专业服务七个领域。由此可见，北京服务业扩大开放领域已涵盖多数服务贸易领域，具有全方位特征。因此，北京企业与共建"一带一路"国家在服务业领域进行投资合作具有优势。

---

[1] 《新京报》2020年9月3日报道数据。
[2] 北京商务局和普华永道《2020年北京市外资发展报告》数据。

(2) 数字经济

数字经济也是北京市的王牌产业之一。北京市对数字经济历来重视，在政策层面，北京市发展和改革委员会于2020年6月发布《北京市加快新场景建设培育数字经济新生态行动方案》，北京市经济和信息化局于2020年9月发布《北京市促进数字经济创新发展行动纲要（2020—2022年）》（以下简称"纲要"），加快推动北京市数字经济创新发展，打造全国数字经济发展先导区和示范区。在实践层面，北京数字资源丰富，数字经济发展领先。2020年，北京数字经济增加值为1.44万亿元，占GDP比重达40%。根据纲要工作目标，2022年，北京数字经济增加值占地区GDP比重要达55%。总之，北京市在数字经济浪潮中具有得天独厚的优势，在共建"一带一路"国家的投资也可以从数字经济领域进行拓展。

(3) 科技创新

北京是全球十大科技创新中心之一，拥有独角兽企业占全国近一半，人工智能企业数量和专利数量居全国第一。北京产业结构不断优化升级，从传统产业转向以新一代信息技术、人工智能、软件和信息服务等产业为主的高精尖产业，进一步支撑首都经济高质量发展。根据2019年中国科学院文献情报中心发布的《"一带一路"沿线国家科技竞争力报告》，共建"一带一路"国家科研能力、科研水平、规模差异性较大，发展不均衡。其中"2016年研发强度"一项中国位于第一（2.108），东南亚地区次之（2.067），而东欧（0.978）、西亚（0.833）、南亚（0.547）和中亚（0.162）地区远低于前两者。因此，参与"一带一路"科技创新行动计划，北京企业拥有广阔空间和显著优势。

(4) 总部经济

总部经济是北京经济的重要基础，根据中国商务新闻网，北京拥有《财富》世界500强总部企业数量连续6年位居全球城市首位，北京总部经济在引领创新、辐射带动、扩大开放等方面发挥了重要支撑作用。① 就共建"一带一

---

① 晏澜菲:《北京打造总部经济创新发展"新引擎"》，中国商务新闻网，2019年5月29日，http://www.comnews.cn/article/ibdnews/201905/20190500005438.shtml。

路"而言，北京企业可以借鉴其已有经验，积极参与"一带一路"总部经济生态圈建设。例如，2016年，国家工业和信息化部启动的"一带一路·新电商总部经济生态圈建设工程"，77个国家驻华使节合作加盟，真正落实国家主席习近平同志提出的"一带一路""走出去、引进来"战略指导方向。

（5）众多老字号

作为拥有众多老字号品牌企业的地区，北京企业的"一带一路""走出去"战略，可通过打造特色产业全球价值链来辅助。一方面，北京在传统食品类、中医药类、文化创意类等产业的老字号品牌和独特传统制作工艺可以构成核心价值链环节，为北京企业在共建"一带一路"国家的食品产业、中医药产业和文化创意产业投资中占据高端价值链环节提供了可能。另一方面，目前北京企业投资"一带一路"的主要领域为能源、交通、制造等行业，而共建"一带一路"65个国家总人口约为44亿，是潜力巨大的消费市场。"老字号"搭车"一带一路""走出去"，不仅能弘扬我国传统文化，也有助于扩大外需，推动构建国内国际"双循环"相互促进的新发展格局。

3. 人文优势

作为全国文化中心，北京有3000多年的建城史、800多年的建都史，是一座古代文化与现代文明交相辉映的国际化大都市。北京利用文化名片，通过文化交流，加深与东道国之间的文化认同与互信，也为北京企业在共建"一带一路"国家创造了更和谐的投资环境和更多元的投资机会。一方面，北京高校和科研院所众多，中国顶尖的实验室和大学学科一半都在北京。这有助于向东道国传播共建"一带一路"倡议，加深东道国对北京企业投资当地的理解和认同。另一方面，通过打造文创旅活动，例如"欢乐春节"、"北京文化周"、北京国际电影节、图书节期间的"一带一路"专题活动等，有助于推动北京文创企业参与"一带一路"的文旅产业投资，拓宽共建"一带一路"的领域范围。

4. 地理优势

北京市地理位置优越，就陆路而言，北京已成为贯通东北、华北、西北、华东地区的全国铁路以及周边国际铁路运输的总枢纽，全国高铁运输网也不断发展并向国外延伸。就航空而言,首都机场是"一带一路"的重要国际航空客运枢纽机场(见表3)。地理上的优越区位和便捷的交通,使得北京及其周边地区拥有物流集中的优势,为北京企业在共建"一带一路"国家投资提供了更大的发展空间。

表3 中国面向"一带一路"的国际航空客运枢纽机场

地区	枢纽机场	次级枢纽机场
"一带一路"	上海、北京、广州	昆明、成都、乌鲁木齐、杭州、武汉
东南亚	上海、广州、北京	昆明、成都、深圳、杭州、厦门
蒙俄	北京、哈尔滨	上海、广州、满洲里
南亚	北京、上海、广州	昆明、成都
西亚/中东	北京、上海、广州	乌鲁木齐
中亚	乌鲁木齐	—
中东欧	—	—

资料来源:王姣娥、王涵、焦敬娟《"一带一路"与中国对外航空运输联系》,《地理科学进展》2015年第5期。

(三)投资思路

北京企业作为共建"一带一路"国家投资的"排头兵"和主力军,应当依托总部经济优势,在央企示范、带动作用下,继续推进基础设施互联互通、国际产能合作以及重点海外园区建设,深化拓展服务业、数字经济、科学研发、金融等现代服务业和新兴产业的对外投资,重点推动传统老字号、文化等特色产业"走出去",探索发展在医疗卫生、民生保障等领域的投资合作,优化对外投资产业结构,推动北京"高精尖"产业结构调整,同时发挥北京在"一带一路"国家投资中的引领作用。

此外,在疫情背景下,北京企业应当建立健全对外投资合作的区位选择、风险防范和制度保障机制,因时因势探索和开展新兴产业领域投资合作,提高对外投资合作方式的应变性与灵活性,以防范和应对全球重大公共危机,平稳有序推动"走出去"战略和共建"一带一路"倡议的践行,助力我国深化改革与扩大开放,推动全球共商、共建、共享。

三 北京企业在共建"一带一路"国家的投资现状

(一) 投资规模

图 1 显示,2016~2020 年,北京企业在共建"一带一路"国家的投资规模呈现先升后降的趋势:2016 年和 2017 年投资规模分别为 1692 亿元和 1705 亿元,2018 年攀升至 2207 亿元,2019 年则小幅回落至 1944 亿元;总体而言,2020 年之前,北京企业在共建"一带一路"国家的投资规模呈波动上升趋势。2020 年,主要受新冠肺炎疫情冲击,投资规模骤减,仅为 847 亿元。

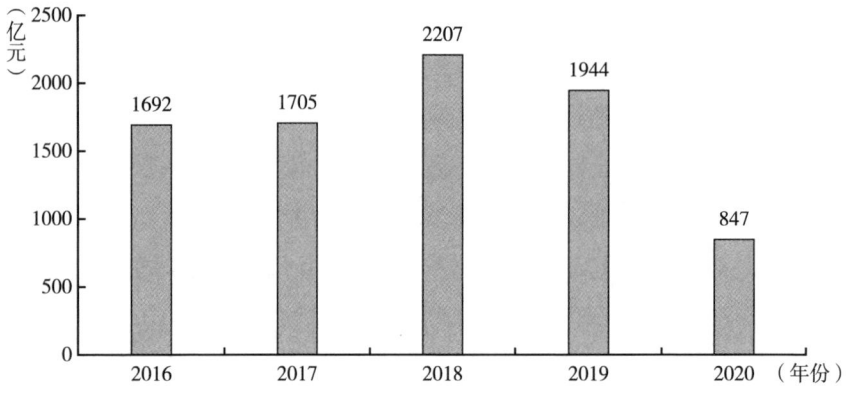

图 1 2016~2020 年北京企业在共建"一带一路"国家的投资规模

资料来源:根据 Wind 数据库、CSMAR 数据库、《中国全球投资跟踪》(*China Global Investment Tracker*) 相关数据整理。

(二) 投资区域

1. 洲别分析

从近 5 年累计投资来看。2016~2020 年北京企业在共建"一带一路"国家的投资主要集中在亚洲,占比为 50.22%;其次为拉丁美洲,占比为 25.97%(见图 2)。从当年投资来看,2020 年投资主要集中在拉丁美洲,占比为53.71%；其次为亚洲，占比为43.06%（见图3）。无论近5年累计投资还是2020年当年投资，北京企业对亚洲和拉丁美洲的投资比重均很大。

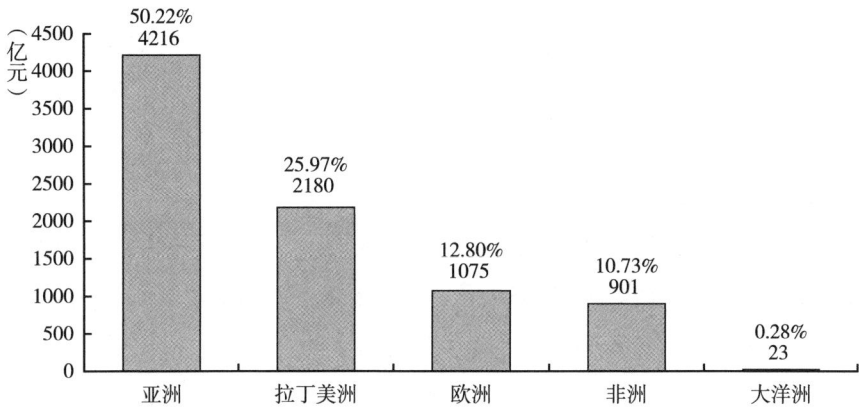

图2　2016～2020年北京企业在共建"一带一路"国家投资的洲别分布

资料来源：根据Wind数据库、CSMAR数据库、《中国全球投资跟踪》（*China Global Investment Tracker*）相关数据整理。

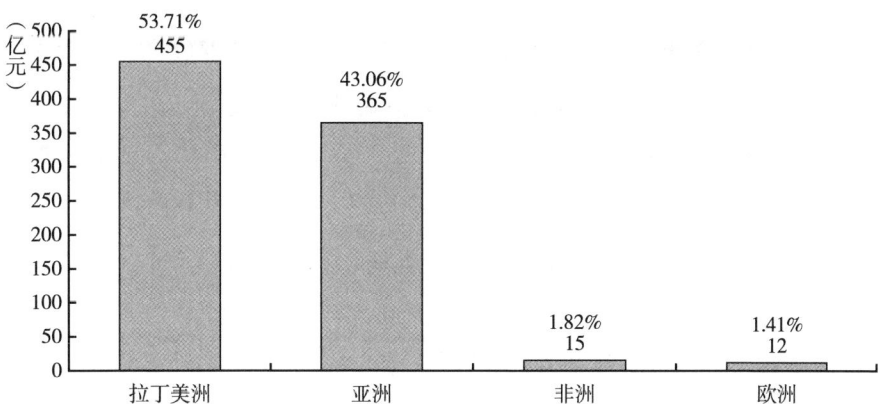

图3　2020年北京企业在共建"一带一路"国家投资的洲别分布

资料来源：根据Wind数据库、CSMAR数据库、《中国全球投资跟踪》（*China Global Investment Tracker*）相关数据整理。

就亚洲而言。我国和亚洲国家毗邻，交通便利，在地缘和人文方面均具有良好的交往基础；且多数亚洲国家处于发展中状态，人口众多，基础设施落后，加之受世界产业重心转移的影响，对于引进我国资金和技术建设及发展本国基础设施、制造业、房地产业等具有较强需求，我国企业在服务业、互联网及信息技术、科学技术等领域投资该地区具有广阔空间。

就拉丁美洲①而言。早期拉美地区未被纳入"一带一路"框架范围，随着共建"一带一路"倡议国际社会影响力的扩大，拉美新兴市场国家也积极寻求被纳入共建"一带一路"倡议。2018年1月，中国—拉美和加勒比国家共同体论坛第二届部长级会议通过并发表《"一带一路"特别声明》，中国向拉美34个国家发出正式邀请，"一带一路"延伸到拉美。拉美地区地域辽阔、人口民族众多、资源丰富、经济发展相对落后，北京企业对拉美地区"一带一路"建设进行投资具有广阔的空间；此外，相较于"一带一路"建设的其他地区，拉美地区金融最活跃、金融渗透度最深入，政府间贷款与中资企业收购、投资额也最大。因此，尽管共建"一带一路"倡议延伸至拉美从时间上晚于"海上丝绸之路"与"陆上丝绸之路"，但北京企业对该地区的投资具有很大的后劲与潜力。

2. 区域分析

从近5年累计投资来看。2016~2020年，除拉丁美洲以外，北京企业在共建"一带一路"国家的投资主要集中在东南亚，占比为28.18%，其次为西亚和南亚，占比分别为11.34%和9.43%（见图4）。就东南亚而言，北京企业投资该地有着天然的良好基础。一是我国与东南亚海陆连通，便利的交通使该地区自然成为投资重地；二是东南亚华人华侨数量较多，自古以来交往密切，亲切的人文基础有利于北京企业在该地投资项目的签订和推进；三是东南亚地区部分国家相对落后，在基础设施建设等方面具有广阔的空间和很大的需求；四是随着东南亚地区人口红利的显现，世界初级制造业向该地转移，我国过去在初级制造业方面积累的经验和技术优势为该地区所需，而北京企业在服务业和科学技术等方面具备的优势也有广阔的施展空间。就西亚而言，该地区具有明显的区位优势和资源优

---

① 本报告对拉丁美洲未做更详细的地域区分。

势,且部分国家受战乱、政局不稳等问题影响,在重振经济、重建和改善基础设施环境等方面有强烈的需求,因而也成为北京企业的投资重地。就南亚而言,该地区与我国相邻,人口众多,经济发展相对落后,对引进我国企业投资也有较强需求。

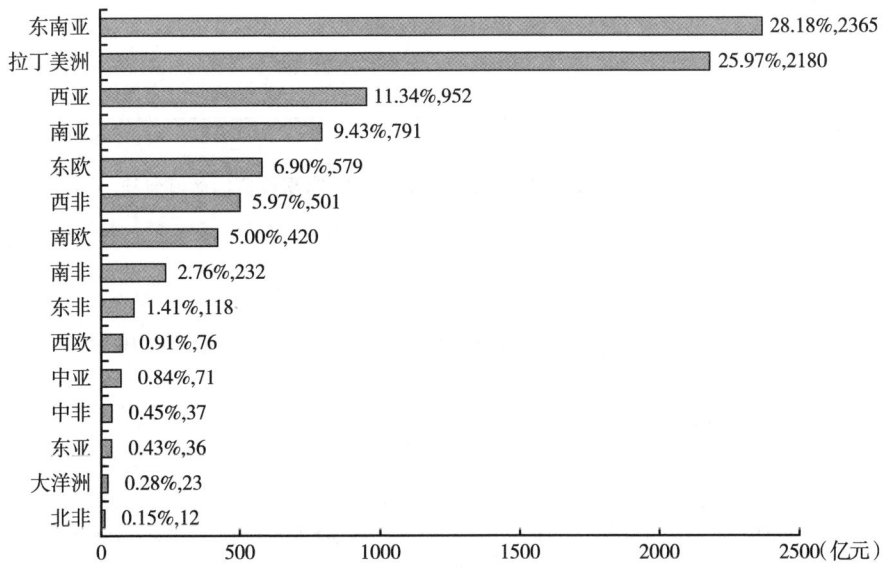

图4 2016~2020年北京企业在共建"一带一路"国家投资的区域分布

资料来源:根据 Wind 数据库、CSMAR 数据库、《中国全球投资跟踪》(China Global Investment Tracker)相关数据整理。

从当年投资来看。2020年,北京企业在共建"一带一路"国家的投资主要集中在拉丁美洲,占比为53.71%;然后为东南亚,占比为23.87%;然后为南亚,占比为19.15%(见图5)。这3个地区成为北京企业投资重地的原因与前述一致,仅在投资比重上有细微变化。

3. 国别分析

从近5年累计投资来看。2016~2020年,北京企业在共建"一带一路"国家的投资主要集中在新加坡、智利、巴西、秘鲁、俄罗斯、老挝、尼日利亚、巴基斯坦、阿拉伯和希腊这10个国家(见表4)。

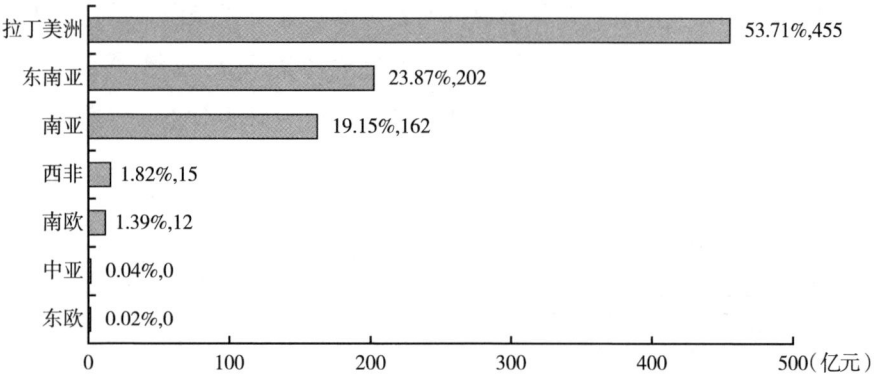

图5　2020年北京企业在共建"一带一路"国家投资的区域分布

资料来源：根据Wind数据库、CSMAR数据库、《中国全球投资跟踪》（China Global Investment Tracker）相关数据整理。

表4　2016~2020年北京企业在共建"一带一路"国家投资前10

单位：亿元

2016~2020年		2020年	
国家	投资额	国家	投资额
新加坡	783	智利	400
智利	723	巴基斯坦	86
巴西	619	老挝	82
秘鲁	546	孟加拉国	60
俄罗斯	523	秘鲁	55
老挝	502	泰国	52
尼日利亚	500	印度尼西亚	35
巴基斯坦	446	缅甸	20
阿拉伯	311	斯里兰卡	16
希腊	232	尼日利亚	15

资料来源：根据Wind数据库、CSMAR数据库、《中国全球投资跟踪》（China Global Investment Tracker）相关数据整理。

首先，对新加坡投资排名第一位，累计投资为783亿元。主要原因，其一，从地理位置来看，新加坡位于东盟核心地带，地理位置优越，区位优势显著，是连接整个东南亚乃至亚太市场的重要枢纽和商业中心。其二，从投资环境来看，新加坡基础设施完善、经济发达、社会稳定，营商环境优越。

《2020全球营商环境报告》显示，新加坡在全球营商环境排名中位居第二位。其三，从产业结构来看，新加坡创新度高，在电子商务、金融科技等高新科技产业领域发展迅速，从而吸引大批北京企业在新加坡投资。

其次，对智利、巴西、秘鲁3个拉丁美洲国家累计投资分别为723亿元、619亿元、546亿元。就智利而言，智利经济发达，市场开放度高，我国是智利第一大贸易伙伴国、第一大出口目的地国和第一大进口来源国，两国在经贸领域深度合作方面存在广阔空间。2018年11月，智利与中国签署了共建"一带一路"合作谅解备忘录，进一步推动了我国企业对智利的投资，而2016~2018年，我国对智利的投资量增长超过了5倍。智利为实现快速发展，高速公路、铁路、港口、桥梁等基础设施建设和更新需求巨大。就巴西而言，巴西是西半球最大的发展中国家，也是重要的新兴市场国家，我国是巴西重要的外资来源国。截至目前，我国与巴西尚未签署"一带一路"合作文件，但2019年5月两国均表示加强巴西"投资伙伴计划"同我国共建"一带一路"倡议的对接，我国企业也参与了一系列巴西水电站、机场、码头、输电线路等基础设施工程的建设。① 就秘鲁而言，秘鲁经济发展较快，是中国在拉丁美洲的重要贸易伙伴。2019年4月，秘鲁与我国签署了共建"一带一路"谅解备忘录。受制于复杂的地理环境，秘鲁国内互联互通性不佳，基础设施建设不足，尤其是公路铁路建设欠缺，导致商贸物流成本高企。总之，智利、巴西、秘鲁3国对于基础设施建设需求很高，而以北京企业为代表的我国企业在发展基础设施建设方面具备丰富经验，具有很好的互补性，这也促进了北京企业对该3国的投资。

最后，对俄罗斯投资排名第五位，累计投资为523亿元。主要原因：俄罗斯资源丰富，交通便利，工业基础较好，同时俄罗斯政府为吸引中国企业出台一系列政策支持。例如，2016年，在俄罗斯经济低位徘徊、汽车市场需求萎靡的大背景下，部分欧美汽车品牌已选择退出俄罗斯市场，而基于对

---

① 因此，本报告依然将巴西纳入讨论。

俄罗斯市场的长期看好，福田汽车积极拓展俄罗斯市场。

从当年投资来看。2020年，北京企业对智利的投资额达400亿元，这主要源于国家电网有限公司于6月和11月分别完成了对智利第三大配电公司切昆塔集团（Chilquinta Energía）的全部股权以及智利第一大配电公司和第二大输电公司CGE（Compaía General de Electricidad）公司96.04%股权的收购。此外，2020年北京企业对巴基斯坦、老挝、孟加拉国等南亚、东南亚国家的投资也居于前列。

（三）投资行业

从近5年累计投资来看。2016~2020年，北京企业在共建"一带一路"国家的投资主要集中在能源、交通运输、商贸及服务、房地产、金属非金属、农业领域，合计占比达92.85%（见图6）。能源和交通运输是北京企业（主要是在京央企）的优势行业，而北京市服务业领先，因此北京企业投资商贸及服务业具备较大优势。

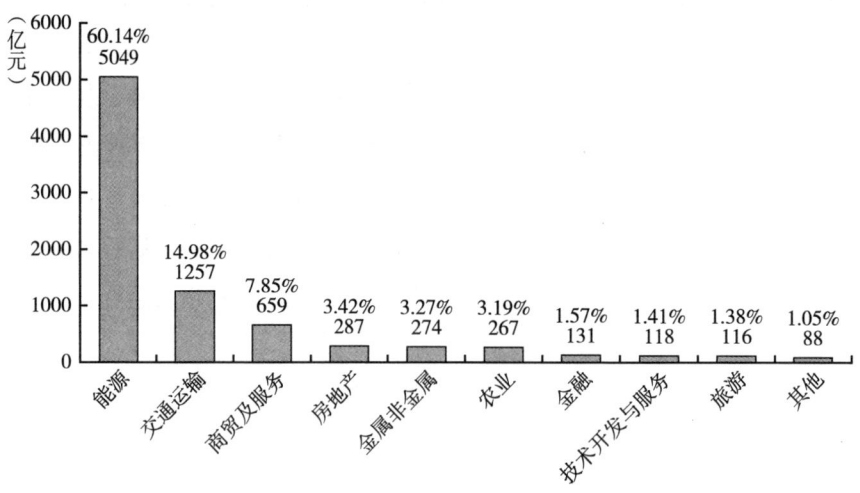

图6 2016~2020年北京企业在共建"一带一路"国家投资行业前10

资料来源：根据Wind数据库、CSMAR数据库、《中国全球投资跟踪》（*China Global Investment Tracker*）相关数据整理。

从当年投资来看。2020年，除能源和交通运输以外，北京企业在共建"一带一路"国家的投资在房地产领域投资较多，占比为2.34%；对商贸及服务业的投资则已不在前10（见图7）。

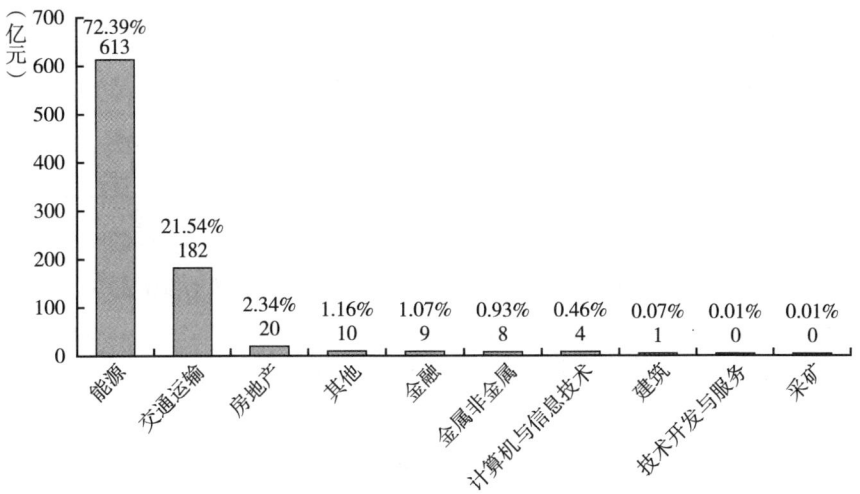

图7　2020年北京企业在共建"一带一路"国家投资行业前10

资料来源：根据Wind数据库、CSMAR数据库、《中国全球投资跟踪》（*China Global Investment Tracker*）相关数据整理。

（四）投资主体

从近5年累计投资来看。2016～2020年，北京企业在共建"一带一路"国家的投资主体主要为央企，5年内参与共建的央企①为42家，投资额为6721亿元，占比为80.07%；国企②和民营企业也积极参与"一带一路"建设，5年内参与共建的国企和民营企业分别为24家和27家，但投资额分别仅为617亿元和124亿元，占比分别为7.35%和1.48%（见图8）。

从当年投资来看。2020年，北京企业在共建"一带一路"国家的投

---

① 此处央企以国资委直接监管的97家央企为统计口径。
② 此处国企不包含在京央企。

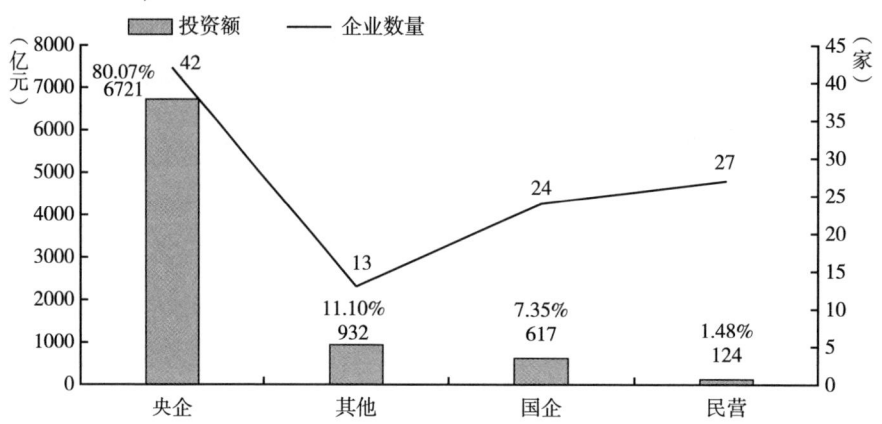

图8　2016~2020年北京企业在共建"一带一路"国家的投资主体

资料来源：根据Wind数据库、CSMAR数据库、《中国全球投资跟踪》（China Global Investment Tracker）相关数据整理。

资主体仍然主要为央企，参与共建的央企为13家，投资额为824亿元，占比为97.25%；参与共建的国企和民营企业均为5家，但投资额很小（见图9）。

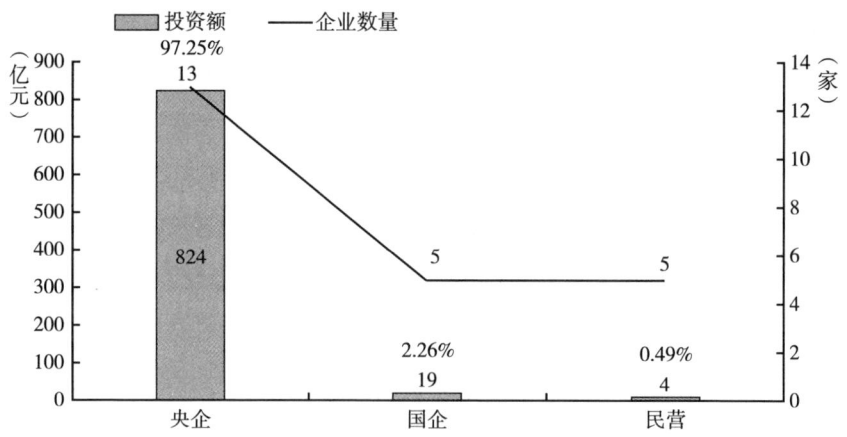

图9　2020年北京企业在共建"一带一路"国家的投资主体

资料来源：根据Wind数据库、CSMAR数据库、《中国全球投资跟踪》（China Global Investment Tracker）相关数据整理。

(五)投资方式

2016~2020年,北京企业在共建"一带一路"国家的投资中,绿地投资和非绿地投资两种方式并重,绿地投资方式在近年来比重有所上升(见图10)。对于共建"一带一路",绿地投资更具现实可行性。一方面,共建"一带一路"国家基础设施发展相对薄弱,产业结构不合理,绿地投资有助于直接促进东道国生产能力、产出和就业的增长,更受东道国欢迎;另一方面,北京企业投资共建"一带一路"主要能源、交通运输等涉及战略资源和国家安全的行业,容易受到东道国法律和政策方面的限制,而绿地投资模式有助于投资企业获得当地市场准入资格。

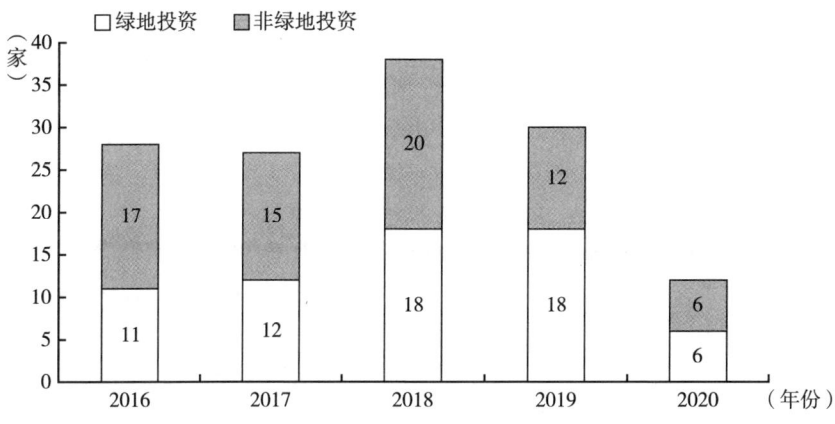

图10 2016~2020年北京企业在共建"一带一路"国家的投资方式

资料来源:《中国全球投资跟踪》(*China Global Investment Tracker*)。

四 北京企业在共建"一带一路"国家的投资案例

2020年,尽管受新冠肺炎疫情影响,北京企业在共建"一带一路"国家的投资额和投资企业数量均出现显著下降,然而,在重重挑战之下,北京企业在共建"一带一路"国家的投资表现仍然可圈可点,典型项目有国家

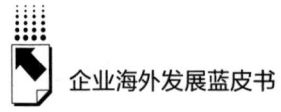

电网有限公司在智利完成的两次收购。本节对此进行简要介绍。

全资收购切昆塔集团完成交割。切昆塔集团是智利第三大配电企业，拥有配电线路16911公里，服务人口超200万，配电服务质量在智利同类企业中处于领先地位。切昆塔集团公司同时从事输电业务，拥有1109公里输电线路。2019年10月，国家电网有限公司与卖方美国桑普拉能源公司签署股权购买协议，全资收购智利切昆塔集团公司100%股权。2020年，在项目交割准备阶段，公司克服了全球新冠肺炎疫情蔓延、智利政府封闭国境等困难，取得特别入境许可，最终在2020年6月实现了项目的现场交割和平稳接管。该项目是国家电网有限公司在西班牙语国家的首次成功投资，也是国家电网国际化战略取得的又一丰硕成果，项目的成功交割对拓展国家电网境外投资区域、优化现有资产组合具有积极促进作用。

收购CGE公司完成股权购买协议签署。CGE是智利第一大配电公司和第二大输电公司，拥有输电线路3500千米，配电线路64738千米，配电用户300万户，占市场份额的45%。2018年，国家电网启动CGE公司收购项目；2020年6月，该项目收购进入快速推进阶段，项目团队克服疫情影响，通过线上方式开展管理层访谈，由智利前方团队完成现场尽职调查，研读数据库文件1.4万份，与卖方澄清问题400余个；2020年11月，国家电网有限公司与西班牙能源集团（Naturgy）通过线上视频签署了股权购买协议，收购后者持有的智利CGE公司96.04%的股权。该项目是国家电网有限公司开展国际业务以来的第二大境外投资项目，也是近年来中国在智利最大的投资项目之一。

切昆塔公司和CGE公司协同效应显著，未来提升潜力巨大。收购这两家公司后，国家电网的智利资产板块与巴西资产板块形成呼应，在拉丁美洲电力行业的领先地位得到巩固，国家电网的全球资产布局也将进一步优化。两项收购也是中国企业在智利能源及公用事业领域的大型投资项目，对于深化中智两国全面战略伙伴关系和扩大双边经贸往来、带动拉丁美洲地区参与"一带一路"建设、推动共建"一带一路"走深走实具有重要意义。

五 北京企业在共建"一带一路"国家投资的问题与对策

(一)共建问题

1. 一般问题

基于投资现状分析,目前北京企业在共建"一带一路"国家的投资主要面临规模有待提升、地区分布失衡、产业分布不均、主体参与不够等问题。

就规模有待提升而言。尽管2020年投资规模的下降主要源自新冠肺炎疫情的影响,但自2019年高点以来,投资规模呈现轻微下降趋势,随着共建"一带一路"倡议国际影响的扩大和参与共建国家及地区的增加,北京企业在投资规模方面仍有很大提升空间。就地区分布失衡而言。目前投资区域主要集中在东南亚、拉丁美洲、西亚、南亚等地区,而对欧洲、非洲、中亚等地区的投资较少,而这些地区地域辽阔、人口民族众多、经济相对落后、自然资源丰富,具有很大的投资发展空间。就产业分布不均而言。依托在京央企,目前北京企业在共建"一带一路"国家的投资主要聚焦能源与交通运输行业,而对金融、技术开发与服务、计算机与信息技术等现代服务业方面投资较少。北京市在服务业、数字经济、金融、科学研究等领域具有领先优势,未来投资可以进一步向这些产业倾斜。就参与主体不够而言。目前北京企业在共建"一带一路"国家的投资主要依靠央企与国企力量,央企在共建"一带一路"国家投资中发挥绝对领先优势,而民营企业参与共建"一带一路"国家投资的力量很小。应当鼓励更多民营企业参与其中,推动我国民营企业"出海"。

总体而言,上述投资规模、地区分布、产业分布、主体参与等问题是北京企业在共建"一带一路"国家投资中的一般性问题,在没有2020年新冠肺炎疫情等特殊情况下,上述问题也一直需要得到重视。

2. 特殊问题

2020年新冠肺炎疫情在全球肆虐,连带全球经济增速放缓、地缘政治不稳等外部冲击,北京企业在共建"一带一路"国家的投资面临较大困难,且直接反映在投资规模大幅度削减、参与共建企业数量明显减少上。上述外部环境冲击造成的全球供应链受阻、投资项目停滞或推进缓慢、东道国保障水平降低等问题，也对北京企业在共建"一带一路"国家的投资提出了挑战。在外部不利冲击下，保持"一带一路"建设的韧性与活力，继续推动我国企业"走出去"，继续带动和促进共建国家经济发展，北京企业可以在投资行业、投资方式等方面做出改进和优化。

（二）共建对策

针对上述一般问题和特殊问题，本报告提出如下共建对策。

1. 打造人民群众的"健康之路"

截至目前，新冠肺炎疫情仍在全球范围内蔓延，病毒不断变异与迅速传播给各国抗疫造成了巨大挑战，抗疫或将成为常态。在此背景下，借助"一带一路"国际合作平台，联合共建国家共同抗疫，将"一带一路"打造成为保障人民生命安全的"健康之路"，对于增进民生福祉、稳定经济等具有重大和深远意义。

（1）继续加强"一带一路"沿线基础设施互联互通投资，为抗疫物资运送提供运输通道

中欧班列是一个典型范例。2020年，中欧班列全年开行超过1万列，将中国与欧洲的20多个国家90多个城市连通起来，截至2020年11月底，运送紧急医疗物资超过800万件，为共建国家及全球抗疫做出了重要贡献。未来，北京企业可以继续加强打通"一带一路"陆上、海上、空中运输通道，对港口、物流等领域进行投资。

（2）加大"一带一路"沿线医疗卫生领域的投资力度

一方面，新冠疫苗是共同抗疫的焦点，我国在疫苗研发方面具有领先优势，通过联合研发、试验和生产，未来北京企业可以加强与共建国家在疫苗领域的投资合作；另一方面，新冠肺炎疫情也暴露了部分共建国家在医疗卫生基础设施和条件方面的脆弱性，例如印度等国，未来北京企业可以加强与共建国家在医疗卫生领域的投资合作。

2. 继续促进经济共同发展

新冠肺炎疫情给共建"一带一路"国家的经济发展造成了严重不利影响，部分国家经济甚至出现衰退，通过共建"一带一路"稳经济促发展显得尤为重要。

（1）继续加强共建"一带一路"国家和地区在现有领域的投资合作，通过投资拉动促进各国经济复苏，推动区域经济一体化进程

一直以来，北京企业在能源、交通运输、基础设施建设等领域积累了丰富经验和技术优势，也在共建国家成功落地了众多投资项目。未来北京企业可以继续发挥在这些领域的比较优势，进一步推动现有投资项目和拓展新投资项目。

（2）促进共建"一带一路"国家电子商务领域的投资合作

疫情防控时期，网络零售在保民生、促发展方面发挥了显著优势。2020年前三季度，我国网络零售额同比增长了9.7%。北京民营企业在电子商务领域具有较强实力，例如京东、美团等电子商务平台等。未来北京企业可以加强对共建国家在电子商务、跨境物流、跨境仓储等方面的投资建设，积极开展"丝路电商"建设，为在疫情之下促进共建国家经济增长助力。

（3）拓展共建"一带一路"国家和地区在科研、服务业、数字经济等新领域的投资合作

北京自贸区的战略定位为"具有全球影响力的科技创新中心、服务业扩大开放先行区、数字经济试验区，京津冀协同发展的高水平对外开放平台"。这一定位主要源于北京在科技创新、服务业、数字经济等领域具备的独特优势和良好基础。未来北京企业可以据此拓展在"一带一路"相关领域的投资合作，改善投资结构，推动更多企业（尤其是民营企业）"走出去"。

（4）努力维护全球供应链基本稳定

中国同很多"一带一路"伙伴国家建立了畅通货物流动的"绿色通道"，并努力改善陆、海、空多式联运方式，保障国际大通道运输的正常运营并力争提高运输效率和质量，同时也建立了便利人员往来的"快捷通道"，这对保障中国与相关国家的经济增长都起到了重要的积极作用。

参考文献

《北京市加快新场景建设培育数字经济新生态行动方案》，北京市发展和改革委员会网站，2020年6月10日，http：//fgw.beijing.gov.cn/fzggzl/pyxytxms/zcwj/202006/t20200610_1921747.htm。

《北京市推进"一带一路"建设工作领导小组关于印发北京市推进共建"一带一路"三年行动计划（2018—2020年）的通知》，北京市发展和改革委员会网站，2018年10月24日，http：//fgw.beijing.gov.cn/fgwzwgk/ghjh/gzjh/xdjh/202003/t20200331_1751922.htm。

《北京市经济和信息化局关于印发〈北京市促进数字经济创新发展行动纲要（2020—2022年）〉的通知》，北京市人民政府网站，2020年9月22日，http：//www.beijing.gov.cn/zhengce/zhengcefagui/202009/t20200924_2089591.html。

《国务院关于印发北京、湖南、安徽自由贸易试验区总体方案及浙江自由贸易试验区扩展区域方案的通知》，中国人民政府网，2020年8月30日，http：//www.gov.cn/gongbao/content/2020/content_5547637.htm。

北京市商务局、普华永道：《2020北京市外资发展报告》，北京市人民政府网站，2020年9月10日，http：//www.beijing.gov.cn/ywdt/jiedu/zxjd/202009/t20200910_2057129.html。

王姣娥、王涵、焦敬娟：《"一带一路"与中国对外航空运输联系》，《地理科学进展》2015年第5期。

北京市规划和国土资源管理委员会：《北京城市总体规划（2016年—2035年）》，北京市人民政府网站，2017年9月29日，http：//www.beijing.gov.cn/gongkai/guihua/wngh/cqgh/201907/t20190701_100008.html。

中国科学院文献情报中心：《"一带一路"沿线国家科技竞争力报告》，2019年11月。

案例篇

Case Studies

B.10
"一带一路"倡议下的中石油国际化发展案例研究

郭瞳瞳 杨道广*

摘 要： 中国石油天然气集团有限公司是我国特大型国有能源企业集团，本报告以该公司为研究对象，首先，对其国内外发展历程以及"一带一路"倡议下的国际化发展现状进行了梳理；其次，具体分析该公司国际化发展的动因以及"一带一路"倡议下国际化的关键因素；最后，为我国企业响应"一带一路"倡议、开展国际化经营提供一些建议。研究发现：国际能源安全形势和我国能源安全局势是该公司国际化发展的重要动因，"一带一路"倡议则为其开拓共建国家油气市场提供了良好机遇；塑造品牌优势、注重多元互动、实施战略动

---

* 郭瞳瞳，对外经济贸易大学国际商学院博士研究生，主要研究方向为会计信息与资本市场；杨道广，博士，对外经济贸易大学国际商学院副教授、博士生导师，主要研究方向为内部控制与公司财务、审计与公司治理。

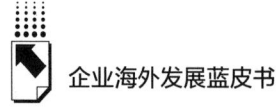

态部署和培养企业文化是该公司服务"一带一路"倡议、实现国际化发展战略目标的关键因素。

关键词： 能源行业 "一带一路"倡议 中石油

一 公司概况

（一）简介

中国石油天然气集团有限公司（以下简称"中石油"）成立于1998年7月，总部位于北京，是根据国务院机构改革方案，由原中国石油天然气总公司发展而成的综合性石油天然气企业集团。图1为2020年中石油的主要组织结构。作为我国大型国有企业的代表以及重要的油气生产供应商，中石油是集油气勘探开发、管道储运、销售贸易、炼油化工、工程建设、工程技术、金融服务于一体的特大型国际能源公司。2020年，中石油在世界50家大石油公司综合排名中位居第三，至此已连续20年稳居世界十大石油公司行列；在《财富》全球500家大公司排名中位居第四，仅次于沃尔玛、中石化和国家电网；在"全球品牌价值500强"综合排名中位居第三十三，相较2015年上升24个位次，品牌价值达到3802亿美元；在BrandZ最具价值中国品牌100强排行榜能源行业榜单中位居第二，在中国100大跨国公司榜单中位居第一。

中石油秉持"建设世界一流综合性国际能源公司"的企业愿景，以"创新、资源、市场、国际化、绿色低碳"为战略目标，通过实施"两个阶段、各三步走"，已经成长为上下游产业链一体化的综合性能源公司，打造了中国石油、昆仑好客和昆仑润滑油等多个知名品牌。表1介绍了中石油主营业务及其发展现状。

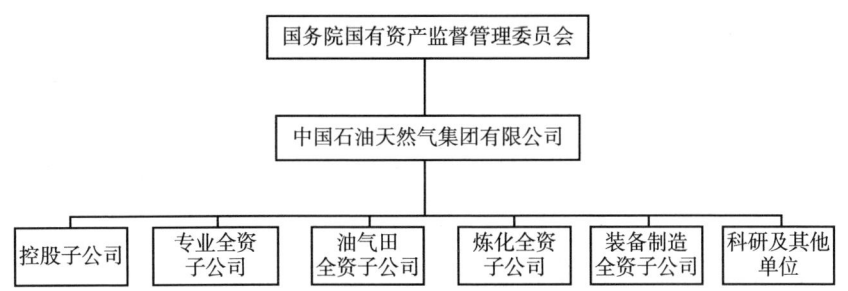

图1　2020年中石油主要组织结构

资料来源：中石油集团年报（2020年）。

表1　中石油主营业务及其发展现状

主营业务	业务发展现状
勘探与生产	在陆海两大广袤区域开展石油、天然气以及煤层气等新型能源的勘探、开发与生产
炼油与化工	已成功构建炼油和化工领域的一体化生产管理体系，制定国际通行的产品标准和相关规范，具有较为雄厚的实力
销售	建立了覆盖全国的销售网络体系、高效运作的统销渠道体系以及重点突出的营销网络体系
天然气与管道	坚持"油气并举"，建成了重要的国际油气管网，是最具成长性的核心业务之一
国际油气	通过实施"走出去"战略，塑造了油气勘探开发、管道运输、贸易出口和工程技术服务统筹协调的全球发展格局
国际贸易	贸易包括进出口、转口、仓储、运输和批发零售、油品炼制、海外委托加工、调兑等多种形式
工程技术服务	拥有能够应对各种复杂地质条件的成熟技术和出色的国际化石油工程技术服务队伍
石油工程建设	包括设计、勘察、采购、检测、施工、监督管理等多个环节，能够为客户提供高质量的工程建设服务
石油装备制造	研发生产出上千种石油装备，涵盖石油和天然气的勘探与开发、生产与运输等多个重要领域，出口近80个国家和地区

资料来源：中石油网站及集团年报。

可以看到，中石油主营业务覆盖了上中下游的绝大部分业务，并在国际化发展不断深化的背景下，呈现出国内、国外共同发展的业务模式。2020

年是"十三五"规划的收官之年,在全球新冠肺炎疫情发生、国际油价惨烈下跌、全球经济大衰退的大环境下,中石油核心业务总体保持稳定发展,形成了3个"1亿吨"格局,即国内原油产量保持1亿吨以上稳中有增、天然气产量油当量首次突破1亿吨、海外油气权益产量当量保持1亿吨以上总体稳定。

在国际化发展方面,中石油坚持开放与合作的海外发展理念,积极构建"共商、共建、共享"的国际合作模式,以响应"一带一路"倡议为核心,加速海外业务市场布局,国际竞争力持续提升。截至2020年底,中石油已在全球35个主要的国家和地区推进海外油气投资业务。"十三五"期间,累计实现国际贸易量超24亿吨,国际贸易遍及全球80多个国家和地区。图2为2016~2020年中石油资产与收入趋势。

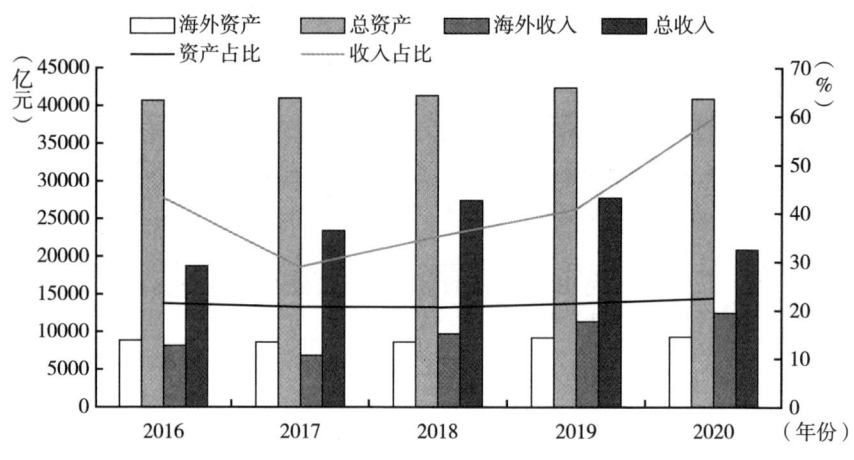

图2 2016~2020年中石油资产与收入趋势

资料来源:中石油集团年报(2016~2020年)、中国100大跨国公司榜单(2016~2020年)。

可以看到,在疫情发生之前,中石油总资产整体而言稳中有增,总收入呈现不断增长态势,由2016年的18719亿元上升至2019年的27714亿元。2020年,在全球疫情发生、经济大衰退、石油行业全球动荡的大环境下,中石油总收入有所下降。尽管如此,2020年中石油海外收入仍实现增长,占总收入的比例由2017年的29%上升至2020年的60%，海外收入成为当年中石油营业收入的主要来源。与此同时，根据中国100大跨国公司榜单数据，2016年中石油跨国指数为24.26，2020年上升至26.54，提高了2.28，海外员工也由2016年的120729人上升至2020年的133734人。上述分析表明，无论是中石油的国内业务还是国际业务，均呈现出稳中有增的良好态势，海外业务不断壮大，国际化发展不断深化。

（二）国内外发展历程

1. 国内发展历程

2004年，在美国《商业周刊》发布的全球1000强公司排行榜中，中石油以85亿美元的市值成为第一个进入该排行榜的中国大陆公司。2010年，中石油原油日加工量首次达到40万吨，国内市场的供给能力得到了显著提高。2016年，中石油与阿里巴巴集团成功签署战略合作协议。此外，中石油在近30年的发展历程中，陆续勘探出包括大庆油田、西南油气田、长庆油田和塔里木油田在内的多处大型油气田。随着业务规模的不断扩大，中石油在多个核心业务板块专门设立下属分公司，其中3个控股子公司（中国石油、中油工程、中油资本）陆续在我国证券交易所成功上市。

表2为2016~2020年中石油核心业务相关指标。可以看到，原油业务是中石油规模最大的业务，天然气业务是其重点发展的业务，呈现出"油气并举"的业务发展模式。根据中石油官方网站披露的数据，截至2020年底，中石油在全国范围内设立的加油站达到2.26万座，服务网点覆盖31个省区市，形成了完整的营销网络系统，该系统线上用户超过1亿人。通过回顾中石油国内发展历程，结合其发展现状，可以看出中石油通过产业链全板块协同发展，生产营销能力已达到国内领先水平，在行业内具有一定的竞争力和话语权，虽然2020年度在一定程度上受到全球疫情蔓延影响，但总体来看发展前景良好。

表2 2016~2020年中石油核心业务相关指标

单位：万吨，亿立方米

指标		2016年	2017年	2018年	2019年	2020年
原油产量	国内	10545.0	10253.7	10101.7	10176.9	10225.3
	海外（权益）	5752.8	6880.1	7534.9	7925.8	7638.9
天然气产量	国内	981.1	1032.7	1093.7	1188.0	1306.0
	海外（权益）	231.9	254.5	286.5	315.1	297.5
原油加工量	国内	14709.2	15244.6	16236.0	16844.0	16001.6
	海外	4457.4	4577.5	4500.2	3952.7	3181.1

资料来源：中石油集团年报（2016~2020年）。

2. 国外发展历程

中石油自1993年开始在全球市场开展国际业务以来，坚持"互利共赢、合作发展"的国际化发展理念，不断加强在全球市场的业务能力。经过多年发展，中石油海外业务规模不断扩大，国际竞争优势显著增加，在全球油气行业中占据着越来越重要的地位。表3总结了中石油海外发展大事件。可以看到，通过多年的国际化发展，中石油不仅在全球范围内开展业务，而且与多个国家的油气企业建立了全球战略合作伙伴关系。截至2020年，中石油已在全球超30个国家和地区运营管理超90个大型国际油气项目，建立的1356支海外队伍在全球范围内提供产品与服务，初步建成五大海外油气合作区（亚太、中亚—俄罗斯、美洲、非洲、中东）、四大油气战略通道（西北通道、东北通道、西南通道、海上通道）、三大油气运营中心（欧洲运营中心、亚洲运营中心、美洲运营中心），拥有了坚实的海外业务基础，打造了行业一流的大国品牌形象。此外，中石油积极参与和承办油气行业的大型国际交流活动。2017年和2019年，中石油在北京主办了第一届和第二届"一带一路"油气合作圆桌会议。2019年，与沙特阿美联合主办了第十一届国际石油技术大会。2020年，中石油举办的第三届中国石油国际合作论坛，吸引了来自十几个国家、数十家全球知名跨国公司和行业顶尖企业的代表参会。通过与国际知名能源公司开展深度的合作与交流，中石油在国际能源市场的知名度和话语权得到了进一步提升。

表3 中石油海外发展大事件

年份	合作国家	大事件
1999	苏丹	顺利完成苏丹1/2/4项目,标志着我国第一个大型海外油田正式投产
2002	印度尼西亚	成功收购戴文能源公司在印度尼西亚的油气业务
2003	厄瓜多尔	签署石油领域的战略合作协议
2005	哈萨克斯坦	成功收购哈萨克斯坦PK石油公司
2009	新加坡	成功收购新加坡石油公司
2013	墨西哥	签署石油合作备忘录
2014	荷兰	与壳牌集团达成全球战略合作伙伴关系
2015	阿联酋	与穆巴达拉石油公司达成全球战略合作伙伴关系
2016	法国	与法国道达尔集团达成全球战略合作伙伴关系,签署合作框架协议
2019	巴西	联合中标巴西布兹奥斯和阿拉姆两个大型深海盐下油田项目

资料来源：中石油网站。

（三）"一带一路"倡议下的国际化发展现状

能源合作是"一带一路"倡议的核心领域。作为中国重要的油气生产供应商，中石油秉持"共商、共建、共享"理念，积极推动打造与共建国家开放包容的油气合作利益共同体。经过数十年的国际化经营，中石油已建成五大海外油气合作区、四大油气战略通道、三大油气运营中心。其中，中亚—俄罗斯、中东和亚太3个海外油气合作区，以及四大油气战略通道，均在"一带一路"建设框架范围内。在一定的先发优势下，中石油与共建国家相关企业积极对接发展战略，全面打造产业链一体化合作架构，并持续引入国际知名合作伙伴在中国市场开展油气合作。目前，"一带一路"共建国家已经成为中石油最核心的海外油气合作区，是中石油保障国家战略资源安全的关键所在，也是其获取产能优势的主要市场。

1997年，中石油与哈萨克斯坦的石油公司展开合作，开发了阿克纠宾大型油气合作项目，其是中石油开展"一带一路"油气合作的第一个大型项目，时称中亚—俄罗斯合作区。经过20多年的合作与发展，中石油已在俄罗斯、伊朗、哈萨克斯坦、伊拉克、土库曼斯坦等20个重要的"一带一路"资源国运行超50个大型海外油气项目，代表性项目包括中俄油气合作项目、加拿大油砂项目、伊朗北阿项目、委内瑞拉油气投资项目等，累计投资约占海外总投资的3/5以上。图3为2013年和2018年中石油与"一带一路"共建国家油气贸易额所占比重。可以看到，中石油与"一带一路"共建国家的油气贸易额占其总贸易额的比重提高，由2013年的37.0%上升至2018年的

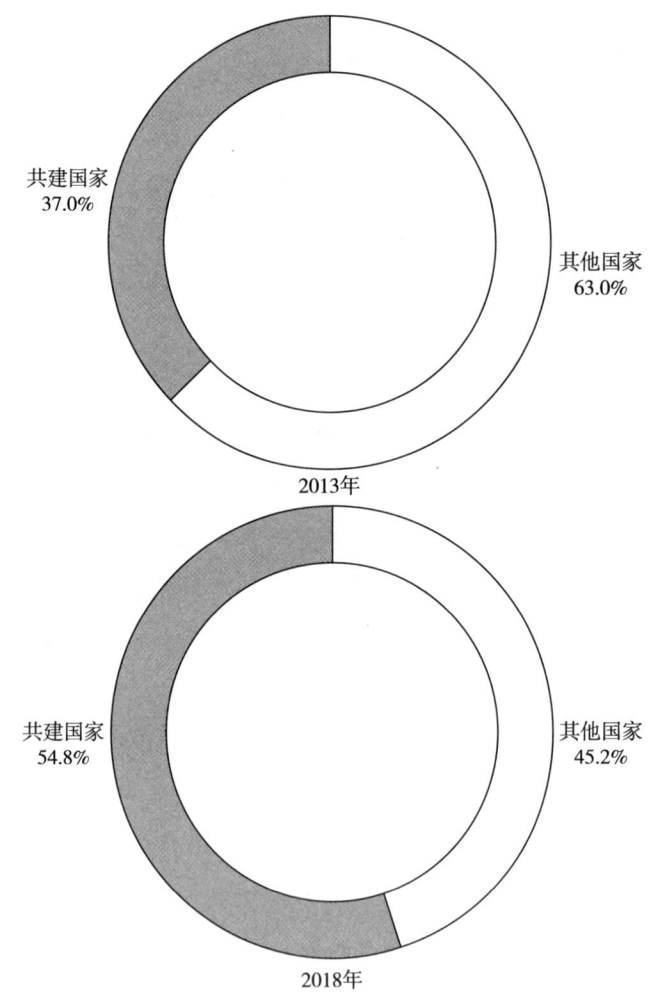

图3 2013年和2018年中石油与"一带一路"共建国家油气贸易额所占比重

资料来源：中国一带一路网。

54.8%，超过其总贸易额的 1/2。通过不断完善在"一带一路"沿线构建的互联互通网络，中石油已建设完成 11 条输油气管道，总长度超过 1 万公里，年输油能力达到 6900 万吨、年输气能力达到 754 亿立方米，油气贸易规模年均增长 10% 以上。中石油凭借在推动"一带一路"能源合作中所发挥的带头作用，已连续主办两届"一带一路"油气合作圆桌会议。2019 年第二届"一带一路"油气合作圆桌会议，吸引了来自全球 150 多个国家和 90 多个国际组织的 5000 多位专家参与其中，成为全球能源行业的一大盛事。

综上所述，中石油坚持"走出去"战略，不断开拓海外油气市场，开展海外油气合作，在全球油气领域掌握着越来越多的话语权。通过建设五大海外油气合作区、四大油气战略通道、三大油气运营中心，中石油在海外市场开展业务的能力不断提高，逐渐成为全球能源行业的领军企业，发挥着重要的国际影响力。通过积极响应"一带一路"号召，中石油国际化发展能力得到了进一步提升，不仅带动了当地石化产业的发展，还为中国品牌"走出去"赢得了广泛赞誉。目前，"一带一路"共建国家已经成为我国能源企业开展海外业务和国际合作的关键地区。因此，以中石油与"一带一路"共建国家展开油气合作的成功实践为研究对象进行分析，对于我国油气企业以及其他企业具有重要的借鉴意义。

二 中石油国际化发展的动因分析

（一）国际能源安全形势

石油安全是能源安全的基本表现形式。《BP 世界能源统计年鉴》的相关数据显示，2019 年全球一次能源消耗为 139.6 亿吨油当量，同比增长 1.3%，其中石油占比为 33.1%，天然气占比为 24.2%，煤炭占比为 27.0%。可以看出，除煤炭能源之外，石油和天然气是全球能源消耗的两大主要类型。尽管近年来石油燃烧导致的碳排放问题引起了全球范围内的关注和广泛争议，但《BP 世界能源展望》认为，至 2040 年石油能源仍会在全球能源结构中占压倒性份额，天然气作为清洁能源增长势头强劲。随着各个国家对油气能源的刚性需求不断增长,国家间能源争夺愈演愈烈,石油问题与地区之间的国际政治关系日渐紧密。图4为2020年世界六大地区石油和

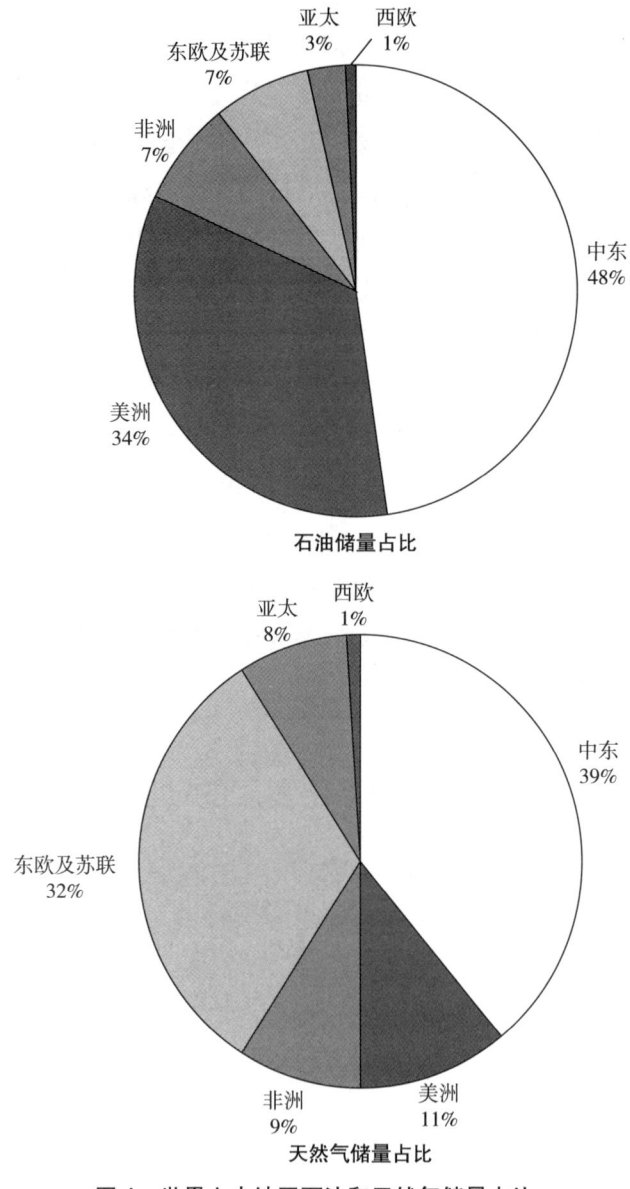

图4 世界六大地区石油和天然气储量占比

资料来源:美国《油气杂志》。

天然气储量占比。可以看到，接近1/2的全球石油储量位于中东地区，占比为48%，达到1100.2亿吨；美洲地区的石油储量位居全球第二，达到788.0亿吨；亚太地区拥有的石油储量则位居全球六大地区的倒数第二，仅有63.6亿吨。天然气储量分布与石油储量分布情况在一定程度上相似，中东地区的天然气储量最多，达到206.1亿立方米，亚太地区的天然气储量较少，仅占全球储量的8%。整体来看，油气资源储量在全球地理位置上的分布基本保持稳定，中东和美洲是石油储量的核心分布地区，中东和东欧及苏联是天然气储量的核心分布地区。在油气资源丰富的天然优势下，中东地区凭借原油品质好、开采难度低、海上运输便利等天然优势，成为全球最重要的油气供应区，世界各国的石油供应都严重依赖于中东地区。然而，由于政治、宗教、民族等问题，石油主产区中东局势的动荡直接导致油价大幅波动，对全球能源供应产生了严重影响，加剧了能源供应风险。

在能源安全问题愈加重要、各国对油气能源需求不断增长、全球对中东地区能源供应依赖性持续加强、能源供应风险不断加剧的国际能源安全形势下，各国大型油气公司都逐渐意识到上下游一体化经营对于实现跨越式发展的重要性，纷纷展开海外兼并重组，迈入国际化发展进程。通过一系列海外并购，国际油气行业于20世纪90年代呈现出"石油七姐妹"的全球竞争格局。进入21世纪之后，国际油气行业发生了新变化。油气资源国开始加大对重要战略资源开采的管控力度，新兴国家的石油公司在国际市场的竞争力显著提高，非常规油气资源得到了快速发展。一系列变化促使国际大型油气公司进行资产剥离成为行业常态，为中石油进入国际油气市场、开拓海外油气业务、迈向国际化提供了机遇。2005年，中石油以41.8亿美元成功完成了对哈萨克斯坦PK石油公司的资产收购，其是当时中国企业实施海外发展战略的首个大型上市公司整体并购项目和规模最大的单笔投资交易，也是当年全球能源行业第二大并购案。

综上所述，为应对油气资源地理分布限制、国际油气价格大幅波动、能源供应安全不稳定等一系列关键问题，作为油气领域的国有核心企业，中石油迈向国际化发展不仅顺应了国际能源安全形势，更是其自身迈向高质量可持续发展的必然选择。与此同时，全球丰富的油气资源储备、相对稳定的能源消耗结构，以及国际能源行业发生的格局变化，为中石油国际化发展提供了可能和良好机遇。尽管相比发达国家石油公司而言，中石油进入国际能源市场的时间较晚，面临着国际大型石油企业垄断导致的勘探、开采、海上运输等一系列挑战，以及资源国对能源输出管控力度不断加大等客观问题，但通过积极实施"走出去"和"引进来"的海外发展战略，响应"一带一路"倡议，中石油国际化发展取得了显著成果，国际行业地位不断提高，发挥着越来越重要的影响力。

（二）我国能源安全局势

能源是社会经济发展的重要动力，能源安全问题涉及社会发展和国民经济的方方面面。自改革开放以来，我国经济实现了飞速发展，对基础能源的需求日益增长。2019年，我国一次能源消费总量位居全球第一，达到33.9亿吨油当量，占全球总消费量的24.3%。石油能源是推动我国经济发展和保障社会稳定的重要战略资源。然而，随着石油需求量呈现长期、刚性、指数级增长态势，我国石油供给难以自足，供需矛盾不断加剧。由于石油资源天然分布不均，我国三大主力油田（大庆、胜利和辽河）早在1993年就达到了产量巅峰期，开发潜能小、难度大、质量低，石油和天然气的自给能力较弱，导致我国石油产量增速远低于需求量增速。图5为2010~2020年俄罗斯、沙特阿拉伯、美国和中国4个国家的石油产量变化情况。可以看到，相比石油资源丰富的俄罗斯、沙特阿拉伯和美国，我国石油产量明显偏低，大体上能达到这些国家石油产量的1/2。由于天然约束，石油勘探开发技术的不断提高也并未显著改善我国石油产量不足的局面。我国在1993年成为石油净进口国之后，又于2010年超过美国成为第一大油气进口国。上述国外资源丰富、国内供应不足、主要依赖进口的基本环境，导致我国石油和天然气消费对外依存度不断提高。2010年我国石油对外依存度为55%，天然气对外依存度为11.7%，并且呈现出逐年提高态势。截至2020年底，石油和天然气的对外依存度分别攀升到73%和43%，预计未来仍会保持不断提高态势。经济发展与供需结构之间的不平衡已成为影响我国能源安全的关键因素之一，对外依存度不断攀升导致我国能源稳定受到国际油价波动的重要影响。

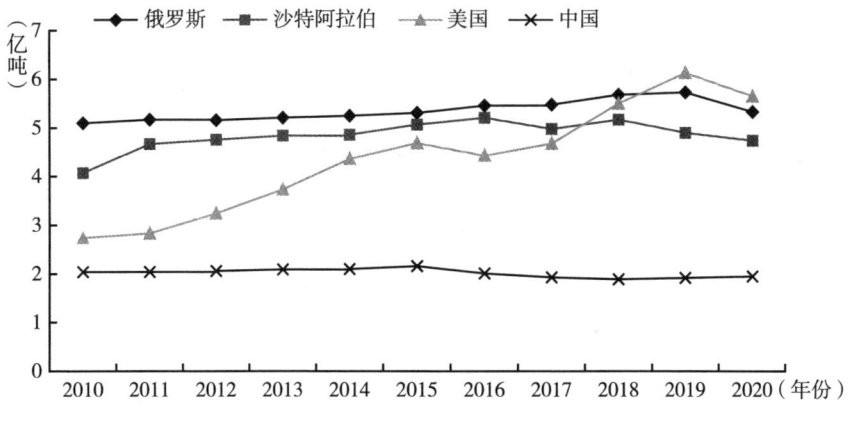

图5　2010～2020年四国石油产量变化情况

资料来源：《中国油气产业发展分析与展望报告蓝皮书》（2010～2020年）。

然而，各国尽管共同维持世界石油保持供应，控制石油油价在合理范围之内波动，但仍面临着众多不确定性因素。中东地区的紧张局势、全球能源的激烈竞争、国际大型企业对石油资源的垄断、海外油气通道的霸权主义，以及资源国对能源出口的严格管控，都对我国能源安全产生了重大威胁，是我国石油企业实施"走出去"海外发展战略的关键动因之一。作为国内油气行业的"三巨头"之一，中石油进行国际化发展的首要目的是收购海外油气资本，一方面可以直接改善我国油气资源供应紧张的局面，另一方面可以通过与不同海外企业进行合作共享，在一定程度上减轻各地油价波动对国内能源稳定的负面影响。与此同时，海外收购是石油企业提高行业集中度、提高自身竞争力的主要方式。综观西方发达国家石油公司的发展经验，国际化经营为它们带来了巨大的海外能源储量，通过实施海外并购，能够快速提高石油储备接替率，帮助企业实现产业链一体化的快速扩张。

综上所述，在世界能源环境不稳定的时代背景下，保障我国能源安全稳定是中石油作为国有重要企业实施国际化发展战略的首要目标和终极责任。通过实施"走出去"战略，响应"一带一路"倡议，采用海外并购、海外投资以及与海外企业达成全球战略合作伙伴关系等方式，中石油的国际化发展不仅可以缓解国内能源供求矛盾、减轻国际油价波动影响、打破国际行业霸权主义，还能够加速完成产业链一体化进程，提高行业竞争能力和国际市场地位，实现企业自身的高质量可持续发展，这是其达成"建设世界一流综合性国际能源公司"战略发展目标的最优选择。

（三）"一带一路"倡议下的发展机遇

2013年，习近平在出访中亚和东南亚国家期间，先后提出"丝绸之路经济带"和"21世纪海上丝绸之路"重大倡议，串起亚欧非多个经济圈，托起世界最壮观的经济走廊。积极响应"一带一路"建设，意味着我国的国际合作迈入了一个新阶段。随着全球化进入新阶段，特别是中美贸易摩擦发生之后，"一带一路"倡议的重要性更为突出。截至2020年底，全球已有140个国家和32个国际组织与中国签署共建"一带一路"合作文件，"一带一路"已经成为全球范围内规模最大的国际合作平台。对于我国企业而言，这是深化国际化发展的重要机遇。一方面，"一带一路"共建国家拥有超过全球1/4的人口，以及超过全球1/2的资源储量，但是GDP仅占到全球的1/5。战略资源储备丰富是"一带一路"共建国家在国际市场开展合作的天然优势，然而，由于经济发展水平落后、基础设施建设不完善，"一带一路"共建国家的经济发展面临着亟待解决的困境。因此，我国企业服务"一带一路"倡议，不仅能够扩展自身业务范围，提高国际市场竞争力，还能够带动共建国家经济发展，完善基础设施建设，提高共建国家民众生活质量，促成合作双方互利共赢的良好局面。另一方面，"一带一路"倡议为我国企业实施转型升级提供了良好机遇。国内企业可以将生产制造部门转移至要素成本更低、市场需求潜力更大的共建国家，从而将更多资源投入研发创新、人才培养、文化塑造等以提高企业核心竞争力，促进企业转型升级。

对于国际能源领域而言,目前形成了以美国为主导的全球市场格局,然而,美国油气供应存在诸多不确定性。在此全球环境下,石油和天然气领域的合作成为"一带一路"能源合作的重要内容,为我国油气企业开拓海外市场提供了新领域。"一带一路"共建国家拥有十分丰富的油气天然储备,目前已探明的可采储量占到世界总量的一半以上,未来可供探明的储量潜力也十分巨大。表4为2020年我国原油和天然气主要进口国。其中,除少数国家外,原油和天然气的主要进口国均与中国签署了"一带一路"合作文件。可以看到,"一带一路"共建国家已经成为我国能源企业开展国际业务和国际合作的关键地区。与此同时,"一带一路"倡议为我国企业开展海外投资、合作交流和战略布局提供了更良好的竞争环境、更有力的政策保障和更开放的交流平台。

表4 2020年我国原油和天然气主要进口国

单位:百万吨,%

原油主要进口国			天然气主要进口国		
国家	进口量	占比	国家	进口量	占比
沙特阿拉伯	84.9	16	澳大利亚	29.1	43
俄罗斯	83.6	15	卡塔尔	8.2	12
伊拉克	60.1	11	马来西亚	6.1	9
巴西	42.2	8	印度尼西亚	5.1	8
安哥拉	41.8	8	俄罗斯	5.1	8
阿曼	37.8	7	美国	3.2	5

资料来源:中国海关网站。

综上所述,"一带一路"倡议为中石油进一步深化国际化发展提供了良好契机,是中石油国际化发展的重要动因。加强与"一带一路"共建国家在能源领域的合作交流,为中石油在海外开展全方位、多元化的深入合作提供了新的国际平台,促进中石油进一步完善供应渠道的网络构建和运输渠道的战略布局。目前,"一带一路"已经成为中石油最核心的海外油气合作区,是中石油保障战略资源的关键所在,也是其获取产能优势的主要市场。

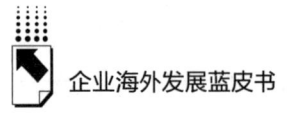

通过坚定实施国际化发展战略，中石油在国际能源市场的竞争优势不断增加。

三 "一带一路"倡议下中石油国际化的关键因素分析

（一）战略部署配合"一带一路"建设

经过20多年的国际化经营，中石油已初步形成"中东、中亚—俄罗斯、非洲、美洲、亚太"五大海外油气合作区、"东北通道、西北通道、西南通道、海上通道"四大油气战略通道和"亚洲、欧洲、美洲"三大油气运营中心的战略布局，打造了上下游一体化的全球贸易产业链，国际化水平和服务"一带一路"倡议的能力不断提高。目前，中亚—俄罗斯、中东和亚太三大合作区，以及四大油气战略通道均在"一带一路"建设框架范围内，核心更是位于"丝绸之路经济带"沿线上。合作区的建成为中石油与"一带一路"共建国家企业展开合作交流提供了更良好的战略平台，油气战略通道的建成为中石油和共建国家提供了更为通畅便利的互联互通渠道。

中石油的中亚—俄罗斯、亚太和中东合作区覆盖了"一带一路"沿线能源合作的核心资源国，涉及多个关键项目，油气作业当量近1亿吨。其中，中亚—俄罗斯合作区包括俄罗斯、阿富汗、哈萨克斯坦、土库曼斯坦、乌兹别克斯坦等8个共建国家，陆续达成25个油气合作项目，油气作业当量超3800万吨；亚太合作区包括新加坡、印度尼西亚、泰国、澳大利亚、缅甸、蒙古国6个共建国家，涉及13个油气项目，油气作业当量超750万吨；中东合作区包括阿联酋、伊拉克、叙利亚、伊朗、阿曼5个共建国家，涉及11个合作项目，油气作业当量超5000万吨。4个方向的油气战略通道则为油气运输提供了保障。其中，西北方向的中哈原油管道和中亚天然气管道在2020年的管输能力达到1亿吨；东北方向的中俄原油管道和中俄天然气管道的管输能力分别达到1500万吨和380

亿立方米；西南方向的中缅原油管道和天然气管道的管输能力分别达到2200万吨和120亿立方米；东部沿海方向的海上油气供应保障通道的管输能力达到2550万吨。

综上所述，中石油海外油气合作区、油气战略通道和油气运营中心的战略布局，以油气需求为"出发点"，以通道为"着力点"，以资源和市场为"立足点"，形成了"油气投资项目＋油气战略通道＋装备制造产能"的国际油气合作格局。一方面，中石油的战略布局可以在合作区内建立油气安全共保体系，形成更为完善的供应体系和市场网络，提高"一带一路"共建国家在国际能源市场的一体化水平以及上下游协同议价能力；另一方面，这样的战略布局能够显著提高中石油自身的海外油气勘探开发能力、海陆运输能力和参与国际能源金融交流能力。

（二）品牌优势推动"一带一路"建设

历经20多年发展，"一带一路"已成为中石油最关键的海外合作区。在深度参与"一带一路"的国际化发展道路中，中石油打造了伊拉克油田合作项目、中俄油气合作项目、中亚天然气合作项目等一系列经典项目，体现出中国企业的"中国质量、中国制造和中国速度"，塑造了具有国际竞争力的品牌优势，得到了共建国家的广泛认可。质量方面，中石油管道局以99.67%的焊接合格率获得业主"免检"特权，挺进了行业竞争激烈的伊拉克市场；中缅油气管道项目施工质量得到缅甸社会高度肯定，树立了"行业规范"，体现出中石油作为国有大型能源企业所具备的行业领先技术和服务能力，为"中国质量"树立了标杆。制造方面，阿克纠宾项目作为中哈合作典范，连续多年油气当量在1000万吨以上；艾哈代布项目凭借过硬的工程质量荣获中国建设工程鲁班奖，体现出中石油作为"一带一路"能源领域领军企业所发挥出的一体化经营优势，为"中国制造"塑造了典范。速度方面，中石油仅用28个月就建成了横跨中亚的天然气管道线；提前40天完成哈法亚油田二期项目，刷新了中国企业在伊拉克市场一次性建成的产能最大项目纪录，体现出中石油作为共建国家的优选合作伙伴所具备的效率优势,为"中国速度"打造了名片。

质量优势和效率优势为中石油积累了良好声誉和品牌优势,进一步提升了其与"一带一路"共建国家的合作能力。科技创新作为企业高质量发展的核心推动力,是中石油获取品牌优势的关键基石。近3万名国内技术团队成员和近2000名海外专业技术人员,以及40多项重大标志性创新成果,为中石油开拓"一带一路"国际能源市场提供了重要的科技储备。截至2020年底,中石油已设立84家科研院所、54个重点实验室、21个国家级研发平台,涵盖上中下游完整产业链。通过多年的技术沉淀,中石油依靠强大的自主创新能力发展成为国际油气市场的领跑者,树立了良好的大国企业形象,借助"1+14+N"海外油气业务支撑体系(见图6),为服务"一带一路"能源建设提供了源源不断的动力。

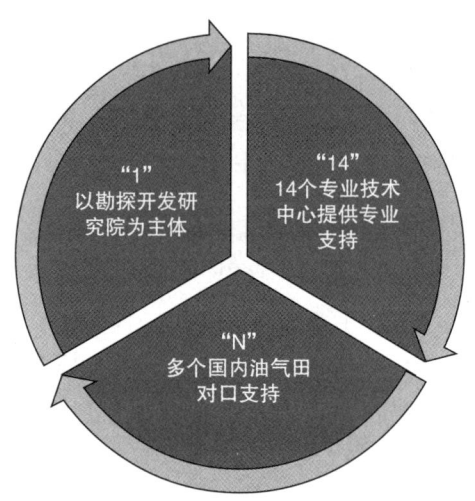

图6 中石油海外油气业务支撑体系

资料来源:中石油网站。

综上所述,科技创新为中石油塑造品牌优势提供了坚实基础,品牌优势进一步提升了中石油在"一带一路"共建国家开展合作交流的能力。高质量的产品和高水平的服务为中石油开拓共建国家市场提供了坚实的业务基础。通过与共建国家合作打造一系列经典项目，为共建国家提供高质量技术与服务，中石油逐渐从标准的执行者转变为标准的制定者，行业竞争力显著提高，国际影响力不断扩大。

（三）多元互动助力"一带一路"建设

"一带一路"建设的核心在于"五通"，即政策沟通、设施联通、贸易畅通、资金融通和民心相通。中石油积极探索与共建国家企业的多元互动方式，取得了一系列卓越成果，为其响应"一带一路"倡议提供了坚实保障。政策沟通方面，中石油作为配合我国能源外交的先行企业，与 20 多个共建国家建立了战略合作伙伴关系，为油气合作营造了更好的政策氛围。其中，与共建国家合作的诸多项目得到了双方国家高层的高度关注，在双方国家领导人的共同见证下签署的海外合作项目达到 10 个以上。表 5 总结了中石油与共建国家达成的战略合作项目。设施联通方面，中石油坚持推进油气运输通道建设，实施了一批重大项目。截至 2020 年，已完成构建的油气运输通道横跨我国西北、东北、西南和东部海上，运输通道总长超 1.5 万公里，年输送原油能力达到 1.5 亿吨。油气运输通道的建设不仅为我国能源供应安全提供了有力保障，也为"一带一路"共建国家完善基础设施建设做出了重要贡献。贸易畅通方面，中石油不仅与"一带一路"共建国家企业开展油气贸易合作，也为共建国家提供工程技术、工程建设和装备制造等一系列服务业务，实现了核心业务国际化的共同发展。资金融通方面，中石油积极构建与亚洲基础设施投资银行、丝绸之路基金以及国内外各大银行的战略合作伙伴关系，加快推进能源与金融一体化，先后完成多项大型融资项目，为各大海外项目的顺利实施提供了充足的资金保障。民心相通方面，中石油注重提升员工本地化比例，为共建国家培养了一批优秀的国际化石油人才，实现了合作双方的互利共赢。

表5　中石油与共建国家的战略合作项目

国家	战略合作项目
俄罗斯	跨欧亚大通道建设
蒙古国	"草原之路"倡议
哈萨克斯坦	"光明大道"新经济计划
越南	"两廊一圈"
柬埔寨	"四角"战略
印度尼西亚	"全球海洋支点"构想
孟加拉国	"环孟加拉湾多领域经济技术合作"倡议

资料来源：中石油网站。

中石油与俄罗斯合作的首个特大型天然气项目——亚马尔LNG项目是国际能源合作、能源与金融多元合作的成功典范之一。2016年，亚马尔LNG项目正式全面展开建设。作为天然气上下游一体化项目，在项目建设过程中，中石油积极整合资源，为实现项目效益最大化的目标做出了重要贡献。与此同时，积极参与地质研究、模块建造、钻机制造、工程监理、物资供应、海运物流等价值链多个环节，开展多元化、全方位的国际合作。在亚马尔LNG项目的带动下，亚马尔半岛萨别塔区的经济得到了飞速发展，基础设施得到了进一步完善。中石油亚马尔LNG项目的成功实施，正是"一带一路"联结效应的最佳体现，为国际油气市场的一体化发展提供了中国力量。

综上所述，多元互动为中石油全业务、全方位参与"一带一路"建设提供了持续动力。政策沟通为其营造了良好的政策氛围、设施联通为其改善了国际经营与运输能力、贸易畅通为其提高了多业务发展能力、资金融通为其提供了充足的资金保障、民心相通为其带来了共建国家的社会认同。中石油构建的"一带一路"全方位、多元化、多层次合作模式，为其防范各类重大风险、创建新型产融合作模式、实现互利互惠提供了有力保障。

（四）企业文化赋能"一带一路"建设

中石油在与"一带一路"共建国家开展国际化合作的过程中，始终致力于实现"奉献能源、创造和谐"的企业愿景，为更好服务"一带一路"

建设培养了一批具备团队精神和奉献精神的优秀人才，并且通过积极履行当地社会责任赢得了共建国家政府和民众的广泛认可。在国际化优秀团队方面，大庆精神等员工奉献精神已内化为中石油的文化底蕴，成为其国际化经营的一大优势，也是中石油海外团队能够克服"一带一路"共建国家艰难的户外作业环境、截然不同的民俗传统文化等困难的关键所在。与此同时，中石油坚持尊重和保护海内外员工合法权益的企业文化，将员工成长作为公司发展的基础，持续完善培训基地和培训网络建设，为员工实现个人职业发展提供良好通道，设置具有良好激励作用的晋升机制。海内外员工素质的全面提升也为中石油服务"一带一路"建设提供了持续发展的人力资源保障。

在积极履行当地社会责任方面，中石油严格遵守"一带一路"共建国家的规章制度，尊重当地传统文化和风土人情，在促进就业、发展公益事业、保护生态环境等方面发挥了积极作用。促进就业方面，中石油通过培训和聘用当地员工（员工平均本地化比例高达90%左右），累计带动当地超8万人就业。图7为2020年海外主要合作区员工本地化比例。特别地，中石油在哈萨克斯坦的阿克纠宾公司有超过一半的管理层领导来自哈国，仅上游项目就为当地累计提供就业岗位超3万个；位于印度尼西亚的公司共有2000多名员工，来自中国的员工仅19名，员工本地化比例达到99.2%。发展公益事业方面，中石油为当地贫困儿童进行捐款帮助实现求学梦、为偏远地区架桥修路帮助实现便利交通、为落后地区搭建医院帮助改善医疗环境，惠及了所有与中石油有贸易往来的"一带一路"共建国家，直接受益人数达到200多万人。保护生态环境方面，中石油不断深化绿色生产管理模式，注重履行对合作国当地生态环境保护的社会责任。2016年，中石油北阿扎德甘项目依靠在生产建设中保护生态环境所付出的努力和取得的成绩，荣获伊朗政府颁发的环保荣誉证书。

综上所述，中石油的企业文化和奉献精神，以及对员工培训的重视和投入，为其提供了具备海外合作能力、勇于克服困难的国际化优秀人才储备。与此同时，中石油在"一带一路"合作项目建设中，充分尊重资源国的文化多样性，积极适应当地风土人情，注重提高员工的跨国文化协作能力，塑

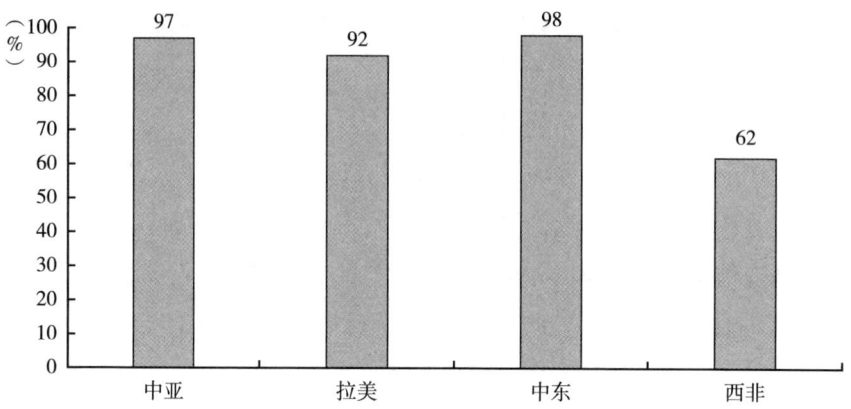

图7　2020年海外主要合作区员工本土化比例

资料来源：《中石油2020年度企业社会责任报告》。

造了一批具有国际项目管理能力与运作经验的国际化人才团队，不仅带动了共建国家就业，扩充了人才储备，取得了显著的社会效益，而且为中石油在海外市场赢得了良好的口碑，树立了良好的品牌形象。

四　展望与建议

国际能源安全形势和我国能源安全局势是中石油国际化发展的关键动因，"一带一路"倡议则为中石油国际化发展提供了良好的机遇和平台。在积极响应"一带一路"倡议的过程中，中石油坚持"三共""五通"原则，持续提高企业创新能力，形成了五大海外油气合作区、四大油气战略通道和三大油气运营中心，培养了一批具有国际交流能力的优秀团队，塑造了具有行业竞争力的品牌优势。与此同时，中石油通过带动共建国家的社会经济发展，赢得了共建国家政府和人民的认可，国际影响力不断提高。因此，中石油的国际化发展对于我国企业探索国际化道路、参与"一带一路"建设具有重要的借鉴意义。

（一）坚定国际方向，积极塑造品牌优势

经济全球化是不可逆转的时代潮流，我国企业实施"走出去"的海外

发展战略是大势所趋。特别是对于能源领域而言，开拓海外市场、优化能源结构是我国能源企业肩负起国家能源安全使命的重要方式，也是企业自身实现高质量可持续发展的必然选择。中石油作为我国最大的油气生产和销售企业，始终高度重视海外发展，坚定国际化发展方向。通过积极响应"一带一路"倡议，中石油与"一带一路"共建国家形成了更具深度和广度的战略合作伙伴关系，海外业务实现了跨越式发展，海外市场经营能力不断提高，大国品牌形象逐渐得到广泛认可。在服务"一带一路"倡议的过程中，中石油大力推动科技创新，解决了其他国际大型能源企业所未能解决的关键问题，向共建国家提供了具有高质量和高效率的技术与服务，塑造了具有行业影响力的大国品牌。基于此，我国企业——特别是与国家社会经济发展安全息息相关的行业企业，应当将国际化发展战略作为企业战略的重要组成部分，将科技创新作为第一生产力，在行业领先的技术装备和一流的创新能力的坚实基础上，坚定国际化发展方向，借助"一带一路"倡议带来的良好机遇，努力提升在国际市场开展业务经营的能力，打造更多具有"中国质量、中国制造、中国速度"特色的大国企业。

（二）强化风险管控，动态调整战略部署

随着国际形势日渐复杂，我国企业"走出去"面临诸多重大风险，包括地缘关系所导致的政治风险、逆全球化势头下的贸易封锁风险、文化差异风险等。"一带一路"共建国家多位于政局不稳定、法律不完善、市场不规范、安全系数相对较低的地区。面对存在诸多潜在风险因素的海外市场环境，中石油通过对接共建国家的战略布局、服务共建国家基础设施建设、打造公平和谐的贸易通道、积极塑造能源金融一体化优势、获得资源国政府和人民的认可，显著提高了自身管控海外业务风险的能力，有效保障了我国油气资源的稳定供应。基于此，我国企业实施海外发展战略，应当持续强化对潜在经营风险的管控能力，立足海外业务管理实际，建立完善的风险管控体系，提高面对重大风险的应变能力。此外，企业应当提高解读政策的能力，更好地利用政策助力企业发展；加强对海外团队的专业培训，提高海外团队

的风险意识和应变能力；尊重"一带一路"共建国家的风俗与文化，避免发生潜在的矛盾冲突。当面临重大风险时，企业也应当采取针对性措施，动态调整战略部署，有效化解风险，保障国际化经营的可持续发展。

（三）培育科学理念，坚持互利共赢原则

"一带一路"是一条合作之路，更是一条共赢之路。中石油在与"一带一路"共建国家展开能源合作的过程中，始终坚持互利共赢的基本思路，积极落实上下游一体化的全面合作模式。在共建国家资源丰富但技术资金不足的客观现实下，加强"一带一路"合作是共建资源国、过境国与消费国的共同需求。中石油在保障我国能源安全、追求企业利润的同时，兼顾资源国和合作伙伴，以"共商、共建、共享"的原则注重维护各方的共同利益，严格遵守合同规定开展业务，为促进"一带一路"共建国家的经济发展、环境保护和社会进步做出了一定贡献。基于此，我国企业在响应"一带一路"倡议时，应当树立互利共赢的科学理念，与当地企业共同成长，遵循各取所需、取长补短的市场原则；与合作伙伴形成资源合作开发、技术研发共享、人才联合培养的长期良好合作关系；与项目所在国保持良好沟通，合法主动纳税，并积极履行当地社会责任。只有在科学理念的引导下，我国企业才能不断提高海外经营能力，促进合作国家的社会经济发展，进一步优化我国企业的国际形象。

（四）尊重区域差异，培养跨文化经营能力

国际化经营涉及多国家、多业务环节、多利益相关方。由于不同国家在价值理念、沟通方式、宗教信仰、管理模式等方面存在差异，海外投资经常在战略、管理理念、交流方式等方面产生矛盾。中石油在培养国际化经营能力的过程中，并未采取机械式的凌驾策略，而是重视沟通，构建了内部文化融合机制，并且积极实现用工本地化，平等对待来自不同国家的员工，注重提高员工在多文化环境下良好沟通的能力，帮助每位员工实现个人价值及职业发展。与此同时，中石油在认同文化差异的基础之上，积极确定共同的组

织远景，塑造理念先进的企业文化。通过多年来持续不断地培养跨文化经营能力，中石油在海外市场的业务能力和管理水平不断提高，形成了具有中石油特色的国际化运作模式。基于此，我国企业在海外开展业务时，也应当主动了解和尊重当地风土人情，减少项目发展与运营中由文化摩擦和冲突带来的管理成本，营造彼此尊重、理解信任、互帮互助、和谐共处的良好氛围，进而形成文化合力，给海外项目带来新的活力，促进企业海外经营取得成功。

参考文献

中石油网站，http://www.cnpc.com.cn/cnpc/index.shtml。
中国一带一路网，https://www.yidaiyilu.gov.cn。
《中石油2020年度企业社会责任报告》，2021年5月20日。
徐彦明：《中石油国际化战略研究》，博士学位论文，武汉大学，2012。

B.11 京东方国际化发展案例研究

郭瞳瞳　杨道广 *

摘　要： 京东方科技集团股份有限公司是一家高科技物联网公司，在全球显示行业具有领先地位。本报告以该公司为研究对象，首先，对其国内外发展历程以及国际化发展现状进行梳理；其次，重点分析该公司国际化发展的动因以及国际化关键因素；最后，为我国企业开展国际化经营提供一些建议。研究发现：显示产业作为全球化产业，是该公司国际化发展的必要动因；国际显示产业转移趋势、国内"缺芯少屏"的产业发展现状以及全球显示市场的巨大需求潜力，则为该公司国际化发展提供了良好机遇；解决融资关键问题、建立合作伙伴关系、坚持自主创新道路、培养国际优秀团队是该公司成为全球显示行业龙头企业的关键因素。

关键词： 高科技行业　国际化发展　京东方

一　公司概况

（一）简介

京东方科技集团股份有限公司（BOE，以下简称"京东方"）创立于

---

* 郭瞳瞳，对外经济贸易大学国际商学院博士研究生，主要研究方向为会计信息与资本市场；杨道广，博士，对外经济贸易大学国际商学院副教授、博士生导师，主要研究方向为内部控制与公司财务、审计与公司治理。

1993年4月，总部位于北京，是一家为信息交互和人类健康提供智慧端口产品和专业服务的物联网公司，图1为其2020年产权关系。京东方以成为"显示和相关传感领域的全球领导者、相关智慧产品和服务领域全球领先者、生命科技和智慧健康服务领域全球典范"为公司愿景，历经近30年的创业发展，已成为全球半导体显示领域龙头企业，形成了以显示事业为核心，Mini-LED事业、传感器及解决方案事业、智慧系统创新事业、智慧医工事业融合发展的"1+4+N"航母事业群。截至2020年，京东方已在北京、武汉、成都、重庆、合肥、福州等地拥有14条全球领先的半导体显示生产线，子公司遍布美国、英国、德国、法国、瑞士、日本、新加坡、韩国、印度等，服务体系覆盖欧洲、美洲、亚洲、非洲等全球主要地区。2020年，京东方出色的市场表现得到了国际市场认可，品牌价值实现了跨越式增长，首次成为"全球品牌价值500强"榜单中的一员，列第447位，成为榜单中为数不多的中国科技品牌中的一员。

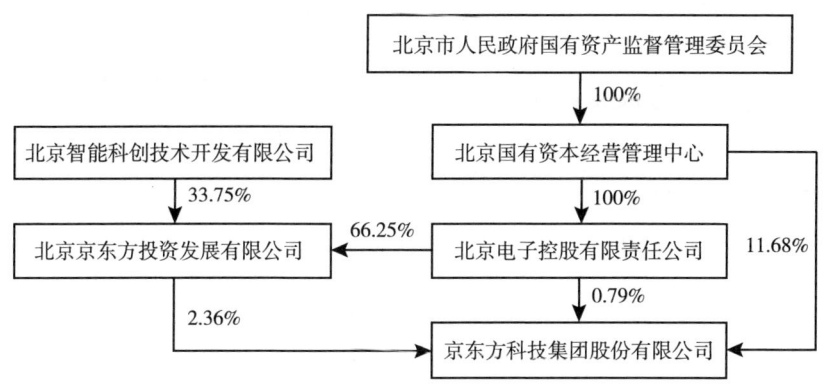

图1　2020年京东方产权关系

资料来源：京东方年度报告（2020年）。

截至2020年底，京东方资产规模达到4242.57亿元，当年实现营业收入1355.53亿元，位居国内显示行业第一。表1列示了京东方的五大主要事业及其业务范围。其中，显示事业是京东方实现业务增长的主要因素，传感器及解决方案事业、Mini-LED事业、智慧系统创新事业、智慧医工事业则是京东方布局未来的主营业务。2020年，显示事业实现营业收入1319.71亿元，同比增长16.03%，占其总体营业收入的97.36%。智能手机液晶显示屏、笔记本电脑显示屏、平板电脑显示屏等五大主流产品销量市占率超过了三星、LG，稳居全球第一，在国际显示行业占据龙头地位。传感器及解决方案事业实现营收1.2亿元，同比增长90.95%，通过与欧美医疗设备龙头企业及全球第一大探测器企业建立合作关系，海外市场取得进一步突破。Mini-LED事业已推广至多家国际知名品牌，调试完成全球首台联合研发的最大针刺式固晶机，稳步推进产业化和市场化。智慧系统创新事业实现营收13.28亿元，同比增长61.72%，全球布局取得一定突破，市场开拓进步明显。智慧医工事业实现营业收入15.22亿元，同比增长12.15%，目前已布局两家医院，均为国际化高端综合性医院——合肥京东方数字医院与北京明德医院。

表1 京东方主要事业及其业务范围

主要事业	业务范围
显示事业	显示事业采用了器件整合设计制造模式，致力于提供技术端口显示器件，打造了上下游一体化平台。聚焦于为客户提供高品质的显示器件产品，广泛应用于电脑、手机、电视、车载等
传感器及解决方案事业	传感器及解决方案事业采用了B2B制造模式，聚焦于家用检测、医院检测、智慧家居、通信与交通等多个领域；同时为生物检测、医疗影像、指纹识别、微波通信、智慧视窗等全新领域提供产品和解决方案
Mini-LED事业	Mini-LED事业采用了器件设计整合制造模式，聚焦于提供高性能的Mini-LED背光产品；同时，为商显、户外显示等新型应用领域提供质量可靠、性能良好的Mini/Micro-LED产品
智慧系统创新事业	智慧系统创新事业采用了系统解决方案设计整合模式，以大数据、人工智能为技术支撑，聚焦于提供城市美化、智慧政务、智慧金融、智慧交通、智慧教育、智慧能源、智慧园区等物联网细分领域的产品与服务
智慧医工事业	智慧医工事业采用了健康医疗专业服务模式，聚焦于数字医院、科技服务、健康科技、健康管理四大新型业务。通过构建智慧健康管理系统，打造健康物联网平台，为客户提供全方位、智能化的健康服务

资料来源：京东方网站、企业年度报告。

作为一家全球创新型物联网企业,京东方在其"成为地球上最受人尊敬的伟大企业"的国际化愿景的引领下,始终坚持自主创新道路,依托多年来积累的核心技术优势,积极拓展国际化业务。通过实施"走出去"战略,京东方逐步与三星、戴尔、惠普、索尼、华为、联想等全球知名客户开展新产品、新技术领域的合作,并在全球19个国家及地区设有营销中心和研发基地,国际布局已初具规模。图2为2015~2020年京东方营业收入在不同地区的分布情况。

图2　2015~2020年京东方营业收入地区分布

资料来源:京东方年度报告(2015~2020年)。

可以看到,尽管2020年新冠肺炎疫情席卷全球,给全球经济带来较大冲击,但在远程办公、远程医疗、在线教育、在线娱乐等应用场景的爆发式增长以及半导体显示行业景气回升的大环境下,京东方营业收入实现持续增长,整体呈现出稳中有增态势,由2015年的486.23亿元上升至2020年的1355.53亿元。其中,中国大陆地区和亚洲其他地区为京东方营业收入的主要来源地区。2020年,中国大陆地区营业收入占比为48.13%,主要客户包括华为、小米、OPPO、创维、海信等国内大型企业。亚洲其他地区营业收入占比为40.50%,主要客户包括三星、LG、索尼等国际知名企业。与此同时,京东方积极拓展欧洲和美洲市场,营业收入分别由2015年的26.77亿元和34.30亿元提高至2020年的48.05亿元和103.17亿元。上述分析表明，京东方国际化布局初具规模，国际化发展不断深化。

（二）国内外发展历程

1. 国内发展历程

1993年4月，在北京电子管厂的基础上，北京东方电子集团股份有限公司正式成立，开启了"市场化、专业化、国际化"的创业征程。2001年，为配合全球化发展战略，北京东方电子集团股份有限公司更命名为"京东方科技集团股份有限公司"，同年在深圳证券交易所增发A股，成为国内为数不多在A股、B股同时上市的企业。早期京东方重点参与兴办合资企业，然而在与外国企业进行合资的过程中，京东方逐步意识到合资模式所带来的技术瓶颈。2003年，京东方把握住良好机遇，以3.5亿美元成功收购韩国现代公司（Hynix）旗下的TFT-LCD（薄膜晶体管液晶显示屏）业务，标志着京东方全面启动在TFT-LCD领域的全球战略布局。自此，京东方陆续投建了我国首条第5代、第6代、第8.5代TFT-LCD生产线，结束了我国"无自主液晶显示屏时代"，带领我国半导体显示产业实现了从无到有、从有到大、从大到强的跨越式发展。2016年，京东方再次调整升级企业定位，由半导体显示技术、产品和服务提供商升级转型为物联网技术、产品和服务提供商。2018年，通过收购全球电子货架标签解决方案提供商法国SES-Imagotag公司，京东方开始布局智慧零售领域。2020年9月，京东方完成了对中电熊猫的收购，进一步完善了技术和产品布局，提升了行业集中度，对于推动全球半导体显示行业良性发展具有重要意义。

截至2020年底，京东方显示屏总体出货量位列全球第一，其中在电视、智能手机、笔记本电脑、平板电脑、显示器五大主流应用领域的出货量也稳居全球第一。图3为2020年全球电视面板出货量及出货面积。可以看到，京东方（BOE）电视面板出货量为46.4百万台，出货面积为29.9百万平方米，稳居全球行业榜首。中国另一个电视面板巨头TCL华星光电（CSOT）位列全球出货量第三、出货面积第二。韩系品牌LGD和SDC的出货量排名则分别下降至第 5 位和第 6 位。总体而言，历经 20 多年的创业发展，京东方在显示屏领域的整体领先优势持续增加，传统韩系品牌已无法与其在规模方面一较高低。

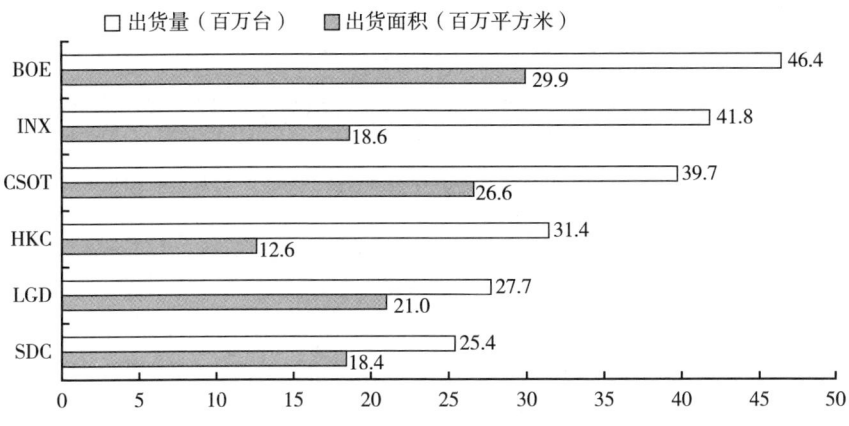

图 3　2020 年全球电视面板出货量及出货面积

资料来源：2020 年全球电视面板市场年度盘点。

2. 国外发展历程

2001 年，京东方对外宣布收购韩国现代公司的 STN-LCD 及 OLED 业务。作为京东方成立以来的第一个海外收购项目，为其后续快速开展国际化经营积累了经验。2003 年，京东方成功完成对韩国现代公司 TFT-LCD 业务的收购，获得了进入 TFT-LCD 行业所需的技术、专利、团队等资源，成为国内最早进入该行业的企业之一。2005 年，京东方在北京设立的第 5 代生产线进入量产阶段，为三星等国际知名客户提供产品。2014 年，京东方升级企业品牌标识，加速国际化战略布局。2019 年，京东方国际专利申请量位列全球第六，连续 4 年进入全球 PCT 专利申请 Top10。历经多年的海外布局和国际化发展，目前全球每四块液晶屏幕中，就有一块来自京东方。表 2 总结了京东方海外发展大事件。可以看到，在进行海外并购的同时，京东方陆续在美国、德国、俄罗斯、新加坡、韩国、日本、迪拜、印度等 19 个国家和地区设立子公司和研发中心，在亚洲、美洲、欧洲、中东等全球主要地区积极拓展国际业务。2020年,京东方海外收入703.11亿元,超过其销售总收入的一半,占比达到51.87%,新增专利授权超5500件,其中海外授权超2300件。与此同时,京东方积极参与国际赛事,多项人工智能技术在国际行业赛事中荣获第1名,TV BD Cell荣获SID 2020年度全球显示产业奖,并参与主持"LCD多屏显示终端"IEC国际标准的制定。总体而言,京东方国际化发展不断深入,核心业务在国际市场取得了领先地位,具有一定的国际影响力和竞争力。

表2 京东方海外发展大事件

年份	国家	大事件
2001	韩国	收购韩国现代电子产业有限公司STN-LCD和OLED业务
2003	韩国	收购韩国现代显示株式会社(HYDIS)TFT-LCD业务
2006	新加坡	通过设立新加坡子公司在东南亚开展业务
2011	日本	在日本东京设立日本子公司兼研发中心
2012	美国	通过设立美国子公司兼研发中心在北美洲开展业务
2014	德国	通过设立德国子公司在欧洲开展业务
2016	印度	通过设立印度子公司在南亚开展业务
2017	巴西	通过设立巴西子公司在南美洲开展业务
2017	俄罗斯	通过设立俄罗斯子公司在东欧开展业务
2017	迪拜	通过设立迪拜子公司在中东开展业务
2018	南非	通过设立南非子公司在非洲开展业务
2018	法国	成功收购全球电子货架标签解决方案提供商法国SES-Imagotag公司

资料来源:京东方网站。

(三)国际化发展现状

回顾京东方国内外发展历程,自创立之初,京东方就确立了国际化发展战略,并在发展过程中不断推进国际化进程。通过一系列海外并购和自主创新,京东方核心业务竞争力得到不断提升,国际化发展不断深化。近年来,京东方加速扩张国际版图,目前已在全球19个国家和地区设有营销中心和研发基地,服务体系覆盖欧洲、美洲、亚洲等主要地区。与此同时,京东方积极开拓国际市场,在新产品、新技术领域与全球知名品牌开展合作交流。图4为2001年与2020年京东方营业收入地区构成对比。可以看到,2001年京东方上市之初就拥有一定的境外业务,但以境内销售为主,境外销售收入仅占其总收入的37.10%。随着国际化程度不断提高,2020年京东方境外业

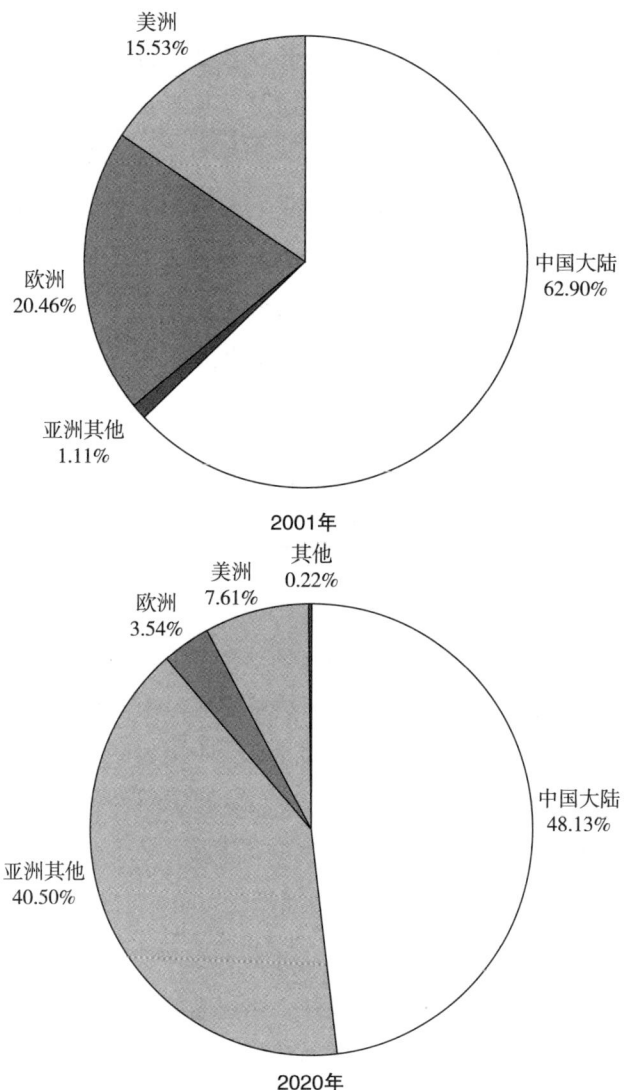

图4 2001年与2020年京东方营业收入地区构成

资料来源:京东方年度报告(2001年、2020年)。

务收入超过境内业务收入,占到总营业收入的51.87%,并且开始在亚洲、欧洲、美洲以外的地区(例如中东地区等)开展业务。截至2020年底,京东方海外专利占比超35%,拥有来自不同地域、不同文化背景的员工近5万名,在国际显示屏市场具备了一定话语权和影响力。

综上所述,京东方以成为"显示和相关传感领域的全球领导者、相关智慧产品和服务领域全球领先者、生命科技和智慧健康服务领域全球典范"为公司愿景,坚持国际化发展战略,核心显示屏业务在国际市场取得了领先地位,海外发展能力不断提高,海外收入已成为其业务收入的关键来源。通过在全球19个国家和地区设立子公司和研发中心,与国际知名客户展开合作交流,京东方已在全球显示屏市场占据一席之地,发挥着越来越重要的作用。因此,对京东方国际化发展实践进行分析,对于我国高科技企业及其他行业企业实施"走出去"战略具有重要的借鉴意义。

二 京东方国际化发展动因分析

(一)产业链全球化特征

京东方所处的半导体显示产业始终是一个全球化产业。从设备来讲,半导体所需要的光科技、切割设备、离子铸热器等是由不同国家不同企业的研发人员陆续开发的;从产业链来讲,很难有一个国家能覆盖设计、材料、设备、制造、封装测试5个主节点;从生态链来讲,半导体显示产业所涉及的资金、能源、制造以及需求始终是全球化的问题;从半导体器件来讲,半导体由几百种精密器件组成,需要各个国家在竞争中合作才能使显示行业可持续发展;从技术来讲,半导体显示产业技术进步非常快,企业要想在行业内具备技术领先优势,就需要进行多领域、多层面的合作交流,只有保持高强度的投资才能在日新月异的技术革新中把握和引领未来发展方向。上述五大产业特征决定了半导体显示产业是一个全球化产业,是京东方迈向国际化发展的重要动因之一。

由于面板显示行业是一个高技术、高投入、高风险的行业，相较于三星、LG等日韩企业，京东方进入时间较晚，面临着技术封锁问题。因此，在产能规模和核心技术上实现赶超是京东方在竞争激烈的显示行业得以生存的关键所在。在发展前期，京东方为扩大产能规模，采用合营模式，实施"走出去"战略，与日韩知名企业展开国际合作，在各地设立合营企业。然而，合营模式导致京东方无法获取核心技术，核心业务的上游部件材料严重依赖进口，相关专利仍掌握在日韩厂商手中，合营模式所带来的技术瓶颈限制了京东方的进一步发展。为了以相对较低的成本迅速获得关键技术、设备、人才和市场，京东方积极实施"走出去"和"引进来"战略，采用了"境外收购—海外融资—国内建设—带动配套"的业务发展模式。通过收购韩国现代公司的TFT-LCD业务，京东方得以快速掌握、消化和吸收关键技术，陆续建成先进的生产线并取得了规模效益。京东方的不断壮大，还带动了国内上下游企业对配套设施的跟进投资，在较短时间内实现了对日韩领军企业的赶超。

综上所述，显示产业的上下游覆盖范围极广，技术壁垒较高，产业特征决定了整个产业链呈现出全球化的整体局面。诸如三星、LG等知名企业虽进入时间较早，垄断了相关核心技术，但仍需要将组装、制造等下游产业转移至劳动力成本较低的其他国家，这为京东方进入该行业提供了机会。京东方为进一步提高对上游产业的管控能力，挖掘下游产品的国际市场潜力，逐步采用与国际知名企业合营、海外收购、设立海外子公司的方式开展国际化经营，这是其国际化发展的重要动因。通过多年的海外经营，京东方已实现在规模和技术层面对日韩领军企业的赶超，并在国际显示器市场占据了重要地位，国际影响力不断提高。

（二）国际产业转移趋势

半导体显示产业是继汽车和计算机之后第3个具有全球影响力的产业，其中TFT-LCD显示能力最强，在亮度、寿命、稳定性等各方面性能上具备综合优势，已广泛应用于各类电子产品，成为平板显示器的主流。

在国际化分工不断深化的背景下,半导体显示产业共发生过4次转移。20世纪50年代至70年代,TFT-LCD显示技术起源于美国,并完成了半导体技术的原始积累。在半导体高技术壁垒下,美国成为全球半导体产业的主导者,开始逐步将存储产业向日本转移。90年代初,日本通过将半导体技术应用于电子表、掌上游戏机等电子产品中,成功实现了半导体的产业化,半导体产业得以不断发展壮大。90年代中后期,韩国在美日贸易摩擦时期加速技术引进,大规模进入液晶面板行业,通过"反周期投资"成功超过日本,取得了存储半导体产业的国际领先地位。21世纪初,随着全球劳动力成本不断提高,劳动密集型的代工和封测等制造部门逐步转移至我国台湾。2008年下半年,全球金融危机对TFT-LCD产业予以重创,使得整个行业提前衰退,全球显示产业加速向中国大陆转移,给以京东方为代表的中国大陆企业提供了反周期进场、投资和扩张的良好机遇。

图5为2009~2020年全球半导体显示产业产能分布。可以看到,在我国企业进入半导体显示产业之初,韩国在该领域的全球市场中占据主导地位,产能占比达到47.0%,主要厂商为三星和LG;中国台湾地区的产能占比为38.3%,主要依靠其规模优势取得的成本竞争力在国际市场展开竞争,大型品牌有友达、奇美、瀚宇彩晶等;日本的产能占比为11.5%,主要依靠其前期积累的技术和装备优势,但在投产方面未能把握先机已逐渐失去国际竞争力,大型厂商有索尼和夏普等;中国大陆提供的产能占比仅为3.2%,虽然进入该产业的时间较晚,产能规模较小,但具有广阔的市场和发展空间。随着在半导体显示产业中的自主研发能力不断提高,逐步掌握和引领核心科技,中国大陆企业在国际市场的竞争力和话语权得到了显著提高。2020年,中国大陆已发展成为全球规模最大的面板制造基地,为全球提供了接近一半的TFT-LCD面板产能,反观韩国、日本和我国台湾地区的产能则均呈现萎缩的趋势。

综上所述,半导体显示产业全球转移趋势所形成的产业竞争格局,以及全球金融危机所带来的行业衰退,为京东方采用海外并购模式进入该产业提

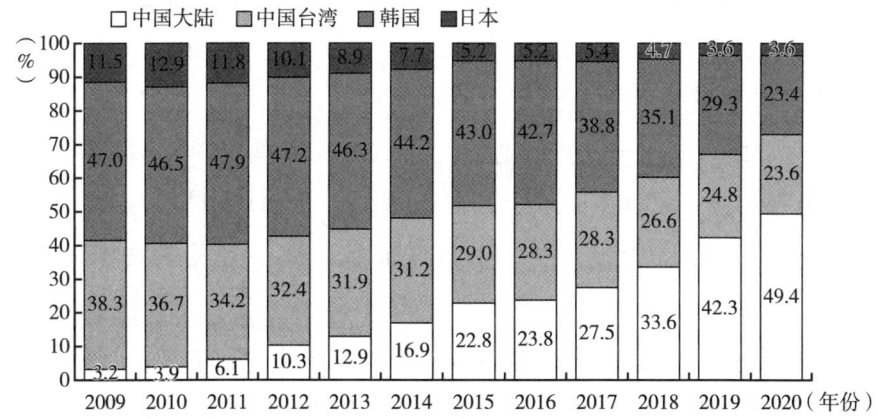

图 5　2009~2020 年全球半导体显示产业产能分布

资料来源：智研咨询。

供了良好契机。TFT-LCD 技术的不断成熟和产业化也为京东方实施"走出去"战略、迅速开展国际业务奠定了坚实基础。与此同时，随着人工智能等新兴技术迅速取代传统技术，显示已成为万物互联的重要端口，以 TFT-LCD 为基础的全球市场潜力巨大，面板显示屏的适用范围、需求面积不断扩大，为京东方快速崛起、拓展国际市场、深化国际化发展提供了契机和市场潜力。

（三）国内产业亟待发展

显示产业是电子信息领域的核心支柱产业之一，京东方所处的半导体显示器行业一直是我国重点战略产业。2006 年，我国彩电的年产量超过 8000 万台，平板电视机的年产量超过 1000 万台，然而平板显示器关键材料、TFT-LCD 生产设备、面板一直依赖进口，自给率较低，对我国显示产业的快速发展产生了严重制约。在国内显示器下游产业急速发展、面板显示器却供不应求的尴尬局面下，为突破电子工业"缺芯少屏"困境，我国政府和市场颁布了一系列行业发展规划，付出了诸多努力。早在 1996 年，《中华人民共和国国民经济和社会发展"九五"计划和 2010 年远景目标纲要》就提出电子工业是中国国民经济的支柱产业，并将液晶显示器件列为新型电子元器件发展重点之一。2011 年，"十二五"规划将平板显示这类新型产业列入重点发展产业。2012 年，工业和信息化部发布《电子信息制造业"十二五"发展规划》，在其子规划《数字电视与数字家庭产业"十二五"规划》中明确指出，要逐步完善显示行业的产业链建设，在 TFT-LCD 面板、模组等关键技术上取得突破。

与此同时，电子产品在全球范围内得到广泛应用，尤其是智能手机、平板电脑、掌上游戏机等显示器下游产品在全球市场流行，刺激了对显示屏等上游产品的市场需求，为我国显示行业的高速发展提供了充足的市场空间和良好的投资机遇。图 6 为 2017~2022 年 TFT-LCD 全球需求面积及其增长率预测情况。可以看到，2017 年 TFT-LCD 全球需求面积为 190 百万平方米，到 2022 年将增长至 233 百万平方米，国际市场需求空间广阔。另外，随着 2020 年疫情在全球范围内蔓延，各行各业开始实施居家线上工作模式，对笔记本电脑、手机、平板电脑等下游产品的需求量显著提高，进一步增加了下游相关产业对面板显示器的需求。

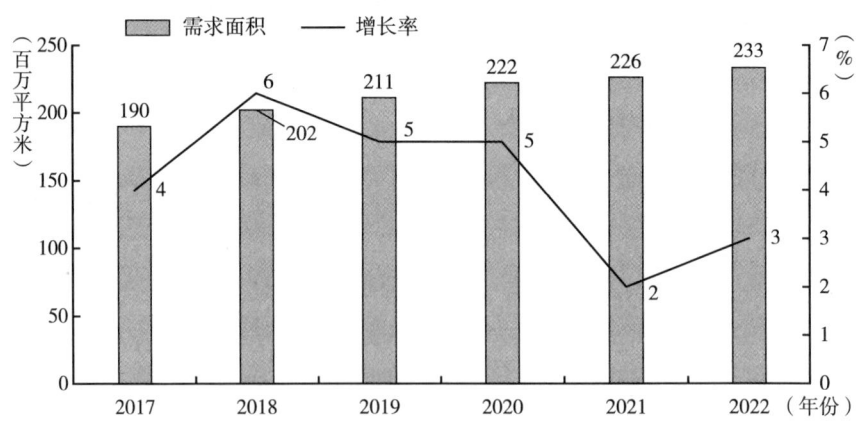

图 6　2017~2022 年 TFT-LCD 全球需求面积及其增长率预测

资料来源：根据 Display Search 网站相关数据整理得出。

综上所述，我国作为全球消费液晶面板的第一大市场，面板显示屏曾经完全需要进口。为改变我国"缺芯少屏"的行业发展现状，我国对显示产业提供了政策和资金方面的大力支持，为京东方进入显示产业提供了良好契机。与此同时，国内与国际显示产业市场的巨大潜力为京东方开展国际业务提供了市场空间。然而，由于显示产业的技术壁垒较高、我国进入显示产业的时间较晚，京东方在早期想要快速进入显示产业，与海外企业设立合资企业以及进行海外并购是最优选择。从设立合资企业，到收购海外知名企业相关业务，再到如今掌握核心科技，京东方的国际化发展道路越走越宽，由合资合作模式下无法获取核心技术的制造企业，逐步转变为制定行业技术标准的高科技企业，不仅解决了我国"缺芯少屏"的问题，而且逐步在全球市场占据重要地位。

三 京东方国际化关键因素分析

（一）新型产融模式支撑

京东方所处的显示行业是典型的技术密集型和资本密集型的重资产行业。由于技术升级换代非常快，行业参与者只有不断追加巨额投资用于技术研发和生产线投建才能避免在激烈的竞争中被淘汰。日韩企业在面板领域取得的成功，依赖于政府推动以及各大财团在资金方面的持续支持。无论是掌握技术优势的日韩企业还是取得规模效益的我国台湾厂商，都历经10多年的亏损才得以扭亏为盈。作为进入该行业较晚的技术追赶者，京东方一入局就面临资金不足的问题。

2005年，京东方获得了国开行和北京市政府的资金支持，将第5代自主研发的面板生产线推进至量产环节，正式结束了国内企业"无自主液晶屏时代"。然而，随着韩国、日本、我国台湾地区等液晶巨头联手降价，京东方再次陷入巨亏。为解决资金困难问题，维系企业运营所需资金，京东方以非公开方式发行A股，北京市政府则以"债转股"方式成为公司控股股东。与此同时，康宁、冠捷等多家上下游相关企业陆续投资建设配套设施，累计金额超过700亿元，打造了一个年产值近千亿元、缴税40多亿元的庞大产业体系。显示产业体系的快速发展为京东方获取更多地方政府支持营造了良好氛围，通过构建"银团贷款+政府投资"、与企业合作的新型产融模式，京东方得以实现快速扩张。2008年，金融危机对日韩显示企业产生巨大的负面影响，全球产能不断萎缩，行业盈利能力不断下滑，为京东方实现赶超提供了良好机遇。在各地政府的大力支持下，京东方利用在股票市场募集到的200多亿元资金，进行逆周期扩张投资。随着京东方在研发上的投入以及逆周期扩张逐渐显现的规模效应，截至2020年底，京东方在所有主流的细分领域的全球市场份额均居首位。尽管一轮轮的巨额融资以及长期亏损，让京东方背负上了"烧钱大户"的名声，但近年来京东方进入行业头部的盈利能力逐渐显现，已成功实现连续盈利，2020年归属于母公司的净利润达到50.35亿元。

综上所述，一轮轮巨额融资是支撑京东方在显示行业激烈的竞争中快速成长的关键因素。无论是走与国际知名企业展开合营的道路，还是走购买国外生产线，引进全套技术体系，在此基础上进行自主技术研发和产业体系建设的道路，京东方都积极应对融资问题，最终建立了新型产业投融资模式，获得了政府和市场的资金支持。

（二）战略合作伙伴协同

建立互利互惠的战略合作模式是京东方塑造行业竞争力的重要举措。历经多年海外合作，京东方已与全球多个国家、地区的行业领先企业开通技术互通渠道，打造贸易合作伙伴关系，实现了良好互动的共赢模式。目前，京东方已连续举办了5届全球创新伙伴大会（BOE IPC）及供应商之夜，与来自全球的上下游合作伙伴共同展望行业未来发展趋势，联合发布技术创新成果，携手共赢。表3总结了京东方海外重要合作伙伴及合作项目。可以看到，京东方与多个国家在多个业务领域建立合作伙伴关系，既涉及下游产品制造合作，也涉及上游高端技术合作。

表3 京东方海外重要合作伙伴及合作项目

合作伙伴	合作项目
德国科技公司默克	在OLED领域进行全面合作并建立长期战略合作伙伴关系
韩国JNTC公司	发展3D玻璃盖板生产销售等业务
美国罗辛尼公司	开发应用于显示器背光的Micro-LED解决方案
美国高通公司	开发集成Qualcomm 3D Sonic的创新产品
日本旭硝子株式会社	生产TV用电子枪和CTV用低熔点焊料玻璃
日本日伸工业株式会社	生产电子枪金属零件

资料来源：京东方网站。

京东方与美国罗辛尼公司展开的国际合作是其诸多海外合作中的典型案例之一。2019年1月，京东方与美国罗辛尼公司成立Micro-LED合资公司——BOE Pixey。合资公司由京东方控股，引进罗辛尼公司已有的市场技术，共同开发应用于显示器背光的Micro-LED解决方案，主要面向大型电子消费产品、汽车等市场。Micro-LED/Mini-LED是新一代显示技术，也是京东方"1+4+N"航母事业群在未来重点发展的新兴事业。相较于现有的OLED技术，Micro-LED具有更多性能优势，如更高的亮度、更低的功耗以及更具竞争力的发光效率等，被认为是下一代显示技术的有力竞争者。应用范围将涵盖从VR眼镜、小型显示器到大尺寸直接发射屏等，是显示产业未来发展的核心内容。京东方通过与美国罗辛尼公司合作，可以提前布局下一代显示技术，从而保持在国际显示行业的领先地位。此外，京东方坚持深入了解海外市场的客户需求，提供具有针对性的定制产品。例如，京东方为了在2020年东京奥运会上与NHK等客户联合传送8K信号，开发出8K高分辨率产品，并在日本市场进行销售，获得了日本市场对该系列产品的广泛认可。

综上所述，京东方通过与海外多个国家的企业在上下游关键产业领域签署战略合作协议，积极开拓海外市场，国际经营能力不断提高。一方面，海外合作可以帮助京东方深入了解国际市场，把握行业最新技术的发展动态，培养国际经营能力，与竞争对手保持良性的竞争关系；另一方面，海外合作也可以为京东方提高行业话语权和国际影响力提供基础，为其进行上下游产业链融合提供机遇，为其在国际市场塑造大国品牌形象提供平台。

（三）自主创新道路引领

在技术含量超高的显示行业，获取产能规模只是基础，拥有自主创新的技术研发体系才是企业实现可持续发展、加快国际化进程的关键所在。京东方在早期采取合营模式开展业务时，技术方面主要表现为"跟随"，面临着很大的技术转移或技术替代风险。为快速获取专利技术，京东方先是采取海外收购方式，在吸收学习海外先进技术的基础之上，走出了一条自主创新的道路。2009年，京东方打造了大陆地区首个TFT-LCD工艺技术国家工程实验室，为自身提供了良好的技术合作平台。基于该平台，京东方与其他知名企业展开了多个自主研发项目，陆续研发出了许多新产品。随着京东方在显示行业的业务能力逐渐提高，京东方坚持对技术研发的持续投入，致力于提高自主创新能力，逐步发展成为全球显示行业龙头企业。截至2020年底，京东方研发人员达到19694人，占全体员工人数的25.76%。图7为2015～2020年京东方研发支出及其占比情况。可以看到，京东方研发支出呈现逐年递增趋势，由2015年的33.19亿元提高至2020年的94.42亿元，研发支出占比稳定在7%左右。

与此同时，作为中国半导体显示行业龙头企业，京东方专利布局能力持续提升，年度新增专利申请数量超9000件。传感、人工智能、柔性OLED等全新技术方面，新增专利申请数量达到4500件，新增专利授权数量达到5500件，其中海外授权数量达到2300件，累计可使用专利数量超过7万件；技术标准方面，京东方参与和主持修订多项技术标准和多项团体标准；全球赛事方面，多项行业领先技术在各大知名赛事中荣获第1名；国际交流方面，与全球顶尖大学、研究所和知名企业开展合作，实现价值共创。根据2020年国际领先的专利服务机构IFI Claims发布的统计数据，京东方以2144件的专利授权量居美国专利授权全球排行榜的第13位。作为少数能够入选

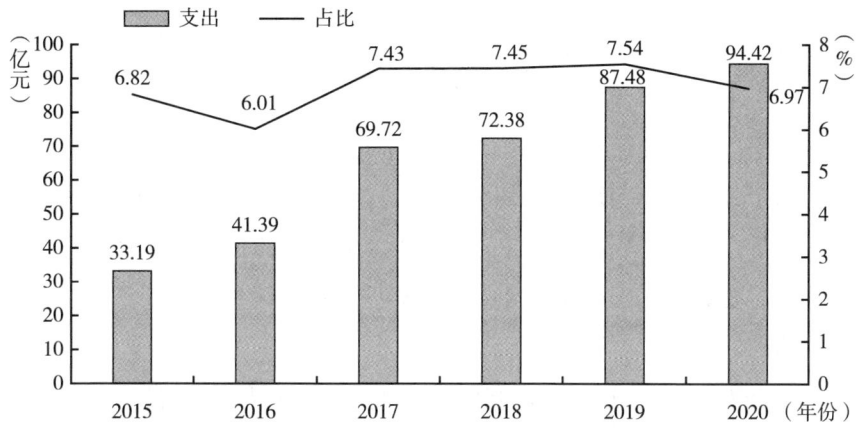

图7　2015～2020年京东方研发支出及其占比

资料来源：京东方年度报告（2015～2020年）。

该榜单的中国高科技企业，京东方已连续3年位居全球前二十，技术研发能力得到了国际市场的高度认可。

综上所述，京东方始终重视对关键技术的研发投入，注重对技术人才的持续培养，核心竞争力不断提高。经过多年的自主创新和产业积累，京东方在超高清、AMOLED显示技术、氧化物TFT背板等诸多前沿高科技细分领域取得了先发优势和领军地位，在国际领先技术方面成为全球技术标准的制定者。可以说，自主创新能力为京东方开展国际化经营提供了坚实的技术保障，帮助京东方逐步发展成为中国大陆唯一能够生产全系列半导体显示产品的企业。

（四）国际优秀团队培育

随着国际化发展不断深入，京东方陆续在美国、日本、韩国、中国台湾、新加坡、印度、德国等19个国家和地区设立营销平台及分布全球的OSS据点，京东方迫切需要具有国际化视野、国际思维以及跨文化沟通、运营管理能力的人才。与此同时，平板显示产业由于涉及的技术面较广，技术含量极高，故对行业人才的综合素质提出了极高要求。因此，在实施"走出去"战略的过程中,京东方十分重视对国际化人才的培养,初步形成了国际化人才的引进和培训机制。从 2015 年起,为满足国际化经营对优秀团队的现实需求,京东方设立了国际化高潜人才特训营项目,以每年一届的频次开展,用以挖掘和培养集团范围内在国际化业务方面有较大潜力的人才。目前,京东方的国际团队可以划分为两类:一类是长期身处海外一线的员工,一类是在国内对接海外业务的员工。两类群体都是特训营项目重点培养的群体,需要具备在国际化交流中理解文化差异、融入当地环境,并为企业创造价值的能力。

具体而言,京东方国际化高潜人才特训营项目采取组织推荐和自主报名相结合的方式,吸引有意向、有志愿往国际化方向发展的内部人才。在进行人才选拔时,层层递进设置选拔门槛,如外语交流能力、海外业务办理能力、认知思维能力等。值得一提的是,在选拔具有国际化潜力的人才时,京东方更为注重其抗压性、内驱力和好奇心方面的能力,因为这些特质是保证其未来能够在国际化岗位上长期成长发展的重要因素。在国际化思维的引导方面,京东方为员工安排了一系列国际化场景体验项目,以及国际人才形象展示活动,帮助员工能够身临其境地感受在国际市场开展工作的氛围。此外,京东方为了强化培训赋能,整合企业资源,建立起支撑人才发展的平台——京东方大学,构建专业与个性相结合的培训模式。图 8 为京东方大学组织结构。可以看到,京东方大学能够为不同岗位的员工提供全方位培养计划,为京东方建立国际化团队提供了坚实的人才保障。

综上所述,京东方在实施"走出去"战略的过程中,注重对国际化团队的持续培养,为国际化经营输送了源源不断的优秀人才。通过严格的人才选拔制度、多元化的人才培养方案、系统的员工成长计划,京东方培养了一批具有国际思维和国际合作能力的优秀团队,为自身国际化发展提供了坚实的人力资源保障。

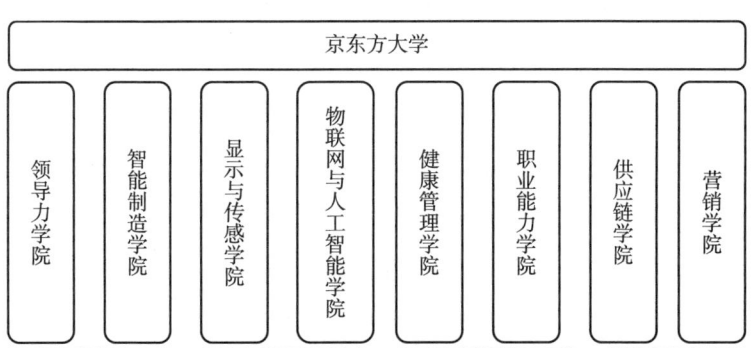

图8　京东方大学组织结构

资料来源：《京东方2020年度企业社会责任报告》，2021。

四　展望与建议

显示产业作为全球化产业，是京东方国际化发展的必要动因。国际显示产业转移趋势、国内"缺芯少屏"的产业发展现状以及全球显示市场的巨大需求潜力，则为京东方国际化发展提供了良好机遇。在积极实施"走出去"和"引进来"的国际化发展战略的过程中，京东方通过构建"1+4+N"的航母事业群，积极解决关键问题，参与国际交流合作，坚持自主创新道路，培养国际化优秀团队，逐渐赶超日韩行业巨头，成为全球显示行业的龙头企业。因此，京东方的国际化发展对于我国企业，特别是高科技企业探索国际化道路具有一定借鉴意义。

（一）动态调整战略，把握产业发展

经济全球化和技术全球化导致高科技行业升级换代的周期显著缩短。特别是对于技术含量超高的显示行业，每次技术迭代都会导致行业重新洗牌，这既是行业内所有企业面临的技术风险，也是后进入企业赶超行业巨头的良好机遇。京东方作为进入显示行业较晚的企业，把握住第四次产业全球转移

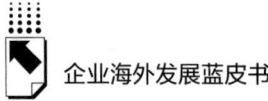

的进场时机，不断调整业务发展和海外合作模式，成功实现了对日韩领军企业的赶超。发展早期，京东方实施与海外知名企业合资合营的发展模式，在意识到合营模式带来的技术瓶颈后，京东方迅速调整发展战略，通过海外并购实现了对生产线和核心技术的快速获取，打破了日韩企业对关键技术的垄断。目前，京东方已发展成为全球显示产业的标准制定者，推动着产业的未来发展。由此可见，在不确定性较高的全球环境下，我国企业在国际化发展中，只有深刻理解产业发展趋势，结合企业自身发展现状以及在行业中所处的位置，敢于突破现有发展瓶颈，动态调整发展战略，把握产业周期波动所带来的机遇，才能打破发达国家对一些高科技行业的技术垄断，提高我国企业在全球市场参与竞争的核心能力。

（二）解决融资问题，完善发展体系

近年来，我国越来越多的企业选择开拓海外市场，参与国际竞争。融资难度大和融资成本高成为限制我国企业实施海外发展战略的重要因素。京东方在进行海外收购、生产线投建和海外子公司设立的过程中，也面临着资金不足的问题，这限制了其国际化发展战略的落实。为解决资金困难问题，京东方积极拓宽融资渠道，一方面积极获取政府支持，争取产业政策方面的优惠和补助；另一方面在资本市场上公开募集资金，得到了充足的资金来源。通过积极解决融资困难这一关键问题，京东方得以顺利实施海外战略布局，完成对韩国现代公司的业务收购，落实在全球多个重要国家和地区设立子公司、研发中心和服务机构的全球布局，逐渐扭亏为盈，已然在国际显示行业占据了重要地位。由此可见，充足且结构合理的资金来源是保障我国企业开展国际业务的重要基石。我国企业应当充分掌握融资信息，了解各类融资方式和渠道，推动融资结构的持续优化，合理利用资源，完善发展体系。与此同时，政府应当积极布局海外金融机构，强化国内金融机构与国际金融机构的交流与合作，提高为企业海外发展提供融资服务的能力，为我国企业开拓海外市场提供稳定有力的金融保障体系。

（三）掌握核心科技，打造品牌优势

技术是第一生产力。京东方作为一家高科技物联网公司，对技术研发的持续投入以及对技术人员的系统培训，是其能够打破日韩企业技术垄断和专利壁垒，实现行业技术领先的关键所在。面对核心科技不断革新的行业环境以及不确定性极强的产业周期，京东方秉持"技术领先、全球首发、价值共创"的创新模式，通过坚持塑造自主创新能力，不断优化技术革新体系，提高科研人员的科研水平和创新意识，逐步发展成为半导体显示行业的技术领军者，引领未来行业变革方向，在显示技术及显示应用等领域取得了显著成绩。目前，我国企业在国际产业分工中仍处于低端位置，在诸多高端技术方面受制于人，严重制约了产业转型升级和上下游一体化进程。为了改变这一现状，我国企业只有形成坚实的自主创新能力，重视对技术创新的长期投入，才能在国际合作中逐步掌握核心科技，满足全球市场日趋差异化的客户需求，持续提高产品质量和服务品质，塑造大国企业品牌形象。

（四）培养优秀人才，助力海外发展

具有国际思维、全球视野、海外合作交流能力的优秀人才，是企业实施国际化发展战略必不可少的关键资源。京东方始终重视对优秀人才队伍的引进、培养和激励，以国际一流水平的标准制定员工培养方案，培养了一批能够适应跨文化环境、开展跨文化沟通合作的国际团队。在京东方设立全球子公司、开展国际交流合作、塑造国际品牌形象的过程中，国际化人才能够充分利用全球视野及全球性思维模式，帮助京东方及时了解和掌握国际显示行业最先进的知识、技术和运营模式，促进京东方不断提高创新能力和国际竞争力。因此，我国企业在开拓海外市场、开展国际经营的过程中，应当将国际化人才视为战略资源的重要组成部分，注重对员工的多元化培训，制订系统全面的人才成长计划，这不仅可以帮助员工实现自身价值，还可以为企业高质量发展提供坚实的人力资源保障。

参考文献

《京东方2020年度企业社会责任报告》,2021。

刘东:《京东方是如何打造国际竞争力的》,《中国电子报》2000年12月15日。

李欣欣:《京东方快速扩张战略的研究》,硕士学位论文,北京交通大学,2014。

京东方网站,https://www.boe.com.cn/index。

B.12 北京同仁堂国际化发展案例研究

赵文卓 杨道广*

摘 要： 本报告以北京同仁堂为研究对象，系统梳理了北京同仁堂的国际化发展历程及现状，重点分析了北京同仁堂国际化发展的动因，以及北京同仁堂国际化成功的关键因素，由此得出了中国企业尤其是国内中药企业国际化发展的一些启示。研究认为，中西方文化差异带来的海外销售禁令以及外资药企加剧市场竞争等因素阻碍了北京同仁堂的国际化进程，而国家的政策支持为北京同仁堂的国际化发展提供了政策保障；消费者消费理念的转变为北京同仁堂的国际化发展提供了良好支撑；新冠肺炎疫情既是机遇也是挑战。此外，北京同仁堂因地制宜、注重产品品质、积极利用互联网平台、以医带药等做法值得国内企业参考和借鉴。

关键词： 北京同仁堂 中药 国际化发展

一 公司概况

（一）简介

北京同仁堂（以下简称"同仁堂"）一直被誉为"国内中药业第一

---

* 赵文卓，对外经济贸易大学国际商学院博士研究生，主要研究方向为会计信息与资本市场；杨道广，博士，对外经济贸易大学国际商学院副教授、博士生导师，主要研究方向为内部控制与公司财务、审计与公司治理。

品牌"。"同仁堂中医药文化"于2006年被纳入第一批国家级非物质文化遗产名录。同仁堂常年将生产、销售传统中成药作为自身的主营业务,截至2020年末,同仁堂生产的中成药已超过400种,包括内科、外科、妇科、儿科等,其中同仁堂又凭借安宫牛黄丸、同仁牛黄清心丸、同仁大活络丸等自身的王牌产品而闻名海内外。自创立至今,同仁堂已有351年的发展历史,其一直坚持着"修合无人见,存心有天知"的药德,恪守"炮制虽繁必不敢省人工,品味虽贵必不敢减物力"的古训,以"尊古不泥古,创新不失宗"为宗旨,同时公司又积极抓住国内资本市场提供的发展机遇,来推动自身的传统中成药生产不断地向制药工业现代化迈进。截至2020年末,同仁堂围绕自身主业,打通了上下游产业链,使得公司自身实现了从中药材种植和加工、中成药研发和生产到医药物流配送、药品零售的一整套服务,从而实现了对公司优质资源的合理整合,进而使得公司品牌的影响力和市场竞争力均得到了有效提升。

2020年度报告数据显示,同仁堂的主营业务按行业可划分为医药工业与医药商业。其中,同仁堂的医药工业主要是借助经销商网络将自身的产品打入市场进而销售给消费者,此外其他产品则是依托子公司的零售药店进行销售。如表1所示,截至2020年末,同仁堂医药工业的营业收入约为76.53亿元、毛利率为47.09%。同仁堂的医药商业主要是借助自身在全国建立的药品零售终端,通过零售药店进行销售。截至2020年末,同仁堂医药商业共设立药店880家,营业收入约达到73.16亿元、毛利率为32.16%。

表1 2020年同仁堂主营业务分行业情况

单位:万元,%

分行业	营业收入	营业成本	毛利率
医药工业	765262.72	404909.68	47.09
医药商业	731626.50	496348.43	32.16

资料来源:同仁堂公司2020年度报告。

作为我国传统中成药产销的老字号品牌,同仁堂的创办历史悠久,产品种类众多。经过多年的发展,同仁堂已经实现了以生产、销售传统中成药为主业的经营模式,其中中成药品规逾400个。按其主要产品的品种分类,旗下产品基本包括心脑血管类产品、补益类产品、清热类产品与妇科类产品。其中,同仁堂旗下的心脑血管类主打产品有同仁牛黄清心系列、同仁大活络系列与安宫牛黄系列等。如表2所示,截至2020年12月31日,同仁堂心脑血管类产品的营业收入约为30.04亿元,其中占总体营业收入的比重为39.25%,心脑血管类产品的毛利率也高达59.58%。同仁堂的补益类主打产品包括六味地黄、金匮肾气与阿胶等,截至2020年12月31日,补益类产品的营业收入约为14.15亿元,其中占总体营业收入的比重为18.50%,补益类产品的毛利率为38.31%。同仁堂的清热类产品主要有感冒清热、牛黄解毒与牛黄清胃等系列产品,截至2020年12月31日,清热类产品的营业收入约为4.99亿元,其中占公司总体营业收入的比重约为6.52%,清热类产品的毛利率同样高达30.70%。同仁堂的妇科类产品主要有同仁乌鸡白凤系列、坤宝丸与调经促孕丸等,截至2020年12月31日,妇科类产品的营业收入约为3.07亿元,其中占公司总体营业收入的比重达到4.01%,同时妇科类产品的毛利率为29.72%。

表2　2020年同仁堂主要产品的经营情况

单位:万元,%

治疗领域	营业收入	营收占比	营业成本	毛利率
心脑血管类	300390.07	39.25	121405.59	59.58
补益类	141547.10	18.50	87323.25	38.31
清热类	49860.03	6.52	34553.87	30.70
妇科类	30671.69	4.01	21556.22	29.72
其他	242793.83	31.73	140070.75	42.31

资料来源:同仁堂公司2020年度报告。

(二)国内外发展历程

1. 国内发展历程

创建于1669年的同仁堂,距今已有351年的发展历史,一直是我国中医药行业的老字号企业。自1723年同仁堂为皇宫提供御药起，其先后服侍了8代皇帝并长达188年。新中国成立后，在国家号召下，同仁堂又于1954年对企业进行了公私合营改革。经北京市政府批准，同仁堂集团于1992年正式成立，后又改制为有限责任公司，由此标志着同仁堂的现代企业制度已逐步完善。随后，同仁堂又顺应时代潮流积极推行公司股权分置改革，并于1997年成立了国有控股的北京同仁堂股份有限公司，同时在上海证券交易所成功上市。2000年，同仁堂通过分拆上市的方式，成立了同仁堂科技，并成功赴港上市。随着同仁堂国药于2013年再次赴港上市，至此同仁堂集团已拥有3家上市公司。经过多年来不断的重组上市，同仁堂的整体实力实现了质的飞跃。2019年，为了全面落实党中央关于发展中医药事业的决策部署，同仁堂着眼于"两个一百年"的奋斗目标，又开始积极谋划同仁堂集团在新时代下发展的战略思路，并聘请第三方专业公司进行集团公司的战略咨询，由此同仁堂集团开始了迈向集团高质量发展的新征程。

到目前为止，同仁堂已将自身打造成了涵盖现代制药业、零售商业与医疗服务业的健康产业集团。截至2017年12月31日，其旗下所涵盖的药品和保健食品等六大类产品已经多达2600种，同时其在世界范围内所拥有的生产基地也已有36个，现代化的生产线多达105条，此外同仁堂还拥有国家工程中心以及博士后科研工作站，以此来不断地为同仁堂的生产研发提供技术保障和智力支持。不仅如此，同仁堂集团还拥有2121个零售终端（其中，同仁堂的海外零售终端有140个）以及488个医疗服务终端（其中，同仁堂的海外医疗服务终端有80个）。得益于集团公司的集中化管理模式，同仁堂的所有线下零售终端都始终保持着自身的中医药文化特色，积极开拓线上和线下销售渠道，并根据当地的实际需求进行定期或不定期的中医义诊及脑中风筛查类社区公益活动，此外同仁堂还主动依托互联网技术来拓展自身的线上电商渠道，通过积极开拓符合自身业务需求的家庭药房以及京东到家等新业务以创新服务发展模式。同时，为了加强对品牌的保护，国内门店没有特许经营的情况，而大都采取直营或合资的方式。在合资的情况下,同仁堂通过控股可直接指派经营管理人员、质量管理人员,从而有利于进行产品监控,保证品牌不出问题。截至2020年12月31日,同仁堂商业设立的零售门店多达880家,其中2020年当年新开设的门店即有28家。

2. 国外发展历程

距今已有351年历史的同仁堂,在自身"出海"的27年间,已成功在海外28个国家与地区建立了149个零售终端,从而实现了公司在全球五大洲的战略布局。不仅如此,拥有百年老字号品牌的同仁堂公司还将自身的同仁堂商标在海外100个国家与地区进行注册登记,同时为3000万名患者进行治疗。回顾同仁堂的国际化,我们可将其分为三步,并可将其概括为:冲出去、融进去、走上去。

(1) 冲出去:用国际化倒逼现代化

1993年,通过借道香港,同仁堂才真正开始了自身国际化的新征程。因为在1993年以前,同仁堂的产品只能通过北京医保公司进行代理出口,公司也未能在海外设立自己的店铺。1993年,通过借道香港,同仁堂获得了自营进出口权。之所以选择香港作为自身国际化的跳板是因为公司在香港拥有较高的知名度和客户忠实度,因此在香港设立分店经营风险相对较小。不仅如此,凭借自身的品牌和技术优势,同仁堂开设的香港分店并未使用自有现金,而是通过品牌与技术入股25%。

然而,同仁堂的国际化并不是一帆风顺的。虽然汤剂一直是中成药最常见的服用方式,但是其口感往往很难被患者所接受。更有甚者,作为国内常见剂型的大蜜丸,却被国外患者连同蜡壳一同嚼碎服下,并最终引发严重的消化不良。在此背景下,同仁堂通过自身的国际化来倒逼企业进行现代化改革。如为便于国外患者正常使用产品,同仁堂将产品的包装和说明书均翻译成患者易于接受的文字。同时,将大蜜丸替换成能够服用的小蜜丸和浓缩丸。此外,为符合国外对中药农药残留和重金属含量的限量标准,在不影响产品品质的情况下,同仁堂通过将现代科技和传统工艺相结合的方法,使其在产品的继承中实现了创新。

（2）融进去：以医带药、文化先行

同仁堂于2003年成立了北京同仁堂国际有限公司，并通过以医带药、文化先行的方式，成功迈出了自身国际化进程的第二步。由于我国传统的中医药店一直都采取坐堂医生的方式，因此同仁堂也将其传播到了国外。不难发现，在推行国际化的过程中，同仁堂基于中国传统中医特色，将其在国外设立的每一家门店都打造成了一个个宣传中国传统中医药文化的小型博物馆：医生通过实际的治疗效果来让当地患者对中医药信服，同时药店经理和医师还通过当地媒体、免费举办讲座的方式来积极宣传我国的中医药文化，并且还热心地向当地的居民传授我国的太极拳、八段锦、五禽戏等健身方法。而同仁堂正是借助以医带药与文化先行的方式，在"走出去"的过程中，先使中医文化深入人心再逐步向当地民众推广中医药产品，最终使其国际化战略推行得尤为顺利。不仅如此，为能够真正融入当地，同仁堂积极履行自身的社会责任，在保证药品品质的前提下，还通过雇用当地员工、使用当地原材料的方式为当地的就业和社会稳定做出自己应有的贡献。以同仁堂国药为例，2020年公司海外门店的外派人员占比仅为7%，本地人员占比则高达93%。

（3）走上去：打造全产业链生态

同仁堂国药2013年在香港成功上市，由此拉开了同仁堂第三步国际化的序幕。同仁堂以在海外全力打造中医药全产业链条为目标，升级了"走出去"的方式。在这一阶段，同仁堂除了并购海外诊所和药店，还涉足药品的种植、研发、批发等各个环节，由于拥有比较完整的产业链，所以可以更好地控制产品品质。如在文化教育环节，同仁堂早在2014年就和美国美洲中医学院达成了战略协议，以联合培养中医药人才从而能够更好地实现同仁堂的国际化发展。此外，针对中医药推广过程中遇到的标准化障碍问题，2014年开始，同仁堂积极和多家海外科研机构进行合作以致力于推动中药的现代化与普及化。如早在2014年10月，同仁堂就通过和澳大利亚西悉尼大学签署合作备忘录，共同致力于推进中药成分安全性的研究。

（三）国际化发展现状及面临的挑战

1. 国际化发展现状

作为我国第一个驰名商标，同仁堂的老字号使其具有无法比拟的品牌优势。不仅如此，同仁堂还积极在马德里协约国以及巴黎公约国对其公司品牌进行登记注册，由此使得公司自身的品牌能够获得国际权威机构的认可与保护。除此之外，同仁堂已在海外50余个国家与地区登记注册，同时同仁堂也是首个在我国台湾地区登记注册的大陆商标。在推进国际化的过程中，同仁堂凭借自身过硬的产品质量赢得了国际权威机构的认可。同仁堂自身的产品生产线不仅通过日本与澳大利亚等的GMP认证以及清真食品认证，而且其于2016年建立的片剂生产线也成功通过了欧盟的GMP认证，从而使其成为国内少有能获得欧盟权威机构认可的中医药企业，甚至同仁堂在香港设立的首家中国大陆以外的生产研发基地也通过了国际最高标准的ISO22000与HACCP认证。

长期以来，同仁堂始终都将"立足香港、面向世界"作为自身推行国际化的重要方针。自同仁堂于1993年开创性地在香港地区成立第一家门店起，此后同仁堂还接连在香港设立了总部和中医养生中心；不仅如此，同仁堂更是于2013年在联交所创业板挂牌上市后更转主板上市。现如今，同仁堂坚决贯彻执行"走出去"的发展战略，努力践行国家提出的"一带一路"倡议，并积极迎接粤港澳大湾区建设战略的推出为企业发展所带来的机遇，加快海外业务发展步伐。同仁堂历经27年的成长与发展，早已将自身从最初的拥有50多万美元出口贸易额规模的企业成功发展成为一家国际化中医药集团，目前同仁堂集团的业务已经实现了工商贸一体、产学研结合、文资品相融以及人财业共兴。其中，最值得一提的是，凭借早年在香港突破性地成立同仁堂国药，现如今同仁堂已经使自身顺利完成了从"北京的同仁堂"、"中国的同仁堂"到"世界的同仁堂"的转变。截至2020年，同仁堂的经营服务终端已遍布五大洲28个国家和地区，在实现自身国际化战略的同时也加快了我国中医药走向世界舞台的节奏。

作为同仁堂在海外的发展平台，同仁堂国药在"一带一路"倡议的引领下，积极在海外传播我国的中医药文化，同时凭借自身过硬的中医药技术获得海外患者的信赖，在海外树立了良好的企业形象。截至2020年12月31日，同仁堂国药的业务范围已成功覆盖亚洲、大洋洲、北美洲、欧洲的20个国家和地区，其零售终端也已多达69个，最终形成了自身"立足香港，深耕主流，面向世界"的国际网络格局。截至2020年12月31日，同仁堂国药境外资产规模达到287572万元，占集团全部资产的13.17%。

截至2020年末，同仁堂国药的主营业务收入为11.07亿元，其中在中国香港的主营业务收入占同仁堂国药整体的41.54%，中国内地和中国澳门分别占32.77%和12.89%。澳大利亚、加拿大作为同仁堂国药重要的海外收入来源，收入占比分别为3.97%和3.12%，其次依次是新西兰、新加坡、美国等国家。

2012~2020年，无论是同仁堂的国内营业收入还是其海外营业收入，均呈现明显的上升趋势；其中，同仁堂集团的海外营业收入部分来自其子公司同仁堂国药在海外市场实现的主营业务收入。由于受到2020年新冠肺炎疫情在全球范围内蔓延的影响，截至2020年末，同仁堂的国内营业收入为119.40亿元，海外营业收入为7.86亿元，相比2019年均略有下降；进一步考察产品的盈利能力，发现同仁堂在国内的毛利率为45.27%，在海外的毛利率则高达70.43%，说明相较于国内，同仁堂的海外产品与服务的利润空间更大，但同仁堂的海外营业收入占公司总体营业收入的比例仅有6.13%（见表3），说明未来同仁堂的国际化发展仍有进一步上升的空间。

表3 2012~2020年同仁堂、华润三九海外主营业务发展情况

单位：万元，%

年份	收入		成本		毛利率		业务收入比例	
	同仁堂	华润三九	同仁堂	华润三九	同仁堂	华润三九	同仁堂	华润三九
2012	54188	9903	20186	7787	62.75	21.37	7.22	1.44
2013	48052	9680	14212	6455	70.42	33.31	5.51	1.24

续表

年份	收入		成本		毛利率		业务收入比例	
	同仁堂	华润三九	同仁堂	华润三九	同仁堂	华润三九	同仁堂	华润三九
2014	52606	12054	16683	8331	68.29	30.88	5.43	1.66
2015	65561	5283	19046	4060	70.95	23.15	6.07	0.67
2016	74371	1848	20798	1427	72.03	22.79	6.15	0.21
2017	84636	2693	21050	1739	75.13	35.43	6.33	0.24
2018	98304	4102	27209	1577	72.32	61.55	6.92	0.31
2019	99611	3909	26028	2534	73.87	35.18	7.50	0.27
2020	78589	7056	23242	1811	70.43	74.33	6.13	0.52

资料来源：Wind 数据库。

华润三九与同仁堂常年位居中国中药企业百强排行榜的前十。在2020年中国中药企业百强排行榜前10名中，华润三九和同仁堂分别位列第三和第八。但对比华润三九和同仁堂海外主营业务情况不难发现，2020年，无论是主营业务收入规模还是海外业务收入占比，同仁堂均遥遥领先于华润三九，说明同仁堂的海外市场规模虽有待进一步扩大，但相比国内同类型企业，其表现依旧较为亮眼。

由于同仁堂国药为同仁堂集团海外营业收入的主要来源，所以可以通过考察同仁堂国药的海外收入来源情况来整体把握同仁堂集团的海外收入来源情况（见图1）。

2. 国际化面临的挑战

（1）海外销售禁令

在我国中药企业"走出去"的过程中，不可否认其国际化道路注定"道阻且长"。由于不少西方国家并不认同我国的中药产品属于药品，同时其认为我国的中药产品缺乏一套完善的现代科学标准，因此我国的中成药和中药饮片往往只以膳食补充剂或健康食品的身份进行出口。造成这一现象的根源在于，中西方各自医疗理念存在差异，再加之中药企业自身一直存在的标准、功效、含量甚至副作用模糊的现状，更使得其在走向海外的过程中面临严重的信任问题。不仅如此，随着2011年欧盟《传统药注册程序指

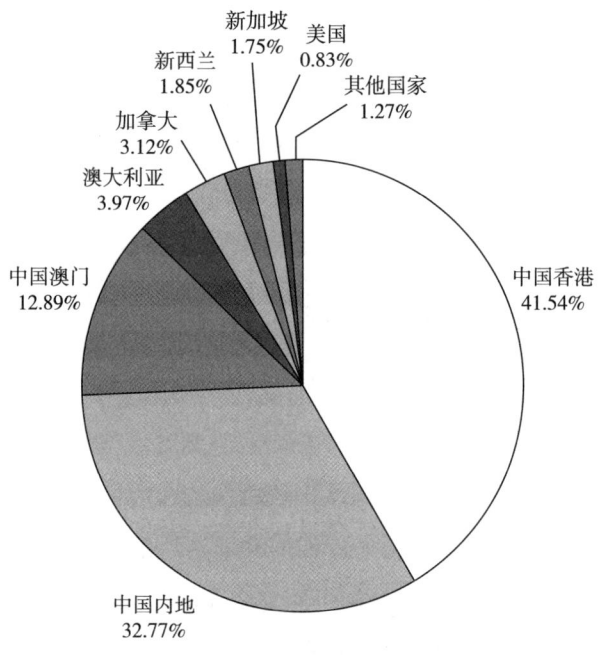

图 1　2020 年同仁堂国药分地区收入占比

资料来源：Wind 数据库。

令》实施过渡期的结束，中国中药企业在"走出去"的过程中也将面临更高的市场准入门槛，从而进一步加大了中国中药企业顺利实施国际化战略的难度。以英国为例，自其执行欧盟的高标准以来，尽管英国市场上的中成药有 200 余种，但其中并未能有 1 类中成药在英国注册；更有甚者，英国药物管理局还对外宣布，自 2014 年 4 月 30 日起，将严格禁止未经许可的中成药在英国市面上出售。

究其原因，一方面，大量中药的临床数据缺乏是我国中药企业在国际化过程中深陷信任危机的重要原因。以欧盟为例，我国中药企业要想打开欧洲国家市场，其产品需要满足在欧盟地区使用超过 15 年，同时在中国使用超过 30 年的要求，并且需要企业能提供相关证明。即便我国的中药产品在此次全球疫情中治疗效果显著，而且若能将其在世界范围推广，必将为中医药普及提供良好的契机，并助力全球的抗疫成功，中药产品若想获得西方国家的市场准入资格，也必须获得这些国家认可的药品认证证书，还需申请进入临床研究，否则无法作为药品进入这些国家的医疗系统。数据显示，中国通过美国 FDA 的 IND 申请并能进入临床研究的中药产品仅 10 种，而能进入最后Ⅲ期临床试验阶段的产品更是仅有 3 种。

另一方面，中药国际化所需要的申请许可，其前提是检测产品的每一种成分。然而，由于中药的成分复杂，使用一般的检测仪器很难检测出其所包含的所有有效成分，因此我国中药企业出口海外的产品往往不能达到西方国家的进口标准。不仅如此，以欧盟为例，由于其对药品的重金属和农药残留等执行更为严格的监管程序，所以即便是满足我国监管要求的中药产品，其在海外推广的过程中，也可能面临由于自身农药和化学残留高于欧盟标准而无法顺利打入欧盟市场的窘境。上述因素的存在使得不少口碑好、销量大的国货只能以保健食品等身份尴尬地存在，或者未能成功出口。

针对我国中药企业在国际化过程中所面临的上述共性问题，同仁堂也未能幸免于难。虽然在新加坡、澳大利亚等国家或地区，同仁堂中药产品可以以药品的身份在市面上正常流通，但是在打入欧美等药品准入门槛较高的市场的过程中，其也不得不以食品或是食品补充剂的身份进入。为了打破我国的中药产品无法以药品的身份在海外出售的困局，进行"身份认证"对于当下的同仁堂来说是一个亟须解决的难题。对此，在对药品进入本国市场有着严格要求的欧美，同仁堂往往通过中医药诊所与养生中心的形式先进入当地市场；而为了能够打破欧美国家严格的市场准入壁垒，同仁堂在科研上通过与国外的医药研究机构合作，来联合培养中医药方面的人才，并积极进行中药成分的安全性研究，以便后期能更顺利地以药品的身份进入该国市场。

（2）外资药企加剧市场竞争

然而，就在我国中药企业在"走出去"的过程中举步维艰之际，日韩美等国家却通过从我国进口中药材再通过精加工，制成符合国际标准的片剂、胶囊等方式占领中医药市场。有数据显示，单日韩两国占世界中药市场的比重就有 80%～90%，而日本 75% 的中药制剂的生产原料来自中国。

反观中国中药企业所一直追求的"中药国际化"却在一步步地沦落成"中药材国际化"。如表4所示，2008~2019年，我国药材出口金额由451.45百万美元上升至1176.98百万美元，而我国中成药的出口金额仅由174.35百万美元上升至260.83百万美元。不难发现，我国中成药出口金额远小于药材出口金额，同时其逐年增长幅度也明显落后于药材出口增长幅度。进一步地，通过对比国内中药材市场交易额与国外出口额，发现我国的中药市场主要还是集中在国内，国际化程度依旧较低。

表4 2008~2019年我国中药产业出口数据

年份	中药材市场成交额（亿元）	药材出口金额（百万美元）	中成药出口金额（百万美元）
2008	244.63	451.45	174.35
2009	334.28	484.88	165.96
2010	412.74	631.77	196.21
2011	790.68	738.47	233.05
2012	797.90	847.16	265.94
2013	1368.80	1197.97	268.72
2014	1507.11	1526.59	249.30
2015	901.09	1304.71	263.01
2016	1228.99	1238.01	224.56
2017	1314.75	1218.02	250.04
2018	1518.36	1101.74	262.34
2019	1653.00	1176.98	260.83

资料来源：国家统计局。

随着"一带一路"倡议的不断推进，我国医药保健品出口在"一带一路"共建国家或地区的市场中表现活跃。2019年我国医药保健品的出口额达到了738.3亿美元，较上年提高了14.6%，而相较于中西药品和医疗器械，中医药占比仅为5.44%（见图2）。进一步细分中医药产品出口的市场分布，不难发现，目前美国、日本依旧是我国前两大出口市场；然而，中美经济贸易摩擦的存在，使得我国中药企业的中医药产品出口至美国市场的金额下降幅度高达16.1%。

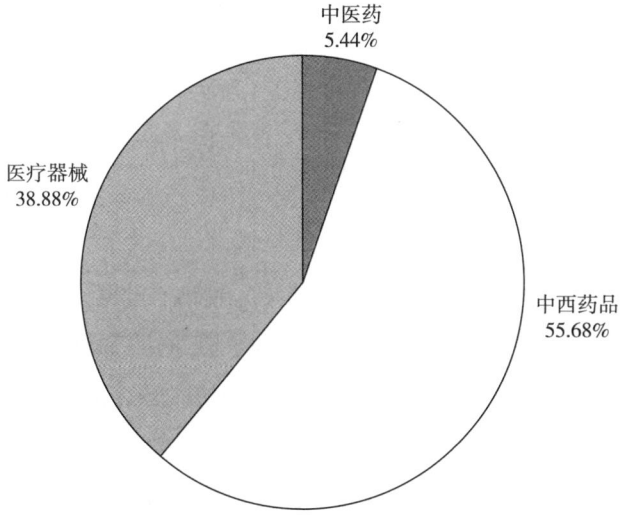

图 2　2019 年中国医药产品的出口情况

资料来源：中国医保商会。

在中药国际化的过程中，除日韩这两个直接的竞争对手带来的压力外，世界格局也在倒逼中药国际化，如目前用植物制造的膳食补充剂与功能性食品已经受到欧美国家消费者的欢迎，这对于有着5000年历史的中医和中药原创国、提高人民生活健康水平的原创国来说是一种巨大的压力与挑战。

二　北京同仁堂国际化发展动因分析

（一）国家政策支持

为助力中药企业顺利实现国际化，我国政府一直积极出台各种政策以为中药企业的国际化发展提供行动指引和制度保障，从而鼓励、引导中药企业"走出去"。对此，我们梳理了十几年来我国政府在推动中药企业实施国际化方面的方针政策，以试图更好理解我国中药企业的国际化发展。

2009年4月,国家出台的《国务院关于扶持和促进中医药事业发展的若干意见》提出,我们要大力推动我国的中医药真正走向全世界。为进一步推动我国中医药国际化战略的顺利实施,2012年4月颁布了《关于促进中医药服务贸易的若干意见》。该意见指出,我们预计将用5年时间,打造中医药服务贸易管理体制,并积极推动我国中医药服务贸易促进体系与国际营销体系的建立与完善,从而更好满足国际市场需求。2015年4月颁布的《中药材保护和发展规划(2015—2020年)》指出,将通过加强与国外的交流与沟通、做好我国中医药的海外宣传工作、促进中药材的种植养殖以及致力于建立国际通行的中药材标准等措施,为我国中药企业的国际化营造良好的国际环境。国家旅游局与国家中医药管理局于2015年11月联合发布的《关于促进中医药健康旅游发展的指导意见》指出,要鼓励将中医药与旅游业结合起来,从而为我国中医药产业链的完善与国际化提供可靠参考。国务院于2016年2月印发的《中医药发展战略规划纲要(2016—2030年)》将我国的中医药发展进一步上升到了国家战略层面,并对我国的中医药发展进行了全面系统部署。为积极推动我国中医药企业的海外发展,既需要加强我国中医药与世界范围内国家的交流与合作,还要求积极推动我国中医药的国际贸易发展。国家中医药管理局于2016年8月颁布的《中医药发展"十三五"规划》提出,在"十三五"时期,我们要将积极推动中医药海外发展作为这一时期我国中医药发展的重要任务之一。2016年10月出台的《"健康中国2030"规划纲要》指出,我们要进一步加强与国家间的交流与合作。2017年6月,国家中医药管理局与科技部联合出台的《"十三五"中医药科技创新专项规划》指出,要加速推进中医药现代化和国际化发展,促进中药工业绿色智能升级。2017年,国家又进一步将我国的中医药产业上升为国家战略,而《中医药法》的颁布,更是为我国的中医药健康发展从国家层面提供了有力保障。2019年10月出台的《中共中央、国务院关于促进中医药传承创新发展的意见》又一次明确提出,要积极推动我国中医药的开放发展。2020年12月30日起正式实施的新版《中国药典》要求对标国际先进标准,不断提高我国药品标准的整体水平,提升我国医药产品的国际竞争力，推动医药产品"走出去"。进一步地，国家药监局于 2020 年 12 月出台的《关于促进中药传承创新发展的实施意见》明确指出，要大力推动我们在国际传统药监管方面与世界范围内其他国家和机构的交流与合作。如我们要继续加强与深化和世界卫生组织（WHO）的交流与合作，同时要推动我们与国际草药监管合作组织（IRCH）等机构的广泛交流。2021 年 1 月，国务院办公厅出台的《关于加快中医药特色发展的若干政策措施》明确要求，在政府层面将积极推动国际传统医药标准与监管规则的制定，同时将大力支持国际传统医药的科技合作。

（二）消费者消费理念的转变

中医药是我国传统文化的结晶，即便是在当今社会，中医药依旧在满足人们的健康需求方面发挥了重要作用。不仅如此，全球经济一体化的客观现实也进一步推动了中医药在全球范围内的交流与合作，由此使得国外其他国家对我国传统中医药的接受度也越来越高。截至 2020 年，全球制定草药法规的国家已多达 70 个，同时已有 120 多个国家和地区拥有传统中医药机构。随着中医药在全球范围内的推广、人们对中医药治疗理念的肯定，世界中草药市场的规模也不断扩大。具体来看，自 20 世纪中叶起，天然植物药就受到人们的重视，其不仅在中国、印度和日本等传统中医药大国受到关注，而且在德国、法国、意大利和瑞士等欧洲国家也得到广泛的认可与接受，现在已经有几十种天然植物药被纳入欧盟的医学药典。除东南亚对传统中医药拥有很强的需求外，北美、西欧国家和地区对中医药的需求也日益活跃，同时，传统中医药在非洲和阿拉伯国家的市场规模同样在不断扩大。

传统中医药市场规模扩大，究其原因还在于：随着世界各国陆续进入老龄化社会，人们对医药的需求日益旺盛。在此背景下，全球医疗健康理念的深入人心，使得消费者逐渐认识到我们仅仅依靠现有的现代医学技术并不能彻底解决自身复杂的疾病问题，相反这一理念的转变使得消费者在医疗模式、疾病预防等方面越发会倾向于选择传统及自然疗法。如人们对疾病预防的关注，使得中医"治未病"的理念被越来越多的消费者所接受，大家也越来越肯定中医先进与超前的医学思想。因此，我们也可以合理预期，在可预见的未来，中医药"治未病"的治理方法必将成为引领人类健康发展的新方向。此消彼长，随着消费者自身绿色消费意识的提高，人们普遍意识到化学药品在治病的同时所带来的副作用，同时伴随着老龄化社会的到来，传统中医药注重整体、标本兼治以及调节机体平衡等辨证治疗思路越发受到世界各国人们的认可。而正是传统中医药理念被世界范围内人民所肯定，国际社会对传统中医药产品的需求也不断增多，进而使得我国中医药也逐渐获得人们的关注，并为我国中医药企业"走出去"奠定坚实的群众基础。在此背景下，我们可以合理预期，传统中医药凭借自身强调整体观、寻求实现天人合一、关注"治未病"以及重视辨证论治的特有属性，更能顺应老龄化社会的到来，更符合现代医学发展的方向，由此使得中医药企业积极推进国际化的战略决策拥有良好的发展前景。

（三）新冠肺炎疫情推动

事实上，传统中医良好的治病、防病效果，已在海外广获认可。尤其是面对突如其来的新冠肺炎疫情在世界范围内的蔓延，传统中医的作用逐渐凸显。在抗击新冠肺炎疫情的过程中，中药通过有效发挥自身的竞争优势，从而使自身在疫情防控救治中发挥了重要作用，进而向全世界彰显了我们的中国智慧与中国力量，大大提高了海外各国对我国中医药的关注度与认同度。截至2021年8月25日，新冠肺炎确诊病例在世界范围内累计已达213804279例，累计死亡病例也已达213804279例。然而，到目前为止，人们却依旧没有能找到预防与治疗新冠病毒的疫苗和特效药。通过总结我国在这一时期抗击疫情的经验就可以发现，中药由于能够缓解患者的症状、降低轻症病例向重症病例发展的概率、提高新冠患者的治愈率、促进处于恢复阶段的人群的机体康复等，因而在新冠肺炎疫情的预防、治疗与控制方面扮演了重要角色。有数据显示，在我国新冠患者的治疗过程中，将中药作为重要治疗方式的确诊患者已达74187人，占全部确诊人数的91.5%。同时，有临床疗效数据表明，我国中药的总体效率超过90%。这为中医药"出海"创造了历史机遇。除此之外，WHO还在其新修订的《国际疾病统计分类和相关健康问题》中也进一步加入了有关中医药的内容，由此标志着中医药在改善整体人类生命健康方面得到了国际权威机构的认可。

在新冠肺炎疫情突袭而至的大背景下，在牢牢坚持自身、立足香港、布局全球的发展理念的基础上，针对复杂的国际政治环境与严峻的全球疫情形势，同仁堂国药也在第一时间成立了同仁堂全球新冠肺炎防治专家小组，并提供了一国一地一策的精准中医防疫方案，为海外50个国家与地区提供了大约100套扶正避瘟饮防疫抗疫组方，成功地为全球新冠肺炎疫情的防控工作提供了自身所特有的中医药治疗方案，同时其还在确保自身零感染的前提下，积极投身海外疫情防控工作，由此提升了企业品牌在国际范围内的影响力，使得更多海外的消费者认识并信任同仁堂这一老字号品牌。例如，全球疫情发生后，同仁堂作为中药老字号企业，为世界疫情防控提供中医药方案，疫情用药产品如感冒冲剂、板蓝根、藿香正气水等十几个大的品类在加拿大等地销售量增长较快，进一步提升了海外市场对中药和同仁堂的接受程度。此外，通过积极增加更加多元化、现代化的销售渠道，开展"同仁关爱同心抗疫行动"活动，同时热心向全社会免费提供医疗物资，使得同仁堂在世界范围内的声誉与认可度也得到了极大地提高，从而成功实现了企业自身与我国传统中医药文化在世界范围内的传播与发展。

三　北京同仁堂国际化关键因素分析

（一）选准路径，因地制宜

在境外的第一家药店、第一个生产研发基地以及第一个上市平台，同仁堂都选址香港。因为这里既有一脉相承的文化，又有对同仁堂品牌的认知，还有国际金融中心的优质资源，更有我国政府在香港回归后为促进内地与香港两地的经济交流而出台的一系列优惠政策，由此使得在兼顾内地的前提下，立足香港、面向世界，成为同仁堂的不二选择。

国药虽好，出口不易。针对世界各国对中药引进设置的不同门槛，同仁堂通过采取因地制宜的方式，来主动适应，突破瓶颈。如在药品引入政策不那么严格的东南亚，同仁堂将其产品以药品的形式进入当地；而在可以将中成药产品以补充药物的身份登记注册的国家或地区，如澳大利亚，同仁堂最终成功地将自身的60种产品打入该国市场；但是在对中医药有着严苛的市场准入门槛的欧美国家或地区，同仁堂则采取了将自身的中药产品以食品补充剂的身份打入该国或地区。

（二）内聘外引，会聚人才

同仁堂通过内聘与外引相结合，培养建立本土化海外员工团队。以同仁堂国药为例，2020年公司海外门店的外派人员占比仅为7%，本地人员占比则高达93%。此外，同仁堂还不断创新自身的人才引进和培养体系，创新中医药人才发展机制，并积极依托国内外的高校平台，采用定向培养、合作培养与输出引进相结合等方式培养中医药人才。通过师徒传承、创建海外医师进修工作室等多种途径全方位、多角度培养同仁堂海外发展所需要的专业人才。

新时代、新机遇、新平台，具有351年历史、拥有8项非遗的老字号北京同仁堂，将在"一带一路"的倡议引领下，不忘初心，牢记使命，使自身能够以更加崭新的战略思维，积极谋划其在世界范围内的全产业链、全价值链与全文化链，持续打造大型国际化中医药大健康产业集团，为世界健康卫生事业创造更多的中医药原创价值，为世界人民的健康做出更多的贡献。

（三）立足科研，品质为先

合格的产品生产线是保证产品品质的重要前提。有数据显示，同仁堂的产品生产线已经成功通过日本、澳大利亚的GMP认证、清真认证以及以色列洁净认证。2016年，片剂生产线也通过了欧盟的GMP认证，同时其产品愈风宁心片也正处于欧盟的注册阶段。同仁堂在香港的生产研发基地除了已经通过了香港GMP认证以外，也通过了国际最高标准ISO22000和HACCP

认证。公司在日常的研发过程中，也非常重视加强对传统产品的二次科研与临床实验，同时也根据自身的实际能力加强对具有国际竞争力的新型保健产品的研发与生产，在维持自身竞争力的同时，也使其能够有效满足海外消费者对传统中医的切实需求。

（四）突破传统，搭建网上平台

虽然中医在国外受到人们的热情追捧，但是很多国外患者却依旧难以买到合适的中药产品，从而使得单单借助线下模式已不能更好地满足中药国际化发展的需要。因此，在中药"走出去"的过程中，同仁堂积极拥抱互联网，以助力其实现中医服务贸易的创新。如成立于2015年的同仁堂国际上线健康跨境电商平台——天然淘，在"引进来"方面发挥了重要作用，其极大地方便了同仁堂将海内外的优秀品牌推广给海外客户。不仅如此，同年，同仁堂还成立同仁堂国际。作为一个"互联网＋中医药跨境健康服务"项目，在"一带一路"倡议的引领下，同仁堂国际也始终使其保持着我国优秀中医药文化的精髓，即在为我国消费者提供优质服务的同时，还有力地推动同仁堂"走出去"，以满足海外消费者日益增长的养生保健需求。2016年推出的同仁堂国际中医药"走出去"平台，帮助同仁堂积极开拓海外市场，并已成功进入印度、俄罗斯、巴西，其中涉及中成药、中药饮片等大约300种中医药产品。中医药"走出去"平台的出现，不仅为同仁堂的国际化发展注入了新鲜血液，为我国传统老字号的服务与销售模式赋予了更多新突破，同时也是有着上百年老字号的北京同仁堂为我国中医药的国际化而顺应时代发展潮流所打造的"互联网＋"新格局。

（五）文化先行，普惠民众

同仁堂在海外布局的中医药店凭借自身以医带药、医药结合的方式，成功获得海外消费者对自身的信任，并形成了稳定的客户群。

同仁堂的每一家海外店铺都实现了经济实体与文化载体的良好融合。其一，海外店铺积极借助各种媒体向当地居民宣传我国悠久的中医药特色文化。其二，同仁堂为每一位来访的消费者都提供热情的服务，并带其感受中国中医药的真实治疗效果；此外，还通过向当地居民推广中国的太极拳、八段锦等养生方式让其更能感受中国中医药文化的博大精深。其三，通过健康讲座、义诊等形式，进行多层次、多类别、多频次的宣传教育以推广我国优秀的中医药文化。2016年9月同仁堂成功进入了美国市场，为了感谢其在当地做出的贡献，旧金山市政府特意将每年9月30日命名为"同仁堂日"。

此外，为了能够让更多的国外友人亲身近距离感受到我国中药文化的博大精深，同仁堂在圣马力诺孔子学院和洛杉矶医学中心都通过建立中医药文化博物馆的形式来积极推广中药文化。2015年及2016年，同仁堂两次冠名墨尔本京剧之夜活动，用"中药+京剧"的方式宣传我国优秀的传统文化。

四 展望与建议

同仁堂在国际化方面取得的突出成就也是海外各国对我国中医药文化认同的表现，然而不可否认的是，由于中西方文化差异的存在以及中药企业自身存在的问题，我国中药企业要想真正站在世界舞台还依旧面临很大的挑战。其中，最为突出的是，我国企业的中药产品在海外尤其是欧美国家注册仍旧面临一定的法律障碍，甚至还有国家明令禁止中医师在本国执业。而海外消费者对我国中医药文化了解的不足等，也都为我国中医药文化在海外的传播和应用带来了挑战。在此背景下，呼吁我国政府和企业应采取有效行动来推动中外中医药文化的交流与合作，从而为中医药企业"走出去"提供良好的条件。

（一）政策法规的支持

国务院于2016年颁布的《中医药发展战略规划纲要（2016—2030年）》（以下简称《规划纲要》）指出了我国中医药行业在未来15年的发展方向和工作重点。其中，该《规划纲要》明确指出要积极推动中药企业的国际化战略，并争取将我国的中医药顺利进入欧美等国际主流市场。该政策的出台就要求我国中医药企业对此能引起重视,并积极推动自身国际化战略的实施。同时,通过正确解读美国 FDA 等法律,有助于为我国中医药企业在国际化的过程中提供战略计划与具体操作方面的指导。

(二)因地制宜,采取最佳出海战略

同仁堂在国际化进程中,面对不同准入门槛的市场,一直秉持着因地制宜的原则。如东南亚国家的政策要求相对宽松,对此同仁堂在打入本地市场的过程中采取的是以正式药品注册的形式,但是对于市场限制严苛的欧美国家,同仁堂则将自身的产品以食品补充剂或保健食品的形式进行推广。受此启发,国内其他中医药企业在自身国际化进程中也可借鉴同仁堂这种因地制宜的模式。此外,国务院出台的《规划纲要》提出了推动"互联网+"中医医疗的模式。因此,类似于同仁堂推出的"天然淘",其他的中医药企业同样也能依托互联网的信息技术优势,进行产品的国际跨境销售,从而使其能成功地为海外用户提供高质量的服务。

(三)重视技术创新,增强产品"硬实力"

技术创新是各国医药企业获得自身核心竞争力的源泉;此外,企业研发水平的高低也在一定程度上影响着企业其他战略的成功实施。因此,在全球化的今天,中医药上市企业在致力于提高自身研发水平的同时,还可通过和高校与科研机构的合作,来使企业自身更快地学到先进的产品技术,并能生产出满足本地要求的产品,从而更有利于我国中医药企业的产品在海外的顺利推广。

(四)突破"绿色贸易壁垒"

"绿色贸易壁垒"是中国企业打入国外市场的巨大屏障。在此背景下,为成功实现我国中药企业的国际化,一方面,需要企业提高自我监管水平,从原材料的种植、采购、包装、制作等方面进行标准化控制,进而确保自身的产品质量过硬,并降低产品被各国市场限制的可能性;另一方面,需要企

业通过提高自身的产品质量水平,进而提高中国中医药企业在国际中医药标准制定方面的影响力和话语权。

(五)积极推动中医文化"走出去",提高国际认同感

真正的中医药"走出去",除了能将自身的产品出口到海外,更应将中国的中医药文化传播给海外的用户。如通过和新加坡南洋理工大学孔子学院签署联合办学的协议,同仁堂成功地让我国中医药专家给当地的学生上课,从而将其打造成同仁堂在海外的培训基地,同时还赢得本地消费者的理解与欢迎,进而也成功激发了新加坡当地的居民对传统中医药的需求。然而,不同国家间的文化交流始终是双向的,我们在推动中国中医药企业"走出去"的过程中,同样也可以通过吸引海外人才的方式,积极鼓励其到中国进行学习与调研。

参考文献

秦祐鹏、胡豪、王一涛:《中药企业国际化策略案例比较》,《中国医药工业杂志》2008年第11期。

袁娅等:《中医药国际化之路还有多远?》,《中外管理》2017年第1期。

刘颖:《北京同仁堂的医药文化——走向世界的传统中医药》,《廊坊师范学院学报》(社会科学版)2019年第3期。

刘馨蔚:《一带一路倡议为中医药国际化带来重要机遇》,《中国对外贸易》2020年第2期。

B.13
北汽集团国际化发展案例研究

王兴佩 贺佳 王分棉*

摘 要: 北京汽车集团有限公司是有悠久历史的汽车企业,也是我国汽车行业国际化发展的标杆。本报告以该公司为研究对象,对其基本情况、发展历程和国际化发展现状进行了阐述,重点分析了其"走出去"的动因和国际化成功的关键因素,为"一带一路"倡议下中国企业的国际化提供了一些启示。研究认为,"一带一路"倡议的提出、外部环境的变革、国内汽车行业的激烈竞争和全球汽车市场供需关系的现状共同加快了该公司国际化发展的脚步。而该公司"渐进式国际化发展战略"的制定、品牌特色的塑造、技术发展引擎的打造以及社会责任的履行,为公司的海外经营与发展提供了不竭的动力。该公司在响应国家政策、落实转型战略、研发技术、储备人才和履行社会责任方面的努力值得国内企业参考和借鉴。

关键词: 北汽集团 "一带一路"倡议 国际化发展

---

* 王兴佩,对外经济贸易大学国际商学院硕士研究生,主要研究方向为国际企业管理;贺佳,对外经济贸易大学国际商学院硕士研究生,主要研究方向为企业管理;王分棉,博士,副教授,对外经济贸易大学北京企业国际化经营研究基地研究员,主要研究方向为国际企业管理。

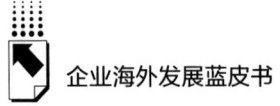
企业海外发展蓝皮书

一 公司概况

(一) 简介

北京汽车集团有限公司（以下简称"北汽集团"）于1958年在北京设立。近年来，北汽集团凭借其所处的良好的地理位置和经济环境，坚持"电动化、智能化、网联化、共享化"的发展理念，在人才培养和技术研发方面加大投入力度，实现了快速发展。目前，公司在乘用车、商用车、新能源汽车等方面都有了出色的品牌，拥有北京汽车、北汽福田、北汽新能源、北汽昌河、福建奔驰等一系列知名汽车。公司积极进行业务和产业的扩张，截至2020年底，公司的业务已经涉及整车、零部件、通用航空、市场投资等多个方面，产业涉及八大板块，实现了全产业链覆盖。公司利用其在资金、技术、经验等方面的优势，不断扩大规模，在国内已经设立了多种品牌的产业基地（见表1、表2）。

表1 北汽集团产业领域及代表企业

产业领域	代表企业
汽车整车制造	北京汽车、昌河汽车、福田汽车、北京奔驰、北京现代、福建奔驰、北汽常州、北汽银翔、北汽镇江、北汽广州、北汽瑞丽、北汽国际、北汽越野车
研发与零部件	inalfa、北汽研究总院、渤海活塞、海纳川
通用航空	Beijing Line Maintenance International、北京通航、泛太平洋航空
现代农业装备	北汽兴东方
新能源汽车	北汽新能源、福田汽车
服务贸易	北汽鹏龙、北京出行、恒盛置业、华夏出行
投资与资产经营管理	北汽财务、北汽产业投资、九江银行、北汽资产
文化与教育	北汽教育、北京汽车技师学院、北京汽车报社

资料来源：北汽集团网站。

表 2　北汽集团全国产业布局

基地类别	战略布局
九大自主品牌乘用车基地	以北京、河北、江苏、广东、云南等省市为中心,聚焦增效
六大新能源乘用车基地	以北京为中心,辐射青岛、常州、镇江、昆明等地,逐步推进新能源化
九大合资品牌乘用车基地	以北京、河北、福建、江苏等区域为中心,逐步覆盖全国
十一大自主品牌商用车基地	以北京为中心,覆盖华北、华中、华南市场
两大通航产业基地	以江苏、江西为中心,发展固定翼、旋翼机型业务

资料来源：北汽集团社会责任报告（2019 年）。

到 2021 年，北汽集团已经走过了 63 年的发展之路，60 载，对一个人来说，已是耳顺之年，然而，北汽集团在历经多次的战略转型后，迎来了发展的黄金时期。公司秉持"成就美好生活"的愿景，牢记"致力汽车强国，以北汽梦助力中国梦"的使命，践行"敬业、诚信、创新"的价值观，以市场需求为导向，不断提升产品质量，创造了巨大的社会价值（见表 3）。

表 3　2016～2020 年北汽集团经营情况

类别	2016 年	2017 年	2018 年	2019 年	2020 年
世界 500 强排名（位）	160	137	124	129	134
营业收入（亿元）	4061	4703	4807	5012	4900
资产规模（亿元）	3155	3439	3708	4152	4489
整车销量（万辆）	280	251	240	226	190
品牌价值（亿元）	1287	1545	1651	2172	2840
研发投入占比（%）	5	3	6	—	—
新增专利申请（件）	4053	5052	4339	3303	—
新增专利授权（件）	2741	3430	4105	2356	—

资料来源：北汽集团社会责任报告（2016～2020 年）。

（二）发展历程

北京汽车集团有限公司自成立以来，经历了初始创立期、改革发展期和战略转型期三个发展阶段。1958 年，第一辆自主研发的"井冈山"牌汽车在中南海亮相，受到毛泽东、邓小平等中国领导人的一致赞赏，由此拉开了北京汽车生产的序幕。在此期间，BJ130、BJ212 两种品牌的汽车先后试验成功并投入运营，北汽集团的前身也正式成立。1874～2006年是改革发展、快速进步的时期，公司响应国家"改革开放"政策的号召，跨出国门，积极与海外国家签署合作协议，在吸收外资、借鉴经验和学习技术方面走在行业前沿。2007年以后，是北汽集团发展的第三个阶段。互联网3.0时代，全球汽车行业面临转型难题，公司充分发挥集团化的优势，实施"两个转型"战略，坚持高质量发展，推动企业由传统制造业向制造服务业转型，至此，公司也逐渐步入了发展的黄金时期（见表4）。

表4　北汽集团发展历程

发展阶段	大事件
初始创立期（1958～1873年）	1958年，首辆自主生产的"井冈山"牌汽车诞生，拉开了北汽生产的序幕； 1966年，BJ130、BJ212两种汽车完成生产并投入运营； 1873年，北汽集团的前身北京汽车工业公司成功设立
改革发展期（1874～2006年）	1994年，北京汽车工业公司和美国汽车公司合作设立了中国汽车行业第1家海外合资公司； 1994年，北京旅行车股份有限公司向社会公开发行股份； 1996年，福田汽车有限公司设立，其汽车生产量和销售量赶超了欧美许多国家，在商用车辆销售方面排名世界第一； 2002年，北汽集团与韩国现代签订了长期合作协议； 2003年，北汽集团与戴姆勒克莱斯勒公司达成了合作意向
战略转型期（2007～2020年）	2007年，北汽集团资产管理有限公司举行开幕式，为公司的集团化发展拉开了序幕； 2009年，在北京大兴区成立了北京新能源汽车股份有限公司和新能源科技园； 2010年，自主品牌的第1个汽车发动机通过了性能检验，正式投产； 2014年，在香港联合交易所上市，开始向资本化市场迈进； 2018年，提出了聚焦新能源发展的"引领2025战略"，到2025年，成为世界级的新能源汽车企业； 2019年，在株洲研讨会上，指出公司已经正式进入"高、新、特"发展的新时代； 2020年，在公司战略研讨会上，提出面向"十四五"的发展思路和战略目标

资料来源：北汽集团网站。

（三）国际化发展现状

汽车行业正在经历着重大变革，为了实现可持续发展，北汽集团开展国际化布局,力求在合资合作和产业联盟方面寻求突破。公司以"市场、产品、品牌、效益"为主体,聚焦南非、墨西哥、中东、我国云南瑞丽等产业基地,发展"以产业链运营为导向,产能'走出去'"的业务模式。在我国云南瑞丽,公司打造东南亚桥头堡,以"境内关外"为主,逐步覆盖东盟10国等地;在墨西哥基地、伊朗基地,不断拓展传统汽车和新能源汽车市场,力争成为全球化营销的典范。北汽集团正在开辟"以北京为中心,逐步覆盖全球"的国际化发展道路,推进产品、技术和品牌全方位"走出去"。截至2019年,北汽集团已经在全球设立了3个生产基地,在5个国家和7个地区设立了研发中心,在30多个国家和地区建立了整车和散件组装工厂(见表5)。

表5 北汽集团国际布局

地点	基地类别
中国云南、墨西哥、南非	生产基地
中国北京	全球研发中心
美国硅谷	整车控制、智能互联
美国底特律	电驱动系统
德国亚琛	增程式汽车基地
德国德累斯顿	轻量化技术中心
西班牙巴塞罗那	高性能跑车
意大利都灵	造型中心

资料来源:北汽集团社会责任报告(2019年)。

截至2020年底,北汽集团已经在世界43个国家与地区建立了3个生产基地、5个海外销售企业、45家销售网络和171个销售网点,很好地打造了海外营销体系。此外,公司的境外汽车散件组装项目都实现了标准作业程序,正式投入运营,至此,全球化的产业布局初步成形。公司的各个品牌也在努力打造世界名片,以北汽福田为例,其在全球13个新兴市场建立了以客户为中心的工厂,加大资金投入,不断升级生产设备,扩大生产,形成了规模效应。北汽福田在海外已经建立了10个散件组装工厂,汽车年产量超过了10万辆,在建的散件组装工厂也有5个,计划汽车年产量达到5万辆。在提高汽车生产能力的同时,北汽福田也积极拓宽销售渠道，在东南亚地区开展本土化营销，与当地的100多个经销商展开合作，设置的销售网点超过2000个。在国际化的布局之下，公司的汽车开始逐渐走向全球市场，除了2020年受疫情影响汽车贸易量有所下降外，其余几年汽车的出口量都处于一个比较高的水平（见图1）。

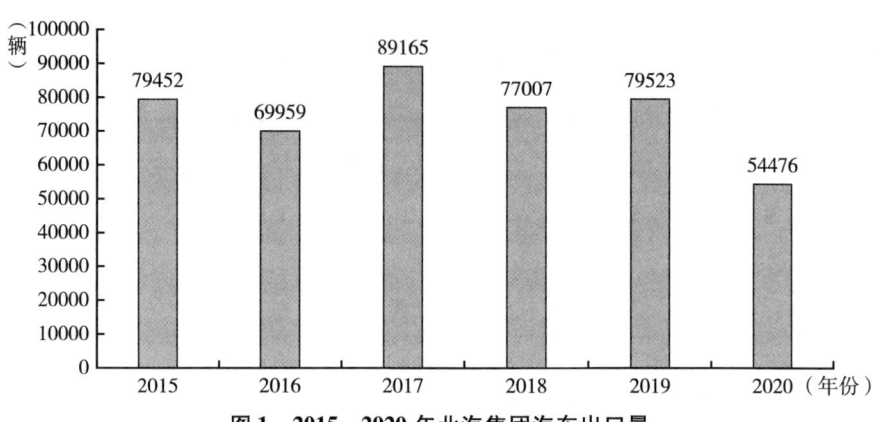

图1　2015～2020年北汽集团汽车出口量

资料来源：中国汽车工业协会。

二　北汽集团国际化发展动因分析

（一）国家政策支持

2013年，我国提出了"一带一路"倡议，本着对外开放的理念，积极与"一带一路"共建国家开展经济合作，打造经济融合、文化包容的利益共同体和命运共同体。"一带一路"的发展由点成线，以线扩面，改变了全球的经济合作方式。截至2020年，已经有100多个国家和地区陆续加入了"一带一路"建设，我国对共建国家累计贸易金额超过3000亿元人民币，同40多个国家和地区签订了长期合作契约，与30多个国家进行了机制化合作，"一带一路"的逐步扩展为我国企业的蓬勃发展提供了良好的契机。

作为国内汽车行业的五大龙头之一，北汽集团在响应"一带一路"倡议的过程中得到了很多政策红利。此外，由于"一带一路"沿线的部分国家受到资源和科技水平的限制,经济发展面临窘境,这为北汽集团带来了良好的发展机遇。北汽集团作为我国汽车行业的先进企业,在"一带一路"倡议下,与共建国家开展合作,可以为当地带去先进的理念、专业的技术和充足的资金,还可以解决当地的就业问题,促进当地经济增长和社会进步,体现人类命运共同体的理念。而对北汽集团而言,可以加快国际化发展的步伐,做到品牌"走出去",促进公司的可持续发展,从而打造互惠互利和合作共赢的良好局面。

北汽集团沿着"一带一路"布局,逐渐拓展了海外业务。目前,公司已经在南非、我国云南瑞丽、墨西哥和伊朗建立了四大生产基地,以此为中心,逐渐覆盖全球市场。南非工厂是北汽集团海外投资的首个整车生产基地,也是南非规模最大的汽车制造厂,涉及采购—研发—生产—销售的整个产业链。在这里生产的汽车产品,不仅在当地销售,还出口到非洲其他国家、欧洲、大洋洲等地区。北汽在南非项目完成后,创造了1500多个工作机会,带动了当地15000多人就业,也为南非带来了62亿元人民币的贸易额,切实拉动了当地的经济增长。云南瑞丽工厂是我国边境线上最大的现代化汽车生产基地,在国家"促进制造业发展"专项项目的支持之下,发展越来越成熟,生产的汽车主要在东南亚地区销售。伊朗作为我国出口的巨大市场,是北汽国际的产业集群中心,在这里,设有研发中心、销售网点和出口企业,经过多年探索,此地的发展模式已卓有成效,销售市场逐步辐射到西亚地区。在墨西哥,北汽集团坚持创新战略,制定了"投资+品牌+互联网+贸易"的长期发展规划,推动传统汽车和新能源汽车同步发展。

(二)外部环境推动

根据企业面临的内外部环境,制定适合企业发展的战略,并不断调整规划以适应环境变革,是任何一个企业得以长期生存的法宝。"十三五"规划以来,我国汽车行业面临的经济环境和社会环境都发生了巨大的变化,这些变化对企业的产品生产和发展路径提出了全新的要求,也助推着企业国际化的发展。

经济环境方面,"十三五"中后期以来,我国的经济增长由高速增长模式转变为高质量发展模式,正处于调整发展方式、优化产业结构、变革增长动力的关键攻坚期。最近几年，我国的GDP保持6%的增长水平，从表面上看增速呈现一个良好的发展态势，但从大的层面来看，由于存在消费水平下降、金融投资政策过紧和人口年龄结构等问题，我国向高技能创新社会转变仍然有很大距离，避免落入"中等收入陷阱"依然有很大难度。一方面，2020年，我国国内汽车行业的总产量为4000万~5000万辆，而销量只有2500万辆，产能和销量相比，处于绝对过剩状态；另一方面，我国汽车的有效供给不足，中国自主品牌乘用车的市场占有率不足50%，在消费者心目中仍是低端、廉价的代名词，汽车依然处于中低端供给阶段。因此，推动供给侧结构性改革是必然趋势，北汽集团作为国有企业，是我国汽车行业改革的排头兵，其从两个方向着手进行了改革。一是把握市场消费趋势，掌握消费者心理，打造消费者喜爱、信赖的品牌，提供个性化产品和服务；二是加大研发投入力度，提供科技含量高、性能优良的产品。

从社会背景来看，随着经济社会的进一步发展，世界各国对环境保护和生态文明建设越来越重视，积极提倡低碳出行和绿色出行。此外，随着人们的美好生活需要日益变化、不断增长，消费者对汽车的科技含量和品质也更加注重。在时代诉求下，汽车的高科技、高品质和绿色环保成为消费者选择汽车最重要的三个品质。高科技体现为智能化和网联化，要求汽车行业不断探索智能互联技术和大数据技术，提升公司的核心科技能力。高品质指实用性强、舒适感足、性能优良，要求汽车行业将自主品牌与消费者需求相结合，基于多元素的融合和特色技术的发展，将优良的品质和性能淋漓尽致地体现在发动机性能、空间设计、安全性等方面，创造实用价值、舒适感和美观兼具的汽车。低碳出行、绿色环保既是世界各国对汽车消费者的管控要求，也是社会发展的必然趋势，因此新能源汽车逐渐映入了社会的眼帘。崭新的时代背景和消费需要要求汽车行业秉持绿色发展的理念，构建绿色生态体系，生产新能源汽车，打造绿色出行平台，引领汽车行业的绿色低碳发展。北汽集团紧抓时代发展的脉搏，秉持"行有道，达天下"的理念，落实品质发展和绿色发展的战略，走高端化、服务化和低碳化的可持续发展道路，旨在为客户提供高科技、高品质和绿色环保的出行策略，打造世界出行名片。

（三）市场供需关系诉求

2020年7月27日,《财富》公布了中国500强企业排行榜,北汽集团以174632.7百万元的收入、4082.7百万元的利润排第61位,在汽车行业中位居第二。而在2020年8月10日《财富》公布的世界500强企业排行榜中,北京汽车股份有限公司排第134位,在汽车行业中仅仅排第14位。可见,虽然北汽集团在全国有不错的影响力,但在全球市场中还有很大的发展空间。在国内市场方面,从我国国内各系别品牌乘用车的市场份额来看,2020年,我国自有品牌的市场份额虽然最大,但也只占1/3左右,德系、日系、美系和韩系品牌的汽车占据了我国乘用车60.1%的市场份额(见图2)。从具体企业来看,2020年我国汽车销量排前10位的企业销量总和为2264.4万辆,占国内汽车销售总量的89.5%,其中,北汽集团销售总量为190.4万辆,排国内汽车行业的第6位(见图3)。

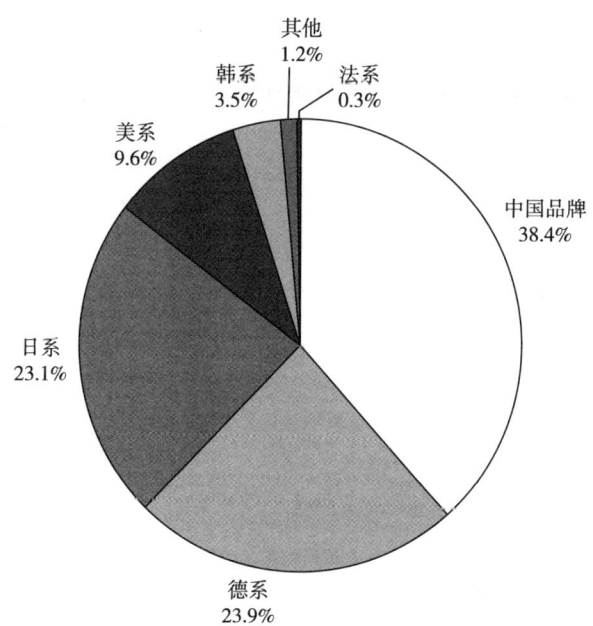

图2 2020年中国乘用车各系别品牌市场份额

资料来源:中国汽车工业协会。

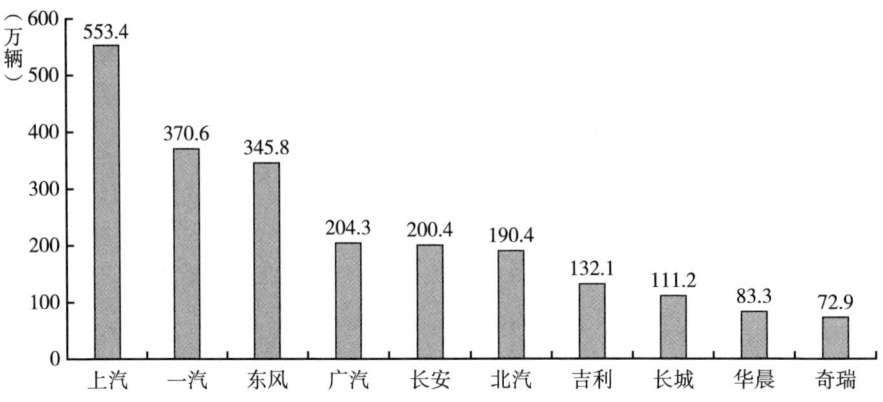

图 3　2020 年中国汽车销量 Top10 企业销量分布

资料来源：中国汽车工业协会。

在国外市场方面，从 OICA 官方公布的数据来看，2020 年全球汽车销量7797.12 万辆，其中，亚洲和大洋洲汽车销量为 4010.73 万辆，占 51.44%，北美洲和欧洲分别占 21.75% 和 21.42%，销售量分别是 1695.68 万辆和1670.56 万辆，中南美洲和非洲则分别占 4.22% 和 1.17%（见图 4）。可见，随着我国对公路交通规划的制定、对交通装备市场的全面放开，以及国家经济政策的进一步开放，大量的国外汽车企业进入我国市场，在很大程度上增加了我国汽车行业的竞争压力，给我国汽车企业的发展带来了巨大的挑战。而国际交通行业正进行着日新月异的变革，这对中国汽车企业的发展来说，既是机遇，也是挑战。

市场供需关系的现状也是北汽集团国际化发展的动力。在供给端一侧，随着大量竞争者的涌入，国内市场已经趋于饱和，对于北汽集团来说，不仅面临来自国外品牌的压力，在国内同行业品牌的竞争中，其也是困难重重。而国外市场方面，由于很多发展中国家汽车制造商的资金投入不足，研发技术落后，汽车生产量受到限制，而中南美洲和非洲汽车的销量分别只占4.22% 和 1.17%，说明这两处市场有巨大的开发价值。因此，北汽集团可以借机在国外市场投资发展，以填补市场空白。在需求端一侧，北汽集团在非洲、欧洲和美洲的许多国家越来越受欢迎，认可度不断提高。因此，北汽

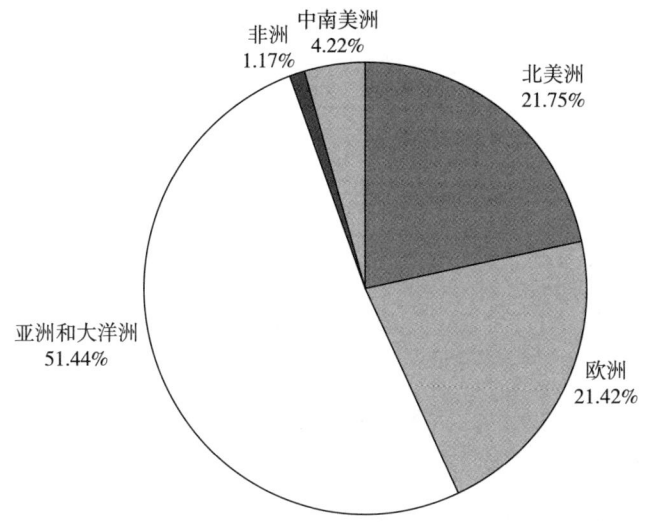

图 4　2020 年全球各大洲汽车销量占比情况

资料来源：中商情报网，https://www.askci.com/。

集团应该抓住这个契机，扩大经营范围，拓展国际市场，提高企业的知名度和美誉度，实现"行有道，达天下"的企业目标。

三　北汽集团国际化关键因素分析

（一）制定国际化发展战略

北汽集团实施"渐进式国际化"发展战略，根据海外当地情况分别采取海外投资、跨国经营、海外并购和海外本土化的发展策略，从市场竞争力较小的发展中国家逐渐向发达国家拓展。公司积极响应"一带一路"倡议，以整车和零部件出口为基础，探索以价值生产为导向、以海外基地为核心的经营模式。

1. 海外投资

随着中国企业国际化的快速发展，一系列制约企业进一步发展的问题产生，比如产品质量、企业管理、贸易关税、行业壁垒和社会文化。北汽集团为了打破贸易壁垒，最开始先在俄罗斯、东南亚和中东地区进行投资，建立KD工厂，生产的产品用于本地销售。北汽集团在投资地发展的主要模式是由其提供先进的技术和工艺流程，由当地合作方提供资金、厂房和设备等资源，双方合作组装汽车。2015年，北汽集团和南非工业发展公司签署了合作协议，投资50亿元在南非设立组装工厂，每年产能达到1万辆。2019年，北汽集团对戴姆勒公司进行投资，自合作至今，北汽集团已经持有了戴姆勒5%的股份，双方合作生产的奔驰汽车累计销售量超过了400万辆。

2. 跨国经营

2008年，北汽集团在俄罗斯设立了首家海外子公司，接下来的一年，北汽福田出资200万美元也在俄罗斯设立了全资子公司——俄罗斯福田汽车有限公司，在俄罗斯建立销售市场和销售网点，与当地的经销商合作扩大销售，该公司涉及的经营领域包括北汽福田整车的销售、工程器械和零部件等产品的采购与营销。至此，北汽集团的海外跨国经营正式拉开了序幕，2019年，北汽福田在泰国设立了制造工厂，生产重卡和轻卡等福田汽车，主要在泰国及周边的东南亚地区销售。

3. 海外并购

2008年金融危机之际，欧洲和美洲诸多发达国家的经济发展受到很大影响，汽车行业也遭遇重创，北汽集团借机通过一系列海外并购加快了企业的国际化进程。2009年12月，北汽集团完成了对瑞典的萨博汽车公司知识产权的收购。2011年，北汽集团下属公司北京海纳川成功收购了由AAC资本、Parcom资本等4家公司所持的世界第二大汽车天窗制造公司英纳法公司全部的股权，通过此收购，北京海纳川打造了高端零部件的产业体系，完成了零部件产业的升级。

4. 海外本土化

北汽集团根据当地发展实际积极实施本土化战略，在墨西哥、南非、德国和意大利等地设立了研发基地和生产中心，利用当地合作商在生产设备、销售渠道和物质资源等方面的优势，进行产品的本土化采购、生产和营销。此外，公司还特别注重海外人才本土化，近年来尤其注重海外人才招聘，在德国慕尼黑、德国斯图加特、英国伦敦等地都举办了精英人才交流会，吸引了很多海外精英齐集现场。通过海外招聘，北汽集团已经拥有了一大批汽车和通用航空等相关产业的人才。北汽集团的核心研发团队由全球汽车和零部件行业的杰出人才组成，目前，公司在德国、意大利、美国、西班牙等地都有丰富的人才储备，核心团队先进的理念与高超的研发技术，为产品的更新换代和公司的蓬勃发展提供了强有力的支持。

（二）塑造品牌特色

1. 精益产品质量

北汽集团提倡工匠精神，坚持以质量为先，对汽车生产进行精雕细琢。公司与"德国工业4.0"合作，以高端产品为目标，旨在打造国际顶尖的智能汽车体系。在汽车生产完毕后，公司在高热、高原、高寒地区对汽车的性能进行检验，新疆沙漠、东三省漠河、云贵高原、南方热带丛林……在这些自然条件恶劣的地区，团队人员对汽车的零件和整车的性能进行测验、标记，保障产品质量不断提升。

2. 开发新能源品牌

作为中国汽车行业的领军企业，北汽集团以实际行动响应低碳环保号召，率先开展新能源化，聚焦"技术到产品、产品到场景、产业到生态"三个方面，打造了围绕新能源乘用车、商用车及出行配套服务的新能源体系，陆续开发了燃料电池物流车、新能源智能轿车、城市新能源物流车和新能源服务保障车。截至2019年底，北汽福田已经完成65台燃料电池物流车的生产与性能检验，累计行驶里程超过15万公里；作为新BEIJING品牌的代表，BEIJING-EU7以优良的品质、领先的智能技术，开启了北汽新能源智能轿车的新篇章；北汽EV5以低碳环保、高效率助力城市邮政，为城市新能源物流车的发展奠定了基础；作为冬奥会的新能源服务保障车，福田图雅诺纯电动客车和欧马可氢燃料电池物流车陆续完成了低温冷启动、低温行驶和低温充电等方面的性能检验。

3. 完善品牌架构

近几年，北汽集团进行了多个自主品牌的宣传。2020年9月的北京国际车展上，北汽集团的数款重磅新车携手亮相，北京现代首发了途胜L和大型SUV帕里斯帝等新车，吸引了无数眼球；北京越野方面，BJ40、BJ80携手"老爷车"BJ212共同出展；定位于"大格局纯电中级车"的BEIJING-EU7和展现"纯粹·致美空间"的BEIJING-X7则很好地诠释了BEIJING品牌的特色。2021年4月的上海车展上，北汽集团推出了以BJ40环塔冠军版和BJ80探月版为代表的北京越野品牌、以EU5 PLUS和U5 PLUS为代表的BEIJING品牌、以ARCFOXαS和ARCFOXαS华为HI版为代表的极狐品牌。在公司的汽车品牌中，ARCFOX代表高端品牌，通过高端制造引领高质量发展；BEIJING代表新能源品牌，通过新能源化体现绿色出行；北京越野代表特色产品，通过特色技术塑造差异化优势。自此，北汽集团已经拥有ARCFOX、BEIJING、北京现代、北京奔驰、北汽昌河、北汽福田和福建奔驰等"高、新、特"三方面的产品，逐渐优化着品牌架构。

（三）打造技术发展引擎

北汽集团将技术作为企业高质量发展的第一动力，通过加大研发投入、进行科技创新等措施，不断促进产品升级，提升产品品质，取得技术领先优势。2016~2018年，北汽集团研发投入占营业收入的比例分别为4.5%、3.0%、6.3%，呈现一个上升的趋势，说明公司对研发投入越来越注重。2020年1月，据北汽集团董事长徐和谊透露，北汽集团将持续加大研发投入，预计在未来5年研发投入超过200亿元，并新增上万名工程师进行技术研发。以北汽新能源中的北汽蓝谷为例，其2019年研发投入金额为15.45亿元，2020年为15.85亿元，2020年研发投入占营业收入的比例为惊人的30%，居国内同行业所有汽车品牌的第1位。北汽新能源将研发投入用于三个方面，首先每年将研发投入的10%用于技术开发，设立了BE11、BE21和BE22三大平台，完成了对ARCFOX和BEIJING两个品牌的更新换代。其次将费用用在人才培养和车辆性能检测上，北汽新能源已经拥有了1500名研发人员，尤其注重在电池、电机、电控和智能互联四方面的人才储备。最后一部分费用用于新能源实验中心建设，截至2020年，该实验中心已经拥有88个实验室和超过400个先进测试设备。在大幅度的研发投入之下，北汽新能源也得到了高端的回馈。据北汽新能源公司报道，截至2020年，公司已经累计申请专利4273件，发明的专利成果占46%，这体现了其丰富的创新成果。

在科技创新方面，北汽集团坚持在自主创新和智能网联领域取得重大突破。公司打造了"3+N"自主创新体系，不仅研发乘用车、商用车和新能源汽车3个方面的汽车，还设立了多个研究所和企业研发中心。公司拥有包括越野车研究院、北汽股份乘用车研究院、北汽福田工程研究院、北京新能源汽车股份有限公司和新技术研究院在内的5个研究院，拥有包括北汽福田工程研究院新能源技术中心和山东渤海技术中心在内的2个技术中心，拥有包括北汽昌河研发中心、动力总成研发中心、合资企业研发中心和海外研发中心在内的4个研发中心。在智能网联领域，北汽集团通过设置协同式智能交通C-ITS系统，显著提升了交通效率；通过设置车内温度控制和夜间驾驶系统，保证了汽车的舒适与安全；通过设置驾驶员检测和空气净化系统，保证了消费者的健康；通过设置车辆远程控制和升级系统，打造了汽车智能生态圈；通过设置语音控制和移动办公系统，让出行更加智慧。这一系列在智能驾驶、智能网联和智能驾舱三方面的措施，极大地满足了用户需求，体现了北汽集团的高科技水准。

（四）积极履行社会责任

1. 打造绿色管理体系

北汽集团积极响应"建设美丽中国"的国家战略，坚持环境治理，构建绿色生态体系，这既体现了公司在国际上负责任的公民形象，也为企业发展赢得了良好的口碑。在环境治理方面，公司积极实施节能减排战略，进行污染整治工作，取得了良好效果。从表6中可以看出，近年来，北汽集团的总用电量呈现一个逐渐下降的趋势，每年的节约用电量则呈现一个上升的势头,而公司每年的汽车产量较前一年是有所增长的,这就说明了公司在节约用电方面有良好的表现。北汽集团的节约用水量和总节能量同样逐渐增长,体现了公司的节能实效。此外,固废排放量、废水排放量和温室气体排放量都呈现一个下降的态势,说明公司对污染物排放的控制越来越严格,这与公司落实减排政策是密不可分的。

表6 2016~2019年北汽集团节能减排情况

类别	2016年	2017年	2018年	2019年
总用电量(万度)	209460	206000	166775	207759
新能源使用量(吨标煤)	8693.00	9476.00	4644.77	4528.85
总节能量(吨标煤)	9658	17012	22127	18654
节约用水量(吨)	282756	166401	652186	978995
节约用电量(万度)	1562	2574	4280	6926
固废排放量(吨)	—	33735.60	26957.00	26236.19
废水排放量(吨)	—	6088831.5	6083559.4	5153938.0
温室气体排放量(吨)	1873460	1592918	1326400	1481708

注:因北汽集团2020年的社会责任报告尚未公布,所以该年数据未列在表格中。
资料来源:北汽集团社会责任报告(2016~2019年)。

在构建绿色生态体系方面,北汽集团秉持绿色发展的理念,打造绿色出行平台,引领汽车行业绿色低碳发展。公司提出全面新能源化发展的"引领2025战略",2017~2019年共建设了12家国家级绿色厂房——是名副其实的绿色汽车工厂。此外,公司投资20亿元人民币设立的新能源实验中心,实验能力处于国际顶尖水平,实验涉及电池、电机、电控、智能网联、轻量化、整车应用六大领域。在绿色厂房和实验中心的支持下,公司积极进行新能源汽车的研发,目前已经拥有了BEIJING和ARCFOX两大品牌的新能源汽车,截至2020年底,公司已经完成了50万辆新能源汽车的生产,累计行驶里程超过102亿公里,节能减排量超过174万吨。

2. 开展社会公益活动

北汽集团积极响应国家号召,承担社会责任,设立公益基金,助力精准扶贫,帮扶受灾地区,赞助社会活动。在国内,北汽集团尤其注重精准扶贫工作，特别关注贫困地区，与新疆、青海、湖南、江西等的贫困地区签订协议，积极开展结对帮扶工作。公司还积极开展健康扶贫活动，通过医疗知识普及和医疗专业化培训，提升受帮扶地的医疗水平。2019年，北汽集团和惠民公益基金会合作，在河北省开展面对面公益宣讲活动，帮助当地村民提升医学意识和医疗水平，活动涉及5个县区，累计健康扶贫金额达到35万元。此外，公司还积极进行公益扶贫活动，将扶贫工作与公益捐赠活动结合，号召员工进行一对一帮助贫困家庭和弱势群体，给予其关怀与帮助，2019年，公司通过公益扶贫累计捐款1700多万元人民币。在国际上，北汽集团积极赞助北京国际马拉松赛、亚洲文化嘉年华、第八届国际青少年文化艺术周等社会活动，还主动为G20峰会、APEC会议等重大会议提供车辆及志愿者，承担了世界公民的责任。此外，2020年，北汽集团全面支持全球新冠肺炎疫情防控工作，全年累计捐赠的金额超过7200万元。公司及早复工复产，北汽福田和福建奔驰大年初一就开始运营，生产大量救护汽车，向疫情严重区运送了将近1200辆汽车。北汽昌河也积极生产医疗器械运输车和药品冷存车并捐赠给政府，为疫情防控贡献了一份力量。2020年3月，随着国际疫情日益严重，北京通航向意大利合作企业捐赠了1万个医用口罩，并在包装箱上写明了愿当地尽早结束疫情的祝福。2020年7月，北汽国际CEO李金钢与科威特第一贸易公司CEO完成了云签约，北汽国际将500辆D20捐赠给科威特，用于支持当地的抗疫工作。"千里送鹅毛，礼轻情意重"，点滴捐助，代表了最美好的爱心，也代表了北汽集团作为世界公民的强烈的社会责任感。

四 发现与启示

（一）紧抓时代脉搏，响应国家"一带一路"政策号召

面对社会低碳出行、绿色出行的时代要求，面对消费者对高科技、高品质汽车的殷切诉求，北汽集团主动向创新型和服务型企业转型，力求提供"强科技、好品质、安全、绿色环保"的汽车，让客户的出行更舒适、更安全、更美好。公司一直践行"生态文明建设"和"美丽中国"的战略，率

先开发新能源汽车。北汽新能源公司自成立以来，聚焦于电池、电控、电驱动、轻量化和智能互联5个方面，已经开发了"EC、EV、EX、EU、ES、EH"六大系列几十款产品，打造了面向世界的绿色科技品牌。

北汽集团积极响应"一带一路"倡议，助推国际化发展。作为同行业的高端企业，北汽集团在"一带一路"共建国家建设生产基地，设立研发中心，一方面可以解决当地就业问题，拉动当地经济增长，另一方面可以通过全球化布局实现自身的国际化发展，做到"引进来"与"走出去"相结合，从而打造互惠互利的双赢局面，将经济发展的蛋糕做大。

在发展的过程中，北汽集团始终根据时代背景和市场需求调整企业发展的战略，生产高质量、优品质的产品。同时，借力国家"一带一路"政策，开展全球化布局，顺利实现了产业结构调整和企业转型。中国企业向国际化企业迈进时，应该结合时代浪潮和社会发展趋势，顺势而为，开发具有时代特色的技术和产品。要主动借力国家"一带一路"等相关政策，开展国际化布局，在海外持续获得新的经济增长点，提升国际影响力。

（二）不断深化改革，坚持"高、新、特"发展

在工业4.0时代，传统制造业面临转型难题，北汽集团作为行业先锋，率先推进供给侧结构性改革，实施"两个转型"和"集团化2.0"战略，将金融投资、人才招聘和员工激励等方式用活，为公司创造了巨大的价值。公司秉持"创新、协调、绿色、开放、共享"的理念，聚焦高端产品，以高质量发展为要求，不断提升技术含量和产品附加值；以科技创新为驱动力，加快汽车新能源步伐，率先使用智能互联技术；以产品特色为核心，围绕品牌亮点，打造差异化优势。通过一系列聚焦实效的措施，北汽集团实现主要经营指标高于行业平均水准，连续8年入围世界500强企业。

面对社会环境、行业环境的变革，北汽集团围绕供给侧结构性改革，聚焦高新技术、新能源和品牌特色，制定了适合企业发展的"高、新、特"战略，实现了经济效益的增加和企业的快速转型。同样，中国相关企

业要想加快国际化发展的步伐,必须根据所处的内外部环境,考虑企业的发展状况、资源与经营能力,只有制定适合自身发展的企业战略,不断提升核心技术,精益产品质量,才能紧跟时代发展步伐,逐步完成向高端企业的转变。

(三)加强技术研发,储备丰富人才

对于科技含量比较高的产业来说,技术是第一核心竞争力。近年来,北汽集团一直践行"海豚+"战略,从"保护、优化、解放、个性、和谐"5个维度出发,在"智能技术、智能产品、智能生态、智能交通"4个方面进行变革。公司不断开发高质量的车载芯片,以此带动智能技术的突破,不断实现L3产品、L4产品的规模化生产,带动经济效益的增加,核心技术的提升与规模的扩大使北汽集团在智能互联领域的发展更上一层楼。

北汽集团非常重视人才储备,将人才视为企业发展的保障,力求打造素质高、能力杰出的人才队伍,确保人才竞争优势。近年来,公司与多家高等院校合作,开展人才招聘。2019年,在近30所高等院校召开招聘会,招聘优秀毕业生超过1100人。在海外,积极实施本土化人才策略,在欧洲、美洲等地召开精英人才交流会,招聘当地汽车、通用航空和零部件等产业的杰出人才。招聘以后,公司非常注重对人才的培养,每年都会开展集团级培训。通过培训,员工的理论知识水平、专业技能和职业素养都会得到很大提升,进而可以为企业创造利益,实现个人价值。

企业的发展离不开技术的驱动和人才的储备。中国企业在国际化的进程中,掌握核心技术可以塑造差异化优势,这也是企业可持续发展的动力源泉。为了打造世界名片,我国企业要贴近时代前沿,更新技术观念,注重科技创新,打造专属公司的特色技术,逐渐掌握行业话语权。技术的发展离不开人才的掌控,技术型人才,抑或是管理型人才,都能为企业的发展提供支持。因此,企业在国际化发展过程中,必须注重人力资源战略。特别地,由于本土化人才更加熟悉当地的文化习俗,能够为公司提供在当地合理发展的建议,所以企业要注重对当地人才的招聘。人才招聘后,公司要对新纳员工

进行培训和甄别，让他们在适合的岗位上充分发挥自己的才能，做到人尽其用。总之，中国企业的国际化发展，必须采取"技术+人才"的双轮驱动战略，招聘有利于公司发展的杰出人才，实施技术创新，不断提升公司的核心竞争力。

（四）积极履行社会责任

北汽集团在发展的过程中不仅注重对技术的研发、对人才的培养，而且主动承担社会责任。在国内，公司积极开展公益和扶贫活动，活动涉及职教扶贫、健康扶贫、产业扶贫、就业扶贫、消费扶贫、助学、助残、救灾等多个方面，以实际行动践行着国家的"精准扶贫"战略。在国外，北汽集团也在承担着大国责任，关注当地的贫困群体，通过设立公益基金，提供就业岗位，解决当地的发展难题。除此之外，公司也积极投身于国际会议和文体活动的赞助，在国际大型峰会现场总是能看到北汽集团的品牌，在志愿者中也不乏北汽人的身影。通过积极履行社会责任，北汽集团不仅促进了海外当地的经济增长和社会进步，也逐步提升了企业的国际影响力。

中国企业在国际化过程中需要积极承担社会责任，树立大国企业形象，塑造品牌影响力。以人为例，个人如果想要树立威信，受到同伴的认可，不仅需要杰出的能力，还需要令人信服的品质。企业更是如此，中国企业在国际化的发展过程中，首先，需要践行"绿色发展、节能环保"的世界级战略，做好节能减排，保护生态环境；其次，要严格遵守当地的法律规章与市场规则，做到入乡随俗；最后，企业要开展国际化的公益活动，力所能及地帮助当地的弱势群体。唯有如此，中国企业才能更好地得到当地物质资源和人力资源的支持，从而不断提升核心竞争力，实现公司的可持续发展。

参考文献

《北汽集团:坚持高质量发展 做全新出行价值创造者》,《汽车观察》2020 年第 11 期。

李文慧:《北汽姜德义:智能网联汽车进入务实深耕关键期》,《智能网联汽车》2020 年第 6 期。

李林桐:《北汽新能源汽车发展战略研究》,硕士学位论文,吉林大学,2020。

甄文媛:《提升国际竞争力——中国车企的"十四五"新征程》,《汽车纵横》2020 年第 9 期。

吕钊凤:《新能源和智能化融合发展 北汽科博会展示新成果》,《智能网联汽车》2020 年第 5 期。

北京汽车集团有限公司:《新能源汽车"产业共生"发展战略体系》,《企业管理》2021 年第 5 期。

米栏:《中国汽车工业重点企业(集团)基本情况分析》,《互联网周刊》2020 年第 23 期。

B.14
全聚德国际化发展案例研究

陈帅 杨道广*

摘 要: 本报告以中国全聚德（集团）股份有限公司为研究对象，基于实地调研法和访谈调查法，系统梳理了该公司国际化发展历程及现状，重点分析了该公司国际化发展的动因，以及国际化成功的关键因素。研究发现，企业战略驱动、国际市场缺位和国家政策引领是该公司国际化发展的主要动因；以文化传播为初心的战略坚定性、以国家政策为支撑的发展保障力、以产品创新为支撑的核心竞争力和以特许经营为模式的风险可控性则是该公司国际化成功的关键。结合国内外发展环境和企业自身发展实际，本报告认为，不断健全"老字号"文化传承与保护机制、推动产品技术创新和品牌国际化、加大总部对海外特许经营的管理与支持力度，以及注重企业文化价值与经济价值同频共振是助推该公司国际化和高质量发展的重要举措。

关键词: 中华老字号 全聚德 国际化发展

一 公司概况

（一）简介

中国全聚德（集团）股份有限公司（以下简称"全聚德"），作为我国首

---

* 陈帅，对外经济贸易大学国际商学院博士研究生，主要研究方向为会计信息与资本市场；杨道广，博士，对外经济贸易大学国际商学院副教授、博士生导师，主要研究方向为内部控制与公司财务、审计与公司治理。

例服务类"中国驰名商标",已有157年的历史,是我国最具代表性的中华老字号品牌企业之一。目前,公司主营餐饮业务聚焦于鸭坯及其他食品的研发、生产与销售领域。品牌产品主要包括以真空包装原味烤鸭、入味烤鸭等为代表的鸭类包装产品,以鸭休闲零食、京味小吃、鸭肉酥、蛋黄酥等为特色的休闲食品,以及以月饼、汤圆等为代表的节令食品和日常主食。作为老字号品牌企业,全聚德不仅凝结着精湛的百年工匠技艺,也承载着我国优秀传统文化,具有巨大的品牌价值、经济价值和文化价值。当前,全聚德所拥有的"全聚德挂炉烤鸭技艺""仿膳(清廷御膳)制作技艺"已被列入国家级非物质文化遗产名录,"全聚德全鸭席制作技艺""丰泽园鲁菜制作技艺"则被列入北京市区级非物质文化遗产名录。同时,历经多年发展,作为品牌文化传播的重要代表,全聚德还入围过"中国十大文化品牌"等荣誉榜单。

2020年全聚德年报数据显示,截至2020年底,公司已开设餐饮门店共计117家,其中全聚德品牌门店107家、仿膳品牌门店1家、丰泽园品牌门店5家、四川饭店品牌门店4家,逐步形成了以全聚德烤鸭为龙头、多品牌协同发展、集400多道特色菜品于一体的全聚德菜系。依托特色鲜明的品牌、匠心传承的宝贵技艺、独具特色的文化优势和专业的管理、技术团队,全聚德已确立了"国内领先的多元化餐饮产业集团"的战略定位,并将在未来重点打造"产品+服务+场景"新格局,聚焦"老字号精品门店"打造,落实"一品一策一方案",逐步形成"正餐做精做优,团膳和休闲简餐适时拓展"的业态组合;同时,积极推进数字化转型,深挖文化,赋能品牌,促进全聚德在"双循环"新发展格局下的高质量发展。此外,伴随我国对外开放层次与水平的提升,品牌国际化已成为全聚德对外投资布局的重要方向。作为我国餐饮领域的老字号品牌和"排头兵",在"双循环"新发展格局下,全聚德国际化发展将在推动老字号品牌"走出去"、重塑企业国际竞争优势和促进企业高质量发展方面发挥积极的引领示范作用。

(二)国内外发展历程

自提出"立足北京,面向全国,走向世界,利用品牌优势,走规模化、

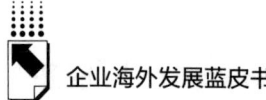

现代化和连锁化经营道路"的发展战略以来,全聚德一直在充分发挥老字号品牌优势和品牌经营国际化方面发挥着示范带动作用。该部分主要从国内发展历程和国外发展历程两个方面对全聚德发展情况进行梳理和总结(见表1、表2)。

表1 全聚德国内发展大事件

年份	大事件
1864	全聚德在前门大街的首家烤鸭店铺开业
1952	全聚德实行公私合营
1993	中国北京全聚德烤鸭集团成立
1994	北京全聚德烤鸭股份有限公司成立
1997	改制为中国北京全聚德集团有限责任公司
1999	全聚德被国家工商总局认定为"驰名商标"
2002	前门全聚德烤鸭店年营业收入突破1亿元,成为北京首家餐饮亿元店
2004	与首旅集团、新燕莎集团实现战略重组
2005	更名为中国全聚德(集团)股份有限公司
2007	在深圳证券交易所挂牌上市
2008	全聚德挂炉烤鸭技艺被列入第二批国家级非物质文化遗产名录
2014	全聚德集团启动新战略:"品牌经营+资本运营"
2020	制定《全聚德集团"十四五"规划纲要》,实施"餐饮+食品"的双轮驱动战略

资料来源:根据全聚德网站、集团年度报告等相关资料整理。

表2 全聚德国外发展大事件

年份	大事件
1998	在东南亚设立了首家海外全聚德——缅甸仰光店
2004	在东亚设立日本东京新宿店
2008	在大洋洲设立澳大利亚墨尔本店
2017	在北美洲设立加拿大多伦多万锦店
2018	在东亚设立日本东京银座店
2018	在大洋洲设立澳大利亚悉尼店
2019	在欧洲法国设立波尔多店
2019	在北美洲加拿大设立温哥华店

资料来源:根据全聚德网站、集团年度报告等相关资料整理。

1. 国内发展历程

全聚德创建于1864年,距今已有157年的历史,长期以来,一直都是我国餐饮领域的老字号品牌企业,如表1所示,在1864年至1952年期间,全聚德由鸡鸭烤炉铺逐渐发展成为餐饮、做店经营,再进一步发展为北京餐饮界以烤鸭为代表菜品的餐饮企业,并得到了"天下第一楼"的赞誉。1952年,在政府政策支持下,全聚德率先进行了公私合营,至此,全聚德进入了快速发展的新阶段。1993年,北京市政府决定成立全聚德集团,从体制上解决前门店、平门店、王府井店的品牌归属问题,并将其作为政府计划单列企业直接归市政府管理,并于1994年由全聚德集团等6家企业发起设立了北京全聚德烤鸭股份有限公司。1997年,公司再次按照现代企业制度成功转制为中国北京全聚德集团有限责任公司,并于2003年和华天饮食集团合资设立了聚德华天控股有限公司。2004年,全聚德集团与首旅集团、新燕莎集团实施战略重组,并成为首旅集团餐饮板块企业。2005年,公司正式更名为中国全聚德(集团)股份有限公司。随后,公司进一步通过收购聚德华天30.91%的股份的方式实现了企业规模的扩张。2007年,全聚德正式在深圳证券交易所挂牌上市,这标志着中国首家中华老字号餐饮公司正式登陆A股市场,实现了传统餐饮行业和资本市场的直接对接。此时,全聚德已拥有9家直营全聚德烤鸭店、61家特许加盟店、2个生产基地和1个配送中心。同年,在既有规模基础上,为提升品牌定位,全聚德又相继对以"丰泽园饭店"为代表的餐饮领域重要品牌进行收购,进而在业务整合后形成了中高档餐饮品牌系列,历经一系列战略收购和规模扩张后,全聚德多品牌发展战略初现端倪,至此,全聚德进入了一个全新的发展阶段。

2019年,依托《关于发挥品牌引领作用推动供需结构升级的意见》《商务部关于推动餐饮业转型发展的指导意见》《关于推动北京老字号传承发展的意见》等重要文件,全聚德重新制定了品牌发展战略,坚持"一牌一策",进一步促进了企业高质量发展。截至2020年,公司已开设餐饮门店共计117家,其中全聚德品牌门店107家、仿膳品牌门店1家、丰泽园品牌门店 5 家、四川饭店品牌门店 4 家，逐步形成了以全聚德烤鸭为龙头、多品牌协同发展、集 400 多道特色菜品于一体的全聚德菜系。

2. 国外发展历程

改革开放以来，依托我国对外开放新格局和老字号振兴工程，老字号企业国际化进程逐步加快，其中，以全聚德为代表的老字号餐饮品牌也开始渐进式地由本地化走向全球化。总体而言，全聚德国际化发展大致可分为"走出去"、"走进去"和"走上去"三个阶段。

在第一阶段，全聚德国际化发展主要表现为"守正创新"，通过引进国外经营模式，为企业"走出去"积蓄力量。从 1993 年全聚德集团成立之后，公司不断改变以往餐饮领域的单一门店经营模式，并率先在国内实行连锁经营，通过不断增加连锁企业数量的方式，扩大全聚德品牌影响力，这不仅为以后海外企业申请全聚德特许经营提供了先天条件，也为日后特许经营店的集中管理、区位选择积累了宝贵经验。比如，在探索特许连锁模式期间，全聚德确立了"不重数量重质量"的基本原则，建立了立项、签约、培训、配送、开业、督导等一系列的特许经营管理体系和程序。同时，总结出了以《特许经营合同》《商标许可合同》《全聚德主要原料、用品配送合同》《鸭炉租赁合同》《外派人员协议》为基础的合同和文件，以协议合同形式保障了连锁经营模式在中国餐饮领域的落地生根。此外，为更好地在海外推行特许经营模式，加强门店管理，全聚德还制定了商标标识、工服、餐具、专用设备的标准、规范，并积极按照国际标准规范企业管理，为以后企业国际化奠定基础。前期的管理实践和创新对"全聚德"步入产业化、规模化经营道路起到了促进和保障作用。

在第二阶段，全聚德国际化发展主要表现为"借船出海"，积极依托国家政策支持先行先试，为企业国际化积累海外发展经验，助推企业"走出去"。改革开放以后，在政策支持下，本土企业开始尝试走向世界，寻求和开拓海外市场。与其他海外投资企业不同，得益于自身品牌影响，全聚德早期海外发展更多的是由海外企业申请特许经营权所驱动的，通过对申请企业严格筛选和把关，全聚德逐步形成了依托特许经营加盟店来开拓国际市场的新模式。总体而言,全聚德海外发展起步较早,如表2所示,1998年,全聚德采用特许经营模式在东南亚设立了首家海外全聚德——缅甸仰光店。之后,通过海外门店申请、全聚德特许经营方式又分别在日本东京新宿、东京银座和澳大利亚的墨尔本、悉尼设立全聚德特许经营店。

在第三阶段,主要是"价值共创",突出老字号品牌优势,实现文化价值与经济价值同频共振,进而促进企业高质量发展。与以往"走出去"和"走进去"不同,步入新时代以来,为推动老字号顺应消费升级趋势,更好地弘扬优秀传统文化,全聚德倚重传统元素、新时尚和新技术为产品赋能,不断提升经营的在线化、连锁化、数据化和品牌化水平,进而实现文化价值与经济价值同频共振。比如,以2017年9月设立的加拿大多伦多万锦店为例,该店是全聚德在北美洲设立的首家门店,与其他门店设计风格不同,该门店通过将石狮、花屏、雕梁、老匾等中国元素融入门店装修风格,将传统中国文化与多伦多现代都市气质巧妙融合。在2019年1月,全聚德在欧洲设立了首家特许经营加盟店——法国波尔多店,该店则主要参照米其林标准进行设计和运营,不断将品牌时尚化。在2019年底,全聚德温哥华店开业,该店主要采用全新5D沉浸式就餐体验,该技术创新在全球尚属首家。

(三)国际化发展现状

1. 海外投资环境日趋复杂

近年来,随着我国对外开放层次和水平的不断提升,复杂多变的国际经济环境对本土企业跨境投资活动的影响愈加凸显,同时给企业国际化发展带来了巨大挑战和不确定性[①]。首先,贸易保护主义势力抬头和"逆全球化"思潮泛起。当前,全球经济持续萎缩,海外投资活跃度不断下降,世界正面临"百年未有之大变局"。为解决经济深陷停滞危机,以西方发达国家为代表的发达经济体在全球范围内掀起了新一轮的贸易保护主义,通过改变既有

---

① 崔庆波:《新一轮贸易保护主义与中国区域贸易自由化策略》,《上海对外经贸大学学报》2021年第4期。

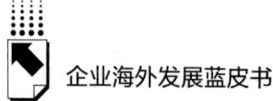

开放政策和贸易规则来扩大自身经济优势。由贸易保护主义和"逆全球化"形成的贸易摩擦不仅会加剧地缘政治关系的紧张局势,还将在相当程度上影响跨境合作氛围,阻滞贸易投资自由化。其次,新冠肺炎疫情防控常态化时期,部分经济体对外商投资审查趋严,经济限制性政策持续收紧。受新冠肺炎疫情在全球范围内不断蔓延的影响,海外国家纷纷出台应对疫情的限制性举措,这使得全球跨境投资活动受到明显抑制。最后,在经济持续低迷的背景下,为重塑经济优势地位,部分国家对外商投资相关法规,特别是资源和关键技术等敏感领域进行了重要修订,利用延长外商投资审批时间、扩大审查管辖范围、加大审查力度等方式阻滞经济全球化进程。因此,从现阶段海外投资环境来看,受贸易保护主义、单边主义势力抬头,以及新冠肺炎疫情防控常态化时期经济封锁政策等因素的影响,当前全聚德国际化发展面临着严峻考验。

2. 海外投资布局趋向多元

基于"立足北京,面向全国,走向世界"的战略定位,近年来,全聚德依托国家"老字号振兴工程"积极延伸产业链和优化全球化布局。截至2020年底,全聚德通过特许经营模式已在东南亚、东亚、北美洲、欧洲等地区设立特许加盟店8家,具体包括缅甸仰光店、日本东京新宿店、日本东京银座店、澳大利亚墨尔本店、澳大利亚悉尼店、加拿大多伦多万锦店、加拿大温哥华店与法国波尔多店。跨国经营不仅有助于全聚德充分利用两个市场、两种资源,还有助于在"双循环"新发展格局下推动全聚德品牌经营国际化,促进企业高质量发展。总体而言,从海外投资区位选择来看,当前全聚德海外投资布局呈现出明显的多元化特点,集中表现为投资地区的多元化。一方面,从投资地区经济发展水平来看,特许经营加盟店不仅包括法国、日本等经济发展程度较高的发达国家,也包括经济发展水平相对较低的国家,如缅甸,这表明,全聚德在门店选取上不仅会积极依托国家"一带一路"倡议来"乘船出海",还会充分考量地缘临近所带来的加盟店管理优势。另一方面,为更好地适应消费市场升级和消费主体多元化,餐饮领域国际化水平较高的法国等地区也是全聚德海外布局的青睐对象。因此,不难发现,海外投资地区多元化是全聚德国际化发展的又一特点。

3.文化价值与经济价值同频共振

中华老字号是在历史传承、社会发展过程中经过长期市场考验所形成的优秀民族品牌,发挥着传播中华民族饮食文化,促进中外友谊、交流与合作的纽带桥梁作用。区别于其他海外投资企业,老字号品牌不仅关乎微观企业经济增长,更是国家形象和文化软实力的重要表征。作为入围我国非物质文化遗产名录的代表,全聚德所具有的核心产品、生产工艺和门店建筑具有重要的文化内涵和经济效益。据统计,截至 2020 年,集团已累计接待了世界 200 多位元首和政要,依托亚运会等体育赛事、"一带一路"倡议和中非论坛等国际重大活动,承担美食供应与美食文化交流工作。长期以来,全聚德始终坚持固本培元与守正创新兼顾,运用创新思维打造新时代的餐饮文化精品,将国内优秀传统文化与新时代、新元素融为一体,促使产品迈向年轻化、时尚化和国际化道路。比如,在加拿大多伦多万锦店的装修设计上,全聚德通过添加石狮、花屏、雕梁、老匾等中国元素,将传统中国文化与多伦多现代都市气质巧妙融合;在法国波尔多店的装修设计上,参照米其林标准进行设计和运营。因此,从品牌价值定位米看,文化价值与经济价值同频共振是全聚德国际化的重要特征。

二 全聚德国际化发展动因研究

(一)企业战略驱动下的中国文化传播使命感

企业发展战略是企业基于现实状况和未来趋势,在一定时期内对企业发展方向、发展速度及发展点所做出的重大选择和规划策略[①],经验证据显示,科学的发展战略不仅能够明晰企业发展目标,还有助于促进企业更好地

---

① 刘盛男、张健:《国内外企业发展战略研究综述》,《企业改革与管理》2021 年第 12 期。

整合资源，实现高质量发展①。长期以来，为充分发挥老字号品牌优势，加快实现企业规模化、现代化和国际化，全聚德始终秉承"立足北京，面向全国，走向世界"的发展战略，通过统筹国际和国内两个市场、两种资源，不断培育企业参与国际合作和竞争的新优势。因此，在该战略指引下，"走向国际"不仅是企业增加产能、开拓市场和拓宽渠道的必然选择，也是契合当前国内国际"双循环"相互促进新发展格局的题中之义。值得注意的是，囿于"中华老字号"企业品牌的特殊性，全聚德国际化路线并非简单地出于利润追逐、市场扩张等经济因素考量，也缘于其强烈的文化传播使命感。毋庸置疑，区别于其他海外投资企业，作为中国餐饮领域的"中华老字号"品牌，全聚德在海外弘扬和传播中国传统文化方面有着天然的优势。一方面，依托自身独特的生产工艺和数百年的文化积淀，全聚德自身具有丰富的文化价值，更容易在文化传播中形成文化认同，"讲好中国故事"；另一方面，全聚德是中国优秀的民族品牌和传统商业文化的代表，在国际市场具有较大的影响力和消费群体，是中国向世界展示优秀传统文化的重要载体和窗口。由此可见，全聚德走国际化道路并非单一地归因于企业战略，更大程度上在于"老字号"企业战略驱动下的民族文化传播使命感。

（二）国际市场缺位下的品牌经营国际化趋向

伴随经济全球化不断向纵深发展，国际资本流动和产业结构调整步伐加快，产业竞争日趋激烈，为促进本土生产要素在世界范围内流动、提升企业国际竞争能力和拓展经济发展空间，我国在注重"引进来"的同时，也加快实施"走出去"战略。在此背景下，开辟和拓展海外市场成为企业提升市场竞争力的内生动力。然而，长期以来，囿于老字号企业的形成和发展特点，中华老字号在国际化发展过程中一直面临着诸多问题。比如，受区域饮食文化差异等因素影响，以往老字号企业经营往往聚焦于某一特定区域，企

---

① 胡连军、杨吉忠、罗泽辉：《"科技创新+海外经营"发展战略助力企业高质量发展》，《中国勘察设计》2020年第7期。

业开拓市场渠道的方式非常有限，更多的是依赖于国内各类展会、电子商务平台和专场对接会等，品牌经营国际化明显不足。此外，受限于老字号企业传统经营模式和管理机制因循至今，在一定程度上限制了其产品标准化、规模化发展，特别是品牌宣传和推广乏力，不注重运用独有的文化优势去打造品牌，延伸产业链，这使得我国老字号企业的整体国际市场占有率相对较低。从全聚德国际市场开拓情况来看，尽管全聚德海外投资发展起步较早，而且截至 2020 年底，全聚德已通过特许经营模式在海外设立 8 家加盟店，但随着餐饮消费市场持续扩容升级和餐饮品牌不断走向细分化、高端化和国际化，相较于已有的国内市场发展规模，以及海外市场需求强度，全聚德海外市场仍有广阔的挖掘空间和价值。因此，在新形势下，作为我国餐饮行业的老字号品牌企业，开发国际新市场，推动品牌经营全球化是全聚德国际化发展的又一重要诱因。

（三）国家政策引领下的老字号企业"走出去"进程

近年来，我国对外开放格局逐步呈现全方位、多层次、宽领域和立体化的特点，为加快实施开放带动战略，充分发挥人文、地缘、资源等比较优势，我国政府通过建立健全保护与促进老字号发展的支持体系，形成了全社会重视、支持老字号发展的良好氛围，为老字号企业"走出去"提供了宽松的政策环境，大大提升了老字号企业参与国际市场竞争的积极性和主动性。总的来看，政府政策的驱动作用主要体现在以下几方面一是由政府主导构建的双多边对话机制，为推动区域经济合作和企业品牌国际化提供了平台。依托"一带一路"倡议、国际合作高峰论坛、第三方市场合作新模式等平台，我国积极在复杂多边的国际形势中推动更大范围、更深层次和更高水平的经贸投资合作。因此，双多边合作机制和海外投资自由化政策为全聚德海外投资布局、要素集聚、品牌国际化提供了便利条件。二是积极鼓励老字号企业在餐饮行业国际化方面先行先试。为推动老字号企业不断适应和满足广大居民对其产品和服务的需求，促进其在创新发展中创造更多社会价值、经济价值和文化价值，政府通过政策扶持方式培育一批社会影响广、发展潜力大的知名老字号，为企业"走出去"提供政策支持。三是政府积极建立与市场环境相适应的体制机制。目前，我国以"老字号振兴工程"为代表的相关政策，通过老字号企业在销售、宣传、跨界合作、多元化、IP化方面的引导，为加强老字号产品创新，走国际化、高端化、年轻化路线创造了更多发展机会。

三 全聚德国际化关键因素分析

（一）以文化传播为初心的战略坚定性

当前，随着我国国际地位和综合实力的不断提升，国际社会对我国的关注热度前所未有，在新形势下，"讲好中国故事，向世界展现真实、立体、全面的中国，提高国家文化软实力"，特别是向世界推介宣传优秀传统文化，已成为我国海外投资企业新的使命和方向遵循。作为中华老字号，全聚德依托其独特的产品工艺和厚重的文化底蕴，在传承、延伸和呈现民族传统文化方面一直发挥着文化传播作用，是我国传统文化走向世界的重要名片和互动窗口。相较于其他类型的海外投资企业，长期以来，以传统文化为载体推动品牌经营国际化不仅缘于其特有的文化价值，更是多年来全聚德对以文化传播为初心的战略定位和坚守。

从自身特有的传统文化优势和国际化战略具体实施来看，一方面，通过充分挖掘和开发自身所承载的传统文化，全聚德具有鲜明的民族特色和文化价值，该优势为中国文化传播和走向世界提供了便利。比如，依托以全聚德挂炉烤鸭技艺、全聚德全鸭席制作技艺等为代表的国家级非物质文化遗产和北京市区级非物质文化遗产，以全聚德前门店和和平门店为代表的北京市文物保护单位和北京市爱国主义教育基地，近年来，全聚德不仅荣获了"北京十大影响力企业"，同时被赞誉为"中国十大文化品牌""北京城市名片"。不难发现，独特的传统文化优势使得全聚德具有良好的文化传播条件和品牌价值。另一方面，全聚德国际化成功的关键还在于其聚焦核心优势，以及以文化传播为初心的战略执行的坚定性。自全聚德走上国际化发展道路以来，全聚德始终抓住"文化传播"这一核心，积极统筹文化价值与经济价值的协调统一，而非单纯地追求短期的财务利益目标和企业规模扩张而盲目国际化。以海外特许经营管理为例，为更好地在海外传播优秀传统文化，全聚德在海外加盟店筛选程序环节，不仅会充分考察特许经营加盟店的经营能力，还会严格考察加盟店对传统文化的尊重和传承意愿，从而在最大程度上坚守传统文化的海外传承初心，促进企业在国际化过程中的高质量发展。

（二）以国家政策为支撑的发展保障力

自2006年商务部实施"振兴老字号工程"以来，我国政府秉持保护与发展并重的原则，积极培育了一批发展潜力大、社会影响广、文化特色浓的老字号企业。毋庸置疑，作为首批入选的"中华老字号"，以国家政策为支撑的发展保障力是推动全聚德顺利"走出去"的重要因素。具体表现在以下三个方面。首先，随着对外开放水平和层次的提高，以我国"一带一路"倡议为代表的国际交流平台为全聚德成功跻身国际舞台提供了良好的政策环境。比如，2008年由文化部、工商总局等多个部门联合发布的《关于促进和保护老字号发展的若干意见》显示，在我国进出口配额分配和特许经营许可方面，老字号产品与企业具有优先选择优势，同时，在外事接待、纪念品采购等方面也会优先向老字号品牌企业倾斜，这为老字号企业提升品牌影响力、走出国门提供了有利条件。其次，政府通过鼓励和支持中华老字号在国内外进行保护性商标注册、启动知识产权援助机制项目等形式，大大减少了老字号企业在国际化过程中所面临的抢注侵权行为，大大降低了其在海外的商标专利纠纷发生率和侵权风险。最后，政府还积极开辟通道，鼓励"设立老字号投资资金"项目，从而为老字号企业走向世界提供财政资金支持，进而解决普遍的企业融资难问题。

（三）以产品创新为支撑的核心竞争力

为适应消费市场升级需求和品牌经营国际化，全聚德在保留老字号传统产品和生产工艺的同时，还积极通过先进的生产设备开发新产品，以产品创新为支撑，提升老字号品牌的核心竞争力和国际化水平。比如，以全聚德开发的光影主题餐厅为例，全聚德借助高新技术设计的定制化影音沉浸式体验餐厅不仅融入了新科技和新元素，此外，主题餐厅的设计还结合特有的传统文化元素，将中国富有特色的商业文化、饮食文化融入产品创新中。另外，在当前经济环境中，产品创新带来的经济效益还较好地缓解了新冠肺炎疫情所带来的利润下降的压力，激活了新的经济增长点。2020年，全聚德积极在产品和业务布局上创新，通过重点打造"产品+服务+场景"新格局，聚焦"老字号精品门店"打造，落实"一品一策一方案"为老字号品牌赋能。以产品创新为例，为适应消费需求多元化和消费主体年轻化特点，全聚德适时打造鸭类新品，推出了多款休闲零食产品。中秋节期间，公司"因时制宜"，又及时研发了30余款品牌礼盒和多口味月饼。此外，全聚德还利用直播带货方式，大胆创新承载新品的营销渠道，从而为产品赋能。

（四）以特许经营为模式的风险可控性

特许经营管理是全聚德海外发展模式的一个重要特征。区别于直接出口、许可生产、合资经营和独立经营等模式，特许经营是指特许者通过商标授权方式，将相关品牌IP、品牌名称、产品配方等授权给被特许者使用，同时，后者需按照协议向前者支付一定费用的模式。依托该模式，特许方不仅可以通过增加加盟店的方式扩大海外市场规模，还可以借助特许经营建立销售网络，以最低成本迅速地推介和塑造品牌。此外，在该模式下，由于特许经营店需要自负盈亏，这使得海外市场拓展并不会占用总部较多的资金。目前，全聚德利用特许经营模式，分别在日本、缅甸、加拿大、澳大利亚和法国等地区设立了多家特许经营店，较好地实现了集中控制、市场扩张和经济效益的统筹兼顾。此外，在地缘政治动荡、贸易保护主义抬头和逆全球化背景下，海外投资风险不断激增，采取特许经营模式则有助于提升"老字号"企业在国际市场的适应能力，降低海外投资风险。

四 展望与建议

（一）展望

由于中华老字号具有厚重的文化底蕴、极具特色的生产技艺和鲜明的民族特色，老字号在弘扬中国传统文化、实现文化价值与经济价值同频共振方面有着天然的优势，尤其在"双循环"经济新发展格局下，以我国传统民族企业的国际化发展进行案例分析显得尤为必要和重要。基于此，本报告以全聚德作为研究对象，采用实地调研与访谈调查法对全聚德国际化发展进行案例研究。总体而言，在当前"百年未有之大变局"大背景下，全聚德国际化发展主要呈现出海外投资环境日趋复杂、海外投资布局趋向多元、文化价值与经济价值同频共振的特点；从全聚德国际化发展动因来看，驱动因素主要包括企业战略驱动、国际市场缺位和国家政策引领三个方面；此外，作为企业国际化的代表性企业，其关键因素则在于全聚德以传统文化为载体推动品牌全球化、以国家政策为导向助力企业"走出去"、以产品创新为支撑提升核心竞争力，以及以特许经营为模式增强风险适应性。

回顾全聚德国际化发展历程、国际化动因及关键影响因素，不难发现，全聚德在推动品牌经营国际化时，机遇与挑战并存。在国际环境日趋复杂，特别是新冠肺炎疫情在全球不断蔓延的大背景下，全聚德的国际化发展研究将对我国企业（特别是中华老字号），探索品牌经营国际化具有重要启示和借鉴。

（二）建议

1. 健全"老字号"文化传承与保护机制

当前，在国家"一带一路"倡议和"双循环"新发展格局背景下，企业"走出去"成为老字号品牌振兴的重要选择。然而，老字号企业在国际化过程中被侵权抢注的现象也开始不断出现。因此，以全聚德为代表的中华老字号在积极推进品牌经营国际化的同时，还要注重建立健全"老字号"文化传承和保护机制。一方面，企业要提高对民族文化深度挖掘的自觉性和主动性，加强产权保护意识。历经多年发展，老字号往往传承和拥有独具特色的产品工艺和文化底蕴，除经济价值之外，还饱含丰富的文化意义和品牌价值，在文化传播方面更是具有显著的比较优势。因此，企业要在老字号传承、创新过程中，对原有工艺内核给予足够的重视，依托政策支持，继承好、发展好老字号传统特色。另一方面，政府要强化对老字号的海外维权和知识产权布局，为老字号企业境外维权提供支持。比如，政府要积极引导和鼓励老字号企业较早地在境外国家进行专利申请和商标注册，并借助政策指引、专题讲座和集中培训等形式向海外投资企业宣传知识产权保护的重要性和必要性，增强其对自身商标、专利和相关产权的保护意识。同时，创建由政府牵头主导的海外抢注监管预警系统，通过对海外商标注册申请公告的严格监测，及时对既有的商标侵权行为事实加以制止，同时，引导海外投资企业及早进行商标注册备案，形成海外商标品牌保护的"防火墙"。

2. 推动产品技术创新和品牌国际化

在经济全球化背景下，随着互联网信息时代的不断发展，餐饮领域的消费场景与消费主体也开始转向多元化和年轻化。为推动"老字号"企业高质量发展，进一步适应消费升级趋势和市场化需求，"老字号"企业在传承经典的同时，还要注重守正创新，加快产品技术创新，提升品牌国际影响力。一方面，要积极支持中华老字号通过技术改造、工艺创新实现创新与破局，不断给既有核心产品注入科技元素，深度挖掘优秀传统工艺、技术，进而培育出具有国际竞争力和影响力的自主品牌。另一方面，要依托"一带一路"倡议和"双循环"新发展格局，不断延伸产业链条，拓展国际市场。比如，主动利用新技术、新媒体加快中华老字号的数字化建设步伐，实现线上线下融合发展，同时，通过互联网信息技术，不断创新以往传统的经营管理模式、品牌宣传方式，通过走产品国际化、时尚化和年轻化路线，主动适应当前餐饮市场消费升级趋势和多元的市场化需求，从而带动相关产业发展，着力品牌全球化布局。

3. 加大总部对海外特许经营的支持与管理力度

从海外投资模式来看，目前全聚德主要依靠海外特许经营模式来加快自身品牌经营全球化进程，提高国际市场占有率。由于该模式的显著优势，特许方能够较好地扩大规模和规避海外投资风险。然而，限于地理距离、文化差异和人员调度难度较大等因素影响，往往采取经验式、习惯式的管理，难以实现对海外特许经营店的集中控制。因此，随着海外市场的扩张和加盟店数量的增加，总部还必须加大对海外特许经营的管理和支持力度。具体而言，为加强海外特许经营加盟店在日常管理、生产标准、服务质量等方面的标准化，全聚德总部单位要严格依循双方签署的特许经营合同协议，对海外特许经营门店进行定期或随机抽检与培训管理，实现总部与海外加盟门店在规范标准上的高度一致性，并在企业价值文化和观念上形成共识。此外，不断依托总部先进的生产工艺和成熟的运营管理经验，通过对海外特许经营店进行人员培训或派驻总部技术人员的方式加强对海外加盟店的管理，并根据加盟店所在环境量身定制相应的培训方案，从而避免老字号独特的生产工艺和产品在海外市场出现参差不齐、甚至走形变样的情形。因此，为提升海外市场竞争力，全聚德除了在前期加强对加盟店的资格预审，还要注重后期加大对世界各地加盟店的支持和管理力度。

4. 注重企业文化价值与经济价值同频共振

作为我国餐饮领域的老字号品牌和入选国家非物质文化遗产的重要企业，全聚德一直承担着传承优秀传统文化和传统技艺的重任，尤其是在打造我国国际化样板企业中具有积极的引领示范效应。因此，区别于其他海外投资企业，老字号企业在国际化进程中，不仅需要积极适应海外市场，创造经济效益，还需要传承好、保护好、发展好其所承载的传统文化，着力解决品牌经营国际化所面临的文化价值和经济价值的非一致性冲突。比如，在"双循环"新发展格局下，需要以市场为导向并坚持文化保护与经济发展并重、继承与创新并举的原则，从而为本土民族企业的品牌经营营造有利的政策环境，同时，促进老字号企业在参与国际竞争过程中积极实现经济价值与文化价值的协调统一。

Abstract

Enterprises of China are facing a complex international environment when they develop the oversea markets. On the one hand, due to the severe impact of COVID – 19, the global economy has suffered a severe recession, and trade and investment have plummeted. In addition, trade protectionism in European and American countries has continued to rise and heat up, further exacerbating the risks of complexity and uncertainty in the global market. So all of these bring many new and thorny issues to the internationalization strategy of Enterprises of China. On the other hand, with the rise of a new round of technology and industrial revolution, the international division of labor system has accelerated and the global value chain has been deeply reshaped, giving new meaning to economic globalization. These have given Chinese enterprises the resources and promotion on a global scale, and provide a rare strategic opportunity to China's enterprises "going out" strategy and promoting international regional economic cooperation. Under the new international situation, in order to accelerate the national economic restructuring and transformation and upgrading strategies, it is more important to seize opportunities, seek advantages and avoid disadvantages, occupy new foreign markets and new resources, and implement the effective overseas strategy of Chinese enterprises.

Firstly, the report analyzes Chinese listed enterprises in the 2020 Fortune Global 500, Chinese enterprises in the Top 100 Most Valuable Global Brands in 2020 and overseas investment of Chinese listed companies in 2020. Secondly, it studies the impact of the impact of the construction of Beijing Free Trade Zone. Thirdly, it analyzes the internationalization of Beijing enterprises in 2020. Finally, it focuses on case study, that is on five typical Beijing

Abstract

enterprises'internationalization in 2020. In general, this report has carried out a comparative systematic analysis and evaluation of the status quo, trends, and policy orientations of Chinese enterprises'internationalization.

According to the report, China's foreign trade grew against the trend in 2020 and the quality of trade reached a new level. Trade in services has declined, but the structure of trade in services has been further improved. Foreign direct investment grew steadily, and the investment structure continued to improve. The amount of transnational merger and acquisition and foreign contracting projects showed a downward trend.

In 2020, both the number of Chinese enterprises listed in the "Fortune 500" and the operating income have shown a slight increase. The number of companies listed in the Top 100 Most Valuable Global Brandsin 2020 and their brand value are also rising steadily. From the perspective of overseas investment of Chinese listed companies, the total amount of overseas investment continues to shrink in 2020. The investment areas are mainly developed countries. The main investment modes are independent investment, capital increase and M&A. The investment fields tend to be diversified.

The construction of the Beijing Free Trade Zone and the Belt and Road Initiativeare both major new measures to deepen reform and expand opening-up in China. Among them, the establishment of Beijing Free Trade Zone is one of the important strategic measures for enterprises to "go global" in the new era, which has an important impact on Chinese enterprises'foreign trade and is conducive to promoting the development of enterprise trade and improving the quality of trade. In addition, the establishment of the Beijing Free Trade Zone is also an important strategic measure for Beijing in creating a new situation of opening up to the outside world, promoting the development of enterprise investment and improving the quality of investment.

In 2020, the total amount of overseas investment of Beijing enterprises declined sharply, and the distribution of investment countries was relatively balanced, mainly concentrated in developed regions and countries along the Belt and Road. The investment fields were diversified, but the investment intensity was relatively concentrated. In the context of the COVID-19 pandemic, Beijing enterprises are facing new challenges and opportunities as the main investors of the "Belt and Road" countries.

Finally, the report systematically analyzes the internationalization development and key influencing factors of typical Beijing enterprises such as CNPC, BOE, Tongrentang, BAIC Group and Quanjude, which has important guiding value for Chinese enterprises to explore overseas markets.

The report recommends that China needs to accelerate the formation of a new pattern of domestic and international dual-cycle development, actively promote multilateral cooperation to build a stable foreign trade environment, innovate foreign investment methods to prevent and control overseas business risks, and further optimize the business environment. It needs to promote the implementation of globalization strategies through multinational companies, improve bilateral and multilateral cooperation mechanisms to promote the formation of a diversified pattern of overseas investment, and strengthen the guidance of foreign investment policies. In order to improve the investment service system, it needs to enhance the awareness of overseas investment risk prevention and control, and enhance the competitiveness of enterprises in overseas investment.

The government should speed up the construction of the Beijing Free Trade Zone by advancing infrastructure construction in the free trade zone, accelerating the innovation and replication of the free trade zone system, and establishing a unified coordination and docking mechanism to speed up the construction of the Beijing Free Trade Zone to connect and build the "Belt and Road". The government also need to improve the multilateral cooperation mechanism to promote the formation of a new pattern of comprehensive opening up, strengthen government policy guidance to promote the liberalization and facilitation of foreign investment, innovate foreign investment models to enhance the flexibility and adaptability of overseas investment, and cultivate the core competitiveness of enterprises and improve the quality of international circulation and level. Beijing enterprises need to continue to strengthen investment cooperation in existing areas along the "Belt and Road", promote economic recovery in various countries through investment, promote the process of regional economic integration, promote investment cooperation in the field of e-commerce, and expand the investment and cooperation in new areas such as scientific research, service industry, and digital economy, and maintain the stability of the global supply chain.

Keywords: Chinese Enterprises; Overseas Investment; Beijing Free Trade Zone; The Belt and Road

Contents

I General Report

B.1 General Analysis and Evaluation of Chinese Enterprises'
Internationalization in 2020　　*Zhang Xinmin, Wang Fenmian* / 001

Abstract: In 2020, against the backdrop of many difficulties and challenges faced by global trade, China's foreign trade has still achieved growth against the trend. Not only has the scale of foreign trade and the international market share reached a new high, but also the industrial structure and trade mode of foreign trade have been further optimized, and the quality of foreign trade has been upgraded to a new level. In 2020, the global trade in services declined significantly, and China's total trade in services also declined. The deficit in service trade showed a significant decline. The trade structure was further optimized, and service trade achieved further high-quality development. In 2020, the global OFDI fell sharply, while China's OFDI grew steadily, making it the second largest FDI inflow country and the first largest FDI outflow country in the world. The structure of foreign investment was further optimized. However, the transaction amount and number of cross-border mergers and acquisitions of Chinese enterprises declined to varying degrees. The turnover of China's foreign contracted projects completed and the number of new contracts signed also declined.

Keywords: Foreign Trade; Trade in Services; FDI

Contents

II Topical Reports

B.2 Evaluation and Analysis of Chinese Enterprises Listed in the 2020 Fortune Global 500 *Qing Chen, Yang Daoguang* / 038

Abstract: This chapter conducts a quantitative analysis of the Chinese companies that are shortlisted in the 2020 "Fortune Global 500" from the three dimensions, geographical distribution, industry distribution, and ownership structure distribution, and combines qualitative analysis and summary of typical cases of typical companies. In general, the number and operating income of my country's shortlisted companies in 2020 have shown a slight increase compared with 2019. From the perspective of geographical distribution, most of the shortlisted companies still come from the eastern region, but the number of companies in the central and western regions has increased compared with the previous year; from the perspective of industry distribution, the top three industries are manufacturing, general and financial industries. From the perspective of the distribution of ownership structure, state-owned enterprises still account for a large proportion and are the mainstay of my country's economic development. Combining the specific cases of typical companies, this chapter argues that in the future, Chinese companies should strictly prevent and control the recurrence of the epidemic, and should focus on stabilizing production and operation. at the same time, the Chinese enterprises should strengthen innovation investment, accumulate core competitive advantages in the market, and create a new pattern of dual-cycle international and domestic China seeks for high-quality development, cultivating new opportunities and opening new games in the international and domestic markets.

Keywords: Chinese Enterprises; Fortune Global 500; Geographical Distribution; Industry Distribution; Ownership Structure

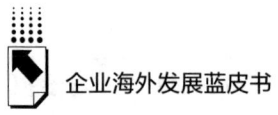

B.3 Evaluation and Analysis of Chinese Enterprises in the Top 100 Most Valuable Global Brands in 2020

Ge Chao, Yang Daoguang / 072

Abstract: This report conducts quantitative analysis of the top 100 Most valuable Global Brands in 2020 from multiple dimensions such as geographical distribution, industry distribution, ownership structure distribution, and selects typical companies for qualitative analysis and summary. Overall, the number of Chinese companies listed in 2020 has steadily increased compared with last year. From the perspective of geographical distribution, most of the shortlisted Chinese companies come from the eastern region, while Moutai is the only one in the western region. From the perspective of industry distribution, the shortlisted brands mainly come from four industries, namely, finance, wholesale and retail, manufacturing, and information transmission, software and information technology services; From the perspective of ownership structure, the largest number of shortlisted private companies, followed by state-owned enterprises, and Hong Kong, Macao and Taiwan corporate sole proprietorship companies are not shortlisted. Combined with the specific cases of typical companies, the analysis concludes that: under the background of frequent sudden risks and increasingly fierce competition, Chinese companies should continue to adhere to the adjustment and upgrading of industrial structure, increase the support for the research and development of new technologies and new technologies, and devote themselves to building Chinese companies with international brand influence.

Keywords: Brand Value; Ownership Structure; Brand Influence

B.4 Analysis of Overseas Investment of Chinese Listed Companies in 2020

Chen Shuai, Yang Daoguang / 096

Abstract: This report takes the Chinese listed firms in 2020 as the analysis object. On the basis of introducing the general situation of overseas investment, we make a quantitative analysis of overseas investment enterprises from six dimensions including investment region, investment field, investment mode, regional distribution, company industry and ownership structure. Analysis shows that the total amount of overseas investment continues to shrink in 2020. The main investment modes are independent investment, capital increase and M&A. The investment areas are mainly developed countries; The investment fields tend to be diversified and focus on finance, metals and information technology services; The regional distribution is not balanced, which is characterized by "more in the East and less in the west"; Investment enterprises mainly come from manufacturing and mining; Private enterprises are the main types of investment enterprises, but state-owned enterprises have stronger driving power. Combined with the analysis of typical enterprise cases, this report believes that, under the new situation, Chinese enterprises' overseas development needs to be based on bilateral and multilateral cooperation mechanisms, guided by national needs and government's foreign investment policies, and enhance the consciousness of risk prevention, so as to promote high-quality development of overseas investment.

Keywords: The Listed Company; Overseas Investment; Investment Layout

Ⅲ Specific Topics

B.5 Study on Coordination and Docking between Beijing Free Trade Zone and the Belt and Road Cooperation

Jin Ying, Liu Siyi / 121

Abstract: The construction of Free Trade Zone and the Belt and Road Initiative are both major new measures to deepen reform and expand opening-up in China. Beijing Free Trade Zone has a unique strategic positioning in the whole picture of China's free trade zones. The coordination and docking of Beijing Free Trade Zone and the Belt and Road Initiative will provide a demonstration for the docking and integration of the two strategic initiatives. This report first introduces the backgrounds of China's free trade zones, Beijing Free Trade Zone and the Belt and Road Initiative, then analyzes and summarizes the coordination fundamentals between the construction of free trade zones and the Belt and Road Initiative, provides an overall path and specific measures for the docking of Beijing Free Trade Zone and the Belt and Road Initiative, and finally put forwards policy suggestions for the docking based on the construction status quo of Beijing Free Trade Zone. This report helps to understand the relationship between the two strategic opening-up measures, and has some enlightenment for concrete practices of their docking.

Keywords: Beijing Free Trade Zone; The Belt and Road; Coordination and Docking; All-round Reform and Opening-up

B.6 Study on the Influence of Beijing Free Trade Zone on Enterprises' Foreign Trade *Han Zixuan, Liu Siyi* / 141

Abstract: The establishment of the Beijing Free Trade Zone (FTZ) is one of the important strategic initiatives for enterprises to "go global" in the new era. With the continuous promotion of reform and opening up, its series of innovative measures as a pilot project have had an important impact on enterprises' foreign trade. Based on this, this paper firstly compares the basic situation of the establishment of the Beijing FTZ, including its establishment and strategic positioning, spatial layout and planning, related measures and guarantee mechanisms, etc. On this basis, it also analyses the specific impact mechanisms of the establishment of the FTZ on enterprises' foreign trade. Finally, based on the findings of this paper, relevant suggestions are put forward at both government and enterprise levels. The study has implications for Beijing in creating a new situation of opening up to the outside world, promoting the development of enterprises' trade and improving the quality of trade.

Keywords: Beijing; Free Trade Pilot Zone; Foreign Trade; Go Global

Contents

B.7 Study on the Influence of Beijing Free Trade Zone
on Enterprises' Foreign Direct Investment

Han Zixuan, Liu Siyi / 170

Abstract: The establishment of the Beijing Free Trade Zone (FTZ) is an important strategic initiative to promote reform and opening up in the new era, and its series of innovative measures as a pilot project have had an important impact on enterprises' outbound investment. Based on this, this paper firstly compares the basic situation of outward investment of enterprises in Beijing, including its current situation, advantages and challenges, the establishment of the FTZ and measures related to outward direct investment, etc. On this basis, it also analyzes the specific impact mechanisms of the establishment of the FTZ on enterprises' outward direct investment from four aspects: trade promotion, industry aggregation, radiation drive and institutional innovation. Finally, this paper proposes recommendations at both government and enterprise levels based on this research. Finally, this paper proposes recommendations at both government and enterprise levels based on the research. The research has implications for encouraging Beijing enterprises to implement the "Going Global" strategy, promoting the construction of regional economic integration improving the quality of investment.

Keywords: Beijing; Free Trade Pilot Zone; Outward Foreign Direct Investment; Go Global

B.8 Research on Overseas Investment of Beijing Enterprises
Under the New Pattern of Dual Circulation

Chen Shuai, Liu Siyi and Yang Qinghe / 194

Abstract: The dual circulation development pattern is a major strategic deployment based on the development situation at home and abroad, which is not only related to the adjustment of macroeconomic policies, but also has a profound impact on the investment behavior of micro enterprises. This report takes enterprises in Beijing in 2020 as the analysis object. On the basis of introducing the general situation of overseas investment of enterprises in Beijing under the dual circulation development pattern, we make a quantitative analysis of the specific situation of overseas investment from three dimensions of investment country, investment field and investment mode. The analysis shows that, in 2020, the total overseas investment of enterprises in Beijing shows a sharp decline; The investment country layout is relatively balanced, and mainly concentrated in developed regions and countries along the Belt and Road; The investment field is diversified, but the investment intensity is relatively concentrated. The investment mode is mainly independent investment, capital increase and M&A, supplemented by joint venture and equity investment. Combined with the case analysis of typical enterprises, this report believes that, under the dual circulation development pattern, the overseas investment development of needs to continuously improve multilateral cooperation mechanism, strengthen government policy guidance, innovate the way of overseas investment and actively cultivate the core competitiveness of enterprises, so as to improve the quality and level of international circulation and promote the high-quality development of overseas investment.

Keywords: Dual Circulation; the Enterprise in Beijing; Overseas Investment

B.9 An Analysis of the Investment of Beijing Enterprises in the Belt and Road Cooperation Countries in 2021

Jin Ying, Liu Siyi / 216

Abstract: Beijing enterprises are the vanguard and main force of investment in the Belt and Road countries and areas. In the context of the 2020 COVID-19 pandemic, new changes have taken place in the investment of Beijing enterprises along the Belt and Road. This report first analyzes the new situation of Beijing enterprises' national investment along the Belt and Road, secondly puts forward an idea of Beijing enterprises' investment in these countries and areas based on an analysis of Beijing's investment positioning and investment advantages, then describes the current situation of investment by Beijing enterprises along the Belt and Road and introduces a typical case of Beijing enterprises overcoming the epidemic and continuing promote the Belt and Road Initiative, and finally analyzes and summarizes problems faced by Beijing enterprises in the 2020 new situation and provides relevant suggestions. This report aims to reveal the current situation of Beijing enterprises' investment in the Belt and Road countries and areas and to provide reference for future cooperation countermeasures.

Keywords: Beijing Enterprises; The Belt and Road; Overseas Investment

IV Case Studies

B.10 A Case Study on the Internationalization of CNPC under the Belt and Road Initiative

Guo Tongtong, Yang Daoguang / 243

Abstract: CNPC is a large state-owned energy enterprise group in China. This section takes CNPC as the research object, and reviews its development process and the current situation of internationalization under the Belt and Road initiative. Then we focus on analyzing the development motivation of CNPC internationalization and the key factors of internationalization under the Belt and Road initiative. Finally, we provide some prospects and suggestions for Chinese enterprises to respond to the Belt and Road initiative and carry out international operation. We found that the international energy security situation and China's energy security situation are the important reasons for the internationalization development of CNPC. The Belt and Road initiative provides a good opportunity for CNPC to deepen its international operations. The key factors of CNPC serving the Belt and Road initiative and realizing international development strategy are to build brand advantage, pay attention to the dynamic

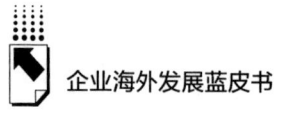

deployment of diversified interactive strategy and cultivate enterprise culture.

Keywords: Energy Industry; The Belt and Road; CNPC

B.11　A Case Study of BOE's International Development

Guo Tongtong, Yang Daoguang / 268

Abstract: BOE is a high-tech Internet of things company with a leading position in the global display industry. This section takes BOE as the research object for analysis. Firstly, we comb BOE's development process at home and abroad and its international development status. Then, we focus on the motivation of BOE's international development and the key factors of internationalization. Finally, we provide some prospects and suggestions for Chinese enterprises to carry out international operation. We found that BOE is in a globalized industry, which is the necessary motivation for BOE's international development; the international display industry transfer trend and the huge demand potential of the global market provide a good opportunity for BOE's international development; the key factor for BOE to become a leading enterprise in the global display industry is to solve financing problems, establish partnership, adhere to the path of independent innovation and cultivate international excellent teams.

Keywords: High Tech Industry; International Development; BOE

B.12　A Case Study of Beijing Tongrentang's International Development

Zhao Wenzhuo, Yang Daoguang / 291

Abstract: This section takes Beijing Tongrentang as the research object, summarizes its development history at home and abroad as well as the current status of its internationalization development. This section focuses on the analysis of the motivation of the international development of Beijing Tongrentang, as well as the key factors of the success of the internationalization of Beijing Tongrentang. On this basis, we draw some enlightenments for Chinese enterprises, especially traditional Chinese medicine enterprises, in terms of international development. This research believes that the foreign sales ban caused by cultural differences between China and the West and the intensified market competition of foreign pharmaceutical enterprises have hindered the internationalization process of Beijing Tongrentang, while the national policy support has provided policy guarantee for the internationalization development of Beijing Tongrentang. The transformation of consumers' consumption concept has provided a solid foundation for the international development of Beijing Tongrentang. COVID - 19 is both an opportunity and a challenge, which also provides a good opportunity for the international development of Beijing Tongrentang. In addition, Beijing Tongrentang adjusts measures to local conditions, pays attention to product quality, actively makes use of the Internet platform, and takes medicine from doctors, which are worthy of reference for domestic enterprises.

Keywords: Beijing Tongrentang; Traditional Chinese Medicine; International Development

B.13 A Case Study of BAIC Group's International Development
Wang Xingpei, He Jia and Wang Fenmian / 313

Abstract: BAIC group is an automobile company with a long history and a benchmark for the international development of China's automobile industry. This paper takes BAIC group as the research object, expounds its basic situation, development process and international development status, and focuses on analyzing the motivation of BAIC group's "going global" and the key factors of its internationalization success, which provides some enlightenment for the internationalization of Chinese enterprises under "The Belt and Road Initiative". Research believes that "The Belt and Road Initiative", the changes in the external environment, the fierce competition in the domestic automobile industry and the current situation of supply and demand in the global automobile markets have jointly promoted the international development of BAIC group. The formulation of BAIC group's "gradual international development strategy", the shaping of brand characteristics, the creation of technological development engines and the fulfillment of social responsibilities have provided inexhaustible impetus for the company's overseas operations and development. The company's efforts in responding to national policies, implementing transformation strategies, technology research and development, talent reserves, and fulfilling social responsibilities are worthy of reference for domestic enterprises.

Keywords: BAIC Group; The Belt and Road; International Development

B.14 A Case Study of Quanjude's International Development

Chen Shuai, Yang Daoguang / 334

Abstract: This report takes Quanjude as the research object, systematically combs the development process and current situation of Quanjude's internationalization based on field research and interview survey, and focuses on the motivation of Quanjude's internationalization development and the key factors for the success of internationalization. It is found that enterprise strategy drive, absence of international market and national policy guidance are the main drivers of Quanjude's international development; The strategic firmness with cultural communication as the initial intention, the development guarantee force supported by national policies, the core competitiveness supported by product innovation and the risk controllability of franchising are the key to the success of Quanjude's internationalization. Combined with the development environment at home and abroad and the actual development of enterprises, this report believes that we should constantly improve the cultural inheritance and protection mechanism of "time-honored brands", promote product technological innovation and brand internationalization, and strengthen the management and support of the headquarters for overseas franchising, and paying attention to the resonance of corporate cultural value and economic value, which is an important measure to promote the internationalization and high-quality development of Quanjude.

Keywords: China Time-honored Brand; Quanjude; International Development

北京市哲学社会科学研究基地智库报告系列丛书

推动智库成果深度转化

打造首都新型智库拳头产品

为贯彻落实中共中央和北京市委关于繁荣发展哲学社会科学的指示精神,北京市社科规划办和北京市教委自 2004 年以来,依托首都高校、科研机构的优势学科和研究特色,建设了一批北京市哲学社会科学研究基地。研究基地在优化整合社科资源、资政育人、体制创新、服务首都改革发展等方面发挥了重要作用,为首都新型智库建设进行了积极探索,成为首都新型智库的重要力量。

围绕新时期首都改革发展的重点热点难点问题,北京市社科联、北京市社科规划办、北京市教委与社会科学文献出版社联合推出"北京市哲学社会科学研究基地智库报告系列丛书"。

北京市哲学社会科学研究基地智库报告系列丛书
（按照丛书名拼音排列）

·北京产业蓝皮书：北京产业发展报告

·北京人口蓝皮书：北京人口发展研究报告

·城市管理蓝皮书：中国城市管理报告

·法治政府蓝皮书：中国法治政府评估报告

·健康城市蓝皮书：北京健康城市建设研究报告

·交通蓝皮书：中国城市交通绿色发展报告

·京津冀蓝皮书：京津冀发展报告

·平安中国蓝皮书：平安北京建设发展报告

·企业海外发展蓝皮书：中国企业海外发展报告

·首都文化贸易蓝皮书：首都文化贸易发展报告

·中央商务区蓝皮书：中央商务区产业发展报告

社会科学文献出版社

皮 书
智库成果出版与传播平台

❖ 皮书定义 ❖

皮书是对中国与世界发展状况和热点问题进行年度监测,以专业的角度、专家的视野和实证研究方法,针对某一领域或区域现状与发展态势展开分析和预测,具备前沿性、原创性、实证性、连续性、时效性等特点的公开出版物,由一系列权威研究报告组成。

❖ 皮书作者 ❖

皮书系列报告作者以国内外一流研究机构、知名高校等重点智库的研究人员为主,多为相关领域一流专家学者,他们的观点代表了当下学界对中国与世界的现实和未来最高水平的解读与分析。截至2021年底,皮书研创机构逾千家,报告作者累计超过10万人。

❖ 皮书荣誉 ❖

皮书作为中国社会科学院基础理论研究与应用对策研究融合发展的代表性成果,不仅是哲学社会科学工作者服务中国特色社会主义现代化建设的重要成果,更是助力中国特色新型智库建设、构建中国特色哲学社会科学"三大体系"的重要平台。皮书系列先后被列入"十二五""十三五"国家重点出版规划项目;2013~2022年,重点皮书列入中国社会科学院国家哲学社会科学创新工程项目。

权威报告·连续出版·独家资源

皮书数据库
ANNUAL REPORT(YEARBOOK) DATABASE

分析解读当下中国发展变迁的高端智库平台

所获荣誉
- 2020年，入选全国新闻出版深度融合发展创新案例
- 2019年，入选国家新闻出版署数字出版精品遴选推荐计划
- 2016年，入选"十三五"国家重点电子出版物出版规划骨干工程
- 2013年，荣获"中国出版政府奖·网络出版物奖"提名奖
- 连续多年荣获中国数字出版博览会"数字出版·优秀品牌"奖

皮书数据库

"社科数托邦"微信公众号

成为会员

登录网址www.pishu.com.cn访问皮书数据库网站或下载皮书数据库APP，通过手机号码验证或邮箱验证即可成为皮书数据库会员。

会员福利
- 已注册用户购书后可免费获赠100元皮书数据库充值卡。刮开充值卡涂层获取充值密码，登录并进入"会员中心"—"在线充值"—"充值卡充值"，充值成功即可购买和查看数据库内容。
- 会员福利最终解释权归社会科学文献出版社所有。

数据库服务热线：400-008-6695
数据库服务QQ：2475522410
数据库服务邮箱：database@ssap.cn
图书销售热线：010-59367070/7028
图书服务QQ：1265056568
图书服务邮箱：duzhe@ssap.cn

社会科学文献出版社 皮书系列
卡号：683213789524
密码：

S 基本子库
SUB DATABASE

中国社会发展数据库（下设12个专题子库）

紧扣人口、政治、外交、法律、教育、医疗卫生、资源环境等12个社会发展领域的前沿和热点，全面整合专业著作、智库报告、学术资讯、调研数据等类型资源，帮助用户追踪中国社会发展动态、研究社会发展战略与政策、了解社会热点问题、分析社会发展趋势。

中国经济发展数据库（下设12专题子库）

内容涵盖宏观经济、产业经济、工业经济、农业经济、财政金融、房地产经济、城市经济、商业贸易等12个重点经济领域，为把握经济运行态势、洞察经济发展规律、研判经济发展趋势、进行经济调控决策提供参考和依据。

中国行业发展数据库（下设17个专题子库）

以中国国民经济行业分类为依据，覆盖金融业、旅游业、交通运输业、能源矿产业、制造业等100多个行业，跟踪分析国民经济相关行业市场运行状况和政策导向，汇集行业发展前沿资讯，为投资、从业及各种经济决策提供理论支撑和实践指导。

中国区域发展数据库（下设4个专题子库）

对中国特定区域内的经济、社会、文化等领域现状与发展情况进行深度分析和预测，涉及省级行政区、城市群、城市、农村等不同维度，研究层级至县及县以下行政区，为学者研究地方经济社会宏观态势、经验模式、发展案例提供支撑，为地方政府决策提供参考。

中国文化传媒数据库（下设18个专题子库）

内容覆盖文化产业、新闻传播、电影娱乐、文学艺术、群众文化、图书情报等18个重点研究领域，聚焦文化传媒领域发展前沿、热点话题、行业实践，服务用户的教学科研、文化投资、企业规划等需要。

世界经济与国际关系数据库（下设6个专题子库）

整合世界经济、国际政治、世界文化与科技、全球性问题、国际组织与国际法、区域研究6大领域研究成果，对世界经济形势、国际形势进行连续性深度分析，对年度热点问题进行专题解读，为研判全球发展趋势提供事实和数据支持。

法律声明

"皮书系列"(含蓝皮书、绿皮书、黄皮书)之品牌由社会科学文献出版社最早使用并持续至今,现已被中国图书行业所熟知。"皮书系列"的相关商标已在国家商标管理部门商标局注册,包括但不限于LOGO( )、皮书、Pishu、经济蓝皮书、社会蓝皮书等。"皮书系列"图书的注册商标专用权及封面设计、版式设计的著作权均为社会科学文献出版社所有。未经社会科学文献出版社书面授权许可,任何使用与"皮书系列"图书注册商标、封面设计、版式设计相同或者近似的文字、图形或其组合的行为均系侵权行为。

经作者授权,本书的专有出版权及信息网络传播权等为社会科学文献出版社享有。未经社会科学文献出版社书面授权许可,任何就本书内容的复制、发行或以数字形式进行网络传播的行为均系侵权行为。

社会科学文献出版社将通过法律途径追究上述侵权行为的法律责任,维护自身合法权益。

欢迎社会各界人士对侵犯社会科学文献出版社上述权利的侵权行为进行举报。电话:010-59367121,电子邮箱:fawubu@ssap.cn。

社会科学文献出版社